HUGO VON HOFMANNSTHAL

GESAMMELTE WERKE

IN ZEHN EINZELBÄNDEN

FISCHER TASCHENBUCH VERLAG

HUGO VON HOFMANNSTHAL

GEDICHTE
DRAMEN I
1891–1898

FISCHER TASCHENBUCH VERLAG

Herausgegeben von Bernd Schoeller
in Beratung mit Rudolf Hirsch

Veröffentlicht im Fischer Taschenbuch Verlag GmbH,
Frankfurt am Main, August 1979
Ungekürzte, neu geordnete,
um einige Texte erweiterte Ausgabe der 15 Bände
*H. v. H. Gesammelte Werke in Einzelausgaben,
herausgegeben von Herbert Steiner*
S. Fischer Verlag GmbH, Frankfurt am Main
Copyright 1911 by Insel-Verlag, Leipzig
Copyright 1945, 1946, 1947 by Bermann-Fischer Verlag A. B., Stockholm
Copyright 1948 by Bermann-Fischer/Querido Verlag N. V., Amsterdam
Copyright 1949, 1950, 1952, 1953, 1954, 1955 by
S. Fischer Verlag GmbH, Frankfurt am Main
© S. Fischer Verlag GmbH, Frankfurt am Main, 1956, 1957, 1958
Lizenzausgabe mit freundlicher Genehmigung
des S. Fischer Verlages GmbH, Frankfurt am Main
Für diese Zusammenstellung:
© Fischer Taschenbuch Verlag GmbH, Frankfurt am Main, 1979
Umschlagentwurf: Jan Buchholz/Reni Hinsch
Satzherstellung: Fotosatz Otto Gutfreund, Darmstadt
Druck und Bindung: C. H. Beck'sche Buchdruckerei, Nördlingen
Printed in Germany
1980-ISBN 3-596-22159-5

GEDICHTE
DRAMEN I
1891–1898

INHALT DER ZEHN BÄNDE

GEDICHTE
DRAMEN I
1891–1898

DRAMEN II
1892–1905

DRAMEN III
1893–1927

DRAMEN IV
Lustspiele

DRAMEN V
Operndichtungen

DRAMEN VI
Ballette · Pantomimen
Bearbeitungen · Übersetzungen

ERZÄHLUNGEN
ERFUNDENE GESPRÄCHE UND BRIEFE
REISEN

REDEN UND AUFSÄTZE I
1891–1913

REDEN UND AUFSÄTZE II
1914–1924

REDEN UND AUFSÄTZE III
1925–1929
AUFZEICHNUNGEN

INHALT

GEDICHTE

GEDICHTE I*

VORFRÜHLING (1892)	17
ERLEBNIS (1892)	19
WELTGEHEIMNIS (1894)	20
TERZINEN I–III (1894)	21
BALLADE DES ÄUSSEREN LEBENS (1895)	23
EIN TRAUM VON GROSSER MAGIE (1895)	24
MANCHE FREILICH... (1895)	26
DIE BEIDEN (1896)	27
LEBENSLIED (1896)	28
DEIN ANTLITZ... (1896)	29
NOX PORTENTIS GRAVIDA (1896)	30
BOTSCHAFT (1897)	32
GESPRÄCH (1897)	33
REISELIED (1898)	35
DREI KLEINE LIEDER (1899)	36
GLÜCKLICHES HAUS (1900)	38
VOR TAG (1907)	39

GESTALTEN

DER JÜNGLING IN DER LANDSCHAFT (1896)	43
GESELLSCHAFT (1896)	44
EIN KNABE (1896)	46
VERSE AUF EIN KLEINES KIND (1897)	47
DER JÜNGLING UND DIE SPINNE (1897)	48
DER KAISER VON CHINA SPRICHT: (1897)	50

* Die Gruppe der Gedichte I entspricht – hier chronologisch geordnet – der Auswahl Hofmannsthals in der Ausgabe der Gesammelten Werke, 1924.

GROSSMUTTER UND ENKEL (1899)	52
DER SCHIFFSKOCH, EIN GEFANGENER, SINGT: (1901)	54
DES ALTEN MANNES SEHNSUCHT NACH DEM SOMMER (1905?)	55

PROLOGE UND TRAUERREDEN

PROLOG ZU DEM BUCH »ANATOL« (1892)	59
PROLOG [ZU EINEM WOHLTÄTIGKEITSKONZERT IN STROBL] (1892)	62
ZU LEBENDEN BILDERN (1893)	65
PROLOG ZU »MIMI«. SCHATTENBILDER ZU EINEM MÄDCHENLEBEN (1896)	69
ZUM GEDÄCHTNIS DES SCHAUSPIELERS MITTERWURZER (1897)	71
AUF DEN TOD DES SCHAUSPIELERS HERMANN MÜLLER (1899)	74
PROLOG ZU EINER NACHTRÄGLICHEN GEDÄCHTNISFEIER FÜR GOETHE AM BURGTHEATER ZU WIEN, DEN 8. OKTOBER 1899 (1899)	76
VERSE ZUM GEDÄCHTNIS DES SCHAUSPIELERS JOSEF KAINZ (1910)	79

GEDICHTE II

KLEINE BLUMEN... (1888)	85
WAS IST DIE WELT? (1890)	86
DEN PESSIMISTEN (1890)	87
FRAGE (1890)	88
»SUNT ANIMAE RERUM« (1890)	89
FRONLEICHNAM (1890)	90
FÜR MICH... (1890)	91
SIEHST DU DIE STADT? (1890)	92
STURMNACHT (1890)	93
VERSE, AUF EINE BANKNOTE GESCHRIEBEN (1890)	94
GÜLNARE (1890)	96
GEDANKENSPUK (1890)	97
VERHEISSUNG (1890)	99

DENKMAL-LEGENDE (1890)	100
SÜNDE DES LEBENS (1891)	102
VORGEFÜHL (1891)	107
GHASELEN (1891)	108
BLÜHENDE BÄUME (1891?)	110
BLÜTENREIFE (1891)	111
DER SCHATTEN EINES TOTEN... (1891)	113
SONETTE (1891)	
KÜNSTLERWEIHE	115
»ZUKUNFTSMUSIK«	115
LEBENSQUELL	116
SONETT DER WELT	116
SONETT DER SEELE	117
ERFAHRUNG	117
RECHTFERTIGUNG	118
»EPIGONEN«	119
VIELFARBIGE DISTICHEN (1891)	120
EINEM, DER VORÜBERGEHT (1891)	121
MEIN GARTEN (1891)	122
DIE TÖCHTER DER GÄRTNERIN (1891)	123
STILLE (1891)	124
DER PROPHET (1891)	125
WOLKEN (1892)	126
LEBEN (1892)	127
BALLADE VOM KRANKEN KIND (1892)	129
REGEN IN DER DÄMMERUNG (1892)	130
PSYCHE (1892, 1893)	131
MELUSINE (1892)	133
WEIHNACHT (1892)	134
»WERKE« SIND TOTES GESTEIN... (1892)	135
WIDMUNG [FÜR FERDINAND VON SAAR] (1892)	136
IN EIN EXEMPLAR VON ›GESTERN‹ (1892)	137
BRIEF AUS BAD FUSCH (1892)	138
SCHÖNHEIT (1892)	139
WELT UND ICH (1893)	141
MÄDCHENLIED (1893)	142
KIRCHTURM (1892?, 1893?)	143
SPAZIERGANG (1893)	145

CANTICUM CANTICORUM IV. 12–16 (1893)	147
WENN KÜHL DER SOMMERMORGEN... (1893)	148
LEBEN, TRAUM UND TOD... (1893)	149
ICH GING HERNIEDER... (1893)	150
KLEINE ERINNERUNGEN (1893)	151
BRIEF [AN RICHARD DEHMEL] (1893)	152
DIES IST DIE LEHRE DES LEBENS... (1893)	155
TRENNT IHR VOM INHALT DIE FORM... (1893)	155
ICH LÖSCH DAS LICHT... (1893)	156
BESITZ (1893)	157
NACH EINER DANTE-LEKTÜRE (1893)	158
AN JOSEPHINE VON WERTHEIMSTEIN (1893)	159
BILD SPRICHT (1893)	160
DAS MÄDCHEN UND DER TOD (1893)	162
TERZINEN IV (1894)	163
GUTE STUNDE [I] (1894)	164
FREMDES FÜHLEN (1894)	166
MIT HANDSCHUHEN FÜR LEOPOLD ANDRIAN (1894)	167
WO ICH NAHE, WO ICH LANDE... (1894)	168
[AN RICHARD BEER-HOFMANN] (1894)	169
BRIEF AN RICHARD DEHMEL (1895)	170
WO KLEINE FELSEN... (1896)	173
AN EINE FRAU (1896)	174
INSCHRIFT (1896)	176
GUTE STUNDE [II] (1896)	177
UNENDLICHE ZEIT (1896)	178
ABEND IM FRÜHLING (1896)	179
GEDICHTE I, II (1896?)	180
DICHTER SPRECHEN: (1897)	181
WIR GINGEN EINEN WEG... (1897)	182
DER BEHERRSCHTE (1897)	184
EINE VORLESUNG (1897)	185
SÜDLICHE MONDNACHT (1898)	186
VOM SCHIFF AUS (1898)	187
DICHTER UND GEGENWART (1898)	188
DIE DICHTER UND DIE ZEIT (1898)	188
DICHTER UND STOFF (1898)	189
DICHTKUNST (1898)	189

EIGENE SPRACHE (1898)	189
SPIEGEL DER WELT (1898)	190
ERKENNTNIS (1898)	190
NAMEN (1898)	191
WORTE (1898)	191
KUNST DES ERZÄHLENS (1898)	192
GRÖSSE (1898)	192
BEDINGUNG (1898)	192
DAS WORT (1899)	193
KINDERGEBET (1899)	194
[ZU HEINRICH HEINES GEDÄCHTNIS] (1899)	195
DER NÄCHTLICHE WEG (1899)	196
DAS ZEICHEN (1899)	197
DAS KLEINE STÜCK BROT... (1899)	198
WIR SPRECHEN EINE SPRACH... (1899)	199
DA ICH WEISS... (1899)	200
DER SPAZIERGANG (1899?)	201
AUFSCHRIFT FÜR EINE STANDUHR (1902)	202
VERWANDLUNG (1902)	203
[FÜR KARL WOLFSKEHL] (1904)	204
IN EIN STAMMBUCH (1906)	205
FÜR ALFRED VON HEYMEL (1911)	205
[FÜR EBERHARD VON BODENHAUSEN] (1911)	206
KANTATE (1913?, 1914?)	207
ÖSTERREICHS ANTWORT (1914)	208

LYRISCHE DRAMEN

GESTERN (1891)	211
DER TOD DES TIZIAN. BRUCHSTÜCK (1892)	245
DER TOD DES TIZIAN. EIN DRAMATISCHES FRAGMENT (1901)	261
IDYLLE (1893)	271

DER TOR UND DER TOD (1893)	279
ZU ›DER TOR UND DER TOD‹	
Prolog	301
LANDSTRASSE DES LEBENS [FRAGMENTE] (1893)	307
WAS DIE BRAUT GETRÄUMT HAT (1896)	313
PROLOG ZU ›DIE FRAU IM FENSTER‹ (1897)	325
DIE FRAU IM FENSTER (1897)	341
DAS KIND UND DIE GÄSTE (1897)	363
DAS KLEINE WELTTHEATER (1897)	369
DIE HOCHZEIT DER SOBEIDE (1897)	389
ZU ›DIE HOCHZEIT DER SOBEIDE‹	
2. Szene einer früheren Fassung	447
DER WEISSE FÄCHER (1897)	453
DER KAISER UND DIE HEXE (1897)	477
DER ABENTEURER UND DIE SÄNGERIN (1898)	509
ZU ›DER ABENTEURER UND DIE SÄNGERIN‹	
Abweichungen in der Bühnenfassung	591
BIBLIOGRAPHIE	605
LEBENSDATEN	639

GEDICHTE

GEDICHTE I

VORFRÜHLING

Es läuft der Frühlingswind
Durch kahle Alleen,
Seltsame Dinge sind
In seinem Wehn.

Er hat sich gewiegt,
Wo Weinen war,
Und hat sich geschmiegt
In zerrüttetes Haar.

Er schüttelte nieder
Akazienblüten
Und kühlte die Glieder,
Die atmend glühten.

Lippen im Lachen
Hat er berührt,
Die weichen und wachen
Fluren durchspürt.

Er glitt durch die Flöte
Als schluchzender Schrei,
An dämmernder Röte
Flog er vorbei.

Er flog mit Schweigen
Durch flüsternde Zimmer
Und löschte im Neigen
Der Ampel Schimmer.

Es läuft der Frühlingswind
Durch kahle Alleen,
Seltsame Dinge sind
In seinem Wehn.

Durch die glatten
Kahlen Alleen
Treibt sein Wehn
Blasse Schatten.

Und den Duft,
Den er gebracht,
Von wo er gekommen
Seit gestern Nacht.

ERLEBNIS

Mit silbergrauem Dufte war das Tal
Der Dämmerung erfüllt, wie wenn der Mond
Durch Wolken sickert. Doch es war nicht Nacht.
Mit silbergrauem Duft des dunklen Tales
Verschwammen meine dämmernden Gedanken,
Und still versank ich in dem webenden,
Durchsichtgen Meere und verließ das Leben.
Wie wunderbare Blumen waren da
Mit Kelchen dunkelglühend! Pflanzendickicht,
Durch das ein gelbrot Licht wie von Topasen
In warmen Strömen drang und glomm. Das Ganze
War angefüllt mit einem tiefen Schwellen
Schwermütiger Musik. Und dieses wußt ich,
Obgleich ichs nicht begreife, doch ich wußt es:
Das ist der Tod. Der ist Musik geworden,
Gewaltig sehnend, süß und dunkelglühend,
Verwandt der tiefsten Schwermut.
                            Aber seltsam!
Ein namenloses Heimweh weinte lautlos
In meiner Seele nach dem Leben, weinte,
Wie einer weint, wenn er auf großem Seeschiff
Mit gelben Riesensegeln gegen Abend
Auf dunkelblauem Wasser an der Stadt,
Der Vaterstadt, vorüberfährt. Da sieht er
Die Gassen, hört die Brunnen rauschen, riecht
Den Duft der Fliederbüsche, sieht sich selber,
Ein Kind, am Ufer stehn, mit Kindesaugen,
Die ängstlich sind und weinen wollen, sieht
Durchs offne Fenster Licht in seinem Zimmer –
Das große Seeschiff aber trägt ihn weiter
Auf dunkelblauem Wasser lautlos gleitend
Mit gelben fremdgeformten Riesensegeln.

WELTGEHEIMNIS

Der tiefe Brunnen weiß es wohl,
Einst waren alle tief und stumm,
Und alle wußten drum.

Wie Zauberworte, nachgelallt
Und nicht begriffen in den Grund,
So geht es jetzt von Mund zu Mund.

Der tiefe Brunnen weiß es wohl;
In den gebückt, begriffs ein Mann,
Begriff es und verlor es dann.

Und redet' irr und sang ein Lied –
Auf dessen dunklen Spiegel bückt
Sich einst ein Kind und wird entrückt.

Und wächst und weiß nichts von sich selbst
Und wird ein Weib, das einer liebt
Und – wunderbar wie Liebe gibt!

Wie Liebe tiefe Kunde gibt! –
Der wird an Dinge, dumpf geahnt,
In ihren Küssen tief gemahnt...

In unsern Worten liegt es drin,
So tritt des Bettlers Fuß den Kies,
Der eines Edelsteins Verlies.

Der tiefe Brunnen weiß es wohl,
Einst aber wußten alle drum,
Nun zuckt im Kreis ein Traum herum.

TERZINEN

I
ÜBER VERGÄNGLICHKEIT

Noch spür ich ihren Atem auf den Wangen:
Wie kann das sein, daß diese nahen Tage
Fort sind, für immer fort, und ganz vergangen?

Dies ist ein Ding, das keiner voll aussinnt,
Und viel zu grauenvoll, als daß man klage:
Daß alles gleitet und vorüberrinnt.

Und daß mein eignes Ich, durch nichts gehemmt,
Herüberglitt aus einem kleinen Kind
Mir wie ein Hund unheimlich stumm und fremd.

Dann: daß ich auch vor hundert Jahren war
Und meine Ahnen, die im Totenhemd,
Mit mir verwandt sind wie mein eignes Haar,

So eins mit mir als wie mein eignes Haar.

II

Die Stunden! wo wir auf das helle Blauen
Des Meeres starren und den Tod verstehn,
So leicht und feierlich und ohne Grauen,

Wie kleine Mädchen, die sehr blaß aussehn,
Mit großen Augen, und die immer frieren,
An einem Abend stumm vor sich hinsehn

Und wissen, daß das Leben jetzt aus ihren
Schlaftrunknen Gliedern still hinüberfließt
In Bäum und Gras, und sich matt lächelnd zieren

Wie eine Heilige, die ihr Blut vergießt.

III

Wir sind aus solchem Zeug wie das zu Träumen,
Und Träume schlagen so die Augen auf
Wie kleine Kinder unter Kirschenbäumen,

Aus deren Krone den blaßgoldnen Lauf
Der Vollmond anhebt durch die große Nacht.
...Nicht anders tauchen unsre Träume auf,

Sind da und leben wie ein Kind, das lacht,
Nicht minder groß im Auf- und Niederschweben
Als Vollmond, aus Baumkronen aufgewacht.

Das Innerste ist offen ihrem Weben;
Wie Geisterhände in versperrtem Raum
Sind sie in uns und haben immer Leben.

Und drei sind Eins: ein Mensch, ein Ding, ein Traum.

BALLADE DES ÄUSSEREN LEBENS

Und Kinder wachsen auf mit tiefen Augen,
Die von nichts wissen, wachsen auf und sterben,
Und alle Menschen gehen ihre Wege.

Und süße Früchte werden aus den herben
Und fallen nachts wie tote Vögel nieder
Und liegen wenig Tage und verderben.

Und immer weht der Wind, und immer wieder
Vernehmen wir und reden viele Worte
Und spüren Lust und Müdigkeit der Glieder.

Und Straßen laufen durch das Gras, und Orte
Sind da und dort, voll Fackeln, Bäumen, Teichen,
Und drohende, und totenhaft verdorrte...

Wozu sind diese aufgebaut? und gleichen
Einander nie? und sind unzählig viele?
Was wechselt Lachen, Weinen und Erbleichen?

Was frommt das alles uns und diese Spiele,
Die wir doch groß und ewig einsam sind
Und wandernd nimmer suchen irgend Ziele?

Was frommts, dergleichen viel gesehen haben?
Und dennoch sagt der viel, der »Abend« sagt,
Ein Wort, daraus Tiefsinn und Trauer rinnt

Wie schwerer Honig aus den hohlen Waben.

EIN TRAUM VON GROSSER MAGIE

Viel königlicher als ein Perlenband
Und kühn wie junges Meer im Morgenduft,
So war ein großer Traum – wie ich ihn fand.

Durch offene Glastüren ging die Luft.
Ich schlief im Pavillon zu ebner Erde,
Und durch vier offne Türen ging die Luft –

Und früher liefen schon geschirrte Pferde
Hindurch und Hunde eine ganze Schar
An meinem Bett vorbei. Doch die Gebärde

Des Magiers – des Ersten, Großen – war
Auf einmal zwischen mir und einer Wand:
Sein stolzes Nicken, königliches Haar.

Und hinter ihm nicht Mauer: es entstand
Ein weiter Prunk von Abgrund, dunklem Meer
Und grünen Matten hinter seiner Hand.

Er bückte sich und zog das Tiefe her.
Er bückte sich, und seine Finger gingen
Im Boden so, als ob es Wasser wär.

Vom dünnen Quellenwasser aber fingen
Sich riesige Opale in den Händen
Und fielen tönend wieder ab in Ringen.

Dann warf er sich mit leichtem Schwung der Lenden –
Wie nur aus Stolz – der nächsten Klippe zu;
An ihm sah ich die Macht der Schwere enden.

In seinen Augen aber war die Ruh
Von schlafend- doch lebendgen Edelsteinen.
Er setzte sich und sprach ein solches Du

Zu Tagen, die uns ganz vergangen scheinen,
Daß sie herkamen trauervoll und groß:
Das freute ihn zu lachen und zu weinen.

Er fühlte traumhaft aller Menschen Los,
So wie er seine eignen Glieder fühlte.
Ihm war nichts nah und fern, nichts klein und groß.

Und wie tief unten sich die Erde kühlte,
Das Dunkel aus den Tiefen aufwärts drang,
Die Nacht das Laue aus den Wipfeln wühlte,

Genoß er allen Lebens großen Gang
So sehr – daß er in großer Trunkenheit
So wie ein Löwe über Klippen sprang.
. . . .

Cherub und hoher Herr ist unser Geist –
Wohnt nicht in uns, und in die obern Sterne
Setzt er den Stuhl und läßt uns viel verwaist:

Doch Er ist Feuer uns im tiefsten Kerne
– So ahnte mir, da ich den Traum da fand –
Und redet mit den Feuern jener Ferne

Und lebt in mir wie ich in meiner Hand.

MANCHE FREILICH...

Manche freilich müssen drunten sterben,
Wo die schweren Ruder der Schiffe streifen,
Andre wohnen bei dem Steuer droben,
Kennen Vogelflug und die Länder der Sterne.

Manche liegen immer mit schweren Gliedern
Bei den Wurzeln des verworrenen Lebens,
Andern sind die Stühle gerichtet
Bei den Sibyllen, den Königinnen,
Und da sitzen sie wie zu Hause,
Leichten Hauptes und leichter Hände.

Doch ein Schatten fällt von jenen Leben
In die anderen Leben hinüber,
Und die leichten sind an die schweren
Wie an Luft und Erde gebunden:

Ganz vergessener Völker Müdigkeiten
Kann ich nicht abtun von meinen Lidern,
Noch weghalten von der erschrockenen Seele
Stummes Niederfallen ferner Sterne.

Viele Geschicke weben neben dem meinen,
Durcheinander spielt sie alle das Dasein,
Und mein Teil ist mehr als dieses Lebens
Schlanke Flamme oder schmale Leier.

DIE BEIDEN

Sie trug den Becher in der Hand
– Ihr Kinn und Mund glich seinem Rand –,
So leicht und sicher war ihr Gang,
Kein Tropfen aus dem Becher sprang.

So leicht und fest war seine Hand:
Er ritt auf einem jungen Pferde,
Und mit nachlässiger Gebärde
Erzwang er, daß es zitternd stand.

Jedoch, wenn er aus ihrer Hand
Den leichten Becher nehmen sollte,
So war es beiden allzu schwer:

Denn beide bebten sie so sehr,
Daß keine Hand die andre fand
Und dunkler Wein am Boden rollte.

LEBENSLIED

Den Erben laß verschwenden
An Adler, Lamm und Pfau
Das Salböl aus den Händen
Der toten alten Frau!
Die Toten, die entgleiten,
Die Wipfel in dem Weiten –
Ihm sind sie wie das Schreiten
Der Tänzerinnen wert!

Er geht wie den kein Walten
Vom Rücken her bedroht.
Er lächelt, wenn die Falten
Des Lebens flüstern: Tod!
Ihm bietet jede Stelle
Geheimnisvoll die Schwelle;
Es gibt sich jeder Welle
Der Heimatlose hin.

Der Schwarm von wilden Bienen
Nimmt seine Seele mit;
Das Singen von Delphinen
Beflügelt seinen Schritt:
Ihn tragen alle Erden
Mit mächtigen Gebärden.
Der Flüsse Dunkelwerden
Begrenzt den Hirtentag!

Das Salböl aus den Händen
Der toten alten Frau
Laß lächelnd ihn verschwenden
An Adler, Lamm und Pfau:
Er lächelt der Gefährten. –
Die schwebend unbeschwerten
Abgründe und die Gärten
Des Lebens tragen ihn.

DEIN ANTLITZ...

Dein Antlitz war mit Träumen ganz beladen.
Ich schwieg und sah dich an mit stummem Beben.
Wie stieg das auf! Daß ich mich einmal schon
In frühern Nächten völlig hingegeben

Dem Mond und dem zuviel geliebten Tal,
Wo auf den leeren Hängen auseinander
Die magern Bäume standen und dazwischen
Die niedern kleinen Nebelwolken gingen

Und durch die Stille hin die immer frischen
Und immer fremden silberweißen Wasser
Der Fluß hinrauschen ließ – wie stieg das auf!

Wie stieg das auf! Denn allen diesen Dingen
Und ihrer Schönheit – die unfruchtbar war –
Hingab ich mich in großer Sehnsucht ganz,
Wie jetzt für das Anschaun von deinem Haar
Und zwischen deinen Lidern diesem Glanz!

NOX PORTENTIS GRAVIDA

In hohen Bäumen ist ein Nebelspiel,
Und drei der schönen Sterne funkeln nah:
Die Hyazinthen an der dunkeln Erde
Erinnern sich, daß hier geschehen werde,
Was früher schon und öfter wohl geschah:
Daß Hermes und die beiden Dioskuren,
Funkelnd vor Übermut die luftigen Spuren
Der windgetragenen Grazien umstellen
Und spielend, mit der Grausamkeit der Jagd,
Sie aus den Wipfeln scheuchen, ja die Wellen
Des Flusses nahe treiben, bis es tagt.

Der Dichter hat woanders seinen Weg,
Und mit den Augen der Meduse schauend
Sieht er das umgelegne fahle Feld
Sogleich entrückt und weiß nicht, wie es ist,
Und fügt es andern solchen Orten zu,
Wo seine Seele, wie ein Kind verstellt,
Ein Dasein hat von keiner sichern Frist
In Adlersluft und abgestorbner Ruh.
Dort streut er ihr die Schatten und die Scheine
Der Erdendinge hin und Edelsteine.

Den dritten Teil des Himmels aber nimmt
Die Wolke ein von solcher Todesschwärze,
Wie sie die Seele dessen anfällt, der
Durch Nacht den Weg sich sucht mit einer Kerze:
Die Wolke, die hinzog am nächsten Morgen,
Mit Donnerschall von tausenden Gewittern
Und blauem Lichte stark wie nahe Sonnen
Und schauerlichem Sturz von heißen Steinen,
Die Insel heimzusuchen, wo das Zittern
Aufblühen ließ die wundervollsten Wonnen,

Vor ungeheurer Angst erstorbenes Weinen
Der Kaufpreis war: daß in verstörten Gärten,
Die nie sich sahen, sich fürs Leben fanden
Und, trunken sterbend, Rettung nicht begehrten;
Daß Gott entsprang den Luft- und Erdenbanden,
Verwaiste Kinder gleich Propheten glühten
Und alle Seelen wie die Sterne blühten.

BOTSCHAFT

Ich habe mich bedacht, daß schönste Tage
Nur jene heißen dürfen, da wir redend
Die Landschaft uns vor Augen in ein Reich
Der Seele wandelten: da hügelan
Dem Schatten zu wir stiegen in den Hain,
Der uns umfing wie schon einmal Erlebtes,
Da wir auf abgetrennten Wiesen still
Den Traum vom Leben nie geahnter Wesen,
Ja ihres Gehns und Trinkens Spuren fanden
Und überm Teich ein gleitendes Gespräch,
Noch tiefere Wölbung spiegelnd als der Himmel:
Ich habe mich bedacht auf solche Tage,
Und daß nächst diesen drei: gesund zu sein,
Am eignen Leib und Leben sich zu freuen,
Und an Gedanken, Flügeln junger Adler,
Nur eines frommt: gesellig sein mit Freunden.
So will ich, daß du kommst und mit mir trinkst
Aus jenen Krügen, die mein Erbe sind,
Geschmückt mit Laubwerk und beschwingten Kindern,
Und mit mir sitzest in dem Garten-Turm:
Zwei Jünglinge bewachen seine Tür,
In deren Köpfen mit gedämpftem Blick
Halbabgewandt ein ungeheures
Geschick dich steinern anschaut, daß du schweigst
Und meine Landschaft hingebreitet siehst:
Daß dann vielleicht ein Vers von dir sie mir
Veredelt künftig in der Einsamkeit
Und da und dort Erinnerung an dich
Im Schatten nistet und zur Dämmerung
Die Straße zwischen dunklen Wipfeln rollt
Und schattenlose Wege in der Luft
Dahinrollt wie ein ferner goldner Donner.

GESPRÄCH

DER JÜNGERE
Ihr gleicht nun völlig dem vertriebnen Herzog,
Der zaubern kann und eine Tochter hat:
Dem im Theaterstück, dem Prospero.
Denn ihr seid stark genug, in dieser Stadt
Mit eurem Kind so frei dahinzuleben,
Als wäret ihr auf einer wüsten Insel.
Ihr habt den Zaubermantel und die Bücher,
Mit Geistern zur Bedienung und zur Lust,
Euch und die Tochter zu umgeben, nicht?
Sie kommen, wenn ihr winkt, und sie verblassen,
Wenn ihr die Stirne runzelt. Dieses Kind
Lernt früh, was wir erst spät begreifen lernten:
Daß alles Lebende aus solchem Stoff
Wie Träume und ganz ähnlich auch zergeht.
Sie wächst so auf und fürchtet sich vor nichts:
Mit Tieren und mit Toten redet sie
Zutraulich wie mit ihresgleichen, blüht
Schamhafter als die festverschloßne Knospe,
Weil sie auch aus der leeren Luft so etwas
Wie Augen stets auf sich gerichtet fühlt.
Allmählich wird sie größer und ihr lehrt sie:
»Hab du das Leben lieb, doch nicht zu lieb,
Und nur um seiner selbst, doch immerfort
Nur um des Guten willen, das darin ist.«
In all dem ist für sie kein Widerspruch,
Denn so wie bunte Muscheln oder Vögel
Hat sie die Tugend lieb. Bis eines Tages
Ihr sie vermählt mit einem, den ihr völlig
Durchschaut, den ihr geprüft auf solche Art,
Die kein unedler Mensch erträgt, als wäre er
Schiffbrüchig ausgeworfen auf der Insel,
Die ihr beherrscht, und ganz euch zugefallen
Wie Strandgut.

DER ÄLTERE
Nun, meine ich, ist mir ein Maß geschenkt,
Ein unveränderlich und sichres Maß,
Das mich für immer und untrüglich abhält,
Ein leeres Ding für voll zu nehmen, mich
Für Schales zu vergeuden, fremdem Fühlen
Und angelerntem Denken irgend Platz
In einer meiner Adern zu gestatten.
Nun kann zwar Krankheit, Elend oder Tod
Mich noch bedrohen, aber Lüge kaum.
Dazu ist dies mein neues Amt zu voll
Einfacher Hoheit. Und daran gemessen
Vergeht erlogne Wichtigkeit zu Nichts.
Ins Schloß gefallen sind die letzten Türen,
Durch die ich hatte einen schlimmen Weg
Antreten können. Durch und durch verstört,
Im Kern beschmutzt und völlig irr an Güte
Werd ich nun nicht mehr. Denn mich hat ein Glanz
Vom wahren Sinn des Lebens angeglüht.

REISELIED

Wasser stürzt, uns zu verschlingen,
Rollt der Fels, uns zu erschlagen,
Kommen schon auf starken Schwingen
Vögel her, uns fortzutragen.

Aber unten liegt ein Land,
Früchte spiegelnd ohne Ende
In den alterslosen Seen.

Marmorstirn und Brunnenrand
Steigt aus blumigem Gelände,
Und die leichten Winde wehn.

DREI KLEINE LIEDER

I

Hörtest du denn nicht hinein,
Daß Musik das Haus umschlich?
Nacht war schwer und ohne Schein,
Doch der sanft auf hartem Stein
Lag und spielte, das war ich.

Was ich konnte, sprach ich aus:
»Liebste du, mein Alles du!«
Östlich brach ein Licht heraus,
Schwerer Tag trieb mich nach Haus,
Und mein Mund ist wieder zu.

II
IM GRÜNEN ZU SINGEN

War der Himmel trüb und schwer,
Waren einsam wir so sehr,
Voneinander abgeschnitten!
Aber das ist nun nicht mehr:
Lüfte fließen hin und her;
Und die ganze Welt inmitten
Glänzt, als ob sie gläsern wär.

Sterne kamen aufgegangen,
Flimmern mein- und deinen Wangen,
Und sie wissens auch:
Stark und stärker wird ihr Prangen;
Und wir atmen mit Verlangen,
Liegen selig wie gefangen,
Spüren eins des andern Hauch.

III

Die Liebste sprach: »Ich halt dich nicht,
Du hast mir nichts geschworn.
Die Menschen soll man halten nicht,
Sind nicht zur Treu geborn.

Zieh deine Straßen hin, mein Freund,
Beschau dir Land um Land,
In vielen Betten ruh dich aus,
Viel Frauen nimm bei der Hand.

Wo dir der Wein zu sauer ist,
Da trink du Malvasier,
Und wenn mein Mund dir süßer ist,
So komm nur wieder zu mir!«

GLÜCKLICHES HAUS

Auf einem offenen Altane sang
Ein Greise orgelspielend gegen Himmel,
Indes auf einer Tenne, ihm zu Füßen,
Der schlanke mit dem bärtigen Enkel focht,
Daß durch den reinen Schaft des Oleanders
Ein Zittern aufwärts lief; allein ein Vogel
Still in der Krone blütevollem Schein
Floh nicht und äugte klugen Blicks herab.
Auf dem behauenen Rand des Brunnens aber
Die junge Frau gab ihrem Kind die Brust.

Allein der Wandrer, dem die Straße sich
Entlang der Tenne ums Gemäuer bog,
Warf hinter sich den einen Blick des Fremden
Und trug in sich – gleich jener Abendwolke
Entschwebend über stillem Fluß und Wald –
Das wundervolle Bild des Friedens fort.

VOR TAG

Nun liegt und zuckt am fahlen Himmelsrand
In sich zusammgesunken das Gewitter.
Nun denkt der Kranke: »Tag! jetzt werd ich schlafen!«
Und drückt die heißen Lider zu. Nun streckt
Die junge Kuh im Stall die starken Nüstern
Nach kühlem Frühduft. Nun im stummen Wald
Hebt der Landstreicher ungewaschen sich
Aus weichem Bett vorjährigen Laubes auf
Und wirft mit frecher Hand den nächsten Stein
Nach einer Taube, die schlaftrunken fliegt,
Und graust sich selber, wie der Stein so dumpf
Und schwer zur Erde fällt. Nun rennt das Wasser,
Als wollte es der Nacht, der fortgeschlichnen, nach
Ins Dunkel stürzen, unteilnehmend, wild
Und kalten Hauches hin, indessen droben
Der Heiland und die Mutter leise, leise
Sich unterreden auf dem Brücklein: leise,
Und doch ist ihre kleine Rede ewig
Und unzerstörbar wie die Sterne droben.
Er trägt sein Kreuz und sagt nur: »Meine Mutter!«
Und sieht sie an, und: »Ach, mein lieber Sohn!«
Sagt sie. – Nun hat der Himmel mit der Erde
Ein stumm beklemmend Zwiegespräch. Dann geht
Ein Schauer durch den schweren, alten Leib:
Sie rüstet sich, den neuen Tag zu leben.
Nun steigt das geisterhafte Frühlicht. Nun
Schleicht einer ohne Schuh von einem Frauenbett,
Läuft wie ein Schatten, klettert wie ein Dieb
Durchs Fenster in sein eigenes Zimmer, sieht
Sich im Wandspiegel und hat plötzlich Angst
Vor diesem blassen, übernächtigen Fremden,
Als hätte dieser selbe heute nacht
Den guten Knaben, der er war, ermordet

Und käme jetzt, die Hände sich zu waschen
Im Krüglein seines Opfers wie zum Hohn,
Und darum sei der Himmel so beklommen
Und alles in der Luft so sonderbar.
Nun geht die Stalltür. Und nun ist auch Tag.

GESTALTEN

DER JÜNGLING IN DER LANDSCHAFT

Die Gärtner legten ihre Beete frei,
Und viele Bettler waren überall
Mit schwarzverbundnen Augen und mit Krücken –
Doch auch mit Harfen und den neuen Blumen,
Dem starken Duft der schwachen Frühlingsblumen.

Die nackten Bäume ließen alles frei:
Man sah den Fluß hinab und sah den Markt,
Und viele Kinder spielen längs den Teichen.
Durch diese Landschaft ging er langsam hin
Und fühlte ihre Macht und wußte – daß
Auf ihn die Weltgeschicke sich bezogen.

Auf jene fremden Kinder ging er zu
Und war bereit, an unbekannter Schwelle
Ein neues Leben dienend hinzubringen.
Ihm fiel nicht ein, den Reichtum seiner Seele,
Die frühern Wege und Erinnerung
Verschlungner Finger und getauschter Seelen
Für mehr als nichtigen Besitz zu achten.

Der Duft der Blumen redete ihm nur
Von fremder Schönheit – und die neue Luft
Nahm er stillatmend ein, doch ohne Sehnsucht:
Nur daß er dienen durfte, freute ihn.

GESELLSCHAFT

SÄNGERIN
Sind wir jung und sind nicht alt,
Lieder haben viel Gewalt,
Machen leicht und machen schwer,
Ziehen deine Seele her.

FREMDER
Leben gibt es nah und fern,
Was ich zeige, seht ihr gern –
Nicht die Schwere vieler Erden,
Nur die spielenden Gebärden.

JUNGER HERR
Vieles, was mir Freude schafft,
Fühl ich hier herangeflogen,
Aber gar so geisterhaft:
Glücklich – bin ich wie betrogen!

DICHTER
Einen hellen Widerschein
Sehe ich im Kreise wandern:
Spürt auch jeder sich allein,
Spürt sich doch in allen andern.

MALER
Und wie zwischen leichten Lichtern
Flattert zwischen den Gesichtern
Schwaches Lachen hin und her.

FREMDER
Lieder machen leicht und schwer!

DICHTER
Lieder haben große Kraft –
Leben gibt es nah und fern.

JUNGER HERR
Was sie reden, hör ich gern,
Sei es immer geisterhaft.

EIN KNABE

I

Lang kannte er die Muscheln nicht für schön,
Er war zu sehr aus einer Welt mit ihnen,
Der Duft der Hyazinthen war ihm nichts
Und nichts das Spiegelbild der eignen Mienen.

Doch alle seine Tage waren so
Geöffnet wie ein leierförmig Tal,
Darin er Herr zugleich und Knecht zugleich
Des weißen Lebens war und ohne Wahl.

Wie einer, der noch tut, was ihm nicht ziemt,
Doch nicht für lange, ging er auf den Wegen:
Der Heimkehr und unendlichem Gespräch
Hob seine Seele ruhig sich entgegen.

II

Eh er gebändigt war für sein Geschick,
Trank er viel Flut, die bitter war und schwer.
Dann richtete er sonderbar sich auf
Und stand am Ufer, seltsam leicht und leer.

Zu seinen Füßen rollten Muscheln hin,
Und Hyazinthen hatte er im Haar,
Und ihre Schönheit wußte er, und auch
Daß dies der Trost des schönen Lebens war.

Doch mit unsicherm Lächeln ließ er sie
Bald wieder fallen, denn ein großer Blick
Auf diese schönen Kerker zeigte ihm
Das eigne unbegreifliche Geschick.

VERSE AUF EIN KLEINES KIND

Dir wachsen die rosigen Füße,
Die Sonnenländer zu suchen:
Die Sonnenländer sind offen!
An schweigenden Wipfeln blieb dort
Die Luft der Jahrtausende hangen,
Die unerschöpflichen Meere
Sind immer noch, immer noch da.
Am Rande des ewigen Waldes
Willst du aus der hölzernen Schale
Die Milch mit der Unke dann teilen?
Das wird eine fröhliche Mahlzeit,
Fast fallen die Sterne hinein!
Am Rande des ewigen Meeres
Schnell findest du einen Gespielen:
Den freundlichen guten Delphin.
Er springt dir ans Trockne entgegen,
Und bleibt er auch manchmal aus,
So stillen die ewigen Winde
Dir bald die aufquellenden Tränen.
Es sind in den Sonnenländern
Die alten, erhabenen Zeiten
Für immer noch, immer noch da!
Die Sonne mit heimlicher Kraft,
Sie formt dir die rosigen Füße,
Ihr ewiges Land zu betreten.

DER JÜNGLING UND DIE SPINNE

DER JÜNGLING
vor sich mit wachsender Trunkenheit
Sie liebt mich! Wie ich nun die Welt besitze
Ist über alle Worte, alle Träume:
Mir gilt es, daß von jeder dunklen Spitze
Die stillen Wolken tieferleucht'te Räume
Hinziehn, von ungeheurem Traum erfaßt:
So trägt es mich – daß ich mich nicht versäume! –
Dem schönen Leben, Meer und Land zu Gast.
Nein! wie ein Morgentraum vom Schläfer fällt
Und in die Wirklichkeit hineinverblaßt,
Ist mir die Wahrheit jetzt erst aufgehellt:
Nicht treib ich als ein Gast umher, mich haben
Dämonisch zum Gebieter hergestellt
Die Fügungen des Schicksals: junge Knaben
Sind da, die Ernst und Spiele von mir lernten,
Ich seh, wie manche meine Mienen haben,
Geheimnisvoll ergreift es mich, sie ernten
Zu sehn; und an den Ufern, an den Hügeln
Spür ich in einem wundervoll entfernten
Traumbilde sich mein Innerstes entriegeln
Beim Anblick, den mir ihre Taten geben.
Ich schaue an den Himmel auf, da spiegeln
Die Wolkenreiche, spiegeln mir im Schweben
Ersehntes, Hergegebnes, mich, das Ganze!
Ich bin von einem solchen großen Leben
Umrahmt, ich habe mit dem großen Glanze
Der schönen Sterne eine also nah
Verwandte Trunkenheit –
Nach welcher Zukunft greif ich Trunkner da?
Doch schwebt sie her, ich darf sie schon berühren:
Denn zu den Sternen steigt, was längst geschah,
Empor, und andre, andre Ströme führen
Das Ungeschehene herauf, die Erde
Läßt es empor aus unsichtbaren Türen,
Bezwungen von der bittenden Gebärde!

So tritt er ans offene Fenster, das mit hellem Mondlicht angefüllt und von den Schatten wilder Weinblätter eingerahmt ist. Indem tritt unter seinen Augen aus dem Dunkel eines Blattes eine große Spinne mit laufenden Schritten hervor und umklammert den Leib eines kleinen Tieres. Es gibt in der Stille der Nacht einen äußerst leisen, aber kläglichen Laut, und man meint die Bewegungen der heftig umklammernden Glieder zu hören.

DER JÜNGLING
muß zurücktreten
Welch eine Angst ist hier, welch eine Not.
Mein Blut muß ebben, daß ich dich da sehe,
Du häßliche Gewalt, du Tier, du Tod!
Der großen Träume wundervolle Nähe
Klingt ab, wie irgendwo das ferne Rollen
Von einem Wasserfall, den ich schon ehe
Gehört, da schien er kühn und angeschwollen,
Jetzt sinkt das Rauschen, und die hohe Ferne
Wird leer und öd aus einer ahnungsvollen:
Die Welt besitzt sich selber, o ich lerne!
Nicht hemme ich die widrige Gestalt,
So wenig als den Lauf der schönen Sterne.
Vor meinen Augen tut sich die Gewalt,
Sie tut sich schmerzend mir im Herzen innen,
Sie hat an jeder meiner Fibern Halt,
Ich kann ihr – und ich will ihr nicht entrinnen:
Als wärens Wege, die zur Heimat führen,
Reißt es nach vorwärts mich mit allen Sinnen
Ins Ungewisse, und ich kann schon spüren
Ein unbegreiflich riesiges Genügen
Im Vorgefühl: ich werde dies gewinnen:
Schmerzen zu leiden, Schmerzen zuzufügen.
Nun spür ich schaudernd etwas mich umgeben,
Es türmt sich auf bis an die hohen Sterne,
Und seinen Namen weiß ich nun: das Leben.

DER KAISER VON CHINA SPRICHT:

In der Mitte aller Dinge
Wohne Ich, der Sohn des Himmels.
Meine Frauen, meine Bäume,
Meine Tiere, meine Teiche
Schließt die erste Mauer ein.
Drunten liegen meine Ahnen:
Aufgebahrt mit ihren Waffen,
Ihre Kronen auf den Häuptern,
Wie es einem jeden ziemt,
Wohnen sie in den Gewölben.
Bis ins Herz der Welt hinunter
Dröhnt das Schreiten meiner Hoheit.
Stumm von meinen Rasenbänken,
Grünen Schemeln meiner Füße,
Gehen gleichgeteilte Ströme
Osten-, west- und süd- und nordwärts,
Meinen Garten zu bewässern,
Der die weite Erde ist.
Spiegeln hier die dunkeln Augen,
Bunten Schwingen meiner Tiere,
Spiegeln draußen bunte Städte,
Dunkle Mauern, dichte Wälder
Und Gesichter vieler Völker.
Meine Edlen, wie die Sterne,
Wohnen rings um mich, sie haben
Namen, die ich ihnen gab,
Namen nach der einen Stunde,
Da mir einer näher kam,
Frauen, die ich ihnen schenkte,
Und den Scharen ihrer Kinder;
Allen Edlen dieser Erde
Schuf ich Augen, Wuchs und Lippen,
Wie der Gärtner an den Blumen.

Aber zwischen äußern Mauern
Wohnen Völker meine Krieger,
Völker meine Ackerbauer.
Neue Mauern und dann wieder
Jene unterworfnen Völker,
Völker immer dumpfern Blutes,
Bis ans Meer, die letzte Mauer,
Die mein Reich und mich umlagert.

GROSSMUTTER UND ENKEL

»Ferne ist dein Sinn, dein Fuß
Nur in meiner Tür!«
Woher weißt dus gleich beim Gruß?
»Kind, weil ich es spür.«

Was? »Wie Sie aus süßer Ruh
Süß durch dich erschrickt.« –
Sonderbar, wie Sie hast du
Vor dich hingenickt.

»Einst...« Nein: jetzt im Augenblick!
Mich beglückt der Schein –
»Kind, was haucht dein Wort und Blick
Jetzt in mich hinein?

Meine Mädchenzeit voll Glanz
Mit verstohlnem Hauch
Öffnet mir die Seele ganz!«
Ja, ich spür es auch:

Und ich bin bei dir und bin
Wie auf fremdem Stern:
Ihr und dir mit wachem Sinn
Schwankend nah und fern!

»Als ich dem Großvater dein
Mich fürs Leben gab,
Trat ich so verwirrt nicht ein
Wie nun in mein Grab.«

Grab? Was redest du von dem?
Das ist weit von dir!
Sitzest plaudernd und bequem
Mit dem Enkel hier,

Deine Augen frisch und reg,
Deine Wangen hell –
»Flog nicht übern kleinen Weg
Etwas schwarz und schnell?«

Etwas ist, das wie ein Traum
Mich Verliebten hält.
Wie der enge, schwüle Raum
Seltsam mich umstellt!

»Fühlst du, was jetzt mich umblitzt
Und mein stockend Herz?
Wenn du bei dem Mädchen sitzt,
Unter Kuß und Scherz,

Fühl es fort und denk an mich,
Aber ohne Graun:
Denk, wie ich im Sterben glich
Jungen, jungen Fraun.«

DER SCHIFFSKOCH, EIN GEFANGENER, SINGT:

Weh, geschieden von den Meinigen,
Lieg ich hier seit vielen Wochen;
Ach und denen, die mich peinigen,
Muß ich Mahl- um Mahlzeit kochen.

Schöne purpurflossige Fische,
Die sie mir lebendig brachten,
Schauen aus gebrochenen Augen,
Sanfte Tiere muß ich schlachten.

Stille Tiere muß ich schlachten,
Schöne Früchte muß ich schälen
Und für sie, die mich verachten,
Feurige Gewürze wählen.

Und wie ich gebeugt beim Licht in
Süß- und scharfen Düften wühle,
Steigen auf ins Herz der Freiheit
Ungeheuere Gefühle!

Weh, geschieden von den Meinigen,
Lieg ich hier seit wieviel Wochen!
Ach und denen, die mich peinigen,
Muß ich Mahl- um Mahlzeit kochen!

DES ALTEN MANNES SEHNSUCHT
NACH DEM SOMMER

Wenn endlich Juli würde anstatt März,

Nichts hielte mich, ich nähme einen Rand,
Zu Pferd, zu Wagen oder mit der Bahn
Käm ich hinaus ins schöne Hügelland.

Da stünden Gruppen großer Bäume nah,
Platanen, Rüster, Ahorn oder Eiche:
Wie lang ists, daß ich keine solchen sah!

Da stiege ich vom Pferde oder riefe
Dem Kutscher: Halt! und ginge ohne Ziel
Nach vorwärts in des Sommerlandes Tiefe.

Und unter solchen Bäumen ruht ich aus;
In deren Wipfel wäre Tag und Nacht
Zugleich, und nicht so wie in diesem Haus,

Wo Tage manchmal öd sind wie die Nacht
Und Nächte fahl und lauernd wie der Tag.
Dort wäre Alles Leben, Glanz und Pracht.

Und aus dem Schatten in des Abendlichts
Beglückung tret ich, und ein Hauch weht hin,
Doch nirgend flüsterts: »Alles dies ist nichts.«

Das Tal wird dunkel, und wo Häuser sind,
Sind Lichter, und das Dunkel weht mich an,
Doch nicht vom Sterben spricht der nächtige Wind.

Ich gehe übern Friedhof hin und sehe
Nur Blumen sich im letzten Scheine wiegen,
Von gar nichts anderm fühl ich eine Nähe.

Und zwischen Haselsträuchern, die schon düstern,
Fließt Wasser hin, und wie ein Kind, so lausch ich
Und höre kein »Dies ist vergeblich« flüstern!

Da ziehe ich mich hurtig aus und springe
Hinein, und wie ich dann den Kopf erhebe,
Ist Mond, indes ich mit dem Bächlein ringe.

Halb heb ich mich aus der eiskalten Welle,
Und einen glatten Kieselstein ins Land
Weit schleudernd, steh ich in der Mondeshelle.

Und auf das mondbeglänzte Sommerland
Fällt weit ein Schatten: dieser, der so traurig
Hier nickt, hier hinterm Kissen an der Wand?

So trüb und traurig, der halb aufrecht kauert
Vor Tag und böse in das Frühlicht starrt
Und weiß, daß auf uns beide etwas lauert?

Er, den der böse Wind in diesem März
So quält, daß er die Nächte nie sich legt,
Gekrampft die schwarzen Hände auf sein Herz?

Ach, wo ist Juli und das Sommerland!

PROLOGE UND TRAUERREDEN

PROLOG ZU DEM BUCH »ANATOL«

Hohe Gitter, Taxushecken,
Wappen nimmermehr vergoldet,
Sphinxe, durch das Dickicht schimmernd...
...Knarrend öffnen sich die Tore. –
Mit verschlafenen Kaskaden
Und verschlafenen Tritonen,
Rokoko, verstaubt und lieblich,
Seht... das Wien des Canaletto,
Wien von siebzehnhundertsechzig...
...Grüne, braune stille Teiche,
Glatt und marmorweiß umrandet,
In dem Spiegelbild der Nixen
Spielen Gold- und Silberfische...
Auf dem glattgeschornen Rasen
Liegen zierlich gleiche Schatten
Schlanker Oleanderstämme;
Zweige wölben sich zur Kuppel,
Zweige neigen sich zur Nische
Für die steifen Liebespaare,
Heroinen und Heroen...
Drei Delphine gießen murmelnd
Fluten in ein Muschelbecken...
Duftige Kastanienblüten
Gleiten, schwirren leuchtend nieder
Und ertrinken in den Becken...
...Hinter einer Taxusmauer
Tönen Geigen, Klarinetten,
Und sie scheinen den graziösen
Amoretten zu entströmen,
Die rings auf der Rampe sitzen,
Fiedelnd oder Blumen windend,
Selbst von Blumen bunt umgeben,
Die aus Marmorvasen strömen:

Goldlack und Jasmin und Flieder...
...Auf der Rampe, zwischen ihnen
Sitzen auch kokette Frauen,
Violette Monsignori...
Und im Gras, zu ihren Füßen
Und auf Polstern, auf den Stufen
Kavaliere und Abbati...
Andre heben andre Frauen
Aus den parfümierten Sänften...
Durch die Zweige brechen Lichter,
Flimmern auf den blonden Köpfchen,
Scheinen auf den bunten Polstern,
Gleiten über Kies und Rasen,
Gleiten über das Gerüste,
Das wir flüchtig aufgeschlagen.
Wein und Winde klettert aufwärts
Und umhüllt die lichten Balken,
Und dazwischen farbenüppig
Flattert Teppich und Tapete,
Schäferszenen, keck gewoben,
Zierlich von Watteau entworfen...

Eine Laube statt der Bühne,
Sommersonne statt der Lampen.
Also spielen wir Theater,
Spielen unsre eignen Stücke,
Frühgereift und zart und traurig,
Die Komödie unsrer Seele,
Unsres Fühlens Heut und Gestern,
Böser Dinge hübsche Formel,
Glatte Worte, bunte Bilder,
Halbes, heimliches Empfinden,
Agonien, Episoden...
Manche hören zu, nicht alle...
Manche träumen, manche lachen,
Manche essen Eis... und manche
Sprechen sehr galante Dinge...
...Nelken wiegen sich im Winde,

Hochgestielte weiße Nelken,
Wie ein Schwarm von weißen Faltern,
Und ein Bologneserhündchen
Bellt verwundert einen Pfau an.

PROLOG

ZU EINEM WOHLTÄTIGKEITSKONZERT IN STROBL

Wenn wir, fröhlich im Erinnern,
Von der Heimat unsrer Sommer,
Von dem kleinen Strobl sprechen:
Was bedeutet uns der Name?

Nun, ein Nest von sonnengrellen,
Kleinen, weiß und braunen Häusern,
Ausgestreut auf grünen Wiesen
Längs des dunkelblauen Wassers.
Und dies Nest von kleinen Häusern
Und die großen grünen Wiesen
Und das dunkelblaue Wasser
Sind erfüllt mit hübschen Dingen:

Duftig hellen Sommerkleidern,
Und dem Lachen kleiner Kinder,
Und dem Plätschern grüner Wellen,
Und Musik verwehten Singens;
Sind erfüllt mit frohem Rufen,
Mit dem Duft geworf'ner Blumen
Und dem Flüstern und dem Lispeln,
Wenn der Mond am Wasser rieselt,
Mit dem Sausen und dem Wehen,
Wenn der Sturm die weißen Kämme
Rollend in die Segel atmet:
Sind erfüllt mit gold'nem Schimmer
Des verträumt gedankenlosen
Namenlosen Wohlgefühles. –

Das bedeutet uns der Name
Unsrer kleinen Sommerheimat;
Dieses Strobl ist das unsre. –
Doch es gibt auch noch ein andres.

Keine Sommerheimat, sonnig,
Farbig und erfüllt mit Lachen...
Nein, ein Alltagsort, die Heimat
Eines ganzen Menschenlebens.
Was uns heute hergerufen,
Ist dies Strobl aller derer,
Die stets bleiben, wenn wir gehen,
Die nicht nach der rätselhaften,
Blauen Schönheit dieses Wassers,
Nicht nach Duft und Grazie schauen,
Sondern nach dem kümmerlichen
Wachsen ihrer magern Ähren,
Nach der Frucht der kleinen Gärten,
Nach der Speise ihres Lebens;
Die den Sturm, den wilden, schönen,
Fürchten, denn er könnte Funken
Werfen in die trocknen Scheunen:
Denen diese Kirchturmglocke,
Deren sanftes Abendläuten
Uns am See ein stimmungsvoller
Und poetischer Effekt ist,
Hochzeit, Tauf' und Tod bedeutet.

Dieses Strobl ist's, für das wir
Heute bettelmusizieren.
Wie geziert mit Stickereien
Und mit einer Silberschelle
Bunt an purpursamtner Stange
Ein koketter Klingelbeutel
Hängt und hungrig bettelnd klingelt:
Also um die Bettelschüssel
Schlingen wir die Stickereien
Graziöser kleiner Lieder
Und die bunten Tongirlanden.
Heimische und fremde Töne
Haben wir in eins verflochten:
Weitgereister Troubadoure
Königliche Kunst, die Anmut

Jugendheller Frauenstimmen,
Geigentöne, kecke Strophen...
Und der ganze Kranz umwindet
Ihn, der dann durch Eure Reihen
Wandern wird mit hellen Schellen,
Ihn, den Strobler Klingelbeutel.

ZU LEBENDEN BILDERN

PROLOG
Nicht wie vor einer Bühne sollt ihr hier
Erwartend sitzen: wilde Schönheit nicht
Soll mit erregenden, mit Fieberfingern
Auf eurer Seele Saiten bebend spielen...
Hier gilts der kleinen Kunst, die nicht ergreifen,
Die willig nur ergriffen werden kann.

Wer stehenbleibt, wenn in den Frühlingsnächten
Aus offnen Fenstern Geigentöne schweben;
Wer die verblichnen alten Stoffe liebt,
Die wunderbaren Farben welker Blätter,
Das Mondlicht auf der Karlskirche und
Die weiche Anmut alter Lannerwalzer;
Und wer sich nach dem Blumenzimmer sehnt
Im alten Belvedere, und wer noch sonst
Die scheue Schönheit *kleiner* Dinge fühlt..:
Ihr alle kommt und denkt, ihr wärt allein,
Allein in dämmernden und stillen Zimmern...
Was einem einfällt, wenn man eingenickt
Mit halbgeschloßnen Augen abends sitzt,
Nicht völlig wacht, noch völlig schläft und träumt!
Da lächeln alte Bilder, auf den Fächern
Die Schäfer tanzen Menuett zur Flöte;
Die Spieluhr klimpert eine Pastorale,
Und Kindertage stehen auf, wie Kinder
Mit lieben Lippen und mit offnem Haar,
Darin ein Duft von Wachs und Weihnachtsbäumen,
Und Moderduft von alten lieben Büchern!
Die biblischen Geschichten gehn vorbei,
Der Goliath und der Pharao und Esther...
Dann fallen einem Märchen ein: der Brunnen
Im Wald, und in dem Brunnen Melusine...
Und der Großmutter Bild, altmodisch zierlich.

Und leise tönt ein Schubertlied dazwischen,
Altmodisch lieblich, voll von leiser Wehmut,
Und süß, wie wenn das gelbe Sommermondlicht
In laue Gärten fällt... da blühn Akazien.
So kommen Bilder, Bilder gehn, verschwimmen,
Und alles ist vertraut und fremd und hübsch;
Nicht völlig Wachen und nicht ganz ein Traum.
So solls hier wieder werden. Leise sollen
Musik und Bilder ineinanderfließen,
Wie wenn sich halbverträumt die Sinne schließen,
Und wach geworden vorübergehen,
Die sonst aus toten Augen sehen:
Vom Tage, da Rahel zum Brunnen kam,
Bis da der Großvater die Großmutter nahm.

EPILOG
zwischen den stumm vorüberwandelnden Figuren
und den Zuschauern stehend
Der Rahmen fällt, es lösen sich die Gruppen,
Aus bunten Gliedern wirds ein einzger Kranz.
Sinds stumme Menschen, sinds bewegte Puppen?
Steh ich gleich nahe, ich begreifs nicht ganz.
Doch bietet sich ein schöner Sinn mir dar:
Und wie ich darf, ich geb euch den fürwahr!
Der Geiger ging voran: So führt den Reihn
Der Träum' in uns Musik mit leisem Locken,
Und die Gedanken wandeln hinterdrein,
Lautlos und wunderbar und ohne Stocken.
Da wandeln manche königlichen Gang,
Hochmütig herrlich unterm goldnen Reif,
Und andre gehn verträumt im Geigenklang,
Anmutig altklug andre, zierlich steif.

Doch was ein jeder ist, das ist er ganz;
Ganz *einer* Stimmung atmendes Symbol.
Davon kommt ihnen dieser sichre Glanz,
Aus einem Guß, dies Nicht-Gemeine wohl.
Und scheint auch manches sich verwandt zu nennen,

Eins, seh ich klar, muß euch von ihnen trennen:
Wie faß ich kurz, was unbegreiflich viel?
Ihr habt nur Leben, sie – sie haben Stil.

Dann bin ich auch der Göttin auf der Spur,
Die diesen herrscht; ihr ziemt ein Name nur:
Nicht Schönheit: Schönheit hat ein Kind, das lacht,
Wir wissen nicht, warum; die Orchideen,
Die unbegreiflich riesenhafte Nacht,
Die wilden Wälder und die grünen Seen
Sind schön; allein die adelige Gunst
Durchseelter Schönheit ist ein anderes:
Und diese Göttin nenn ich also: Kunst.

Hieß ich auch euch und jene unterscheiden,
Sie haben trotzdem vieles euch zu sagen,
Und manche eurer Wonnen, eurer Leiden,
Sie bringen sie verklärt zurückgetragen:
Denn wie der Tag im Reigentanz der Stunden,
So schwebt im Reihn der Kunst das innre Leben,
Es schwebt so viel, was ihr gewünscht, empfunden,
Vorüber, und sie alle wollen geben.

Wenn ihr bei dem, was heut vorübergleitet,
Nicht viel erlebt, nicht allzuviel erlebt:
Der Teppich, den man festlich ausgebreitet,
Ist bunt, doch ist nicht alles drein gewebt.
Die kleinen Dinge, künstlich scheu und zart,
Die uns umgeben, die das Leben adeln,
Wenn ihr den kleinen jemals freundlich wart,
Dürft ihr das Spiel, ihr dürft den Sinn nicht tadeln.

Nehmts für ein Fest der Fächer, die ihr tragt,
Der Märchenbücher, die man nie vergißt,
Ein Puppenfest, wie's Kindern nur behagt,
Ein Ding, das kindisch und das heilig ist.
Wohl heilig, denn es ziemt sich, jedes Ding,
Das um uns ist, ein Gönner unserm Leben,

Aus gleichgestimmter Tage blassem Ring
Zuweilen feierlich emporzuheben,
Zu denken ziemts manchmal im Täglich-Gleichen
Des Göttlichen und Ewig-Wunderreichen.

PROLOG ZU »MIMI«
SCHATTENBILDER ZU EINEM MÄDCHENLEBEN

Merkt auf, merkt auf! Die Zeit ist sonderbar,
Und sonderbare Kinder hat sie: Uns!
Wer allzusehr verliebt ist in das Süße,
Erträgt uns nicht, denn unsre Art ist herb,
Und unsre Unterhaltung wunderlich.
»Schlagt eine kleine Bühne auf im Zimmer,
Denn die Haustochter will Theater spielen!«
Meint ihr, sie wird als kleine Muse kommen,
Mit offnem Haar, und in den bloßen Armen
Wird eine leichte goldne Leier liegen?
Meint ihr, als Schäferin, ein weißes Lamm
Am blauen Seidenband und auf den Lippen
Ein Lächeln, süß und billig wie die Reime
In Schäferspielen? Auf! und geht hinaus!
Geht fort, ich bitt euch, wenn ihr das erwartet!
Ihr könnt uns nicht ertragen, wir sind anders!
Wir haben aus dem Leben, das wir leben,
Ein Spiel gemacht, und unsere Wahrheit gleitet
Mit unserer Komödie durcheinander
Wie eines Taschenspielers hohle Becher –
Je mehr ihr hinseht, desto mehr betrogen!
Wir geben kleine Fetzen unsres Selbst
Für Puppenkleider. Wie die wahren Worte
(An denen Lächeln oder Tränen hängen
Gleich Tau an einem Busch mit rauhen Blättern)
Erschrecken müssen, wenn sie sich erkennen,
In dieses Spiel verflochten, halb geschminkt,
Halb noch sich selber gleich, und so entfremdet
Der großen Unschuld, die sie früher hatten!
Ward je ein so verworrnes Spiel gespielt?
Es stiehlt uns von uns selbst und ist nicht lieblich
Wie Tanzen oder auf dem Wasser Singen,
Und doch ist es das reichste an Verführung

Von allen Spielen, die wir Kinder wissen,
Wir Kinder dieser sonderbaren Zeit.
Was wollt ihr noch? So sind wir nun einmal.
Doch wollt ihr wirklich solche Dinge hören,
Bleibt immerhin! Wir lassen uns nicht stören.

ZUM GEDÄCHTNIS
DES SCHAUSPIELERS MITTERWURZER

Er losch auf einmal aus so wie ein Licht.
Wir trugen alle wie von einem Blitz
Den Widerschein als Blässe im Gesicht.

Er fiel: da fielen alle Puppen hin,
In deren Adern er sein Lebensblut
Gegossen hatte; lautlos starben sie,
Und wo er lag, da lag ein Haufen Leichen,

Wüst hingestreckt: das Knie von einem Säufer
In eines Königs Aug gedrückt, Don Philipp
Mit Caliban als Alp um seinen Hals,
Und jeder tot.

Da wußten wir, wer uns gestorben war:
Der Zauberer, der große, große Gaukler!
Und aus den Häusern traten wir heraus
Und fingen an zu reden, wer er war.
Wer aber war er, und wer war er nicht?

Er kroch von einer Larve in die andre,
Sprang aus des Vaters in des Sohnes Leib
Und tauschte wie Gewänder die Gestalten.

Mit Schwertern, die er kreisen ließ so schnell,
Daß niemand ihre Klinge funkeln sah,
Hieb er sich selbst in Stücke: Jago war
Vielleicht das eine, und die andre Hälfte
Gab einen süßen Narren oder Träumer.
Sein ganzer Leib war wie der Zauberschleier,
In dessen Falten alle Dinge wohnen:
Er holte Tiere aus sich selbst hervor:
Das Schaf, den Löwen, einen dummen Teufel

Und einen schrecklichen, und den, und jenen,
Und dich und mich. Sein ganzer Leib war glühend,
Von innerlichem Schicksal durch und durch
Wie Kohle glühend, und er lebte drin
Und sah auf uns, die wir in Häusern wohnen,
Mit jenem undurchdringlich fremden Blick
Des Salamanders, der im Feuer wohnt.

Er war ein wilder König. Um die Hüften
Trug er wie bunte Muscheln aufgereiht
Die Wahrheit und die Lüge von uns allen.
In seinen Augen flogen unsre Träume
Vorüber, wie von Scharen wilder Vögel
Das Spiegelbild in einem tiefen Wasser.

Hier trat er her, auf ebendiesen Fleck,
Wo ich jetzt steh, und wie im Tritonshorn
Der Lärm des Meeres eingefangen ist,
So war in ihm die Stimme alles Lebens:
Er wurde groß. Er war der ganze Wald,
Er war das Land, durch das die Straßen laufen.
Mit Augen wie die Kinder saßen wir
Und sahn an ihm hinauf wie an den Hängen
Von einem großen Berg: in seinem Mund
War eine Bucht, drin brandete das Meer.

Denn in ihm war etwas, das viele Türen
Aufschloß und viele Räume überflog:
Gewalt des Lebens, diese war in ihm.
Und über ihn bekam der Tod Gewalt!
Blies aus die Augen, deren innrer Kern
Bedeckt war mit geheimnisvollen Zeichen,
Erwürgte in der Kehle tausend Stimmen
Und tötete den Leib, der Glied für Glied
Beladen war mit ungebornem Leben.

Hier stand er. Wann kommt einer, der ihm gleicht?
Ein Geist, der uns das Labyrinth der Brust

Bevölkert mit verständlichen Gestalten,
Erschließt aufs neu zu schauerlicher Lust?
Die er uns gab, wir konnten sie nicht halten

Und starren nun bei seines Namens Klang
Hinab den Abgrund, der sie uns verschlang.

AUF DEN TOD
DES SCHAUSPIELERS HERMANN MÜLLER

Dies Haus und wir, wir dienen einer Kunst,
Die jeden tiefen Schmerz erquicklich macht
Und schmackhaft auch den Tod.

Und er, den wir uns vor die Seele rufen,
Er war so stark! Sein Leib war so begabt,
Sich zu verwandeln, daß es schien, kein Netz
Vermöchte ihn zu fangen! Welch ein Wesen!

Er machte sich durchsichtig, ließ das Weiße
Von seinem Aug die tiefste Heimlichkeit,
Die in ihm schlief, verraten, atmete
Die Seele der erdichteten Geschöpfe
Wie Rauch in sich und trieb sie durch die Poren
Von seinem Leib ans Tageslicht zurück.
Er schuf sich um und um, da quollen Wesen
Hervor, kaum menschlich, aber so lebendig –
Das Aug bejahte sie, ob nie zuvor
Dergleichen es geschaut: ein einzig Blinzeln,
Ein Atemholen zeugte, daß sie waren
Und noch vom Mutterleib der Erde dampften!
Und Menschen! Schließt die Augen, denkt zurück!
Bald üppige Leiber, drin nur noch im Winkel
Des Augs ein letztes Fünkchen Seele glost,
Bald Seelen, die um sich, nur sich zum Dienst
Ein durchsichtig Gehäus, den Leib, erbauen:
Gemeine Menschen, finstre Menschen, Könige,
Menschen zum Lachen, Menschen zum Erschaudern –
Er schuf sich um und um: da standen sie.

Doch wenn das Spiel verlosch und sich der Vorhang
Lautlos wie ein geschminktes Augenlid
Vor die erstorbne Zauberhöhle legte

Und er hinaustrat, da war eine Bühne
So vor ihm aufgetan wie ein auf ewig
Schlafloses aufgerißnes Aug, daran
Kein Vorhang je mitleidig niedersinkt:
Die fürchterliche Bühne Wirklichkeit.
Da fielen der Verwandlung Künste alle
Von ihm, und seine arme Seele ging
Ganz hüllenlos und sah aus Kindesaugen.
Da war er in ein unerbittlich Spiel
Verstrickt, unwissend, wie ihm dies geschah;
Ein jeder Schritt ein tiefrer als der frühere
Und unerbittlich jedes stumme Zeichen:
Das Angesicht der Nacht war mit im Bund,
Der Wind im Bund, der sanfte Frühlingswind,
Und alle gegen ihn! Nicht den gemeinen,
Den zarten Seelen stellt das dunkle Schicksal
Fallstricke dieser Art. Dann kam ein Tag,
Da hob er sich und sein gequältes Auge
Erfüllte sich mit Ahnung und mit Traum,
Und festen Griffs, wie einen schweren Mantel,
Warf er das Leben ab und achtete
Nicht mehr denn Staub an seines Mantels Saum
Die nun in nichts zerfallenden Gestalten.

So denkt ihn. Laßt ehrwürdige Musik
Ihn vor euch rufen, ahnet sein Geschick,
Und mich laßt schweigen, denn hier ist die Grenze,
Wo Ehrfurcht mir das Wort im Mund zerbricht.

PROLOG ZU EINER NACHTRÄGLICHEN GEDÄCHTNISFEIER FÜR GOETHE AM BURGTHEATER ZU WIEN, DEN 8. OKTOBER 1899

Goethes gedenken! Wie, bedarfs dazu
Besondern Tages? Braucht es da ein Fest?
Sein zu gedenken, der aus seinem Bann
Nie unsern Geist, nie unsre Brust entläßt!
Wem müßte erst ein aufgeschmückter Tag
Den Namen in die dumpfen Sinne rufen!
Auch ist der Rede hier kein Raum gewährt:
Denn dies sind eines hohen Tempels Stufen,
Und festlich sei hier jedes Tages Werk.

So fliege denn der Vorhang auf und gebe
Euch seine eigne bunte Welt zur Lust
Und lasse wirken, was gebildet ward,
Auf euch, die ihr nicht minder seid Gebilde:
Denn wer sitzt hier im atemlosen Saal,
Der abzutun vermag von seiner Seele
Des Geistes heimlich bildende Gewalt?
Wie er den Faust schuf und den wackern Götz
Und jenes Bürgerkind im engen Haus
Und rings um sie das frische deutsche Land:
So schuf er mit nicht schwächrer Zauberhand
An eures Herzens Herz in tausend Nächten,
Schuf an den Schauern eurer Einsamkeit,
An allen Abgründen, an allen Prächten,
An allen Wünschen, die durch eure Glieder,
Von Phantasie genährt, sich glühend wühlen,
An aller Sternenruh und Wolkenhöh,
Die geisterreich das glühnde Aug euch kühlen:
Wart ihr allein, so war doch er bei euch,
Er war die Luft, die euch zu atmen gönnet,
Daß ihr mit Macht, mit Kühnheit, mit Genuß
Hinwandeln an des Daseins Klüften könnet.
Und tratet ihr zu Menschen wieder ein –

Empfandet ihr im menschlichen Gewühl,
In jedem würdig fruchtbaren Verein,
Nicht seines Daseins schwebend Nachgefühl?
Die Männer und die Frauen unsrer Zeit,
Wir haben sie von ihm gelernt zu lieben:
Wie dürftig wäre diese Welt geblieben,
Hätt er sie nicht im voraus uns geweiht!

Nun halten wir, ein neu-heraufgekommen
Lebendiges Geschlecht, die weite Erde:
Und da wir atmen, heißts uns Gegenwart.
Ein jeder unsrer Schritte ist ein tiefrer.
Aus Busch und Höhle tönen unerhörte
Geheimnisvolle Fragen uns ans Ohr.
Wir sind der Schlacht nicht sicher, die wir schlagen,
Und zweifelhaft blinkt uns der Krone Gold,
Die wir erwerben sollen, wenn wir siegen.
Wir lassen manchmal alle Hände aus
Und lösen unsern Blick aus der Verschlingung
Der Menschenblicke, und wir lassen ihn
Am harten nächtlichen Gewölb des Himmels
Hingleiten, wie ein Irrgewordner tut.
Dann redet er zu uns, aus seinen Büchern
Oder aus unserm eignen Innern oder
Aus einem Bach, der murmelt, oder hier!
Gewaltig ist die Hand der Gegenwart –
Doch Gegenwart auch er! In unsern Wipfeln
Das Rauschen seines Geists, in unsern Träumen
Der Spiegel seines Auges! Goethe! Goethe!

Welch Zauberwort, von dem ein starker Schein
In dieses Daseins großes Dunkel fällt:
Er trat einmal in diese Welt herein,
Nun treten wir vielmehr in seine Welt
Und weiden uns am Leben der Gestalten,
Draus sich ein ungeschwächter Hauch erneut,
Und fühlen, wie sie ganz die Kraft enthalten,
Davon er etwas auch in uns gestreut:

Und dieses regt sich uns im tiefsten Kerne,
Wir glühen, tausendäugig, tausendhändig,
Und die Geschöpfe von dem schönsten Sterne,
Sie werden uns, an ihnen wir lebendig!

VERSE ZUM GEDÄCHTNIS
DES SCHAUSPIELERS JOSEF KAINZ

O hätt ich seine Stimme, hier um ihn
Zu klagen! Seinen königlichen Anstand,
Mit meiner Klage dazustehn vor euch!
Dann wahrlich wäre diese Stunde groß
Und Glanz und Königtum auf mir, und mehr
Als Trauer: denn dem Tun der Könige
Ist Herrlichkeit und Jubel beigemengt,
Auch wo sie klagen und ein Totenfest begehn.

O seine Stimme, daß sie unter uns
Die Flügel schlüge! – Woher tönte sie?
Woher drang dies an unser Ohr? Wer sprach
Mit solcher Zunge? Welcher Fürst und Dämon
Sprach da zu uns? Wer sprach von diesen Brettern
Herab? Wer redete da aus dem Leib
Des Jünglings Romeo, wer aus dem Leib
Des unglückseligen Richard Plantagenet
Oder des Tasso? Wer?
Ein Unverwandelter in viel Verwandlungen,
Ein niebezauberter Bezauberer,
Ein Ungerührter, der uns rührte, einer,
Der fern war, da wir meinten, er sei nah,
Ein Fremdling über allen Fremdlingen,
Einsamer über allen Einsamen,
Der Bote aller Boten, namenlos
Und Bote eines namenlosen Herrn.
Er ist an uns vorüber. Seine Seele
War eine allzu schnelle Seele, und
Sein Aug glich allzusehr dem Aug des Vogels.
Dies Haus hat ihn gehabt – doch hielt es ihn?
Wir haben ihn gehabt – er fiel dahin,
Wie unsre eigne Jugend uns entfällt,
Grausam und prangend gleich dem Wassersturz.

O Unrast! O Geheimnis, offenkundiges
Geheimnis menschlicher Natur! O Wesen,
Wer warest du? O Schweifender! O Fremdling!
O nächtlicher Gespräche Einsamkeit
Mit deinen höchst zufälligen Genossen!
O starrend tiefe Herzenseinsamkeit!
O ruheloser Geist! Geist ohne Schlaf!
O Geist! O Stimme! Wundervolles Licht!
Wie du hinliefest, weißes Licht, und rings
Ins Dunkel aus den Worten dir Paläste
Hinbautest, drin für eines Herzschlags Frist
Wir mit dir wohnten – Stimme, die wir nie
Vergessen werden – o Geschick – o Ende –
Geheimnisvolles Leben! Dunkler Tod!
O wie das Leben um ihn rang und niemals
Ihn ganz verstricken konnte ins Geheimnis
Wollüstiger Verwandlung! Wie er blieb!
Wie königlich er standhielt! Wie er schmal,
Gleich einem Knaben, stand! O kleine Hand
Voll Kraft, o kleines Haupt auf feinen Schultern,
O vogelhaftes Auge, das verschmähte,
Jung oder alt zu sein, schlafloses Aug,
O Aug des Sperbers, der auch vor der Sonne
Den Blick nicht niederschlägt, o kühnes Aug,
Das beiderlei Abgrund gemessen hat,
Des Lebens wie des Todes – Aug des Boten!
O Bote aller Boten, Geist! Du Geist!
Dein Bleiben unter uns war ein Verschmähen,
Fortwollender! Enteilter! Aufgeflogener!

Ich klage nicht um dich. Ich weiß jetzt, wer du warst,
Schauspieler ohne Maske du, Vergeistiger,
Du bist empor, und wo mein Auge dich
Nicht sieht, dort kreisest du, dem Sperber gleich,
Dem Unzerstörbaren, und hältst in Fängen
Den Spiegel, der ein weißes Licht herabwirft,
Weißer als Licht der Sterne: dieses Lichtes
Bote und Träger bist du immerdar,

Und als des Schwebend-Unzerstörbaren
Gedenken wir des Geistes, der du bist.

O Stimme! Seele! aufgeflogene!

GEDICHTE II

KLEINE BLUMEN...

Kleine Blumen, kleine Lieder,
Heller Klang und bunte Pracht,
Blumen, die ich nicht gezogen,
Lieder, die ich nicht erdacht: –
Und ich selber hätte nichts,
Dir zu bringen, Dir zu danken,
Sollte heute, heute schweigen?
Ach, was mein war, die Gedanken,
Sind ja längst, schon längst Dein Eigen.

WAS IST DIE WELT?

Was ist die Welt? Ein ewiges Gedicht,
Daraus der Geist der Gottheit strahlt und glüht,
Daraus der Wein der Weisheit schäumt und sprüht,
Daraus der Laut der Liebe zu uns spricht

Und jedes Menschen wechselndes Gemüt,
Ein Strahl ists, der aus dieser Sonne bricht,
Ein Vers, der sich an tausend andre flicht,
Der unbemerkt verhallt, verlischt, verblüht.

Und doch auch eine Welt für sich allein,
Voll süß-geheimer, nievernommner Töne,
Begabt mit eigner, unentweihter Schöne,

Und keines Andern Nachhall, Widerschein.
Und wenn du gar zu lesen drin verstündest,
Ein Buch, das du im Leben nicht ergründest.

DEN PESSIMISTEN
GHASEL

Solang uns Liebe lockt mit Lust und Plagen,
Solang Begeistrung wechselt und Verzagen,
Solange wird auf Erden nicht die Zeit,
Die schreckliche, die dichterlose tagen:
Solang in tausend Formen Schönheit blüht,
Schlägt auch ein Herz, zu singen und zu sagen,
Solang das Leid, das ewge, uns umflicht,
Solange werden wirs in Tönen klagen,
Und es erlischt erst dann der letzte Traum,
Wenn er das letzte Herz zu Gott getragen!

FRAGE

Merkst du denn nicht, wie meine Lippen beben?
Kannst du nicht lesen diese bleichen Züge,
Nicht fühlen, daß mein Lächeln Qual und Lüge,
Wenn meine Blicke forschend dich umschweben?

Sehnst du dich nicht nach einem Hauch von Leben,
Nach einem heißen Arm, dich fortzutragen
Aus diesem Sumpf von öden, leeren Tagen,
Um den die bleichen, irren Lichter weben?

So las ich falsch in deinem Aug, dem tiefen?
Kein heimlich Sehnen sah ich heiß dort funkeln?
Es birgt zu deiner Seele keine Pforte

Dein feuchter Blick? Die Wünsche, die dort schliefen,
Wie stille Rosen in der Flut, der dunkeln,
Sind, wie dein Plaudern: seellos... Worte, Worte?

»SUNT ANIMAE RERUM«
THOMAS VON AQUINO

Ein gutes Wort mußt du im Herzen tragen,
Und seinen Wert enthüllt dir eine Stunde:
Stets dringt dein Aug nicht nach des Meeres Grunde,
An trüben tiefer als an hellen Tagen.

Zuweilen gibt ein lichter Blick dir Kunde
Von Herzen, die in toten Dingen schlagen,
Und wenn du nur verstehest recht zu fragen,
Erfährst du manches auch aus stummem Munde.

Drum flieh aus deinem Selbst, dem starren, kalten,
Des Weltalls Seele dafür einzutauschen,
Laß dir des Lebens wogende Gewalten,

Genuß und Qualen, durch die Seele rauschen,
Und kannst du eine Melodie erlauschen,
So strebe, ihren Nachhall festzuhalten!

FRONLEICHNAM

Von Glockenschall, von Weihrauchduft umflossen,
Durchwogt die Straßen festliches Gepränge
Und lockt ringsum ein froh bewegt Gedränge
An alle Fenster, – deines bleibt geschlossen.

So hab auch ich der Träume bunte Menge,
Der Seele Inhalt, vor dir ausgegossen:
Du merktests kaum, da schwieg ich scheu-verdrossen,
Und leis verweht der Wind die leisen Klänge.

Nimm dich in acht: ein Tag ist schnell entschwunden,
Und leer und öde liegt die Straße wieder;
Nimm dich in acht: mir ahnt, es kommen Stunden,

Da du ersehnest die verschmähten Lieder:
Heut tönt dir, unbegehrt, vielstimmiger Reigen,
Wenn einst du sein begehrst, wird er dir schweigen.

FÜR MICH...
GHASEL

Das längst Gewohnte, das alltäglich Gleiche,
Mein Auge adelt mirs zum Zauberreiche:
Es singt der Sturm sein grollend Lied für mich,
Für mich erglüht die Rose, rauscht die Eiche.
Die Sonne spielt auf goldnem Frauenhaar
Für mich – und Mondlicht auf dem stillen Teiche.
Die Seele les ich aus dem stummen Blick,
Und zu mir spricht die Stirn, die schweigend bleiche.
Zum Traume sag ich: »Bleib bei mir, sei wahr!«
Und zu der Wirklichkeit: »Sei Traum, entweiche!«
Das Wort, das Andern Scheidemünze ist,
Mir ists der Bilderquell, der flimmernd reiche.
Was ich erkenne, ist mein Eigentum,
Und lieblich locket, was ich nicht erreiche.
Der Rausch ist süß, den Geistertrank entflammt,
Und süß ist die Erschlaffung auch, die weiche.
So tiefe Welten tun sich oft mir auf,
Daß ich drein glanzgeblendet, zögernd schleiche,
Und einen goldnen Reigen schlingt um mich
Das längst Gewohnte, das alltäglich Gleiche.

SIEHST DU DIE STADT?

Siehst du die Stadt, wie sie da drüben ruht,
Sich flüsternd schmieget in das Kleid der Nacht?
Es gießt der Mond der Silberseide Flut
Auf sie herab in zauberischer Pracht.

Der laue Nachtwind weht ihr Atmen her,
So geisterhaft, verlöschend leisen Klang:
Sie weint im Traum, sie atmet tief und schwer,
Sie lispelt, rätselvoll, verlockend bang...

Die dunkle Stadt, sie schläft im Herzen mein
Mit Glanz und Glut, mit qualvoll bunter Pracht:
Doch schmeichelnd schwebt um dich ihr Widerschein,
Gedämpft zum Flüstern, gleitend durch die Nacht.

STURMNACHT

Die Sturmnacht hat uns vermählt
In Brausen und Toben und Bangen:
Was unsre Seelen sich lange verhehlt,
Da ists uns aufgegangen.

Ich las so tief in deinem Blick
Beim Strahl vom Wetterleuchten:
Ich las darin mein flammend Glück,
In seinem Glanz, dem feuchten.

Es warf der Wind dein duftges Haar
Mir spielend um Stirn und Wangen,
Es flüsterte lockend die Wellenschar
Von heißem tiefem Verlangen.

Die Lippen waren sich so nah,
Ich hielt dich fest umschlungen;
Mein Werben und dein stammelnd Ja,
Die hat der Wind verschlungen...

VERSE, AUF EINE BANKNOTE GESCHRIEBEN

Was ihr so Stimmung nennt, das kenn ich nicht
Und schweige still, wenn einer davon spricht.
Kann sein, daß es ein Frühlingswogen gibt,
Wo Vers an Vers und Bild an Bild sich flicht,
Wenns tief im Herzen glüht und schäumt und liebt...
Mir ward es nie so gut. Wie Schaum zerstiebt

Im Sonnenlicht mir jede Traumgestalt,
Ein dumpfes Beben bleibt von der Gewalt
Der Melodie, die ich im Traum gehört;
Sie selber ist verloren und verhallt,
Der Duft verweht, der Farbenschmelz zerstört,
Und ich vom Suchen matt, enttäuscht, verstört.

Doch manchmal, ohne Wunsch, Gedanke, Ziel,
Im Alltagstreiben, mitten im Gewühl
Der Großstadt, aus dem tausendstimmgen Chor,
Dem wirren Chaos, schlägt es an mein Ohr
Wie Märchenklang, waldduftig, nächtigkühl,
Und Bilder seh ich, nie geahnt zuvor.

Das Nichts, der Klang, der Duft, er wird zum Keim,
Zum Lied, geziert mit flimmernd buntem Reim,
Das ein paar Tage im Gedächtnis glüht...
Mit einem Strauß am Fenstersims verblüht
In meines Mädchens duftig engem Heim...
Beim Wein in einem Trinkspruch flüchtig sprüht...

So faß ich der Begeistrung scheues Pfand
Und halt es fest, zuweilen bunten Tand,
Ein wertlos Spielzeug, manchmal – selten – mehr,
Und schreibs, wo immer, an der Zeitung Rand,
Auf eine leere Seite im Homer,
In einen Brief – (es wiegt ja selten schwer)...

Ich schrieb auch schon auf eine Gartenbank,
Auf einen Stein am Quell, daraus sie trank,
Auf bunte Schleifen buntre Verse schier,
Auf einer Birke Stamm, weißschimmernd, blank,
Und jüngst auf ein zerknittert Stück Papier
Mit trockner Inschrift, krauser Schnörkelzier:

Ein Fetzen Schuld, vom Staate aufgehäuft,
Wie's tausendfach durch aller Hände läuft,
Dem einen Brot, dem andern Lust verschafft,
Und jenem Wein, drin er den Gram ersäuft;
Gesucht mit jedes erster, letzter Kraft,
Mit List, in Arbeit, Qualen, Leidenschaft.

Und wie von einem Geisterblitz erhellt,
Sah ich ein reich Gedränge, eine Welt.
Kristallklar lag der Menschen Sein vor mir,
Ich sah das Zauberreich, des Pforte fällt
Vor der verfluchten Formel hier,
Des Reichtums grenzlos, üppig Jagdrevier.

Der Bücher dacht ich, tiefer Weisheit schwer,
Entrungen aus des Lebens Qualenmeer,
Der Töne, aus der Sphären Tanz erlauscht,
Der Bilder Farbenglut, Gestaltenheer,
Der Becher Weins, daraus Begeistrung rauscht,
All' für das Zauberblättchen eingetauscht.

Der harten Arbeit untertän'ge Kraft,
Erlogner Liebe Kuß und Leidenschaft,
Die Jubelhymne und des Witzes Pfeil,
Was Kunst und was Natur im Wettkampf schafft,
Feil! alles feil! die Ehre selber feil!
Um einen Schein, geträumter Rechte Teil!

Und meiner Verse Schar, so tändelnd schal,
Auf diesem Freibrief grenzloser Qual,
Sie schienen mir wie Bildwerk und Gezweig
Auf einer Klinge tödlich blankem Stahl...
— —

GÜLNARE

I

Schimmernd gießt die Ampel Dämmerwogen um dich her,
Leise kommt der Orchideen Duft geflogen um dich her
Aus den bunten, schlanken Vasen; und der Spiegel streut die Strahlen,
Die er, wo der Schimmer hinfällt, aufgesogen, um dich her.
Auf dem Teppich, dir zu Füßen, spielt der Widerschein des Feuers,
Zeichnet tanzend helle Kreise, Flammenbogen um dich her;
Und die Uhr auf dem Kamine, die barocke, zierlich steife,
Tickt die Zeit, die süßverträumte, wohlgewogen um dich her.

II

Und die Melodie der Farben und der reichen Formen Reigen
Schlingt sich lautlos, schönheittrunken um dein Träumen und dein Schweigen.
Märchenhaft ist deine Schönheit, märchenhaft und fremd und blendend,
Wie die goldnen Arabesken, die sich funkelnd rings verzweigen,
Und sie schwebt auf lichten Wolken, erdenfremd und sorglos lächelnd,
Wie die Amoretten, die sich von der Decke niederneigen.
Nur die Liebe fehlt dem Märchen, die das Schönste doch im Märchen:
Laß es mich zu Ende dichten, gib dich, Märchen, mir zu eigen.

GEDANKENSPUK

»Könnten wir die Historie loswerden«
Friedrich Nietzsche

Vernichtunglodernd,
Tödlich leuchtend,
Lebenversengend
Glüht uns im Innern
Flammender Genius.
Aber es schützt uns
Vor dem Verglimmen
Kühlenden Unkrauts dichte Decke,
Die unser Herz feucht wuchernd umspinnt:
Gewohnheit und gedankenlose
Lust am Leben,
Und tröstende Lüge,
Und süßer Selbstbetrug,
Und trauliches Dämmern
Von heut auf morgen...
Wir tragen im Innern
Leuchtend die Charis,
Die strahlende Ahnung der Kunst.
Aber die Götter haben sie tückisch
Mit dem Hephästos vermählt:
Dem schmierigen Handwerk,
Der hinkenden Plage,
Der humpelnden, keuchenden Unzulänglichkeit.
Wir tragen im Innern
Den Träumer Hamlet, den Dänenprinzen,
Den schaurig klugen,
Den Künstler der Lebensverneinung,
Der den Schrei der Verzweiflung noch geistreich umrankt
                              mit funkelndem Witz.
Aber bei ihm sitzt
In unserer Seele enger Zelle
Mit blödem Mönchsfleiß,
Und emsig das Leben bejahend,
Gräber schaufelnd der schmerzenden Wahrheit,

Gräber von Büchern, Worten, Staub,
Der eignen Beschränktheit in Ehren froh,
Ein lallender Kobold: der deutsche Professor...
Wir tragen im Innern den Faust, den Titanen,
Und Sganarelle, die Bedientenseele,
Den weinenden Werther – und Voltaire, den Zweifler,
Und des Propheten gellenden Wehruf
Und das Jauchzen schönheittrunkner Griechen:
Die Toten dreier Jahrtausende,
Ein Bacchanal von Gespenstern.
Von andern ersonnen, von andern gezeugt,
Fremde Parasiten,
Anempfunden,
Krank, vergiftet. –
Sie wimmern, sie fluchen, sie jauchzen, sie streiten:
Was wir reden, ist heisrer Widerhall
Ihres gellenden Chors.
Sie zanken wie taumelnde Zecher
Uns zur Qual!
Aber es eint sie die Orgie
Uns zur Qual!
Sie trinken aus unsrem Schädel
Jauchzend den Saft unsres Lebens –
Sie ranken sich erstickend,
Zischende Schlangen,
Um unser Bewußtsein –
Sie rütteln am ächzenden Baum unsres Glücks
Im Fiebersturm –
Sie schlagen mit knochigen Händen
An unsrer Seele bebende Saiten –
Sie tanzen uns zu Tode!
Ihr wirbelnder Reigen wühlt die Welle auf.
Die Lebenswelle, die Todeswelle,
Bis sie die Dämme brandend zersprenget
Und die Gespenster verschlinget
Und uns mit ihnen...
Und sich über unsre Qualen breitet
Ein schweigender, kühlender Mantel:
Nacht...– – – !

VERHEISSUNG

Fühlst Du durch die Winternacht
Durch der kalten Sternlein Zittern
Durch der Eiskristalle Pracht
Wie sie flimmern und zersplittern,
Fühlst nicht nahen laue Mahnung,
Keimen leise Frühlingsahnung?

Drunten schläft der Frühlingsmorgen
Quillt in gährenden Gewalten
Und, ob heute noch verborgen,
Sprengt er rings das Eis in Spalten:
Und in wirbelnd lauem Wehen
Braust er denen, die's verstehen.

Hörst Du aus der Worte Hall,
Wie sie kühn und trotzig klettern
Und mit jugendlichem Prall
Klirrend eine Welt zerschmettern:
Hörst Du nicht die leise Mahnung,
Warmen Lebensfrühlings Ahnung?

DENKMAL-LEGENDE

ZUM GRILLPARZER-GEDENKTAGE
(15. JÄNNER 1891)

I

Der Mann sitzt dort am Weg schon lang, so lang;
Und ich bin so müd, und ich schliche so gern mich fort,
Und es hält mich sein Blick mit leisem, festem Zwang
Und mir ist, als müßt ich ihm sagen ein Wort... und mir
                                                          fehlt das Wort!

Es dämmert. Draußen klirrt und rauscht die Stadt.
Die Steine qualmen. Es ist dumpf und schwül.
Der Werktag geht zur Neige, schlurfenden Schritts und
                                                          matt.
Hier aber, im Garten, ists leer und feucht und kühl.

Jetzt steht er auf, der hagre alte Mann.
Nein, nein, noch nicht... Was schläft nur in den Augen,
Den müdverschleierten... mich hält ihr Bann...
Daß sie die Kraft mir aus der Seele saugen?

So dämmern Augen, die der Tod umschleiert,
Der langsame, der aus dem Leben quillt,
Indes das Lied der Welt Entsagung leiert
Und Ekel flutend durch die Seele schwillt.

So zucken Lippen, wenn die Seele schreit,
Nach einem Rausch, einem Glück, einem Glanz!
Und was in mir schläft, verklungen, weit, so weit,
Das regt sich erwachend in schmerzlichem Tanz.

So zucken Lippen, wenn zu oft betrogen
Mißtrauisch jedes Wort im Innern lauert,
Wenn, die einst flügelschlagend ausgeflogen,
Die Seele frierend jetzt zusammenkauert.

Setz dich zu ihm und hör dem Atmen zu,
Wie das gepreßt, verschüchtert durch die Brust ihm
                                                     schleicht,
Doch stör ihn nicht, er sehnt sich so nach Ruh...
Und nah ihm leise, er mißtraut dir leicht...

II

Kennt ihr den Mann? Nicht wahr, ihr kennt ihn nicht?
Den alten Mann mit seiner scheuen Pein,
Und doch trägt dies selbe vergrämte Gesicht
Der eure auch, gehauen aus weißem Stein.

Doch um ihn schimmert, den er tönend schuf,
Der marmorweißen Geisteskinder Chor,
Und seines Genius reichumkränzter Ruf
Schlägt tausendzüngig heut an jedes Ohr.

Das ist, was wahllos diese Welt verleiht,
Was tosend durch das Reich der Zeiten wallt;
Des Namens hallende Unsterblichkeit,
Wie Erz so unvergänglich und so kalt.

Der Name, den der Enkel sinnlos nennt,
Wie wir Vergangnes sinnlos mit uns tragen,
Der Formelwahn, der ehrt, was er nicht kennt:
Das könnt ihr geben, das könnt ihr versagen.

Doch was mich rührt und mich verwandt ergreift,
Wobei mir unbewußt die Tränen kamen,
Was dämmernd mir vertraut im Innern reift:
Das lebt, und wüßt auch keiner seinen Namen.

Aus unsern eignen Schmerzen sprichts uns an,
Mitleidend können wir auch mitverstehen:
Das ist mein Wort für jenen alten Mann:
Es lebt der Schmerz, der Marmor wird vergehen.

SÜNDE DES LEBENS

Wie die Lieder wirbelnd erklingen!
Wie sie fiedeln, zwitschern und singen!
Wie aus den Blicken die Funken springen!
Wie sich die Glücklichen liebend umschlingen!
    Jauchzend und schrankenlos,
    Sorglos, gedankenlos
    Dreht sich der Reigen,
    Der Lebensreigen. –
    Ich muß schweigen,
    Kann mich nicht freuen,
    Mir ist so angst...

Finster am Bergesrand
Wandelt die Wolke,
Hebt sich des Herren Hand
Dräuend dem Volke:
Und meine Augen, sie sehens alleine,
Und meine Sorgen verstehens alleine...
Es fiel auf mich in der schweigenden Nacht,
Und es läßt mich nicht los,
Wie dumpfer hallender Glockenlaut,
Es folgt mir durch die Frühlingspracht,
Ich hör es durch der Wellen Getos:
Ich habe den Frevel des Lebens geschaut!

Ich sah den Todeskeim, der aus dem Leben sprießt,
Das Meer von Schuld, das aus dem Leben fließt,
Ich sah die Fluten der Sünden branden,
Die wir ahnungslos begehen,
Weil wir andere nicht verstanden,
Weil uns andere nicht verstehen.

O flöge mein Wort von Haus zu Haus,
Dröhnend wie eherne Becken,
Gellend durch das Alltagsgebraus,
Die Welt aus dem Taumel zu wecken,
Mit bebendem Halle
Zu fragen euch alle:

    Dichter im Lorbeerkranz,
    Betrogner Betrüger,
    Wärmt dich dein Ruhmesglanz,
    Macht er dich klüger?!
    Deuten willst du das dämmernde Leben,
    Im Herzen erlösen das träumende Streben?

    Kannst du denn noch verstehen,
    Was du selber gestern gedacht,
    Kannst du noch einmal fühlen
    Den Traum der letzten Nacht?
    Wenn deine Seele weinet,
    Weißt du denn auch warum?
    Dir ahnt und dünkt und scheinet, –
    Oh, bleibe lieber stumm.

Denn was dein Geist, von Glut durchzuckt, gebar,
Eh dus gestaltet, ists schon nicht mehr wahr.
Es ward dir fremd, du kannst es nicht mehr halten,
Kennst nicht seine tötenden Gewalten:

    Endlose Kreise
    Ziehet das leise
    Unsterbliche Wort,
    Fort und fort.

Wie es tausendfach gedeutet
Irrlichtgleich die Welt verleitet,
Schmeichelnd die Seelen betöret,
Tobend die Seelen zerstöret,
Ewig seine Form vertauschend,

Durch die Zeiten vorwärtsrauschend,
Nachempfunden, nachgehallt,
Seellos wogt und weiterwallt,
Ewig unverstanden taumelt,
Ruh- und friedlos immerzu,
Deines Geists verfluchtes Kind,
Unsterblich wie du!

Gatte der jungen Frau,
Hast du es auch bedacht,
Als um dich liebelau
Rauschte die erste Nacht,
Als du sie glühend an dich drücktest,
Daß du vielleicht ihre Seele ersticktest?
Daß vielleicht, was in ihr schlief,
Nach einem Andern angstvoll rief,
Um dens ihr unbezwinglich bangte,
Nach dem ihr ganzes Sein verlangte?

Daß dein Umfangen vielleicht ein Zerbrechen,
Daß dein Recht vielleicht ein Verbrechen?...

   Nimm dich in acht!
   Seltsame Kreise
   Spinnen sich leise
   Aus klagenden Augen
   Und sie saugen
   An deinem Glück!
   Einen Andern
   Hätten die Kreise
   Golden umgeben,
   Kraft ihm entzündend,
   Liebe verkündend;
   Dich aber quälen sie,
   Schweigend erzählen sie
   Dir von Entbehrung,
   Die du verschuldet hast,
   Dir von Entehrung,

Die du geduldet hast,
Und von Wünschen, unerfüllbar,
Und von Sehnsucht, die unstillbar
Ihr betrognes Herz durchbebt,
Wie die Ahnung des Verlornen,
Die um blasse Kinderwangen
Und um frühverwelkte Blumen
Traurig und verklärend webt.

Reicher im goldnen Haus,
Fühlst du kein Schauern?
Dringt nicht ein Stimmgebraus
Dumpf durch die Mauern?
Die da draußen frierend lungern,
Dich zu berauschen, müssen sie hungern,
Ihre gierigen Blicke suchen dich,
Ihre blassen Lippen verfluchen dich,
Und ihr Hirn mit dumpfem, dröhnendem Schlag,
Das schmiedet, das schmiedet den kommenden Tag.

Priester, du willst die Seele erkennen,
Willst Gesundes vom Kranken trennen,
Irrt dein Sinn oder lügt dein Mund?
Was ist krank?! Was ist gesund?!

Richter, eh du den Stab gebrochen,
Hat keine Stimme in dir gesprochen:
Ist das Gute denn nicht schlecht?
Ist das Unrecht denn nicht Recht?

Mensch, eh du einen Glauben verwarfst,
Weißt du denn auch, ob du es darfst?
Wärest du tief genug nur gedrungen,
Wär dir derselbe Quell nicht entsprungen?

Keiner ahnet, was er verbricht,
Keiner die Schuld und keiner die Pflicht.
Darfst du leben, wenn jeder Schritt

Tausend fremde Leben zertritt,
Wenn du nicht denken kannst, nichts erspüren,
Ohne zu lügen, zu verführen!
Wenn dein bloßes Träumen Macht ist,
Wenn dein bloßes Leben Schlacht ist,
Dunkles Verderben dein dunkles Streben,
Dir selbst verborgen, so Nehmen wie Geben!

    Darfst du sagen »Ich sehe«?
    Dich rühmen »Ich verstehe«?
    Dem Irrtum wehren,
    Rätsel klären,
    Du selber Rätsel,
    Dir selber Rätsel,
    Ewig ungelöst?!

Mensch!
Verlornes Licht im Raum,
Traum in einem tollen Traum,
Losgerissen und doch gekettet,
Vielleicht verdammt, vielleicht gerettet,
Vielleicht des Weltenwillens Ziel,
Vielleicht der Weltenlaune Spiel,
Vielleicht unvergänglich, vielleicht ein Spott,
Vielleicht ein Tier, vielleicht ein Gott.

Wohl mir, mein müder Geist
Wird wieder Staub,
Wird, wie der Weltlauf kreist,
Wurzel und Laub;
Wird sich keimenden Daseins freuen,
Frühlingstriebe still erneuen,
Saftige Früchte zur Erde streuen;
Freilich, sein spreitendes Dach zu belauben,
Wird er andern die Säfte rauben,
Andern stehlen Leben und Lust:
Wohl mir, er frevelt unbewußt!

VORGEFÜHL

Das ist der Frühling nicht allein,
Der durch die Bäume dränget
Und wie im Faß der junge Wein
Die Reifen fast zersprenget,

Der Frühling ist ja zart und kühl,
Ein mädchenhaftes Säumen,
Jetzt aber wogt es reif und schwül
Wie Julinächte träumen.

Es blinkt der See, es rauscht die Bucht,
Der Mond zieht laue Kreise,
Der Hauch der Nachtluft füllt die Frucht,
Das Gras erschauert leise.

Das ist der Frühling nicht allein,
Der weckt nicht solche Bilder
— — — — — — — — — — — — — — — — — —

GHASELEN

I

In der ärmsten kleinen Geige liegt die Harmonie des Alls
                                        verborgen,
Liegt ekstatisch tiefstes Stöhnen, Jauchzen süßen Schalls
                                          verborgen;
In dem Stein am Wege liegt der Funke, der die Welt
                                          entzündet,
Liegt die Wucht des fürchterlichen, blitzesgleichen Pralls
                                          verborgen.
In dem Wort, dem abgegriffnen, liegt was mancher sinnend
                                          suchet:
Eine Wahrheit, mit der Klarheit leuchtenden Kristalls
                                          verborgen...
Lockt die Töne, sucht die Wahrheit, werft den Stein mit
                                      Riesenkräften!
Unsern Blicken ist Vollkommnes seit dem Tag des
                                    Sündenfalls verborgen.

II

Jede Seele, sie durchwandelt der Geschöpfe Stufenleiter:
  Formentauschend, rein und reiner, immer höher, hell und
                                          heiter,
Lebt sie fort im Wurm, im Frosche, im Vampir, im niedern
                                          Sklaven,
Dann im Tänzer, im Poet, im Trunkenbold, im edlen
                                          Streiter...
Sehet: eine gleiche Reihe Seelenhüllen, Truggestalten
Muß der Dichtergeist durchwandeln, stets verklärter,
                                          stets befreiter:
Und er war im Werden Gaukler, war Vampir und war
                                          Brahmane,
Leere Formen läßt er leblos und strebt höher, wahrer,
                                          weiter...

Aber wissend seines Werdens, hat er werdend auch
                                                erschaffen:
Hat Gestalten nachgebildet der durchlaufnen Wesensleiter:
Den Vampir, den niedern Sklaven, Gaukler, Trunkenbold
                                            und Streiter.

BLÜHENDE BÄUME

Was singt in mir zu dieser Stund
Und öffnet singend mir den Mund,
Wo alle Äste schweigen
Und sich zur Erde neigen?

Was drängt aus Herzensgrunde
Wie Hörnerschall zutag
Zu dieser stillen Stunde,
Wo alles träumen mag
Und träumend schweigen mag?

An Ästen, die sich neigen,
Und braun und dunkel schweigen,
Springt auf die weiße Blütenpracht
Und lacht und leuchtet durch die Nacht
Und bricht der Bäume Schweigen,
Daß sie sich rauschend neigen
Und rauschend ihre Blütenpracht
Dem dunklen Grase zeigen!

So dringt zu dieser stillen Stund
Aus dunklem, tiefem Erdengrund
Ein Leuchten und ein Leben
Und öffnet singend mir den Mund
Und macht die Bäum erbeben,
Daß sie in lichter Blütenpracht
Sich rauschend wiegen in der Nacht!

BLÜTENREIFE

I

Die Blüten schlafen am Baume
In schwüler, flüsternder Nacht,
Sie trinken in duftigem Traume
Die flimmernde, feuchte Pracht.
Sie trinken den lauen Regen,
Den glitzernden Mondenschein,
Sie zittern dem Licht entgegen,
Sie saugen es taumelnd ein:
Sie sprengen die schweigende Hülle
Und gleiten berauscht durch die Luft
Und sterben an der Fülle
Von Glut und Glanz und Duft.

Das war die Nacht der Träume,
Der Liebe schwül gärende Nacht,
Da sind mit den Knospen der Bäume
Auch meine Lieder erwacht.
Sie sprengten die schweigende Hülle
Und glitten berauscht durch die Luft
Und starben an der Fülle
Von Glut und Glanz und Duft.

II

Und es fragen mich die Leute:
»Sag, wie kommts, daß deine Lieder
So das Gestern wie das Heute
Spiegeln tausendtönig wieder?

Wenn nur einer Stunde Beben
Sie beseelet und entzündet,
Sag, wie kommts, daß all dein Leben
Bunt und seltsam in sie mündet,

All dein Grübeln und dein Träumen
In die Töneflut sich schlinget,
Der Gedanken wechselnd Schäumen
Dumpf durch deine Lieder klinget?«

Und ich sage: »Seht, es gleichen
Meine Lieder jenen Blüten,
Die ja auch in einer weichen,
Heißen, einzgen Nacht erblühten,

Und im Kelche dennoch tragen
Eines ganzen Lebens Währen:
Sonne von versunknen Tagen,
Ferner Frühlingsnächte Gären.«

DER SCHATTEN EINES TOTEN...

Der Schatten eines Toten fiel auf uns
Und einer Künstlerseele letzter Kampf,
Der Seele, die sich sterben zugesehn
Und die noch malen wollte ihren Krampf.

Und uns durchzitterte die böse Gier,
Nachzuempfinden dieses Toten Graun,
Als könnten wir durch sein gebrochnes Aug
Die tiefgeheimen Lebensgründe schaun.

Und wie ein Sterbender sich stöhnend wälzt
Und seine Decken zuckend von sich stößt,
So hatte der rings um uns, in uns selbst
Verhüllte Qual, betäubte Qual entblößt.

Unsagbar widerwärtig quoll es auf,
Wie Wellen, Ekelwellen brachs herein,
So sinnlos leer und frierend kalt und öd,
Ein Atemzug der überreichsten Pein:

Als wär des Lebens Inhalt ausgelöscht,
Das Heiligste gelöst in Qualm und Dunst...
Verstehn, Gestalten, Künstler sein, wozu?
Wozu denn Leben? und wozu die Kunst?

Erlognes an Erlognes, Wort an Wort
Wie bunte Steinchen aneinanderreihn!
Was wissen wir, wodurchs zusammenhält;
Und muß es so, und kann nicht anders sein?!

Und wär der Blick, mit dem wir es erschaun,
Nur unser, unser der erträumte Schein!
Er ist es nicht, und was ich denke, ist,
Ja, dieser Schrei ist Nachhall, ist nicht mein!

Nur eins ist mein, wie's auch dem Tier gehört,
Ist nicht gespenstisch, keinem nachgefühlt;
Daß mich bei deiner trostverschloßnen Angst
Ein seltsam dumpfes Mitleid hat durchwühlt.

Und daß ich, selber ohne Trost und Rat,
Dich trösten wollte, wie ein Kind ein Kind,
Das nichts von unverstandnem Kummer weiß,
Von Dingen, die unfaßbar in uns sind.

Das ist vielleicht das Letzte was uns bleibt,
Wenn der Gedanke ungedacht schon lügt:
Daß auf ein zitternd Herz das andre lauscht
Und leisen Drucks zur Hand die Hand sich fügt...

SONETTE

KÜNSTLERWEIHE

Wir wandern stumm, verschüchtert, bang gebückt,
Und bergen scheu, was wir im Herzen hegen,
Und reden Worte, die uns nicht bewegen,
Und tote Dinge preisen wir entzückt.

Die Seele ist vergraben und erstickt...
Verfaultes leuchtet fahl auf nächtgen Wegen...
Und sind wir müde, soll uns Kunst erregen,
Bis wir im Rausch der leeren Qual entrückt.

Jüngst fiel mein Aug auf Meister Wolframs Buch
Vom Parzival, und vor mir stand der Fluch,
Der vom verlornen Gral herniederklagt:

»Unseliger, was hast du nicht gefragt?!«
In Mitleid ahnend stumme Qual befreie:
Das ist die einzig wahre Künstlerweihe!

»ZUKUNFTSMUSIK«

Heiligen Mitleids rauschende Wellen,
Klingend an jegliches Herze sie schlagen;
Worte sind Formeln, die könnens nicht sagen,
Können nicht fassen die Geister, die hellen.

Frei sind die Seelen, zu jubeln, zu klagen,
Ahnungen dämmern und Kräfte erschwellen:
Töne den Tönen sich zaubrisch gesellen:
Gilt es dem Heute, den kommenden Tagen?

Wer will es deuten, – ein gärendes Wühlen,
Regellos göttlich, – wer will erlauschen
Heldenhaft höchstes und heißestes Fühlen,

Feuerlodern und Stromesrauschen...?
Doch es beherrscht das Titanengetriebe
Bebende Ahnung erlösender Liebe.

LEBENSQUELL

Die Frühlingsfluten ziehn durch meinen Geist:
Verwandte Gärung fühl ich sich ergießen
Durch tausend Knospen, die sich heut erschließen,
Und neues Leben dampft und quillt und kreist.

Das ist des ewgen Jugendbrunnens Fließen,
Der jedem Jahr die gleiche Fülle weist:
In neuer, feuchtverklärter Schönheit gleißt
Was er benetzt, und locket zum Genießen:

Gedanken, kommt und trinkt euch neues Leben:
Du scheue Hoffnung, fastverklungnes Fühlen,
Du halbverzagtes, wegemüdes Streben,

Laßt euch von lichter Lebensflut umspülen,
Ihr Träume, Bilder, die ich täglich schaue,
Daß euch auf immer dieser Glanz betaue.

SONETT DER WELT

Unser Leiden, unsre Wonnen
Spiegelt uns die Allnatur,
Ewig gilt es unsrer Spur,
Alles wird zum Gleichnisbronnen:

Erstes Grün der frischen Flur,
Mahnst an Neigung, zart begonnen,
Heißes Sengen reifer Sonnen,
Bist der Liebe Abglanz nur!

Schlingt sich um den Baum die Winde,
Denken wir an uns aufs neue,
Sehnen uns nach einer Treue,

Die uns fest und zärtlich binde...
Und wir fühlen uns verwandt,
Wie wir unser Bild erkannt.

SONETT DER SEELE

Willensdrang von tausend Wesen
Wogt in uns vereint, verklärt:
Feuer loht und Rebe gärt
Und sie locken uns zum Bösen.

Tiergewalten, kampfbewährt,
Herrengaben, auserlesen,
Eignen uns und wir verwesen
Einer Welt ererbten Wert.

Wenn wir unsrer Seele lauschen,
Hören wirs wie Eisen klirren,
Rätselhafte Quellen rauschen,

Stille Vögelflüge schwirren...
Und wir fühlen uns verwandt
Weltenkräften unerkannt.

ERFAHRUNG

Ich kann so gut verstehen die ungetreuen Frauen,
So gut, mir ist, als könnt ich in ihre Seelen schauen.
Ich seh um ihre Stirnen die stumme Klage schweben,
Die Qual am langen, leeren, am lebenleeren Leben;

Ich seh in ihren Augen die Lust, sich aufzugeben,
Im Unergründlichen, Verbotenen zu beben,
Die Lust am Spiel, die Lust, das Letzte einzusetzen,
Die Lust am Sieg und Rausch, am Trügen und Verletzen.

Ich seh ihr Lächeln und die heimlichen, die Tränen,
Das rätselhafte Suchen, das ruhelose Sehnen.
Ich fühle, wie sies drängt zu törichten Entschlüssen,

Wie sie die Augen schließen, und wie sie quälen müssen;
Wie sie für jedes Morgen ein jedes Heut begraben,
Und wie sie nicht verstehen, wenn sie getötet haben.

RECHTFERTIGUNG

So wie der Wandrer, der durch manch Verhau,
Manch blühend Dickicht seinen Weg gefunden:
Zerrißne Ranken haben ihn umwunden,
Auf Haar und Schläfen glänzt der frische Tau,

Und um ihn webt ein Duft noch viele Stunden
Wie Frühlingsgären und wie Ätherblau –:
So trägt der Dichter unbewußt zur Schau
Was schweigsam oft ein Freundesherz empfunden.

Er raubt es nicht, es kommt ihm zugeflogen
Wie Tau aus Blütenkelchen sich ergießt;
Der Blumen Zutraun hat er nicht betrogen,

Weil sichs ihm selber, unbegehrt, erschließt:
Den Tropfen hat ein Sehnen hingezogen,
Wo Bach zum Strom, und Strom zum Meere fließt.

»EPIGONEN«

Und richtend wird es euch entgegendröhnen:
»Verfluchte Schar von Gegenwartsverächtern!
Gewandelt seid ihr zwischen den Geschlechtern,
Den Vätern fremd und fremd den eignen Söhnen;

Ihr schwanktet kläglich zwischen den Verfechtern
Von neuen Farben, neuen eignen Tönen,
Von neuem Zweifeln, Suchen, Lachen, Stöhnen,
Und zwischen des Ererbten starren Wächtern.

In Unverstehen seid ihr hingegangen
Durch aller Stürme heilig großes Grauen,
Durch aller Farben glühend starkes Prangen

In taubem Hören und in blindem Schauen:
All Eines ist der Anfang und das Ende,
Und wo du stehst, dort ist die Zeitenwende!«

VIELFARBIGE DISTICHEN

Und so begrabt mich einst, wie heut sie das Mädchen begruben,
Nahe dem blinkenden Strand, nahe dem schattigen Hain.
Jünglinge faßten sie sanft, und Jünglinge hoben die Bahre,
Flöten umtanzten den Zug, Kränze umschwebten ihn dicht.
Habt ihr sie liegen gesehn, auf schmiegendem Purpur gebettet,
Leuchtende Blumen um sie, sterbende, kaum noch erblüht?
Reifen im duftenden Haar, mit bräutlichen Binden durchflochten,
Seh ich die schimmernde Stirn blinken durch bläulichen Rauch.
Weihwasserkrüge zur Seit, die wilden Empusen zu bannen,
Knistert der Weihrauch und dampft, Rosen schwimmen im Krug,
Flammen nun schlagen empor, still atmende heilige Flammen,
Lösen die reine Gestalt, lösen verklärend sie auf.
Löscht nun die zischende Glut mit duftendem Weine von Chios,
Deckt sie mit Blumen! o streut Farben, nur Farben darauf!

EINEM, DER VORÜBERGEHT

Du hast mich an Dinge gemahnet,
Die heimlich in mir sind,
Du warst für die Saiten der Seele
Der nächtige flüsternde Wind

Und wie das rätselhafte,
Das Rufen der atmenden Nacht,
Wenn draußen die Wolken gleiten
Und man aus dem Traum erwacht,

Zu blauer weicher Weite
Die enge Nähe schwillt,
Durch Zweige vor dem Monde
Ein leises Zittern quillt.

MEIN GARTEN

Schön ist mein Garten mit den goldnen Bäumen,
Den Blättern, die mit Silbersäuseln zittern,
Dem Diamantentau, den Wappengittern,
Dem Klang des Gong, bei dem die Löwen träumen,
Die ehernen, und den Topasmäandern
Und der Volière, wo die Reiher blinken,
Die niemals aus dem Silberbrunnen trinken...
So schön, ich sehn mich kaum nach jenem andern,
Dem andern Garten, wo ich früher war.
Ich weiß nicht wo... Ich rieche nur den Tau,
Den Tau, der früh an meinen Haaren hing,
Den Duft der Erde weiß ich, feucht und lau,
Wenn ich die weichen Beeren suchen ging...
In jenem Garten, wo ich früher war...

DIE TÖCHTER DER GÄRTNERIN

Die eine füllt die großen Delfter Krüge,
Auf denen blaue Drachen sind und Vögel,
Mit einer lockern Garbe lichter Blüten:
Da ist Jasmin, da quellen reife Rosen
Und Dahlien und Nelken und Narzissen...
Darüber tanzen hohe Margeriten
Und Fliederdolden wiegen sich und Schneeball
Und Halme nicken, Silberflaum und Rispen...
Ein duftend Bacchanal...
Die andre bricht mit blassen feinen Fingern
Langstielige und starre Orchideen,
Zwei oder drei für eine enge Vase...
Aufragend mit den Farben die verklingen,
Mit langen Griffeln, seltsam und gewunden,
Mit Purpurfäden und mit grellen Tupfen,
Mit violetten, braunen Pantherflecken
Und lauernden, verführerischen Kelchen,
Die töten wollen...

STILLE

Trübem Dunst entquillt die Sonne,
Zähen grauen Wolkenfetzen...
Häßlich ist mein Boot geworden,
Alt und morsch mit wirren Netzen.

Gleichgetöntes Wellenplätschern
Schlägt den Kiel (er schaukelt träge),
Und die Flut mit Schaum und Flecken
Zeichnet nach die Spur der Wege.

Ferne vor dem trüben Himmel
Schweben graziöse Schatten
– Helles Lachen schallt herüber –,
Gleiten Gondeln flink, die glatten.

Fackeln haben sie und Flöten
Und auf Polstern: Blumen, Frauen...
Langsam tauchen sie mir unter
In dem Dunst, dem schweren, grauen...

Stürme schlafen dort im Dunste:
Kämen sie noch heute abend
Zischend auf die glatte Öde,
Wellentreibend, brausend, labend!

DER PROPHET

In einer Halle hat er mich empfangen,
Die rätselhaft mich ängstet mit Gewalt,
Von süßen Düften widerlich durchwallt:
Da hängen fremde Vögel, bunte Schlangen.

Das Tor fällt zu, des Lebens Laut verhallt,
Der Seele Atmen hemmt ein dumpfes Bangen,
Ein Zaubertrunk hält jeden Sinn befangen
Und alles flüchtet hilflos, ohne Halt.

Er aber ist nicht wie er immer war,
Sein Auge bannt und fremd ist Stirn und Haar.
Von seinen Worten, den unscheinbar leisen,
Geht eine Herrschaft aus und ein Verführen,

Er macht die leere Luft beengend kreisen
Und er kann töten, ohne zu berühren.

WOLKEN

Am nächtigen Himmel
Ein Drängen und Dehnen,
Wolkengewimmel
In hastigem Sehnen,

In lautloser Hast
– Von welchem Zug
Gebietend erfaßt? –
Gleitet ihr Flug,

Es schwankt gigantisch
Im Mondesglanz
Auf meiner Seele
Ihr Schattentanz,

Wogende Bilder,
Kaum noch begonnen,
Wachsen sie wilder,
Sind sie zerronnen,

Ein loses Schweifen...
Ein Halb-Verstehn...
Ein Flüchtig-Ergreifen...
Ein Weiterwehn...

Ein lautloses Gleiten,
Ledig der Schwere,
Durch aller Weiten
Blauende Leere.

LEBEN

Die Sonne sinkt den lebenleeren Tagen
Und sinkt der Stadt vergoldend und gewaltig,
So wie sie sank der Zeit, die viel zu sagen
Und viel zu schenken hatte, vielgehaltig.
Und Schatten scheint die goldne Luft zu tragen
Versunkener Tage, blaß und zartgestaltig,
Und alle Stunden, die vorübergleiten,
Verhüllt ein Hauch verklärter Möglichkeiten.

Ein Morgen war in blassen weiten Gärten,
Von kühlem Duft und Einsamkeit durchzogen,
Die Sonne steigt, es finden sich Gefährten,
Aus Lauben tretend, aus lebendigen Bogen,
Und die Gedanken, die sich funkelnd mehrten
Und aus der Einsamkeit die Schönheit sogen,
Ergießen sich in losgebundenen Scharen
Mit offenen Lippen, Efeu in den Haaren.

Und alle Dinge werden uns lebendig:
Im Winde weht der Atem der Mänaden,
Aus dunklen Teichen winkt es silberhändig,
Und die verträumten flüstern, die Dryaden,
In leisen Schauern sehnend und beständig
Von nächtigen geheimnisvollen Gnaden
Mit gelbem warmem Mond und stillem Prangen
Und vieler Schönheit, die vorbeigegangen.

Doch aus dem Garten sind wir schon getreten:
Auf goldenen Fluten harren die Galeeren
Mit Flötenklang und Segeln, weißgeblähten...
Und weiter Treppen königliche Ehren
Mit Purpurprunk und silbernen Trompeten...
Und von berühmten griechischen Hetären,

In goldenes Braun und Pfirsichrot gehüllt,
Ist der Balkone Gitterwerk erfüllt.

Es gleitet flink durch dunkelblaue Wogen
Das goldene Schiff der Insel nun entgegen,
Der Flötenschall ist singend vorgeflogen,
Und auf den blumen-überquollnen Wegen
Aus des Theaters schwarzem Marmorbogen
Sieht man den Chor sich feierlich bewegen,
Um Bacchos und die Musen anzurufen,
Die aus dem Rausche die Tragödie schufen.

Im Fackelschein, wo alle Schatten schwanken,
Ist die Tragödie königlich beendet,
Mit schweren reifen purpurnen Gedanken
Sind wir zur Heimfahrt durch die Nacht gewendet.
Und wie die Formen all in Dunkel sanken,
So hat auch alles Irdische geendet,
Und wie der Schlaf im leisen Takt der Wogen –
Willkommen käme jetzt der Tod gezogen.

BALLADE VOM KRANKEN KIND

Das Kind mit fiebernden Wangen lag,
Rotgolden versank im Laub der Tag.
Das Fenster hing voller wildem Wein,
Da sah ein fremder Jüngling herein.

»Laß, Mutter, den schönen Knaben ein,
Er beut mir die Schale mit leuchtendem Wein,
Seine Lippen sind wie Blumen rot,
Aus seinen Augen ein Feuer loht.«

Der nächste Tag verglomm im Teich,
Da stand am Fenster der Jüngling, bleich,
Mit Lippen wie giftige Blumen rot
Und einem Lächeln, das lockt und droht.

»Schick, Mutter, den fremden Knaben fort,
Mich zehrt die Glut und mein Leib verdorrt,
Mich ängstigt sein Lächeln, er hält mir her
Die Schale mit Wein, der ist heiß und schwer!

Ach Mutter, was bist du nicht erwacht!
Er kam geschlichen ans Bett bei Nacht:
Und, weh, seinen Wein ich getrunken hab
Und morgen könnt ihr mir graben das Grab!«

REGEN IN DER DÄMMERUNG

Der wandernde Wind auf den Wegen
War angefüllt mit süßem Laut,
Der dämmernde rieselnde Regen
War mit Verlangen feucht betaut.

Das rinnende rauschende Wasser
Berauschte verwirrend die Stimmen
Der Träume, die blasser und blasser
Im schwebenden Nebel verschwimmen.

Der Wind in den wehenden Weiden,
Am Wasser der wandernde Wind
Berauschte die sehnenden Leiden,
Die in der Dämmerung sind.

Der Weg im dämmernden Wehen,
Er führte zu keinem Ziel,
Doch war er gut zu gehen
Im Regen, der rieselnd fiel.

PSYCHE

Psyche, my soul
Edgar Poe

... und Psyche, meine Seele, sah mich an
Von unterdrücktem Weinen blaß und bebend
Und sagte leise: »Herr, ich möchte sterben,
Ich bin zum Sterben müde und mich friert.«

O Psyche, Psyche, meine kleine Seele,
Sei still, ich will dir einen Trank bereiten,
Der warmes Leben strömt durch alle Glieder.
Mit gutem warmem Wein will ich dich tränken,
Mit glühendem sprühendem Saft des lebendigen
Funkelnden, dunkelnden, rauschend unbändigen,
Quellenden, schwellenden, lachenden Lebens,
Mit Farben und Garben des trunkenen Bebens:
Mit sehnender Seele von weinenden Liedern,
Mit Ballspiel und Grazie von tanzenden Gliedern,
Mit jauchzender Schönheit von sonnigem Wehen
Hellrollender Stürme auf schwarzgrünen Seen,
Mit Gärten, wo Rosen und Efeu verwildern,
Mit blassen Frauen und leuchtenden Bildern,
Mit fremden Ländern, mit violetten
Gelbleuchtenden Wolken und Rosenbetten,
Mit heißen Rubinen, grüngoldenen Ringen
Und allen prunkenden duftenden Dingen.

Und Psyche, meine Seele, sah mich an
Und sagte traurig: »Alle diese Dinge
Sind schal und trüb und tot. Das Leben hat
Nicht Glanz und Duft. Ich bin es müde, Herr.«

Ich sagte: Noch weiß ich wohl eine Welt,
Wenn dir die lebendige nicht gefällt.
Mit wunderbar nie vernommenen Worten
Reiß ich dir auf der Träume Pforten:
Mit goldenglühenden, süßen lauen

Wie duftendes Tanzen von lachenden Frauen,
Mit monddurchsickerten nächtig webenden
Wie fiebernde Blumenkelche bebenden,
Mit grünen, rieselnden, kühlen, feuchten
Wie rieselndes grünes Meeresleuchten,
Mit trunken tanzenden, dunklen, schwülen
Wie dunkelglühender Geigen Wühlen,
Mit wilden, wehenden, irren und wirren
Wie großer nächtiger Vögel Schwirren,
Mit schnellen und gellenden, heißen und grellen
Wie metallener Flüsse grellblinkende Wellen...
Mit vielerlei solchen verzauberten Worten
Werf ich dir auf der Träume Pforten:
Den goldenen Garten mit duftenden Auen
Im Abendrot schwimmend, mit lachenden Frauen,
Das rauschende violette Dunkel
Mit weißleuchtenden Bäumen und Sterngefunkel,
Den flüsternden, braunen, vergessenen Teich
Mit kreisenden Schwänen und Nebel bleich,
Die Gondeln im Dunklen mit seltsamen Lichtern,
Schwülduftenden Blumen und blassen Gesichtern,
Die Heimat der Winde, die nachts wild wehen,
Mit riesigen Schatten auf traurigen Seen,
Und das Land von Metall, das in schweigender Glut
Unter eisernem grauem Himmel ruht.

Da sah mich Psyche, meine Seele, an
Mit bösem Blick und hartem Mund und sprach:
»Dann muß ich sterben, wenn du so nichts weißt
Von allen Dingen, die das Leben will.«

MELUSINE

Im Grünen geboren,
Am Bache gefreit,
Wie ist mir das Leben,
Das liebe, so weit!

Heut hab ich geträumt
Von dem Wasser tief,
Wo ich im Dunkel
Nicht schlief, nicht schlief!

Was sich im Weiher
Spiegeln ging,
In meinen wachen
Augen sich fing:

Die traurigen Bäume,
Durch die es blinkt,
Wenn der Ball, der große,
Rot-atmend sinkt,

Die blassen Mädchen,
Die lautlos gehn,
Mit weißen Augen
Ins Dunkel sehn,

Und der Waldfrauen
Flüsternde Schar,
Mit Laub und Kronen
Im offenen Haar...

Rotgoldne Kronen?
Und Perlschnüre schwer?
Ich hab es vergessen,
Ich finds nimmermehr.

WEIHNACHT

Weihnachtsgeläute
Im nächtigen Wind...
Wer weiß, wo heute
Die Glocken sind,
Die Töne von damals sind?

Die lebenden Töne
Verflogener Jahr'
Mit kindischer Schöne
Und duftendem Haar,
Mit tannenduftigem Haar,

Mit Lippen und Locken
Von Träumen schwer?...
Und wo kommen die Glocken
Von heute her,
Die wandernden heute her?

Die kommenden Tage,
Die wehn da vorbei.
Wer hörts, ob Klage,
Ob lachender Mai,
Ob blühender, glühender Mai?...

»WERKE« SIND TOTES GESTEIN...

»Werke« sind totes Gestein, dem tönenden Meißel
                                            entsprungen,
Wenn am lebendigen Ich meißelnd der Meister erschuf.
»Werke« verkünden den Geist, wie Puppen den Falter
                                                    verkünden:
»Sehet, er ließ mich zurück, leblos, und flatterte fort.«
»Werke«, sie gleichen dem Schilf, dem flüsternden Schilfe des
                                                       Midas,
Streuen Geheimnisse aus, wenn sie schon längst nicht mehr
                                                          wahr.

WIDMUNG

[FÜR FERDINAND VON SAAR]

Ich glaube, aller Dinge Harmonien
Und was von Schönheit auf dem Leben ruht,
Das ist der Dichter ausgegoss'nes Blut
Und Schönheit, die ihr Sinn der Welt geliehen:

Da schufen die aus ihres Innern Glut
Des Ringens und des Lebens Poesien, –
Und jene stillen Leidens leises Ziehen
Verklärend, was beklemmend auf uns ruht.

Doch wo des Abends zitternd zarte Töne
Unnennbar schmerzlich singen vom Entsagen,
Und wo die Dinge, die verschwimmen, tragen

Die rührendste, die nächstverwandte Schöne:
Die Stimmung nenn' ich, Herr, mit deinem Namen
Und glaube, daß du sie geschaffen. Amen.

IN EIN EXEMPLAR VON ›GESTERN‹

Gedanken sind Äpfel am Baume,
Für keinen Bestimmten bestimmt,
Und doch gehören sie schließlich
Dem einen, der sie nimmt.

BRIEF AUS BAD FUSCH

Es regnet seit fünf Tagen und fünf Nächten.
Der wilde Wind ist wach auf allen Wegen
Die ganze Nacht. Die blassen Blätter zittern,
Dann fallen kalte Tropfen; kaltes Rieseln
Ist Tag und Nacht an allen Fenstern, Gurgeln
Und Plätschern in der Rinne und am ärgsten
Das Rauschen nachts im angeschwoll'nen Mühlbach.
Wir können nicht mehr lesen in den Zimmern,
Wir müssen immer horchen auf das Rauschen
Der angeschwoll'nen Bäche. Und es dämmert
Unendlich lang. Dann wirds auch immer kälter.
Die Knechte sagen, daß es sicher schneit
Auf allen Bergen und auch bald herunten;
Doch sieht man nichts vor schwerem kalten Regen.
Die Knechte können nichts im Freien tu'n.
So sitzen sie den ganzen Tag beisammen
In einer niedern Stube, wo die Fenster
Vergittert sind und reden von Gespenstern:
Vom Sandmann, der die Kinderaugen tötet,
Vom toten Gast und von berühmten Mördern,
Besessenen und nächtlichen Vampyren.
Wir sitzen abends in dem weißen Zimmer,
Dem mit den alten unbequemen Möbeln
Aus der Kongreßzeit, wo auch das Klavier steht...

SCHÖNHEIT

Fiebernd lag ich
Und es begehrten
Die lechzenden Lippen
Nach dem verwehrten
Kühlenden Trunk,
Und es verzehrten
Sich die kranken
Heißen Gedanken,
Lockende Qualen
Trüglich zu malen.
Murmelnder Quellen
Plätschern und Schwellen
Flüss'gen Crystalles
Silbernen Falles
Wallenden Sprudel,
Zischender Strudel
Staubende Schleier,
Ruhige Weiher,
Glitzernde Becken
In kühlen Verstecken
Fluten und schwinden
In wogendem Schwall
Ringsüberall.
Und es träumen
Die zuckenden Lippen
In wildem Genuß,
Wie sie es nippen
In schlürfendem Kuß,
Wie sie es trinken,
Darin versinken,
Wie es bespült,
Die brennenden Lider,
Kalt schauernd sich wühlt

Durch die glühenden Glieder.
Aber nicht wieder
Seit ich gesundet
Find ich die mundend –
Süße Beglückung.
Wo ich auch trinke
Schale Erquickung
Beut mir die Quelle;
Und in der Welle
Murmelndem Rauschen
Kann ich die Töne
Nicht mehr erlauschen
Süßester Schöne,
Die zu erfassen
Damals der Seele
Schmachtende Kelche
Sich bebend erschlossen.
Du unser Sehnen,
Göttliche Schöne,
Die wir durch Töne
Zu rufen wähnen,
Gleichst du nicht jenen
Zaubergebilden
Die wir im wilden
Fieberverlangen
Herniederzwangen,
Die dort verwehrte
Lechzend begehrte,
Gleissend umschwebt
Und in gesunden
Prüfenden Stunden
Nebelnd sich hebt
Und uns zurückläßt
In der kalten
Elend-klaren
Oede des Lebens.

WELT UND ICH

Geh hin, mein Lied, zum Riesen Atlas, der
Den Bau der Welt mit Arm und Nacken stützt,
Und sag: »Du magst ins Hesperidenland
Jetzt gehn und Äpfel pflücken, wenn dirs nützt.

Mein Herr will untertreten deiner Last,
Wie einer eine leichte Laute hält,
Die murmelnde, wie eine Schüssel Obst,
So trägt er auf den Armen diese Welt.

Das tiefe Meer mit Ungeheuern drin,
Die alles Lebens dumpfe Larven sind;
Die Bäume, deren Wurzel dunkel saugt
Und deren Krone voller Duft und Wind;

Und Mondlicht, das durch Laub zur Erde trieft,
Und Rasen, drauf der Schlaf die Menschen legt,
Gleich stummen Krügen, jeder angefüllt
Mit einer ganzen Welt: ... das alles trägt

Mein Herr auf seinen Armen dir zu Dienst
Und zittert nicht und hält es gerne gut,
So wie ein Silberbecken, angefüllt
Mit leise redender, lebendger Flut.«

Tritt hin, mein Lied, zum Atlas, sag ihm dies,
Und wenn der Riese Atlas dir nicht glaubt,
Sprich: »Wie ertrüg er sie im Arme nicht,
Mein Herr, da er sie lächelnd trägt im Haupt?«

MÄDCHENLIED

»Was rinnen dir die Tränen,
Die Tränen stumm und heiß,
Durch deine feinen Finger,
Die Finger fein und weiß?«

Mein Schleier ist zerrissen
Und wehet doch kein Wind
Und bin doch nirgends gangen
Niemals, wo Dornen sind...

Die Glocken haben heute
So sonderbaren Klang,
Gott weiß, warum ich weine,
Mir ist zum Sterben bang.

KIRCHTURM

Die Kirche hat wenig Kerzen,
Ist armer Leut' und kalt.
Matt brennen die gläsernen Herzen,
Die sind wohl schon zu alt.

Da steig ich lieber auf den Turm,
Schau übers Kirchendach,
Schau, wie durch Abendwiesen
Hinrauscht der Erlenbach,

Wie über die kleinen Gräber
Sich neigt der Apfelbaum,
So schön mit seinen Zweigen
Als wie ein Ding im Traum...

Verliebte junge Tote,
Die fliegen auf bei Nacht
Und sitzen in den Zweigen,
Bis Morgenlicht erwacht.

Hoch über dem Apfelbaume
Im Turme sitzt man gut,
Wenn unten die Sichel im Rasen,
Der Teich im Bette ruht.

O säßen wir beide oben,
Wir beide Hand in Hand,
Verschlungene Finger, schweigend,
Still über dem leuchtenden Land,

So still, unsäglich selig,
Daß unsrer Lieb zulieb
Die Turmuhr uns zu Füßen
Stillstehn und stocken blieb'.

Da droben frei!
Wir zwei allein!
Mein Gott, warum
Wird das nie sein?
Nie wirklich sein?

SPAZIERGANG

Ich ging durch nächtige Gassen
Bis zum verstaubten Rand
Der großen Stadt. Da kam ich
An eine Bretterwand

Auf einem öden Wall von Lehm.
Ich konnt nicht weiter gehen
Noch auch im klaren vollen Licht
Des Monds hinüber spähen.

Dahinter war die ganze Welt
Verschwunden und versunken
Und nur der Himmel aufgerollt
Mit seinen vielen Funken.

Der Himmel war so dunkelblau,
So glanz- und wunderschwer,
Als rollte ruhig unter ihm
Ein leuchtend feuchtes Meer.

Die Sterne glommen, als schauten sie
In einen hohen Hain
Mit rieselnden dunkeln Wassern
Und rauschenden Wipfeln hinein.

Ich weiß nicht, was dort drüben war,
Doch wars wohl fort und fort
Nur öde Gruben, Sand und Lehm
Und Disteln halbverdorrt.

Sag, meine Seele, gibt es wo
Ein Glück, so groß und still,
Als liegend hinterm Bretterzaun
Zu träumen wie Gott will,

Wenn über Schutt und Staub und Qualm
Sich solche Pracht enthüllt,
Daß sie das Herz mit Orgelklang
Und großem Schauer füllt?

CANTICUM CANTICORUM IV. 12–16

Du bist der verschlossene Garten,
Deine kindischen Hände warten,
Deine Lippen sind ohne Gewalt.
Du bist die versiegelte Quelle,
Des Lebens starre Schwelle,
Unwissend herb und kalt.

Nimm, Wind von Norden, Flügel,
Lauf, Südwind, über die Hügel
Und weh durch diesen Hain!
Laß alle Düfte triefen,
Aus starren Schlafes Tiefen
Das Leben sich befrein!

WENN KÜHL DER SOMMERMORGEN...

Wenn kühl der Sommermorgen graut,
Vom Himmel rosig wie Heidekraut,
Wie rosige Blüte von Heidekraut
Die blasse Sichel niederschaut:

Dann gehen auf silbernen Sohlen da
Aus ihres Gartens Tor
Umgürtet mit Schönheit und Schweigen ja
Die jüngsten Träume hervor.

Sie gehen durch eine blasse
Leisrauschende Pappelallee,
Durch eine Heckengasse
Und durch den duftigen Klee,

Sie öffnen mit feinen Fingern leis
Am dämmernden Hause das Tor
Und gehen die kleine Treppe leis
Zu deiner Kammer empor,

An deinem Bette sie stehen lang
Und haben keinen Mut,
Auf deine Seele sie horchen bang,
Die siedet und nicht ruht.

Sie sind für dich gekommen, weh!
Du atmest allzu schwer,
Rückgehen sie beklommen, weh!
Hin, wo sie kamen her,
Hin, wo der Sommermorgen graut
Wie rosig Blühn von Heidekraut.

LEBEN, TRAUM UND TOD...

Leben, Traum und Tod...
Wie die Fackel loht!
Wie die Erzquadrigen
Über Brücken fliegen,
Wie es drunten saust,
An die Bäume braust,
Die an steilen Ufern hängen,
Schwarze Riesenwipfel aufwärts drängen...

Leben, Traum und Tod...
Leise treibt das Boot...
Grüne Uferbänke
Feucht im Abendrot,
Stiller Pferde Tränke,
Herrenloser Pferde...
Leise treibt das Boot...

Treibt am Park vorbei,
Rote Blumen, Mai...
In der Laube wer?
Sag, wer schläft im Gras?
Gelb Haar, Lippen rot?
Leben, Traum und Tod.

ICH GING HERNIEDER...

Ich ging hernieder weite Bergesstiegen
Und fühlt im wundervollen Netz mich liegen,
In Gottes Netz, im Lebenstraum gefangen.
Die Winde liefen und die Vögel sangen.

Wie trug, wie trug das Tal den Wasserspiegel!
Wie rauschend stand der Wald, wie schwoll der Hügel!
Hoch flog ein Falk, still leuchtete der Raum:
Im Leben lag mein Herz, in Tod und Traum.

KLEINE ERINNERUNGEN

Deine kleine Schwester
Hat ihre offenen Haare
Wie einen lebendigen Schleier,
Wie eine duftende Hecke
Vornüberfallen lassen
Und schaut, mit solchen Augen!
Durch einen duftenden Schleier,
Durch eine dunkle Hecke...
Wie süß ists, nur zu denken
An diese kleinen Dinge.

An allen sehnsüchtigen Zweigen
In deinem nächtigen Garten
Sind Früchte aufgegangen,
Lampions wie rote Früchte,
Und wiegen sich und leuchten
An den sehnsüchtigen Zweigen,
Darin der Nachtwind raschelt,
In deinem kleinen Garten...

Wie süß ists, nur zu denken
An diese kleinen Dinge...

BRIEF

AN RICHARD DEHMEL

Dichter, nicht vergessen hab ich deiner,
Während du die schönen Wege gingest,
Goldene Lebensfrüchte
Aus dunklem Laub zu pflücken
Und schauernde Gedanken
Aus Nymphenhänden.
Oft gedacht ich deiner,
Aber ein Mal vor allen:
Da war mystischer Vollmond
Mir über der Stirn,
Ein leuchtendes Ding, ein Land
Hoch im leeren Raum.
Ich schaut ihn an
Und wuchs empor
Und kam ihm näher
Und meint', er käm zu mir,
– Wie einer über des gleitenden Schiffes Bord gebeugt
Auf leerem blauem schweigendem Meer
Einer Insel entgegenstarrt
Und meint, sie schwebt ihm entgegen,
Die leuchtende, mit Blumenfüßen –:
So wuchs ich auf,
Dem Mond entgegen riesengroß,
Vergessend meiner Füße
Und der dunklen Erde unter mir.

Ein solcher muß ich da geworden sein
Wie der Genius der Zeit,
Der Gebieter der Dinge,
Steinäugig, gewappnet,
Kolossalisch hinschreitend
Über die Reiche...
Wenn seine Sohlen im Flußbett wandeln,

Reichen der Pinien von Kreideklippen
Des steilen Ufers emporgereckte
Schwarze Wipfel nicht auf,
Lange nicht,
An die mattsilberne Fratze der Gorgo,
Die ihm die Stirne des Knies umbindet,
Nur unten die Schienen der schreitenden Beine
Spiegeln beim Blitzschein
Der schwarzen Pinien sturmschaukelnde Wipfel.
So schrei ich manchmal,
Kanäle, Gärten, Einöde, Hügel
Zwischen den Schritten,
Hin über die Welt,
Darin nichts Fremdes ist
In solchen Stunden...:
All Gegenwart,
All Sinn, all wie im Traum.

Da saßest auch du
Irgendwo
In meiner Welt
Über Bogen und korinthischem Gebälk
Einer römischen Ruine
In einem Vogelnest,
Einem Nest aus wilden Rosen und Schlingkraut,
Um dich die leere Luft,
Allein, ein Hirtengott, ein Pan,
Und leuchtend unter dir die Lebensflur.

Und jetzt bist du daheim, nicht mehr ein Gott,
»Im Schattenland, ein Schattenmann,
Der grauen Heimat öde Schollen tretend –«

Was ist das für ein Wort?
Wer redet solch ein Wort
Und ist ein Dichter?
Das Wort der Klage ist ein leeres Wort!

Hast du nicht deiner Sinne dumpfe Flur,
Darüber hin des Lebens Göttin dich,
Die wilde, jagt
Mit großen schwarzen Hunden,
Leben, Traum und Tod,
Drei großen schwarzen Hunden?
Hast du nicht Gabe,
Die Wesen zu schauen,
Nicht kalt von außen,
Nein, aus dem Innern
Der Wesen zu schauen
Durch dumpfe Larven
Ins Weltgetriebe,
So wie der trunkene Faun aus der Maske,
Der grellbemalten Kürbismaske,
Unheimlich schaut durch Augenlöcher.

DIES IST DIE LEHRE DES LEBENS...

Dies ist die Lehre des Lebens, die erste und letzte und tiefste,
Daß es uns löset vom Bann, den die Begriffe geknüpft.

TRENNT IHR VOM INHALT DIE FORM...

Trennt ihr vom Inhalt die Form, so seid ihr nicht schaffende
Künstler.
Form ist vom Inhalt der Sinn, Inhalt das Wesen der Form.

ICH LÖSCH DAS LICHT...

Ich lösch das Licht
Mit purpurner Hand,
Streif ab die Welt
Wie ein buntes Gewand

Und tauch ins Dunkel
Nackt und allein:
Das tiefe Reich
Wird mein, ich sein.

Groß' Wunder huschen
Durch Dickicht hin,
Quelladern springen
Im tiefsten Sinn,

O spräng noch manche,
Ich käm in' Kern,
Ins Herz der Welt
Allem nah, allem fern.

BESITZ

Großer Garten liegt erschlossen,
Weite schweigende Terrassen:
Müßt mich alle Teile kennen,
Jeden Teil genießen lassen!

Schauen auf vom Blumenboden,
Auf zum Himmel durch Gezweige,
Längs dem Bach ins Fremde schreiten,
Niederwandeln sanfte Neige:

Dann, erst dann komm ich zum Weiher,
Der in stiller Mitte spiegelt,
Mir des Gartens ganze Freude
Träumerisch vereint entriegelt.

Aber solchen Vollbesitzes
Tiefe Blicke sind so selten!
Zwischen Finden und Verlieren
Müssen sie als göttlich gelten.

All in einem, Kern und Schale,
Dieses Glück gehört dem Traum...
Tief begreifen und besitzen!
Hat dies wo im Leben Raum?...

NACH EINER DANTE-LEKTÜRE

Aus schwarzgewordnem Bronze-Gruftendeckel
Sind die berühmten schweren alten Verse,
Kalt anzufühlen, unzerstörbar, tragend
Den Toten-Prunk, schwarzgrüne Wappenschilde
Und eine Inschrift, ehern auf dem Erz,
Die denken macht, doch keinen Schauer gibt.
Du liest und endlich kommst du an ein Wort,
Das ist, wie deine Seele oft geahnt
Und nie gewußt zu nennen, was sie meinte.
Von da hebt Zauber an. An jedem Sarg
Schlägt da von innen mit lebendgen Knöcheln
Das Leben, Schultern stemmen sich von unten,
Der Deckel dröhnt, wo zwischen Erz und Erz
Die schmalste Spalte, schieben Menschenfinger
Sich durch und aus den Spalten strömt ein Licht,
Ein Licht, ein wundervolles warmes Licht,
Das lang geruht im kühlen dunklen Grund
Und Schweigen in sich sog und tiefen Duft
Von nächtigen Früchten – dieses Licht strömt auf,
Und auf die Deckel ihrer Grüfte steigen,
Den nackten Fuß in goldenen Sandalen,
Die tausende Lebendigen und schauen
Auf dich und auf das Spiel gespenstiger Reihen
Und reden mehr als du begreifen kannst.

AN JOSEPHINE VON WERTHEIMSTEIN

Sollen wir mit leeren Händen kommen
Wie der leere fremde Abendwind,
So mit leerer Hand zu denen kommen,
Die uns mehr als alle andern sind?

Doch an gütigsten Dämonen gehen
Ohne Gabe wir vorüber stumm:
Gießt der Baum den süßen Schatten nieder,
Keiner hängt ihm goldne Ketten um,

Keiner wirft zur Gabe Schmuck und Blumen
In den Bach, den plätschernden, zu Dank,
Der ihm doch lebendig, gottgeboren,
Hell vorbeiströmt an der Gartenbank.

Was mit Gottes Anmut zu uns redet
Wie der Bach, der Baum, und so wie du:
Solchen nahn wir nicht mit äußern Gaben,
Rechnens ja dem eignen Innern zu.

BILD SPRICHT

Daß ihrs nur wisset dergestalt
Ich hier an diese Wand gemalt.
Mit mir treibt besser keinen Spott.
Bin unser Herr der liebe Gott.
Ich sehe mir die Menschen an
So gut ichs unverrathen kann.
Wie sie verworren stehn und gehen
Sich selber und Leben nicht verstehen
Und bei ihren Geschichten und Sachen
Kommt mir manchmal ein heimliches Lachen.
Wie sie ihr Herz an Puppen hängen
Und in fertige Kasteln das Leben zwängen.
Oft sind's auf ihre Gedanken stolz
Als wärens aus Schildkrot und Ebenholz
Sind oft von Trugbildern so besessen
Dass sie aufs Wirkliche vergessen.
Sie lernen nimmer sich bescheiden
Und wollen immer von Lust und Leiden
Die allertiefsten Wurzeln fassen
Die sich halt nicht betasten lassen
Und mit solchem Graben und Wühlen
Springt Glanz und Schmelz von den Gefühlen.
Und das Leben ist doch so eingerichtet
Dass es mit einem spielt und dichtet.
Man muss sich nur recht führen lassen
'S führt einen die wunderlichsten Straßen.
Auf eines werden zu ihrem Frommen
Sie doch mit Grübeln nimmer kommen.
Zwar sie zerfaserten's auch recht gern
Doch ist es der tiefste verschlossenste Kern.
Ich meine den Grund von allen den Sachen
Die selig und die elend machen.
Warum kann man aus Menschenaugen

Die grenzenlose Seele saugen?
Warum liegt Weinen im wandernden Wind?
Warum giebts Gärten die traurig sind?
Und lächelnde Lippen ein rundes Kinn –
Was haben die für einen Sinn?
Warum ist irgend ein Geigenklang
Unsäglich lockend süss und bang?
Warum sind Kinder schön? Warum?
Das Leben ist halt einmal stumm.
'S ist ihnen wenig nur bekannt
Mit welchem verworrenen Gedränge
Welch unirdisch dumpfer Menge
Sie eines sind und nah verwandt.

DAS MÄDCHEN UND DER TOD

Dies flüssig grüne Gold heißt Gift und tötet.
Wie gut es riecht: wie wenn der wilde Wind
In den Akazienbäumen irr sich fängt,
Dann geht man still im Mond auf weichen Blüten...
Vielleicht ist Totsein solch ein lautlos Wandern
Durch fremde leere Länder ohne Schlaf,
Auf stillen Brücken über grüne Wasser
Durch lange schwarze, schweigende Alleen,
Durch Gärten, die verwildern...
Und endlich komm ich an das Haus des Todes:
Im großen Saale ist ein großer Tisch
Aus grünem Malachit; den tragen Greifen.
Da sitzt der Tod zu Tisch und läd mich ein
Und Pagen viel mit feinen schmalen Händen
Und Schuh'n aus schwarzem Samt, die lautlos gleiten.
Die tragen wunderbare Schüsseln auf:
Ja, ganze Pfauen, Fische silberschuppig
Mit Purpurflossen, in den feinen Zähnchen
(Die sind vergoldet) stecken Lorbeerreiser
Und Trauben mit goldrotem Rost und offen
Granatäpfel, die auf weichen Kissen
Von frischen Veilchen leuchten, und der Tod
Hat einen Mantel an aus weißem Samt
Und setzt mich neben sich
Und ist sehr höflich...

TERZINEN

IV

Zuweilen kommen niegeliebte Frauen
Im Traum als kleine Mädchen uns entgegen
Und sind unsäglich rührend anzuschauen,

Als wären sie mit uns auf fernen Wegen
Einmal an einem Abend lang gegangen,
Indes die Wipfel atmend sich bewegen

Und Duft herunterfällt und Nacht und Bangen,
Und längs des Weges, unsres Weges, des dunkeln,
Im Abendschein die stummen Weiher prangen

Und, Spiegel unsrer Sehnsucht, traumhaft funkeln,
Und allen leisen Worten, allem Schweben
Der Abendluft und erstem Sternefunkeln

Die Seelen schwesterlich und tief erbeben
Und traurig sind und voll Triumphgepränge
Vor tiefer Ahnung, die das große Leben

Begreift und seine Herrlichkeit und Strenge.

GUTE STUNDE

Leise tratest an mein Bette,
Lieblich rätselhafte Stunde,
Mit so fremd vertrauten Augen,
Mit so süßem herbem Munde.

Unter deinem Blick erwacht ich
Und war erst als wie im Traum,
So verwandelt stand mein Zimmer,
Der vertraute kleine Raum:

Zwar von außen ganz wie immer,
Doch ein wundervolles Leben
Spürt ich mit erregten Sinnen
Unter jeder Hülle beben:

Als du Wasser mir ins Becken
Gossest, meint ich, in der Welle
Aus dem Krug in deinen Händen
Spräng lebendig eine Quelle.

Meines Bettes Füße sagten:
»Wir sind aus dem Leib geschnitten
Einer Esche, aus des schlanken
Rauschend jungen Leibes Mitten,

Aus dem Stamm, daraus der Flöten
Selig singend Holz sie schneiden,
Diesen kleinen Leib, durchbebt von
Namenlosen süßen Leiden...«

Meine Feder sagte: »Schreibe!
Aus dem zauberhaften Grund
Glühts und zuckts, und reden will ich
Große Dinge mit kindischem Mund!«

Vor den Fenstern übern Himmel
Flogen Morgenwolken hin
Und verwirrten erst unsäglich
Meinen still berauschten Sinn.

FREMDES FÜHLEN

Ich ging spät abends neben dem Damm,
Nicht träumerisch, nicht wirklich froh,
Halb künftiger Schmerzen süßdumpf bewußt,
Halb sehnend um eine Zeit, die floh,

Wie einer, der eine Laute trägt,
Die ihm beim Gehn um die Schulter schlägt
Und drin so sehnsüchtig der Wind sich fängt,
Daß es ihm wie Erinnrung das Herz bedrängt.

Wir gingen den Weg spät abends zuzweit,
Der andere ging ihn schon vielemal,
Er kannt ihn so gut, fast bei jedem Baum
Befiel ihn Erinnern mit süßer Qual.

Zwischen Hecken tauchten Paare auf,
Verliebte, müde, dann und wann,
Mit welkem Flieder geschmückt, und schauten
Uns durch die Dämmerung seltsam an,

Wie Menschen schauen, die ihre Welt
So trunken und traumhaft umfangen hält,
Sie schauen auf einen, als träten sie ein
Aus Dämmerung in einen grellen Schein.

Der neben mir kannte das alles so gut,
Sehnsüchtge Erinnerung erregte sein Blut,
Er bebte, wie eine Laute bebt,
Wenn durch ihre Leere der Nachtwind schwebt.

Drum hab ich gesagt: ich war nicht froh,
Nicht traurig, nur ahnend ergriffen, so
Wie einer, der eine Laute trägt,
Die leise stöhnend das Herz ihm bewegt.

MIT HANDSCHUHEN FÜR LEOPOLD ANDRIAN

EINES DICHTERS HANDSCHUHE REDEN UND SAGEN:

Wir sind das Kleid für eine kleine Hand:
Aus dieser fällt dereinst auf Andrian
Mehr Gloria und goldnes Lorbeerlaub,
Als je die starken Hände heimgebracht
Der Vorgeborenen, die nun im Grab
Mit nackten weißen Knochen kreuzweis ruhn,
Und hätten sie gleich David auch geschleppt
Des Ruhmes abgeschlagnes Riesenhaupt,
Um ihre Finger wickelnd sein Gelock!

DER DICHTER ANTWORTET:

Wie schlaffe Segel achte ich den Ruhm,
Wie Küsse, drin so wenig Liebe wohnt
Als süßer Traubensaft im Kern der Nuß,
Wie Schlaf und anderes, das kommt und geht:
Die alle sagen nichts: viel aber sagt
Der Abend, wenn die schwarzen Bäume beben,
Und viel das wechselnde Gesicht der Nacht,
Die kleinen gelben Häuser in der Stadt
Und jedes Wesen, das sein Leben lebt...

DIE HANDSCHUHE ERWIDERN:

Groß wie die Nacht, wenn du es recht bedenkst,
Ein solches Ding ist auch der Ruhm und rauscht
Mit hohen Segeln wie ein großes Schiff.

WO ICH NAHE, WO ICH LANDE...

Wo ich nahe, wo ich lande,
Da im Schatten, dort im Sande
Werden sie sich zu mir setzen,
Und ich werde sie ergetzen,
Binden mit dem Schattenbande!

An den Dingen, die sie kennen,
Lehr ich sie Geheimes nennen,
Auf und Nieder ihrer Glieder
Und den Lauf der Sterne wieder,
Kaum vermögen sies zu trennen!

Denn ich spreche: »Große Macht
Lenkt den Tag, versenkt die Nacht,
Doch in Euch versenkt sind gleiche
Sehr geheimnisvolle Reiche,
Ruhig wie in einen Schacht.«

Daß sie mit verhaltnem Grauen
An sich selber niederschauen,
Von Geheimnis ganz durchwoben
Fühlen sich emporgehoben
Und den Himmel dunkler blauen!

[AN RICHARD BEER-HOFMANN]

Als unser Hund im Comer See ertrank
Und wir zusahen und nicht helfen konnten
Da sahst Du lange nach auf der besonnten
Und dunklen Flut der kleinen weißen Leiche
Die, treibend, ganz zerging in goldner Bleiche,
Dann sagtest Du: »Es war am Ende gut
Daß er jetzt fort ist und für uns der gleiche
In der Erinn'rung dieser Tage ruht:
Denn kläglich häßlich ist ein altes Tier
Und grauenvoll in mancher Abendstunde
Dann später uns, den jungen, Dir und mir:
Denn er wär alt und wir noch jung gewesen
Und wie aus eines offnen Grabes Munde
So hätte Gott geschrien aus diesem Wesen«...
Mir aber kam ganz anders in den Sinn
Dieselbe Sache, daß der Hund ertrank:
Ich sah die wunderschöne Uferbank
Wohin ihn spült das gleitende Gerinn,
Und in den Zweigen süßen zarten Wind
Und dort zwei Menschen wie wir beide sind:
Und ihre Schönheit drang in mich hinein
Und dann: die Einigkeit von alledem im Sein.

BRIEF AN RICHARD DEHMEL

Ich reite viele Stunden jeden Tag,
Durch tiefen toten Sand, durch hohes Gras,
Durch gutes helles Wasser und durch schwarzes
Im Wald, das quillt und gurgelt unterm Huf.
Zuweilen reit ich auf die Sonne zu,
Die Kupferscheibe in den schwarzen Büschen,
Zuweilen gegen feuchten Wind, manchmal
Auf einem heißen steilen Weg, manchmal
Auf einem Damm in heller stiller Luft,
Daß ich die krummen Äste zählen kann
Der Apfelbäume auf der fernen Straße
Und einen Tümpel leuchten seh, weit weit!
Und meinen Fuchs und meine rote Kappe
Und weiße Handschuh sieht man auch weit weit
Und meine dunklen Hüften, Arm' und Schultern
Am gelben Damm bei dieser hellen Luft
Wie fliegend Glas, das überm Feuer flirrt.

Zuweilen reiten viele neben mir
Und viele vor mir, alles ist voll Lärm,
Die grünen Mulden dröhnen, und die Luft
Ist voller Klirren, und ich seh vor mir
(Mit feuchten Augen von dem starken Wind)
Die vordersten hinjagen auf dem Hang:
Ein Knäuel Braun' und Rappen, zwei, drei Schimmel,
Nur weiße Flecken, und in dem Gedränge
Der dunklen Reiter blinken gold die Helme
Und so die Klingen, wie ein Netz von Adern
Lebendgen Wassers blinkt im stärksten Mond
(Darüber, weißt du? schwebt es milchig weiß
Und viele Unken schreien, wundervoll).

Zuweilen aber reit ich ganz allein,
So still! ich höre, wie die Mücke schwirrt,
Wenn sie dem Fuchs vom Hals zur Schulter fliegt;
Lang schau ich einer Nebelkrähe nach
Und folg der schwarzen auf dem grauen Weg
Durch dürre Wipfel hin und her, und seh
Fasanenhähnchen auf einander losgehn
Im niedern Gras, wo viele Anemonen,
Schneeweiße, stehn; sitz ab und laß den Fuchs
Mit nachgelaßnen Gurten ruhig grasen
Und riech dann noch, wenn ich zu Haus den Handschuh
Abstreif, gemengt mit dem Geruch vom Pferd
Den Duft von wildem kühlem Thymian...
Und fühl in alledem so nichts vom Leben!

Wie kann das nur geschehn, daß man so lebt
Und alles ist, als obs nicht wirklich wäre?
Nichts wirklich als das öde Zeitverrinnen
Und alles andere wie nichts: das Wasser,
Der Wind, das schnelle Reiten in dem Wind,
Das Atmen und das Liegen in der Nacht,
Das Dunkelwerden, und die Sonne selbst,
Das große Untergehn der großen Sonne
Wie nichts, die Worte nichts, das Denken nichts!
Kann denn das sein, daß nur soweit ich seh
Das Leben aus der Welt gesogen ist,
Aus allen Bäumen, Bergen, Hunden, aus
Unzähligen Geschöpfen, so wie Wasser
Aus einem heimlich aufgeschnittnen Schlauch?

Gleichviel, es ist. Und nun schickst du mir her
Ein Buch, so rot wie die Mohnblumen sind,
Die vielen in den vielen grünen Feldern –
Ihr Rot ist mir so nichts, und das Erschauern
Der grünen Felder unterm Abendwind
Ist mir so nichts – was ist darin vom Leben! –
Und in dem Buch da ists, da ists, es ist.
Es macht mich schauern, springt von einem Wesen

Zum andern, ist in allem, reißt das eine
Zum andern, sucht sich, sehnt sich nach sich selber,
Berauscht sich an sich selber, »flicht, o Gott!
In eins die bang beseligten Gestalten«,
Und ist in einem Pfauen so enthüllt!
So grauenhaft in Träumen und Narzissen,
So grauenhaft und süß enthüllt! in Puppen!
Wie kann das wieder sein? Gleichviel. Es ist.

WO KLEINE FELSEN...

Wo kleine Felsen, kleine Fichten
Gegen freien Himmel stehen,
Könnt ihr kommen, könnt ihr sehen,
Wie wir, trunken von Gedichten,
Kindlich schmale Pfade wandern.
Sind nicht wir vor allen andern
Doch die unberührten Kinder?
Sind es nicht die Knaben minder
Und die Mädchen, jene andern?
Sind sie wahr in ihren Spielen,
Jene andern, jene vielen?

AN EINE FRAU

Die wahre Ernte aller Dinge bleibt
Und blüht in hoher Luft wie lichte Zinken,
Das andere war nur da um wegzusinken.

Und irgendwie geheimnisvoll erträgt
Es unser Geist nur immer auszuruhen
Auf Gleitendem, wie die Meervögel tuen.

Wie führte uns verworrenes Gespräch
Verstellter Augen über öde Klippen!
Und unsere allzusehr beredten Lippen

Begierig, vielen Göttern Dienst zu tun!
Zu viele Schatten schwebten da verschlungen,
Und so sind wir einander zugedrungen

Wie dem Ertrinkenden das schöne Bild
Der weißen Bucht, das er nicht mehr gelassen
Erträgt, vielmehr schon anfängt es zu hassen.

Dies alles war nur da, um wegzusinken.
Es wohnen noch ganz andere Gewalten
In unserer Tänze namenlosen Falten.

Die Lider unserer Augen sind nicht gleich
Dem Fleisch der Früchte, und die jungen Mienen
Nicht einerlei mit Lämmern und Delphinen!

Und nur die Ernte aller Dinge bleibt:
So fand ich dich im Garten ohne Klippen,
Und großes Leben hing um deine Lippen,

Weil du an deiner Freundin losem Haar
Zu reden wußtest königlich wie eine,
Die wissen lernte, was das Leben meine.

Und hinter dir die Ebne niederziehn
Sah ich wie stille Gold- und Silberbäche
Die Wege deiner Niedrigkeit und Schwäche.

INSCHRIFT

Entzieh dich nicht dem einzigen Geschäfte!
Vor dem dich schaudert, dieses ist das deine:
Nicht anders sagt das Leben, was es meine,
Und schnell verwirft das Chaos deine Kräfte.

GUTE STUNDE

Hier lieg ich, mich dünkt es der Gipfel der Welt,
Hier hab ich kein Haus, und hier hab ich kein Zelt!

Die Wege der Menschen sind um mich her,
Hinauf zu den Bergen und nieder zum Meer:

Sie tragen die Ware, die ihnen gefällt,
Unwissend, daß jede mein Leben enthält.

Sie bringen in Schwingen aus Binsen und Gras
Die Früchte, von denen ich lange nicht aß:

Die Feige erkenn ich, nun spür ich den Ort,
Doch lebte der lange vergessene fort!

Und war mir das Leben, das schöne, entwandt,
Es hielt sich im Meer, und es hielt sich im Land!

UNENDLICHE ZEIT

Wirklich, bist du zu schwach, dich der seligen Zeit zu
                                                    erinnern?
Über dem dunkelnden Tal zogen die Sterne herauf,
Wir aber standen im Schatten und bebten. Die riesige Ulme
Schüttelte sich wie im Traum, warf einen Schauer herab
Lärmender Tropfen ins Gras: Es war keine Stunde vergangen
Seit jenem Regen! Und mir schien es unendliche Zeit.
Denn dem Erlebenden dehnt sich das Leben: es tuen sich
                                                    lautlos
Klüfte unendlichen Traums zwischen zwei Blicken ihm auf:
In mich hätt ich gesogen dein zwanzigjähriges Dasein
– War mir, indessen der Baum noch seine Tropfen behielt.

ABEND IM FRÜHLING

Er ging. Die Häuser waren alle groß.
Am lichten Himmel standen schon die Sterne.
Die Erde war den Winter wieder los.
Er fühlte seine Stimme in der Kehle
Und hatte seine Hände wieder gerne.

Er war sehr müde, aber wie ein Kind.
Er ging die Straße zwischen vielen Pferden.
Er hätte ihre Stirnen gern berührt
Und rief ihr frühres Leben sich zurück
Mit unbewußten streichelnden Gebärden.

GEDICHTE

I

Ich will den Schatten einziger Geschicke
Groß an den Boden der Gedichte legen,
Der jungen Helden ungeheure Blicke
Und andre Götter, die den Sinn bewegen.

Erst aber laßt uns von den Früchten essen:
Sie kommen aus den Bergen, aus dem Meer,
Aus schlummerlosen Königsgräbern her,
Wir wollen ihren Ursprung nicht vergessen

Und nicht, daß sie von Blut Geschwister sind
Mit uns und all den anderen Geschöpfen
Des großen Grabes, die den Abendwind
Mit Flügeln drücken oder schweren Köpfen.

Und wenn wir später in die Hände schlagen,
Wie Könige und Kinder tun,
So werden Sklaven der Musik geruhn,
Ein übermenschlich Schicksal herzutragen.

II

Ich will den Schatten einziger Geschicke
Groß an den Boden der Gedichte legen,
Der jungen Helden ungeheure Blicke
Und andre Götter, die den Sinn bewegen:

Dann sollst du über ihren Rand dich neigen
Und völlig hingegeben jenen Werken
Spät nur dein gleitend Bild darin bemerken
Mit einem wundervoll erschrocknen Schweigen.

DICHTER SPRECHEN:

Nicht zu der Sonne frühen Reise,
Nicht wenn die Abendwolken landen,
Euch Kindern, weder laut noch leise,
Ja, kaum uns selber seis gestanden,
Auf welch geheimnisvolle Weise
Dem Leben wir den Traum entwanden
Und ihn mit Weingewinden leise
An unsres Gartens Brunnen banden.

WIR GINGEN EINEN WEG...

Wir gingen einen Weg mit vielen Brücken,
Und vor uns gingen drei, die ruhig sangen.
Ich sage dies, damit du dich entsinnst.
Da sagtest du und zeigtest nach dem Berg,
Der Schatten trug von Wolken und den Schatten
Der steilen Wände mit unsicheren Pfaden,
Du sagtest: »Wären dort wir zwei allein!«
Und deine Worte hatten einen Ton
So fremd wie Duft von Sandelholz und Myrrhen.
– Auch deine Augen waren nicht wie sonst. –
Und mir geschah, daß eine trunkene Luft
Mich faßte, so wie wenn die Erde bebt
Und umgestürztes prunkvolles Gerät
Rings rollt und Wasser aus dem Boden quillt
Und einer taumelnd steht und doppelt sieht:
Denn ich war da und war zugleich auch dort,
Mit dir im Arm, und alle Lust davon
War irgendwie vermengt mit aller Lust,
Die dieser große Berg mit vielen Klüften
Hingibt, wenn einer ruhig wie der Adler
Mit ausgespannten Flügeln ihn umflöge.
Ich war mit dir im Arm auf jenem Berg,
Ich hatte alles Wissen seiner Höhe,
Der Einsamkeit, des nie betretnen Pfades
Und dich im Arm und alle Lust davon...
Und als ich heut im Lusthaus beim Erwachen
An einer kühlen Wand das Bild der Götter
Und ihrer wunderbaren Freuden sah:
Wie sie mit leichtem Fuße, kaum mehr lastend,
Vom dünnen Dache weinumrankter Lauben
Ins Blaue tretend aufzuschweben schienen,
Wie Flammen ohne Schwere, mit dem Laut
Von Liedern und dem Klang der hellen Leier

Emporgeweht: da wurde es mir so,
Als dürft ich jenen letzten, die noch nah
Der Erde schienen, freundlich ihr Gewand
Anrühren, wie ein Gastfreund tuen darf
Von gleichem Rang und ähnlichem Geschick:
Denn ich gedachte jenes Abenteuers.

DER BEHERRSCHTE

Auf einem hohen Berge ging ich, als
Mir Kunde ward, sie hätten dich gefunden
Und mir zur Beute dich mit Laubgewind
Am Turm in meinem Garten festgebunden.

Ich nahm den Heimweg mit gehaltnem Schritt,
Wie eine Flamme mir zur Seite flog
Das Spiegelbild von deinem offnen Haar
Und deinem Mund, der sich im Zürnen bog.

Wie eine Flamme. Aber ich war stolz,
Und ruhig schreitend spähte ich im Weiher
Das Spiel des Fisches, der das Dunkel sucht,
Und überm Wald den Horst von einem Geier.

EINE VORLESUNG

Schwere Sonne lag im Anfang auf den Scheiben
Mit dem schweren Glanz – es standen große Blumen
Auf den Tischen rings: Schwertlilien, volle Rosen,
Haselzweige dumpf wie braune Erze funkelnd –
                                            vergeblich
Rang die Stimme schwach wie eine matte Flamme
Von Unsicherm umschwebt: von Schatten, halben
                                                  Gestalten.
Aber mählich mit der Dämmerung wurden jene
Geträumten Schatten stark: und sie zerdrangen siegreich
Die schöne Luft und da – wie große kluge Vögel
saßen sie schon unter uns und banden uns mit den Augen.

SÜDLICHE MONDNACHT

Werden zu doppelter Lust nun doppelte Tage geboren?
Ehe der eine versank, steigt schon der neue herauf!
Herrlich in Salben und Glanz, gedächtnislos wie ein
                                                Halbgott,
Deckt er mir Gärten und See zu mit erstarrendem Prunk.
Und der vertrauliche Baum wird fremd, fremd funkelt der
                                                Springbrunn,
Fremde und dunkle Gewalt drängt sich von außen in mich.
Sind dies die Büsche, darin die bunten Gedanken genistet?
Kaum mehr erkenn ich die Bank! Die ists? Die lauernde hier?
Aber sie ists, denn im Netz der fleißigen, winzigen Spinne
Hängt noch der schimmernde Punkt! Komm ich mir selber
                                                zurück?
Als dein Brief heut kam – ich riß mit zu hastigen Fingern
Ungeduldig ihn auf –, flogen die Teilchen hinweg
Von dem zerrissenen Rand: sie sprühten wie Tropfen dem
                                                Trinker,
Wenn er zum Springbrunn sich drängt, um den verdürsteten
                                                Mund!
Ja, jetzt drängt sichs heran und kommt übers Wasser
                                                geschwommen,
Hebt sich mit lieblichem Arm rings aus dem Dunkel zu mir:
Wie ein Entzauberter atme ich nun, und erst recht nun
                                                verzaubert,
Und in der starrenden Nacht halt ich den Schlüssel des
                                                Glücks!

VOM SCHIFF AUS

Ihr Morgen, da an meines Bettes Rand
Das Licht aus hellen Muschelwolken flog
Und leuchtend, den ich später niemals fand,
Der Felsenpfad schön in die Weite bog,

Ihr Mittagsstunden! großer dunkler Baum,
Wo seichtes Wachen und ein seichter Schlaf
Mich von mir selber stahl, daß an mein Ohr
Nie der versteckten Götter Anhauch traf!

Ihr Abende, wo ich geneigt vom Strand
Gespräche suchte, und sich Schultern nicht
Aus Feuchtem triefend hoben, und mein Hauch
Verklang im Streit der Schatten mit dem Licht:

Der geht jetzt fort, der aus des Lebens Hand
Hier keinen Schmerz empfangen und kein Glück:
Und läßt auch hier, weil er nicht anders kann,
Von seiner Seele einen Teil zurück.

DICHTER UND GEGENWART

»Wir sind dein Flügel, o Zeit, und halten dich über dem
                                                             Chaos.
Aber, verworrene Zeit, tragende Kralle wir auch?«
»Tröstet euch, dies ist von je. Und schaudert euch, daß ihr
                                               erwählt seid –:
Schaudernde waren mir stets Flügel und Kralle wie ihr.«

DIE DICHTER UND DIE ZEIT

Wir sind dein Flügel, o Zeit, doch wir nicht die tragende
                                                  Klaue!
Oder verlangst du so viel: Flügel und Klaue zugleich?

DICHTER UND STOFF

Aus der verschütteten Gruft nur wollt ich ins Freie mich wühlen:
Aber da brach ich dem Licht Bahn und die Höhle erglüht.

DICHTKUNST

Fürchterlich ist diese Kunst! Ich spinn aus dem Leib mir den Faden,
Und dieser Faden zugleich ist auch mein Weg durch die Luft.

EIGENE SPRACHE

Wuchs dir die Sprache im Mund, so wuchs in die Hand dir die Kette:
Zieh nun das Weltall zu dir! Ziehe! Sonst wirst du geschleift.

SPIEGEL DER WELT

»Einmal schon kroch ich den Weg«, im Mund eines
                                        schlafenden Königs
Sprachs der gesprenkelte Wurm. – »Wann?« – »In des
                                        Dichters Gehirn.«

ERKENNTNIS

Wüßt ich genau, wie dies Blatt aus seinem Zweige
                                        herauskam,
Schwieg ich auf ewige Zeit still: denn ich wüßte genug.

NAMEN

Visp heißt ein schäumender Bach. Ein anderer Name ist
Goethe.
Dort kommt der Name vom Ding, hier schuf der Träger den
Klang.

WORTE

Manche Worte gibts, die treffen wie Keulen. Doch manche
Schluckst du wie Angeln und schwimmst weiter und weißt es
noch nicht.

KUNST DES ERZÄHLENS

Schildern willst du den Mord? So zeig mir den Hund auf dem Hofe:
Zeig mir im Aug von dem Hund gleichfalls den Schatten der Tat.

GRÖSSE

Nennt ihr die Alpen so groß? Leicht könnt ich viel größer sie denken:
Aber den Markusplatz nicht, niemals den Dom von Florenz.

BEDINGUNG

Bist du die Höhle, darin die Ungebornen sich drängen,
Wird schon der Fleck an der Wand Nymphe und Reiter und Pferd!

DAS WORT

Ich weiß ein Wort
Und hör es fort:
Beschertes Glück
Nimm nie zurück!

Hör was ich sag:
Denk jeden Tag:
Beschertes Glück
Nimm nie zurück!

Und ist die Zeit
Dir einmal weit:
Beschertes Glück
Nimm nie zurück!

KINDERGEBET

Lieber Gott und Engelein,
Laßt mich gut und fromm sein
Und laßt mir mein Hemdlein
Recht bald werden viel zu klein.

Laßt mich immer weiter gehn,
Viele gute Menschen sehn,
Wie sie aus den Augen sehn,
Laßt sogleich mich sie verstehn.

Und mit ihnen fort und fort
Freuen mich an gutem Ort,
Und zur Zeit der Einsamkeit
Gib, daß Sternenglanz mich freut.

[ZU HEINRICH HEINES GEDÄCHTNIS]

Zerrissnen Tones, überlauter Rede
Verfänglich Blendwerk muß vergessen sein:
Allein den bunten schmerzverzognen Lippen
Entrollte, unverweslicher als Perlen
Und leuchtender, zuweilen ein Gebild:
Das traget am lebendigen Leib, und nie
Verliert es seinen innern feuchten Glanz.

DER NÄCHTLICHE WEG

Ich ging den Weg einmal: da war ich sieben,
So arm und reich!
Mir war, ich hielt ein nacktes Schwert in Händen
Und selbst die Sterne bebten seinem Streich.

Mit siebzehn ging ich wiederum den Weg
Erst recht allein:
Ein Etwas huschte in den blassen Winden,
Von oben kam der fremden Welten Schein.

Nun führ ich dich, du spürst nur meine Hand:
Einst war ich sieben...
Und das Vergangne glimmt, von Geisterhand
Mit blassem Schein ins Dunkel hingeschrieben!

DAS ZEICHEN

Und wie wir uns ersehen,
Tief eins ins andre gehen,
Es bleibt doch nicht bestehen:
So wenig wie ein Kuß.

Es bleibt um Brust und Wangen
Nichts von so viel Verlangen,
Kein Zeichen bleibet hangen
Auch von so vielem Glück.

Und trügest du ein Zeichen,
Ein purpurrotes Zeichen,
Es müßte auch verbleichen,
Es ginge auch dahin!

DAS KLEINE STÜCK BROT...

Das kleine Stück Brot
Die Blume blaßrot
Und die Decke von Deinem Bette
Wenn ich die drei nur hätte.

Hätt ich das Brot nur immer noch
Davon Du lachend abgebissen
So spürt ich auch den leisen Druck
Von all den fortgeflogenen Küssen.

Wär nicht die Blume ganz verfallen
Hätt irgendwo ein Ding Bestand
Müßt immer wie ein kleiner Vogel
Dein Herz mir klopfen in der Hand.

Und wäre nur die Decke mein
Wie lieb und schläfrig, los vom Mieder
Muß in ihr hingebreitet sein
Die Ahnung Deiner kleinen Glieder.

So hab ich keines von den dreien
Und muß immer von neuem
Und kann doch nicht enden
Mit Lippen und Händen
Dich anzurühren
Um Dich zu spüren!

WIR SPRECHEN EINE SPRACH...

Wir sprechen eine Sprach und verstehen einand
Denn Mund reimt sich auf Mund und Hand reimt sich auf
                                                                             Hand
Lauberl, Lauberl, Lirilauberl
Lauberl, Lauberl, Litumda.

Der Kuckuck ist nah und der Kuckuck ist weit
Wir reden recht dumm und wir küssen gescheit
Lauberl, Lauberl, Lirilauberl
Lauberl, Lauberl, Litumda.

Deine Mutter ist draußen und wir sind herin
Und käm sie herein, das hätt gar keinen Sinn
Lauberl, Lauberl, Lirilauberl
Lauberl, Lauberl, Litumda.

DA ICH WEISS...

Da ich weiß, Du kommst mir wieder
Machen mich die Wolken froh,
Und am Georginenbeete
Abendstille freut mich so!

Fröhlich such ich mir den Schatten,
Bis die Sonne fast versinkt.
Nachts im kleinen dunkeln Tale
Freut mich jedes Licht, das blinkt...

Ob ich einsam steig am Hügel,
Horch ich doch an Deiner Türe.
Steh ich hier in fremdem Garten,
Du doch bist es, die ich spüre.

DER SPAZIERGANG

Ich trat aus meinem Haus und freute mich
an einer Säule, die in meinem Garten
zwischen den beiden ältesten der Bäume
beredten Schatten wirft auf einen Rasen.
Dem Schatten den sie wirft nickte ich zu
wie einem Knaben der im Grase läge,
und trat dann durch die hölzerne kleine Tür
heraus aus meinem Garten.

AUFSCHRIFT FÜR EINE STANDUHR

VON COLERIDGE

Nun und vorbei! Die Stunden gleiten hin,
Vertan, verhaucht, in Sehnsucht hingehetzt:
Doch jede, scheidend, senkt in deinen Sinn –
Daß es dort wohne – ein unsterblich Jetzt.

VERWANDLUNG

NACH S. T. COLERIDGE

DICHTER

Auf einmal war ein liebliches Gebild,
Auf einmal wars an meines Bettes Rand,
Saß neben mir und stützte seine Hand
Auf meine Kissen und sah still mich an,
Daß süßer Schauer mir das Mark durchrann,
Und ich begriff: dies ist mein wahres Ich,
Das lautlos sich zu mir herüberschlich
Und nun mit tiefen Blicken mich ernährt.
Doch ach! ich hatte mich ja nicht geregt,
Und schon! so schnell! wie es sich von mir kehrt,
Wie es auf einmal fremde Züge trägt,
Versteinernd unter meinem müden Blick!
Und nun – sein Antlitz kam ihm nicht zurück –
Und dennoch: Fremde auf ein Fremdes starrend,
Fühlt ich im Innern einen Wahn beharrend,
Ein Wissen, das vom tiefsten Platz nicht wich,
Dies ist nicht Fremdes, sondern dies bin ich!

FREUND

Soll von der Wirklichkeit dies Rätsel handeln?
Solls etwas geben oder nur betören?
In welchem Zeitraum, laß uns mindest hören,
Sich zutrug dies entsetzliche Verwandeln?

DICHTER

Bann es in eines Augenblickes Räume,
So ists ein bröckelnd Nichts vom Land der Träume.
Nimm, Jahre haben dunkel dir gewirkt,
Du siehst, was jedes Leben in sich birgt.

[FÜR KARL WOLFSKEHL]

ZUM »MASKENZUG 1904«

Nie so stark war diese Stimme,
Nie so funkelnd dieser Schrei!
Da ich einsam hier des Zauber-
Berges dunklen Hang erklimme,
Stumm durch öde Buchten schwimme,
Stumm im Nebelfrost ergrimme,
Dröhnend zieht es mich herbei.

Nie so stark war dieses Rufen!
Tönt es vorwärts? tönts zurück?
Die Gedichte, die Gesichte,
Die wir schufen, die uns schufen,
Dunkle Tore, dunkle Stufen,
Dröhnen zauberhafter Hufen:
Hier; und nirgends Glut und Glück!

IN EIN STAMMBUCH

Das traurigste Empfundene
Ist nur lebendig schwer,
Und alles Weg-geschwundene,
Es *lächelt* nach uns her.

FÜR ALFRED VON HEYMEL

Was wir aufgehäuft hier innen,
Laß es leben von den Sinnen!
Wohnst du drin: es ist ein Zelt!
Blick hindurch: da liegt die Welt!

[FÜR EBERHARD VON BODENHAUSEN]

Hier siehst du Spiel auf Spiel
  aus Einsamkeit geboren.
Nun hab ich draußen Viel,
  und drinnen nichts verloren.

KANTATE

Tüchtigen stellt das schnelle Glück
Hoch empor, wo er gebiete,
Vielen zum Nutzen, vielen zum Leid,
Und es hängen sich viele an ihn,
Neiden ihn viele,
Und ihn umschmeichelt was da gemein ist.

Er aber, droben,
Suchet sich selber, welchem er diene
Von den Geistern, welchem strengen,
Und dem wird er ähnlich
Und verdient sich den Glanz
Und Stab des Gebietens,
Den dereinst das schnelle Glück ihm zuwarf,
Und kämpft es aus,
Unablässig,
Tagaus, tagein,
Jahr um Jahr,
Und waltet des Amtes
Wesenhaft,
Und ihn grüßt,
Wo Männer seiner gedenken,
Ein schönes Wort:
Bewährung.

ÖSTERREICHS ANTWORT

>»Völker bunt im Feldgezelt,
>Wird die Glut sie löten?
>Östreich, Erdreich vieler Art,
>Trotzest du den Nöten?«

Antwort gibt im Felde dort,
Faust, die festgeballte,
Antwort dir gibt nur ein Wort:
Jenes Gott erhalte!

Unsern Kindern eint uns dies,
Wie's uns eint den Vätern,
Einet heut die Kämpferschar
Hier mit uns, den Betern.

Berge sind ein schwacher Wall,
Haben Kluft und Spalte:
Brust an Brust und Volk bei Volk
Schallt es: Gott erhalte!

Helden sind wie Kinder schlicht,
Kinder werden Helden,
Worte nicht und kein Gedicht
Könnens je vermelden.

Ungeheueres umfaßt
Heut dies heilig Alte,
Und so dringts zum Himmel auf:
Unser Gott erhalte!

LYRISCHE DRAMEN

GESTERN

DRAMATISCHE STUDIE IN EINEM AKT IN VERSEN

Personen

DER KARDINAL VON OSTIA
ANDREA
ARLETTE
FANTASIO, der Dichter
FORTUNIO, der Maler
SER VESPASIANO
MOSCA, der Parasit
CORBACCIO, der Schauspieler
MARSILIO, ein fremder Mann
Zwei Diener des Andrea

In Andreas Haus zu Imola. Zur Zeit der großen Maler.
Gartensaal im Hause Andreas. Reiche Architektur der sinkenden
Renaissance, die Wände mit Stukkaturen und Grotesken geziert.
Links und rechts je ein hohes Fenster und je eine kleine Tür mit
Gobelinvorhängen, darauf Darstellungen aus der Aeneis. Mittel-
tür ebenso, dahinter eine Terrasse, die rückwärts mit vergoldeten
Efeugittern abgeschlossen ist, links und rechts Stufen zum Garten
hat. In der linken Ecke von Wand zu Wand eine dunkelrote Hänge-
matte an silbernen Ringen. An den Pfeilern geschnitzte Truhen zum
Sitzen. In der Mitte eine Majolikaherme des Aretino. Am Pfeiler
rechts eine tragbare kleine Orgel mit freien Blasebälgen; sie steht
auf einer schwarzen Ebenholztruhe, die in lichtem eingelegtem
Holz harfenspielende Tritonen und syrinxblasende Faune zeigt.
Darüber hängen an der Wand eine dreisaitige Geige, in einen Satyr-
kopf auslaufend, und ein langes Monochord, mit Elfenbein ein-
gelegt. Von der Decke hängen Ampeln in den strengeren Formen der
Frührenaissance.
Morgendämmerung, Fenster und Türen verhängt.

ERSTE SZENE

ARLETTE *durch die kleine Tür rechts; sie läuft in die Mitte des Zimmers, lauscht*
  Madonna! ja! Die Gartentür... und Schritte!
  Nach rechts zurückrufend
  Er ists, geh! geh! und bück dich! durch die Mitte!
  Dann schiebt sie schnell den Gobelin zu, läuft nach der Hängematte und legt sich hinein. Sie streckt noch einmal den Kopf empor und stellt sich dann schlafend.
ANDREA *kommt durch die Mitteltür, pfeifend; er legt den Degen ab, dann bemerkt er Arlette, geht hin und küßt sie auf die Stirn.*
ARLETTE *scheinbar aufschreckend*
  Andrea!
ANDREA Ach, hab ich dich aufgeweckt?
  Das wollt ich nicht!
ARLETTE   Du hast mich so erschreckt!
ANDREA
  Was hast du denn?
ARLETTE *schnell*   Du bist schon lange hier?
ANDREA
  Ich komme eben. Aber... sage mir...
ARLETTE *sie spricht schnell und erregt und sieht verstohlen nach der Tür rechts*
  Nein, nein... nichts... weißt du, ich bin eingeschlafen...
  Ja... in der Nacht... da lief ich in den Garten...
  Ich hatte Angst... ich wollte dich erwarten...
  Allmählich ruhiger
  Ich weiß nicht... Ein unsinniges Gefühl...
  Mich ängstigte mein großes stilles Zimmer,
  Es war so atmend lau und duftig schwül,
  Am Gartengitter spielte weißer Schimmer
  Und da... ich weiß nicht... trat ich hier herein,
  Sie richtet sich auf und lehnt sich an ihn
  Mir war, als wär ich weniger allein...

Pause
Du kommst sehr früh?

ANDREA   Es ist ja fast schon Licht,
Doch komm, wir könnten jetzt hinübergehen
Zu dir, zu uns...
Er will sie sanft mitziehen

ARLETTE *ängstlich*   Andrea! nicht...
Mein Zimmer hat...

ANDREA   Was hat es denn, du Kind?

ARLETTE *schmeichelnd*
Bleib da! im Garten rauscht so süß die Nacht,
Man hörts nur hier!

ANDREA   Das ist der Morgenwind,
Das ist des Tages Rauschen, der erwacht!

ARLETTE
Komm in den Garten, in das feuchte Grau!
Ich sehne mich nach Tau, nach frischem Tau!
Wie damals, weißt du noch? wie wir uns trafen
Im Park von Trevi, taubesprengt, verschlafen?

ANDREA
Den Tau des Sommers trinkt die Sonne schnell!
Er schiebt einen Vorhang weg
Es ist schon Licht, Arlette!

ARLETTE *ganz aufgestanden*   Laß! so grell!
Es schmerzt. O laß die kühle, halbe Nacht,
Ich fühl, daß heut das Licht mich häßlich macht.

ANDREA
Du bist sehr blaß.

ARLETTE   Du weißt, ich hab gewacht.

ANDREA *gereizt*
Wer hieß dich wachen?

ARLETTE   Mußt du mich noch quälen,
Daß du mich quältest! Nein, du sollst erzählen,
Und bin ich schon die Nacht allein geblieben,
Will ich doch wissen, was dich fortgetrieben.

ANDREA
Du weißt ja, Kind, daß ich bei Palla war.

ARLETTE
Und dort?

ANDREA   Wie immer die gewohnte Schar:
Fantasio, Pietro, Grumio, Strozzi auch,
Kurz alle, nur Lorenzo hat gefehlt.
ARLETTE *lauernd*
Warum denn der?
ANDREA   Er hat den Grund verhehlt,
Man fragt doch nicht – vielleicht ein Stelldichein.
ARLETTE
So weißt du?
ANDREA   Nein.
ARLETTE   Doch glaubst du etwa?
ANDREA   Nein.
Was fragst du denn?
ARLETTE *ablenkend*   Und was habt ihr gemacht?
ANDREA
Geprahlt, gespielt, getrunken und gelacht –
Was man mit Männern tut, wenn man nicht streitet,
Die meisten haben mich bis her begleitet,
Sie kommen heut recht früh...
ARLETTE   Gestehs, dir sind
Doch Frauen lieber.
ANDREA   Bis auf eines, Kind.
Die lieben mich, weil ich der Klügste bin.
ARLETTE
Sie lieben dich, weil sie dich brauchen können!
ANDREA
Und wenns so ist! Ich frage nicht nach Gründen!
Nur aus sich selber strömt, was wir empfinden,
Und nur Empfindung findet rück die Pforte:
Ohnmächtig sind die Taten, leer die Worte!
Ergründen macht Empfinden unerträglich,
Und jedes wahre Fühlen ist unsäglich...
Nicht was ich denke, glaube, höre, sehe,
Dein Zauber bindet mich und deine Nähe...
Und wenn du mich betrögest und mein Lieben,
Du wärst für mich dieselbe doch geblieben!
ARLETTE
Nimm dich in acht, der Glaube ist gefährlich!

ANDREA

O nein, nur schön und kühn, berauschend, ehrlich,
Er spület fort, was unsern Geist umklammert,
Als Rücksicht hemmt und als Gewissen jammert,
Mit tausend unverdienten Strafen droht,
Wenn wir nicht lügen, wo Empfinden tot;
Er lehret uns als weises Recht erkennen,
Was wir gewöhnlich tuen und nicht nennen...
Leiser
Es ist ja Leben stummes Weiterwandern
Von Millionen, die sich nicht verstehn,
Und wenn sich jemals zwei ins Auge sehn,
So sieht ein jeder sich nur in dem andern.

ARLETTE

Und was sind jene, die wir Freunde nennen!

ANDREA

Die, drin wir klarer unser Selbst erkennen.
... Es gärt in mir ein ungestümes Wollen,
Nach einem Ritt, nach einem wilden, tollen...
So werde ich nach meinem Pferde rufen:
Es keucht, die Funken sprühen von den Hufen,
Was kümmerts mich, die Laune ist gestillt!
Ein andermal durch meine Seele quillt
Ein unbestimmtes, schmelzendes Verlangen
Nach Tönen, die mich bebend leis umfangen...
So werd ich aus der Geige strömen lassen
Ihr Weinen, ihres Sehnens dunkle Fluten,
Ekstatisch tiefstes Stöhnen, heißes Girren,
Der Geigenseele rätselhaftes Bluten...
Er hält einen Augenblick inne
Ein andermal werd ich den Degen fassen,
Weils mich verlangt nach einer Klinge Schwirren:
Das Roß, das Geigenspiel, die Degenklinge,
Lebendig nur durch unsrer Laune Leben,
Des Lebens wert, solang sie uns es geben,
Sie sind im Grunde tote, leere Dinge!
Die Freunde so, ihr Leben ist ein Schein,
Ich lebe, der sie brauche, ich allein!
In jedem schläft ein Funken, der mir frommt,

Der früher, später doch zu Tage kommt:
Vielleicht ein Scherz, der meine Laune streichelt,
Ein Wort vielleicht, das mir im Traume schmeichelt,
Ein neuer Rausch vielleicht, ein neu Genießen,
Vielleicht auch Qualen, die mir viel erschließen,
Vielleicht ein feiger, weicher Sklavensinn,
Der mich erheitert, wenn ich grausam bin,
Vielleicht... was weiß ich noch.. ich kann sie brauchen,
Weil sie für mich nach tausend Perlen tauchen,
Weil eine Angst nur ist in meiner Seele:
Daß ich das Höchste, Tiefste doch verfehle!
Leise
Dem Tode neid ich alles, was er wirbt,
Es ist vielleicht mein Schicksal, das da stirbt,
Das andere, das Große, Ungelebte,
Das nicht der Zufall schnöd zusammenklebte.
Darum, Arlette, bangt mir im Genusse,
Ich zage, wenn der volle Becher schäumt,
Ein Zweifel schreit in mir bei jedem Kusse:
Hast du das Beste nicht, vielleicht, versäumt?!
ARLETTE *mit geschlossenen Augen*
Ich habe nie von Besserem geträumt.
ANDREA
Es ahnt das Herz ja nicht, was es entbehrt,
Und was ihm zugefallen, hält es wert.
Ich aber will kein Dämmern, ich will Wachen,
Ich will mein Leben fühlen, dichten, machen!
Erst wenn zum Kranz sich jede Blume flicht,
Wenn jede Lust die rechte Frucht sich bricht,
Ein jedes Fühlen mit harmonisch spricht,
Dann ist das Leben Leben, früher nicht!
Pause
Arlette, steh auf... die Stunde ist nicht weit.
ARLETTE
Ach ja, sie kommen wieder... Welches Kleid?
Das grüne, das dir gestern so gefiel,
Das weiche, mit dem matten Faltenspiel?
ANDREA
Das blasse, grüne, mit den Wasserrosen?

ARLETTE
  Und mit dem Gürtel, mit dem breiten, losen...
ANDREA
  Was fällt dir ein, das hat mir nie gefallen.
ARLETTE
  O ja, erst gestern sagtest dus vor allen...
ANDREA
  Mußt du mit gestern stets das Heute stören?
  Muß ich die Fessel immer klirren hören,
  Die ewig dir am Fuß beengend hängt,
  Wenn ich für mich sie tausendmal gesprengt!
  Weil gestern blasse Dämmrung um uns hing,
  Zum grünen Nil die Seele träumen ging,
  Weil unbestimmte Lichter um uns flogen,
  Am Himmel bleiche Wolken sehnend zogen...
  Ein Abgrund trennt uns davon, sieben Stunden,
  Für immer ist dies Gestern hingeschwunden!
  Heut ist ein Tag Correggios, reif erglühend,
  In ganzen Farben, lachend, prangend, blühend,
  Heut ist ein Tag der üppigen Magnolien,
  Der schwellenden, der reifen Zentifolien;
  Heut nimm dein gelbes Kleid, das schwere, reiche,
  Und dunkelrote Rosen, heiße, weiche...
  Verlerntest du am Gestern nur zu halten,
  Auf dieses Toten hohlen Ruf zu lauschen:
  Laß dir des Heute wechselnde Gewalten,
  Genuß und Qualen, durch die Seele rauschen,
  Vergiß das Unverständliche, das war:
  Das Gestern lügt und nur das Heut ist wahr!
  Laß dich von jedem Augenblicke treiben,
  Das ist der Weg, dir selber treu zu bleiben;
  Der Stimmung folg, die deiner niemals harrt,
  Gib dich ihr hin, so wirst du dich bewahren,
  Von Ausgelebtem drohen dir Gefahren:
  Und Lüge wird die Wahrheit, die erstarrt!
  Jetzt geh, mein Kind. Nimm auch die goldnen Reifen,
  Die mit den Gemmen. Und die neuen Spangen.
  Wir haben frühe Gäste zu empfangen.

ZWEITE SZENE

Andrea, dann Diener, darauf Marsilio.

DIENER
  Es ist ein fremder Mann am Gartentor,
  Er will allein dem Herren –
ANDREA   Laß ihn vor.
MARSILIO *durch die Mitteltür, dunkel gekleidet; er tritt langsam auf Andrea zu, der ihn forschend ansieht*
  Ich sehe, Herr, ich bin dir unbekannt.
  Von Padua hat man mich hergesandt.
ANDREA
  Der Stimme Klang... Marsilio! Mein Gefährte!
MARSILIO
  Marsilio, den der Gnade Strahl verklärte.
  Nach einer Pause
  Andrea, hast du ganz der Zeit vergessen,
  Da wir so viel, so Großes uns vermessen...?
ANDREA
  Es war so schön, die Lust am Sichverlieren
  In unergründlichen, verbotenen Revieren...
MARSILIO
  Wir schworen uns, ein neu Geschlecht zu gründen.
ANDREA *lächelnd*
  Ich bin gescheitert an den alten Sünden.
MARSILIO
  Erloschen find ich jeden kleinsten Funken?
ANDREA
  Der kleine ist in größeren versunken...
  Halblaut
  Du Stück lebendiger Vergangenheit,
  Wie unverständlich, unerreichbar weit!
  Wie schwebst du schattenhaft und fremd vorbei,
  Du abgestreiftes enges Kleid: Partei!

MARSILIO *trocken*
Wer nicht für mich ist, der ist wider mich.
So spricht der Herr... Ich gehe.
ANDREA *befehlend* Bleib und sprich!
Milder
Von meiner Tür ist keiner noch gegangen,
Der nicht Verständnis wenigstens empfangen.
MARSILIO
Was einst in unseren jungen Herzen war,
Heut ists der Glaube einer frommen Schar:
Von Padua entzündet soll auf Erden
Das Licht Savonarolas wieder werden,
Der reinigenden Reue heller Brand
Hinfahren durch dies angefaulte Land.
Mit feuchten Geißeln, blutbesprengten Haaren
Durchziehn Perugia schon die Büßerscharen.
Es zucken feige die zerfleischten Glieder,
Des Geistes Sieg verkünden ihre Lieder.
Auf ihren Stirnen, den verklärten, bleichen,
Flammt durch den Qualm der Nacht das Kreuzeszeichen,
Es geht vor unsrer Schar ein Gotteswehen,
Der heilgen Wut kann keiner widerstehen.
ANDREA *halblaut*
Das ist der Tausch, den damals ich geahnt.
MARSILIO
Nach Forli ist der Weg uns schon gebahnt.
ANDREA
Und hier soll ich euch helfen, Bahn zu brechen?
MARSILIO
Ich fordre keine Tat und kein Versprechen,
Von selbst erwacht der Wille zum Zerstören,
Die Gnade, die das eigene Elend zeigt;
Nur schützen sollst du mich, daß sie mich hören,
Ich weiß, dein Haus ist mächtig, weitverzweigt.
ANDREA
Ich will dich schützen, ohne mein Geschlecht,
Das jedem Neuen blöde widersteht,
Das selbstgesetzten Zwangs, sein eigner Knecht,

Verdammt und ächtet, was es nicht versteht!
Ich will dich schützen: hier in meinem Haus,
Von Licht umfunkelt, zwischen Spiel und Schmaus,
Hier sollen sie das Kreuz, die Geißel finden,
Den Totenkopf, in blumigen Gewinden!
Ein Grabesschauer soll den Saal durchfluten,
Und wenn du weckst die heiligtollen Gluten,
Und wenn sie einen Scheiterhaufen schichten
Aus Bildern, Blumen, Teppichen, Gedichten,
Wenn sie vergessen auf ihr eignes Grauen
Und taumelnd schlingen einen Büßerreigen...
Die Stirnen in den Staub des Bodens neigen,
Zu Füßen dir die blassen, schönen Frauen!...
Ich will dich schützen... denn das möcht ich schauen.
Jetzt geh, mein Freund, vertraue dich der Rast.
In Imola kränkt niemand meinen Gast.

DRITTE SZENE

Andrea, dann Diener, darauf Kardinal und Fortunio.

ANDREA *Marsilio nachblickend*
 Es gibt noch Stürme, die mich nie durchbebt!
 Noch Ungefühltes kann das Leben schenken...
 Nur an das eine möcht ich niemals denken:
 Wie schal dies sein wird, wenn ichs ausgelebt!
DIENER
 Des Kardinals von Ostia Eminenz
 Und Herr Fortunio treten in den Garten.
ANDREA
 Sag der Madonna, daß wir sie erwarten.
 Der Kardinal und Fortunio, der Maler, treten durch die Mitteltür ein; der Kardinal ist kurzatmig und setzt sich gleich nieder, die beiden anderen stehen.
KARDINAL
 Fortunio erzählte mir gerade,
 Daß ich recht viel versäumt bei Palla, schade.
ANDREA *zerstreut*
 Bei Palla, gestern abend, ja... ja, ja...
FORTUNIO
 Du selbst warst froh, wie ich dich selten sah,
 Dein Wort hat uns berauscht und nicht der Wein!
ANDREA
 Das hätte mir geschmeichelt vor sechs Stunden,
 Jetzt langweilts mich... Die Stimmung ist verschwunden!
 Und sie zu zwingen kann ich nicht ertragen!
 Die kalte Asche...
FORTUNIO *der erstaunt die rechte Seitenwand mustert*
  Du, ich darf wohl fragen,
 Sag, wo ist denn das alte Bild von mir...
 Der Schwan der Leda hing doch früher hier?...
 Daß jetzt ein Palma die Lünette schmückt,

Den die Umgebung noch dazu erdrückt?...
Er flog wohl fort auf Nimmerwiedersehen,
Mein armer Schwan, vor deiner Laune Wehen?
ANDREA *erst ungeduldig, dann mit steigender Wärme*
Versteh mich recht: du selber sollst entscheiden!
Ziemts nicht, das Oftgesuchte oft zu meiden?
Hat nicht die Laune Wechsel, nicht die Kraft?
Erwacht und stirbt nicht jede Leidenschaft?
Wer lehrte uns, den Namen »Seele« geben
Dem Beieinandersein von tausend Leben?
Was macht das Alte gut und schlecht das Neue?
Wer darf verlangen, wer versprechen Treue?
Ist nicht gemengt in unserm Lebenssaft
So Menschentum wie Tier, zentaurenhaft?
Mir ist vor keinem meiner Triebe bange:
Ich lausche nur, was jeglicher verlange!
Da will der eine in Askese beben,
Mit keuschen Engeln Giottos sich umgeben,
Der andere will des Lebens reife Garben,
Des Meisters von Cadore heiße Farben,
Des dritten tolle Laune wird verlangen
Nach giorgioneskem Graun, Dämonenbangen;
Der nächste Tag wird Amoretten wollen,
Mit runden Gliedern, Händchen, rosig vollen,
Und übermorgen brauch ich mystisch Sehnen
Mit halben Farben, blassen Mädchen, Tränen...
Ich will der freien Triebe freies Spiel,
Beengt von keinem, auch nicht – deinem Stil!
FORTUNIO
Was sprichst du viel, so Einfaches zu sagen:
Du trägst die Stimmung nicht, du läßt dich tragen!
ANDREA
Ist nicht dies »Tragenlassen« auch ein Handeln?
Ist es nicht weise, willig sich zu wandeln,
Wenn wir uns unaufhaltsam wandeln müssen?
Mit neuen Sinnen neue Lust zu spüren,
Wenn ihren Reiz die alten doch verlieren,
Vom Gestern sich mit freier Kraft zu reißen,
Statt Treue, was nur Schwäche ist, zu heißen!

VIERTE SZENE

Ser Vespasiano, Mosca, Corbaccio; Vespasiano, eine Condottierefigur, Degen und Dolch; Corbaccio in schreienden Farben gekleidet; Mosca ganz weiß, die geschlitzten Ärmel lichtgelb ausgeschlagen, weißen barettartigen Hut mit weißen Federn, gelb gefüttert und mit einem Spiegel im Innern, gelbe Handschuhe im Gürtel, kurzen Degen, weiße Schnabelschuhe. Die Sprechenden (Andrea, Mosca, Vespasiano) stehen links, Corbaccio begrüßt bald den Kardinal, der in der Mitte unter der Büste des Aretino sitzt, bleibt vor ihm stehen und scheint ihn zu unterhalten; Fortunio besieht aufmerksam die Orgel.

MOSCA
Weißt du, Andrea, wo wir eben waren?
Im Stall. Die sind nicht teuer, meiner Treu!
Ein Prachtgespann! Ich habe selbst gefahren!
ANDREA
Daß du das nicht verstehst, ist mir nicht neu...
Du kennst das Sprichwort: Wenn der Narr erst lobt...
Nein, nein, ich habe selber sie erprobt...
Sehr ruhig zu Vespasiano
Ser Vespasiano, wenn es euch beliebt,
Beim Pferdekauf mich nächstens zu betrügen,
Erspart die Mühe, Herr, mich anzulügen,
Das ist so schal, alltäglich und gemein.
VESPASIANO
Messer! ich weiß nicht...
ANDREA *mit leiser Ironie*   Bitte, steckt nur ein!
Ich weiß, man sagt das nicht... man tut es nur.
Ich kenne dieses edlen Stahles Pflicht,
Er löscht im Blute jedes Argwohns Spur,
Doch – unter uns – da brauchts dergleichen nicht.
Der Kardinal und Corbaccio hören aufmerksam zu, auch Fortunio ist hinzugetreten; Mosca lehnt an der Matte und sieht manchmal in seinen Spiegel.

Ungeduldig
Könnt ihr denn nie auf meinen Ton euch stimmen,
Müßt ihr denn ewig mit dem Pöbel schwimmen,
Der einer Schande tiefres Maß nicht kennt,
Als wenn den Hinz der Kunze »Schurke« nennt?
Verbindlich lächelnd
Ich liebe Schurken, ich kann sie verstehen,
Und niemand mag ich lieber um mich sehen.
So gern mein Aug den wilden Panther späht,
Weil niemals sich der nächste Sprung verrät,
So haß ich die, die ihre Triebe zähmen
Und sich gemeiner Ehrlichkeit bequemen.
Es ist manchmal so gut, Verrat zu üben!
So reizend, grundlos, sinnlos zu betrüben!
Der grade Weg liegt manchesmal so fern!
Wir lügen alle und ich selbst – wie gern!
O goldne Lügen, werdend ohne Grund,
Ein Trieb der Kunst, im unbewußten Mund!
O weise Lügen, mühevoll gewebt,
Wo eins das andre färbt und hält und hebt!
Wie süß, die Lüge wissend zu genießen,
Bis Lüg und Wahrheit sanft zusammenfließen,
Und dann zu wissen, wie uns jeder Zug
Im Wirbel näher treibt dem Selbstbetrug!
Das alles üben alle wir alltäglich
Und vieles mehr, unschätzbar und unsäglich!
Eintönig ist das Gute, schal und bleich,
Allein die Sünde ist unendlich reich!
Und es ist nichts verächtlicher auf Erden,
Als dumm betrügen, dumm betrogen werden!
Er spricht die letzten Worte mit Beziehung auf Vespasiano; Corbaccio und der Kardinal sehen einander verstohlen an und lachen. Andrea sieht sich einen Augenblick fragend um.

FÜNFTE SZENE

FANTASIO *der Dichter, kommt durch die Mitteltür und ruft Andrea zu*
  Andrea! Freund! Das war nicht wohlgetan.
MOSCA
  Was denn?
FORTUNIO *wie oben*
          Dann steht es nicht in deiner Macht,
  Und keiner mehr belebt die toten Mauern!
KARDINAL
  Was hat er denn?
FORTUNIO   So wißt ihr es denn nicht?
ANDREA *ungeduldig unterbrechend*
  Ich will euch deuten, was der Dichter spricht!
  Den Architekten hab ich fortgeschickt,
  Den Seristori.
KARDINAL   Ja warum?
CORBACCIO   Seit wann?
ANDREA
  Ich konnte nicht mehr reden mit dem Mann.
FANTASIO
  Ich glaub vielmehr, er nicht mit dir!
ANDREA   Gleichviel!
  Ich bin ihm dankbar. Er hat mich gelehrt,
  Wie sehr man frevelt, wenn man Totes nährt,
  Und der Gewohnheit Trieb mißnennet »Ziel«.
  Mein Architekt, weil wir uns nicht verstanden,
  Hat mich gelöst aus meiner Pläne Banden...
FORTUNIO
  So baust du nicht?
ANDREA   Jetzt nicht. Ein andermal.
  Jetzt nicht! weil alles, was da wird und ragt,
  In Marmorformen reift – mir nichts mehr sagt!
  Weil meine Schöpferkraft am Schaffen stirbt

Und die Erfüllung stets den Wunsch verdirbt.
Von einem zum andern gehend
Gib mir die Weihe, Oheim Kardinal,
Die mich erst schützt vor dieser Höllenqual!
Entzünde, Dichter, wieder in der Brust
Wie damals Kraft, Tyrannenkraft und Lust!
Laß mich verkörpert sehen, Histrione,
Mein Selbst von damals, mit dem wahren Tone!
Laß du mich, Maler, Formen, Farben schauen,
Die damals mich erfüllt: dann will ich bauen!
Pause
Ihr könnt es nicht: dann gibts auch keine Pflicht,
Die dieses Heut an jenes Damals flicht.
Dann sollen in den Teich, den spiegelnd blauen,
Ruinen, totgeboren, niederschauen.
Ich sehe schon das irre Mondenlicht,
Wie's durch geborstne Säulen zitternd bricht.
Ich sehe schon die schaumgekrönten Wogen
Sich sprühend brechen an zersprengten Bogen.
Und langsam webt die Zeit um diese Mauern
Ein blasses, königliches, wahres Trauern:
Dann wird, was heute quält wie ein Mißlingen,
Uns schmerzlich reiche, leise Träume bringen.

FANTASIO
Du rufst ihn nicht zurück? Der Bau verfällt?

ANDREA
Mein Bau verfällt.
Pause
                Doch eins blieb unbestellt.
Ihr sollt mir raten. Denn ich taste kläglich,
Wenn mich die Dinge zwingen zum Entscheiden:
Mich zu entschließen, ist mir unerträglich,
Und jedes Wählen ist ein wahllos Leiden.
Und heute – o sie wissen mich zu quälen! –
Soll wieder ich die Uferstelle wählen,
Wo ich den Landungssteg und die Terrasse
Für unser Boot – ihr wißt ja – bauen lasse!
Mit dem Tone des Ekels leiernd

Ich gehe also mit den Baugesellen,
Durchwandre langsam alle Uferstellen:
Da lockt mich eine Bucht, die, sanftgeneigt,
Tiefdunkel, schläfrig plätschert, dichtumzweigt;
Allmählich behaglicher, ausmalend
Die nächste ist von Felsen überhangen,
Erfüllt von reizvoll rätselhaftem Bangen;
Die nächste wieder schwankt hernieder mächtig
Und öffnet sich zur Lichtung weit und prächtig;
Die hat ein Echo, Wasserrosen jene,
Die dritte eine blumig weiche Lehne...
Ungeduldig abbrechend
Ich kann nicht wählen, denn ich kann nicht meiden;
Nun stockt das Werk: So helft mir schnell entscheiden!
*Er geht dem Ausgang zu. Alle drängen sich, abgehend, um ihn.
Nur der Kardinal bleibt sitzen. Das folgende wird schnell, manches gleichzeitig gesprochen.*

MOSCA
Wir brauchen eine sanfte, runde Bucht,
Nicht starre Felsen, rauher Klippen Wucht.

FANTASIO
Ich möchte liegen, wo die Binsen rauschen,
Und auf des Wassers stillen Atem lauschen.

VESPASIANO
Am besten liegt sichs hinterm Felsenwall,
Daran sich heulend bricht der Wogenprall.

CORBACCIO
Herr, ich weiß, welche Bucht wir nehmen sollen...

ANDREA *halblaut*
Oh, wie ich sie beneide um ihr Wollen!

FORTUNIO
So gehn wir endlich. Eminenz, und Ihr?

KARDINAL
Geht nur und wählt, ich schone meine Beine,
Ihr kommt ja wieder. Schön. Ich bleibe hier.
Zu Andrea
Ich bleibe hier und warte auf die Kleine.
Alle ab außer dem Kardinal.

SECHSTE SZENE

Kardinal, Arlette.
Arlette umgekleidet, durch die Tür rechts; im Spiel mit dem Kardinal ist ihre Koketterie deutlicher als gewöhnlich.

ARLETTE *scheinbar suchend*
  Andrea! Ach – Ihr seid es, Hoher Herr,
  Nur Ihr?
KARDINAL Ist das zu wenig, kleine Sünde?
ARLETTE
  Allein... Andrea...
KARDINAL   Und wer ist der Gast,
  Für den wetteifern Glut und Duft und Glast,
  Für den die Steine und die Rosen prangen,
  Die schönen Rosen da... und neuen Spangen?
  Lauernd
  Wer ist der liebe Gast?
  Er zieht sie zu sich.
ARLETTE   Was Ihr nur denkt!
  Andrea hat sie gestern mir geschenkt.
  Und für ihn schmück ich mich doch auch allein.
  Ich bin ihm treu. Ihr wißts.
  Er kneift die Augen zu und schüttelt den Kopf.
                              Was heißt das »Nein«?
  Heftig
  Ich bin ihm treu!
KARDINAL *leise, gemütlich*
                Du lügst, Arlette.
ARLETTE   Es sind
  Zwei Jahre jetzt, daß ich...
KARDINAL *wie oben*   Bis gestern, Kind...
Andrea kommt langsam, verstimmt, über die Terrasse, durch die Mitteltür ins Zimmer.

ARLETTE *gefaßt*
　Ihr wißt?
KARDINAL *dummpfiffig*
　　　　Lorenzo hat –
ARLETTE *bemerkt Andrea* So schweigt!
KARDINAL　　　　　　　　　　Vertrauen…
ARLETTE
　Ich fleh Euch an.
KARDINAL *lachend*
　Ei, auf mich kannst du bauen!

SIEBENTE SZENE

Die vorigen. Andrea kommt langsam auf sie zugegangen.

ANDREA *Gereiztheit in der Stimme*
Ich störe doch wohl nicht.
ARLETTE *schüchtern*   Du kommst allein?
ANDREA
Ja, wie du siehst.
ARLETTE   Du kommst mich holen?
ANDREA   Nein.
KARDINAL
Die andern?
ANDREA   Sind zum Teich hinabgegangen.
Nach einer Pause
Wie michs zuweilen ekelt vor der Schar!
Nimmt keiner doch des Augenblicks Verlangen,
Den Geist des Augenblickes keiner wahr!
Am Fenster
Es liegt die Flut wie tot... wie zähes Blei...
Die Sonne drückt... aschgraue Wolken lauern...
Der Teich hat Flecken und die Binsen schauern...
Den Sturm verkündet geller Möwenschrei.
Ich sehe schon des Sturms fahlweiße Schwinge...
Mit dem Tone der tiefsten Verachtung
Sie fühlens nicht und reden andre Dinge!...
Pause
Nur einen gibts, der das wie ich versteht!
Mein bester Freund, solang uns Sturm umweht!
In ihm ist, wie in mir, des Sturmes Seele:
Ich möchte nicht, daß er mir heute fehle.
Wo bleibt Lorenzo?
Zum Kardinal   Hast du ihn gesehn?
KARDINAL *mit behaglicher Ironie*
So hast du einen Freund für Sturmeswehn,

Für Regen den und den für Sonnenschein,
Fürs Zimmer den und den zur Jagd im Frei'n?

ANDREA
Und warum nicht? Was ist daran zu staunen?
Ist nicht die ganze ewige Natur
Nur ein Symbol für unsrer Seelen Launen?
Was suchen wir in ihr als unsre Spur?
Und wird uns alles nicht zum Gleichnisbronnen,
Uns auszudrücken, unsre Qual und Wonnen?
Den Degen in die Hand nehmend
Du hier, mein Degen, bist mein heller Zorn!
Auf die Orgel zeigend
Und hier steht meiner Träume reicher Born!
Ser Vespasiano ist mein Hang zum Streit,
Und Mosca... Mosca meine Eitelkeit!

KARDINAL
Und was bin ich, darf man das auch wohl fragen?

ANDREA
Du, Oheim Kardinal, bist mein Behagen!
Du machst, daß mirs an meiner Tafel mundet:
Du zeigst mir, wie die Birne reif-gerundet;
Durch deine Augen seh ich Trüffel winken;
Du lehrst mich trinkend denken, denkend trinken!
Lorenzo ruf ich, wenn die Degen klirren,
Wenn Sturm die Segel bauscht, die Taue schwirren.
O denkst du noch an jene Nacht, Arlette:
Wir flogen mit dem Sturme um die Wette...
Kein Lichtstrahl... nur der Blitze zuckend Licht
Zeigt mir die Klippen, weißen Schaum, den Mast.

ARLETTE *mit zurückgeworfenen Armen und halbgeschlossenen Augen, stehend*
Ich schloß die Augen... aber fest und warm,
An deiner Brust... hielt mich dein Arm umfaßt.

ANDREA *schnell*
Das war nicht mein, das war Lorenzos Arm!
Ich saß am Steuer.

ARLETTE *in der Erinnerung versunken, ohne recht auf ihn zu hören, nickend*   Mir war wie im Traum.

Ich dachte nicht. Versunken Zeit und Raum,
Vor mir noch seh ich jenen, fern und bleich...
Verschwommen alles... der das Steuer hielt,
Lorenzo... fremd erschien mir sein Gesicht...
Ich kannt ihn kaum... Mir war nicht kalt... nicht bang,
Ich fühlte nur den Arm, der mich umschlang...
Dann schlief ich ein...

ANDREA *sehr laut* Das war Lorenzo nicht!
Mißtrauisch auf sie zugehend
Ich saß am Steuer.
Sehr leise Ich... ich war wohl bleich...
Ich, ich war dir so fern... so fremd... so gleich...
Und als ich uns gerettet in den Hafen,
Warst in Lorenzos Arm du eingeschlafen.
Ganz nahe
Weißt du das nicht? Hast du das nie gewußt?
Er faßt sie am Arm und sieht sie forschend an. Dann wendet er sich plötzlich von ihr ab und geht mit starken Schritten zur Türe.

ACHTE SZENE

Corbaccio, später Fantasio, die vorigen.

CORBACCIO *eilig durch die Mitteltür. Er wendet sich an Arlette und den Kardinal, die links sitzen.*
CORBACCIO *lebhaft*
Madonna, hört, Andrea! Kardinal!
Ein Schauspiel habt ihr, sondergleich, versäumt:
Mit lebhaftem Gebärdenspiel, später mit allen Mitteln der schauspielerischen Erzählung
Wie's niemals so komödienhaft sich träumt!
Wir gehn hinab, da drängt sich vor dem Tor
Ein Haufe Volks in aufgeregtem Chor,
Ein Mann inmitten, der zu lehren scheint:
Die Menge ächzt, die Menge stöhnt und weint,
Dazu ein Kreischen, Frauen singen Psalm,
Der Prediger ragt hager aus dem Qualm...
KARDINAL
Ein Ketzer, ein rebellischer Vagant!
CORBACCIO
Ein Ketzer, Hoher Herr, ein Flagellant.
Da löst sich einer aus dem Knäul, kniet nieder,
Und er beginnt mit heisrer Fistelstimme
Sich einen Hund, ein räudig Tier zu nennen
Und seine Sünden kreischend zu bekennen.
Ein andrer naht, ein fetter alter Mann,
Hebt keuchend, ohne Laut, zu beten an,
Schleppt sich von dem zu jenem auf den Knien...
Ein dritter wirft sich stöhnend neben ihn,
So daß uns, ob gemein und widerlich,
Ein Schauer vor dem Schauspiel doch beschlich...
Andrea, auf und ab gehend und zerstreut zuhörend, sieht Arlette ab und zu forschend an.

CORBACCIO
 Dann kam ein Weib, das wie gefoltert schrie,
 Der Schande sich, des Treuebruches zieh...
 Es schlug der Taumel immer höh're Wogen,
 Eins wird vom andern sinnlos mitgezogen,
 Und immer mehre wurden, die bekannten,
 Und ihre heimlich tiefste Sünde nannten:
 Verzerrte, tolle, plumpe Ungestalten,
 Ein Bacchanal dämonischer Gewalten!
ANDREA *zu Fantasio, der langsam durch die Mitte gekommen*
 Du hasts gesehen und du staunst wie er?
 Das folgende spricht Fantasio zu Andrea, beide stehen in der Mitte, Andrea ist sichtlich mit Arlette beschäftigt. Corbaccio tritt links zu Arlette und dem Kardinal, scheint seine Erzählung fortzusetzen: man sieht ihn beichtende und betende Bauern nachahmen.
FANTASIO
 Gedanken weckts in mir, erkenntnisschwer.
 Mir ist, als hätt ich Heiliges erlebt.
 Grad wie wenn Worte, die wir täglich sprechen,
 In unsre Seele plötzlich leuchtend brechen,
 Wenn sich von ihnen das Gemeine hebt
 Und uns ihr Sinn lebendig, ganz erwacht!
 Er fühlt, daß Andrea ihm kaum zuhört, und hält inne.
ANDREA
 Sprich fort.
FANTASIO Um uns ist immer halbe Nacht.
 Wir wandeln stets auf Perlen, staubbedeckt,
 Bis ihren Glanz des Zufalls Strahl erweckt,
 Die meisten sind durchs Leben hingegangen,
 Ein blutleer Volk von Gegenwartsverächtern,
 Gespenstisch wandelnd zwischen den Geschlechtern
 Durch aller Farben glühend starkes Prangen,
 Durch aller Stürme heilig großes Grauen,
 In taubem Hören und in blindem Schauen,
 In einem Leben ohne Sinn verloren:
 Und selten nahet, was sie Gnade nennen,
 Das heilige, das wirkliche Erkennen,

Das wir erstreben als die höchste Gunst
Des großen Wissens und der großen Kunst.
Denn ihnen ist die Heiligkeit und Reinheit
Das gleiche Heil, was uns die Lebenseinheit.
MOSCA *zur Tür hineinrufend*
O kommt, Madonna, schnell, sie ziehn vorbei
Am Gartengitter, eilig kommt und seht.
KARDINAL *auf Corbaccio gestützt*
So komm, Arlette!
ANDREA *auf einen fragenden Blick Arlettes*
              Geht, ich folge, geht!

NEUNTE SZENE

Andrea, Fantasio.
Arlette, Kardinal, Mosca, Corbaccio und die übrigen, auf der Terrasse sichtbar.

ANDREA *da Fantasio sich zum Garten wendet, stockend*
Fantasio, bleib, mein Freund: du sollst mir sagen
Getreu, was ich versuchen will zu fragen.
Du sagst, du hasts in deiner Kunst erlebt,
Langsam, suchend
Daß manchmal Worte, die wir täglich sprechen,
In unsre Seele plötzlich, leuchtend brechen,
Daß sich von ihnen das Gemeine hebt
Und daß ihr Sinn lebendig, ganz erwacht?

FANTASIO
Das ist. Doch steht es nicht in unsrer Macht.

ANDREA *wie oben*
Das mein ich nicht. Doch kann es nicht geschehen,
Daß wir auf einmal neu das Alte sehen?
Und kanns nicht sein, daß, wie ein altklug Kind,
Wir sehend doch nicht sehen, was wir sind,
Mit anempfundener Enttäuschung prahlen
Und spät, erst spät mit wahren Leiden zahlen!

FANTASIO
Auch dies, denn was wir so Erfahrung nennen,
Ist meist, was wir an anderen erkennen.

ANDREA
So darf man sich dem Zufall anvertraun,
Dem blitzesgleichen, plötzlichen Durchschaun?

FANTASIO
Wir sollen uns dem Zufall überlassen,
Weil wir ja doch die Gründe nie erfassen!
Und weil ja Zufall, was uns nützt und nährt, ist
Und Zufall, Zufall all, was uns gewährt ist!

ANDREA *halblaut*
 O Blitz, der sie mir jetzt wie damals zeigte
 Im Boot... im Sturm... gelehnt an seine Brust,
 Und jetzt die Stirn... die wissende, geneigte...
 Was ist bewußt, und was ist unbewußt?
 Sein selbst bewußt ist nur der Augenblick,
 Und vorwärts reicht kein Wissen, noch zurück!
 Und jeder ist des Augenblickes Knecht,
 Und nur das Jetzt, das Heut, das Hier hat Recht!
 Das gilt für mich... nicht minder gilts für sie,
 Und seltsam, daran, glaub ich, dacht ich nie...
 Pause
 Kannst du denn nicht erraten, was mich quält?
FANTASIO *schonend, aber wissend*
 Ein Glaubenwollen, wo der Glaube fehlt:
 Dich fesselt noch ein trügerisches Grauen:
 Wir wollen nicht das Abgestorbne schauen:
 Was hold vertraut uns lieblich lang umgab,
 Ob nicht mehr unser, neiden wirs dem Grab.
ANDREA
 Was hold vertraut uns lieblich lang umgab...
 Das ist Gewohnheit, und so ists auch Lüge,
 Die lieblich fälscht die hold vertrauten Züge.
 Dies ist die Formel, für was ich empfinde:
 Ein Aug, entblößt von weich gewohnter Binde,
 Dem grell die Wirklichkeit entgegenblinkt,
 Das Heute kahl, das Gestern ungeschminkt!
 Ein hüllenloses Sein, den Schmerzen offen,
 Vom Licht gequält, von jedem Laut getroffen!
 O kämen bald, erquickend im Gedränge,
 Die starken Stimmungen der Übergänge!
 Nervös schmerzlich
 Wir sollten dann den andern nicht mehr sehn,
 Nicht fühlen müssen, daß er ruhig lebt...
 Wenn in uns selbst Gefühle sterben gehn
 Und unsre Seele zart und schmerzlich bebt...
 Wir können dann die Stimme nicht mehr hören,
 Ein Lächeln kann uns qualvoll tief verstören.

Und nur das Ende, nur das schnelle Ende
Erstickt die Qualen einer solchen Wende!
ARLETTE *in der Tür, dann ganz eintretend*
Wenn du zu uns nicht, so komm ich herein.
ANDREA
Fantasio, verzeih, laß uns allein.
Er winkt Arlette, sich zu setzen.

ZEHNTE SZENE

Andrea, Arlette.
Er geht langsam auf und ab. Endlich bleibt er vor ihr stehen. Er spricht leise, mit zurückgedrängter Heftigkeit.

ANDREA
  Ich weiß, Arlette, daß du mich betrügst,
  Betrügst wie eine Dirne, feig, unsäglich.
  Beinahe lächerlich und fast doch kläglich!
  Pause
  Was hier geschah, alltäglich und gemein,
  Dem will ich ja sein reiz- und farblos Sein,
  Sein unbegreiflich Schales gerne gönnen...
  Verstehen nur, verstehen möcht ichs können.
  Pause
  Gemacht verächtlich
  Du bist nicht schuld daran, wenn ich jetzt leide,
  Nicht schuld an diesem ganzen blöden Wahn...
  Es ist kein Grund, daß ich dich zürnend meide...
  Du konntest, du hast mir nicht weh getan!
  Nach einer Pause mit steigender Heftigkeit
  Verbergen brauchst dus nicht und nicht beklagen,
  Nur sagen sollst du mir... ganz... alles sagen:
  Nur eines, fürcht ich, werd ich nie verstehn:
  Warum du d e n, warum gerade d e n...
ARLETTE
  So hör doch auf, ich will ja alles sagen.
ANDREA *zurücktretend*
  Schweig noch! Mich dünkt, ich werd es nicht ertragen.
  Mich dünkt, ich darf dich jetzt nicht reden hören.
  In mir ists klar. Das darf man nicht verstören.
  Ich müßte nach dir schlagen, müßte schrein,
  Verführt vom Blut, verblendet... nein, nein! nein!
  Das wäre Fälschung, Lüge, Selbstbetrug

ZEHNTE SZENE

An meinem Fühlen, kalt und klar und klug.
Pause
Boshaft und schmerzlich
Doch hat mein Denken erst sich vollgesogen
Mit diesem Wissen, wie du mich betrogen,
Dann wird sich mir dein Wesen neu erschließen,
Verschönt, zu süßem, schmerzlichem Genießen.
Und was mich heute quält wie dumpfe Pein,
Wird eine Wonne der Erinnerung sein.
Die tausend Stunden, wo ich nichts empfand,
Wenn mich dein Arm betrügerisch umwand,
Ich werde sie durchbebt zu haben wähnen,
Verklärt durch wissende, durch Mitleidstränen.
Jetzt sprich: denn es durchweht mich ein Erkennen,
Wie grenzenlose Weiten Menschen trennen!
Wie furchtbar einsam unsre Seelen denken:
Sprich, was du sagen kannst, kann mich nicht kränken.
Sag, wanns zum erstenmal und wie es kam,
Ob du dich ihm verschenktest, er dich nahm.
ARLETTE
Zum erstenmal? Es gibt kein zweites Mal.
Nur gestern...
ANDREA *fast schreiend*
           Gestern?!
ARLETTE *macht sich los*   Laß mich!
ANDREA   Sprich!
ARLETTE   Ich weiß
Ja selbst nicht. Hör doch auf, mich so zu quälen,
Und schick mich fort von dir.
ANDREA   Du sollst erzählen!
ARLETTE
Was hat dich jetzt von neuem so verstört...
Ich fürchte mich.
ANDREA *halblaut*   O wie mich das empört.
Dies Gestern? dessen Atem ich noch fühle
Mit seines Abends feuchter, weicher Schwüle.
Sehr heftig, über sie gebeugt
Da wars. Da! wie ich fort war. Da, sag ja!

In blauem Dufte lag der Garten da...
Die Fliederdolden leuchteten und bebten
Der Brunnen rauschte und die Falter schwebten...
ARLETTE *suchend*
So wars, allein... der Garten... und das Haus,
Das war so anders... sah so anders aus.
ANDREA
Am Himmel war ein Drängen und ein Ziehn,
Des Abends Atem wühlte im Jasmin
Und ließ verträumte Blüten niederwehn.
ARLETTE
Das alles wars. Doch kann ichs nicht verstehn.
Es scheint so fremd, so unbegreiflich weit.
Ja, was du sagst, das war, doch nicht allein.
Es muß ja mehr, viel mehr gewesen sein.
Ein Etwas, das ich heute nimmer finde,
Ein Zauber, den ich heute nicht ergründe.
Je mehr du fragst, es wird nur trüb und trüber,
Ein Abgrund scheint von gestern mich zu trennen,
Und fremd steh ich mir selber gegenüber... –
Das Gesicht bedeckend
Und, was ich nicht versteh, heiß mich nicht nennen!
Vergib, vergiß dies Gestern, laß mich bleiben,
Laß Nächte drübergleiten, Tage treiben...
ANDREA *ruhig ernst*
Dies Gestern ist so eins mit deinem Sein,
Du kannst es nicht verwischen, nicht vergessen:
Es i s t, so lang wir wissen, daß es w a r.
In meine Arme müßt ichs täglich pressen,
Im Dufte saug ichs ein aus deinem Haar!
Und heute – gestern ist ein leeres Wort.
Was einmal war, das lebt auch ewig fort.
Pause
Mit erkünstelter Ruhe
Wir werden ruhig auseinandergehen
Und ruhig etwa auch uns wiedersehen.
Und daß du mich betrogen und mein Lieben,
Davon ist kaum ein Schmerz zurückgeblieben...

Doch eines werd ich niemals dir verzeihn:
Daß du zerstört den warmen, lichten Schein,
Der für mich lag auf der entschwundenen Zeit.
Ausbrechend
Und daß du die dem Ekel hast geweiht!
Er winkt ihr zu gehen. Sie geht langsam durch die Türe rechts ab. Er blickt ihr lange nach. Seine Stimme bebt und kämpft mit aufquellenden Tränen.
Ich kann so gut verstehen die ungetreuen Frauen...
So gut, mir ist, als könnt ich in ihre Seelen schauen.
Ich seh in ihren Augen die Lust, sich aufzugeben,
Im Niegenossenen, Verbotenen zu beben...
Die Lust am Spiel, die Lust, sich selber einzusetzen,
Die Lust am Sieg und Rausch, am Trügen und Verletzen...
Ich seh ihr Lächeln und
Stockend die törichten, die Tränen,
Das rätselhafte Suchen, das ruhelose Sehnen...
Ich fühle, wie sies drängt zu törichten Entschlüssen,
Wie sie die Augen schließen und wie sie quälen müssen,
Wie sie ein jedes Gestern für jedes Heut begraben,
Und wie sie nicht verstehen, wenn sie getötet haben.
Tränen ersticken seine Stimme.

Der Vorhang fällt.

DER TOD DES TIZIAN

BRUCHSTÜCK

Dramatis Personae

DER PROLOG, ein Page
FILIPPO POMPONIO VECELLIO, genannt
  TIZIANELLO, des Meisters Sohn
GIOCONDO
DESIDERIO
GIANINO (er ist sechzehn Jahre alt und sehr schön)
BATISTA
ANTONIO
PARIS
LAVINIA, eine Tochter des Meisters
CASSANDRA
LISA

Spielt im Jahre 1576, da Tizian neunundneunzigjährig starb. Die Szene ist auf der Terrasse von Tizians Villa, nahe bei Venedig.

PROLOG

Der Prolog, ein Page, tritt zwischen dem Vorhang hervor, grüßt artig, setzt sich auf die Rampe und läßt die Beine (er trägt rosa Seidenstrümpfe und mattgelbe Schuhe) ins Orchester hängen.

Das Stück, ihr klugen Herrn und hübschen Damen,
Das sie heut abend vor euch spielen wollen,
Hab ich gelesen.
Mein Freund, der Dichter, hat mirs selbst gegeben.

Ich stieg einmal die große Treppe nieder
In unserm Schloß, da hängen alte Bilder
Mit schönen Wappen, klingenden Devisen,
Bei denen mir so viel Gedanken kommen
Und eine Trunkenheit von fremden Dingen,
Daß mir zuweilen ist, als müßt ich weinen...
Da blieb ich stehn bei des Infanten Bild –
Er ist sehr jung und blaß und früh verstorben...
Ich seh ihm ähnlich – sagen sie – und drum
Lieb ich ihn auch und bleib dort immer stehn
Und ziehe meinen Dolch und seh ihn an
Und lächle trüb: denn so ist er gemalt:
Traurig und lächelnd und mit einem Dolch...
Und wenn es ringsum still und dämmrig ist,
So träum ich dann, ich wäre der Infant,
Der längst verstorbne traurige Infant...
Da schreckt mich auf ein leises, leichtes Gehen,
Und aus dem Erker tritt mein Freund, der Dichter.
Und küßt mich seltsam lächelnd auf die Stirn
Und sagt, und beinah ernst ist seine Stimme:
»Schauspieler deiner selbstgeschaffnen Träume,
Ich weiß, mein Freund, daß sie dich Lügner nennen
Und dich verachten, die dich nicht verstehen,
Doch ich versteh dich, o mein Zwillingsbruder.«

Und seltsam lächelnd ging er leise fort,
Und später hat er mir sein Stück geschenkt.

Mir hats gefallen, zwar ists nicht so hübsch
Wie Lieder, die das Volk im Sommer singt,
Wie hübsche Frauen, wie ein Kind, das lacht,
Und wie Jasmin in einer Delfter Vase...
Doch mir gefällts, weils ähnlich ist wie ich:
Vom jungen Ahnen hat es seine Farben
Und hat den Schmelz der ungelebten Dinge;
Altkluger Weisheit voll und frühen Zweifels,
Mit einer großen Sehnsucht doch, die fragt.

Wie man zuweilen beim Vorübergehen
Von einem Köpfchen das Profil erhascht, –
Sie lehnt kokett verborgen in der Sänfte,
Man kennt sie nicht, man hat sie kaum gesehen
(Wer weiß, man hätte sie vielleicht geliebt,
Wer weiß, man kennt sie nicht und liebt sie doch) –
Inzwischen malt man sich in hellen Träumen
Die Sänfte aus, die hübsche weiße Sänfte,
Und drinnen duftig zwischen rosa Seide
Das blonde Köpfchen, kaum im Flug gesehn,
Vielleicht ganz falsch, was tuts... die Seele wills...
So, dünkt mich, ist das Leben hier gemalt
Mit unerfahrnen Farben des Verlangens
Und stillem Durst, der sich in Träumen wiegt.

Spätsommermittag. Auf Polstern und Teppichen lagern auf den Stufen, die rings zur Rampe führen, Desiderio, Antonio, Batista und Paris. Alle schweigen, der Wind bewegt leise den Vorhang der Tür. Tizianello und Gianino kommen nach einer Weile aus der Tür rechts. Desiderio, Antonio, Batista und Paris treten ihnen besorgt und fragend entgegen und drängen sich um sie. Nach einer kleinen Pause:

PARIS
 Nicht gut?
GIANINO *mit erstickter Stimme*
            Sehr schlecht.
Zu Tizianello, der in Tränen ausbricht
                    Mein armer lieber Pippo!
BATISTA
 Er schläft?
GIANINO   Nein, er ist wach und phantasiert
 Und hat die Staffelei begehrt.
ANTONIO   Allein
 Man darf sie ihm nicht geben, nicht wahr, nein?
GIANINO
 Ja, sagt der Arzt, wir sollen ihn nicht quälen
 Und geben, was er will, in seine Hände.
TIZIANELLO *ausbrechend*
 Heut oder morgen ists ja doch zu Ende!
GIANINO
 Er darf uns länger, sagt er, nicht verhehlen...
PARIS
 Nein, sterben, sterben kann der Meister nicht!
 Da lügt der Arzt, er weiß nicht, was er spricht.
DESIDERIO
 Der Tizian sterben, der das Leben schafft!
 Wer hätte dann zum Leben Recht und Kraft?
BATISTA
 Doch weiß er selbst nicht, wie es um ihn steht?
TIZIANELLO
 Im Fieber malt er an dem neuen Bild,
 In atemloser Hast, unheimlich, wild;
 Die Mädchen sind bei ihm und müssen stehn,
 Uns aber hieß er aus dem Zimmer gehn.
ANTONIO
 Kann er denn malen? Hat er denn die Kraft?
TIZIANELLO
 Mit einer rätselhaften Leidenschaft,
 Die ich beim Malen nie an ihm gekannt,
 Von einem martervollen Zwang gebannt –

Ein Page kommt aus der Tür rechts, hinter ihm Diener; alle erschrecken.

TIZIANELLO, GIANINO, PARIS
 Was ist?
PAGE   Nichts, nichts. Der Meister hat befohlen,
 Daß wir vom Gartensaal die Bilder holen.
TIZIANELLO
 Was will er denn?
PAGE   Er sagt, er muß sie sehen...
 »Die alten, die erbärmlichen, die bleichen,
 Mit seinem neuen, das er malt, vergleichen...
 Sehr schwere Dinge seien ihm jetzt klar,
 Es komme ihm ein unerhört Verstehen,
 Daß er bis jetzt ein matter Stümper war...«
 Soll man ihm folgen?
TIZIANELLO   Gehet, gehet, eilt!
 Ihn martert jeder Pulsschlag, den ihr weilt.
Die Diener sind indessen über die Bühne gegangen, an der Treppe holt sie der Page ein. Tizianello geht auf den Fußspitzen, leise den Vorhang aufhebend, hinein. Die andern gehen unruhig auf und nieder.
ANTONIO *halblaut*
 Wie fürchterlich, dies letzte, wie unsäglich...
 Der Göttliche, der Meister, lallend, kläglich...
GIANINO
 Er sprach schon früher, was ich nicht verstand,
 Gebietend ausgestreckt die blasse Hand...
 Dann sah er uns mit großen Augen an
 Und schrie laut auf: »Es lebt der große Pan.«
 Und vieles mehr, mir wars, als ob er strebte,
 Das schwindende Vermögen zu gestalten,
 Mit überstarken Formeln festzuhalten,
 Sich selber zu beweisen, daß er lebte,
 Mit starkem Wort, indes die Stimme bebte.
TIZIANELLO *zurückkommend*
 Jetzt ist er wieder ruhig, und es strahlt
 Aus seiner Blässe, und er malt und malt.
 In seinen Augen ist ein guter Schimmer.
 Und mit den Mädchen plaudert er wie immer.

ANTONIO
 So legen wir uns auf die Stufen nieder
 Und hoffen bis zum nächsten Schlimmern wieder.
 Sie lagern sich auf den Stufen. Tizianello spielt mit Gianinos Haar, die Augen halb geschlossen.
BATISTA *halb für sich*
 Das Schlimmre... dann das Schlimmste endlich... nein.
 Das Schlimmste kommt, wenn gar nichts Schlimmres mehr,
 Das tote, taube, dürre Weitersein...
 Heut ist es noch, als obs undenkbar wär...
 Und wird doch morgen sein.
 Pause
GIANINO   Ich bin so müd.
PARIS
 Das macht die Luft, die schwüle, und der Süd.
TIZIANELLO *lächelnd*
 Der Arme hat die ganze Nacht gewacht!
GIANINO *auf den Arm gestützt*
 Ja, du... die erste, die ich ganz durchwacht.
 Doch woher weißt denn dus?
TIZIANELLO   Ich fühlt es ja,
 Erst war dein stilles Atmen meinem nah,
 Dann standst du auf und saßest auf den Stufen...
GIANINO
 Mir wars, als ginge durch die blaue Nacht,
 Die atmende, ein rätselhaftes Rufen.
 Und nirgends war ein Schlaf in der Natur.
 Mit Atemholen tief und feuchten Lippen,
 So lag sie, horchend in das große Dunkel,
 Und lauschte auf geheimer Dinge Spur.
 Und sickernd, rieselnd kam das Sterngefunkel
 Hernieder auf die weiche, wache Flur.
 Und alle Früchte, schweren Blutes, schwollen
 Im gelben Mond und seinem Glanz, dem vollen,
 Und alle Brunnen glänzten seinem Ziehn.
 Und es erwachten schwere Harmonien.
 Und wo die Wolkenschatten hastig glitten,

War wie ein Laut von weichen, nackten Tritten...
Leis stand ich auf – ich war an dich geschmiegt –
Er steht erzählend auf, zu Tizianello geneigt
Da schwebte durch die Nacht ein süßes Tönen,
Als hörte man die Flöte leise stöhnen,
Die in der Hand aus Marmor sinnend wiegt
Der Faun, der da im schwarzen Lorbeer steht
Gleich nebenan, beim Nachtviolenbeet.
Ich sah ihn stehen, still und marmorn leuchten;
Und um ihn her im silbrig-blauen Feuchten,
Wo sich die offenen Granaten wiegen,
Da sah ich deutlich viele Bienen fliegen
Und viele saugen, auf das Rot gesunken,
Von nächtgem Duft und reifem Safte trunken.
Und wie des Dunkels leiser Atemzug
Den Duft des Gartens um die Stirn mir trug,
Da schien es mir wie das Vorüberschweifen
Von einem weichen, wogenden Gewand
Und die Berührung einer warmen Hand.
In weißen, seidig-weißen Mondesstreifen
War liebestoller Mücken dichter Tanz,
Und auf dem Teiche lag ein weißer Glanz
Und plätscherte und blinkte auf und nieder.
Ich weiß es heut nicht, obs die Schwäne waren,
Ob badender Najaden weiße Glieder,
Und wie ein süßer Duft von Frauenhaaren
Vermischte sich dem Duft der Aloe...
Das rosenrote Tönen wie von Geigen,
Gewoben aus der Sehnsucht und dem Schweigen,
Der Brunnen Plätschern und der Blüten Schnee,
Den die Akazien leise niedergossen,
Und was da war, ist mir in eins verflossen:
In eine überstarke, schwere Pracht,
Die Sinne stumm und Worte sinnlos macht.

ANTONIO
Beneidenswerter, der das noch erlebt
Und solche Dinge in das Dunkel webt!

GIANINO
    Ich war in halbem Traum bis dort gegangen,
    Wo man die Stadt sieht, wie sie drunten ruht,
    Sich flüsternd schmieget in das Kleid von Prangen,
    Das Mond um ihren Schlaf gemacht und Flut.
    Ihr Lispeln weht manchmal der Nachtwind her,
    So geisterhaft, verlöschend leisen Klang,
    Beklemmend seltsam und verlockend bang.
    Ich hört es oft, doch niemals dacht ich mehr...
    Da aber hab ich plötzlich viel gefühlt:
    Ich ahnt in ihrem steinern stillen Schweigen,
    Vom blauen Strom der Nacht emporgespült,
    Des roten Bluts bacchantisch wilden Reigen,
    Um ihre Dächer sah ich Phosphor glimmen,
    Den Widerschein geheimer Dinge schwimmen.
    Und schwindelnd überkams mich auf einmal:
    Wohl schlief die Stadt: es wacht der Rausch, die Qual,
    Der Haß, der Geist, das Blut: das Leben wacht.
    Das Leben, das lebendige, allmächtge –
    Man kann es haben und doch sein vergessen!...
    Er hält einen Augenblick inne
    Und alles das hat mich so müd gemacht:
    Es war so viel in dieser einen Nacht.
DESIDERIO *an der Rampe, zu Gianino*
    Siehst du die Stadt, wie jetzt sie drunten ruht?
    Gehüllt in Duft und goldne Abendglut
    Und rosig helles Gelb und helles Grau,
    Zu ihren Füßen schwarzer Schatten Blau,
    In Schönheit lockend, feuchtverklärter Reinheit?
    Allein in diesem Duft, dem ahnungsvollen,
    Da wohnt die Häßlichkeit und die Gemeinheit,
    Und bei den Tieren wohnen dort die Tollen;
    Und was die Ferne weise dir verhüllt,
    Ist ekelhaft und trüb und schal erfüllt
    Von Wesen, die die Schönheit nicht erkennen
    Und ihre Welt mit unsren Worten nennen...
    Denn unsre Wonne oder unsre Pein
    Hat mit der ihren nur das Wort gemein...

Und liegen wir in tiefem Schlaf befangen,
So gleicht der unsre ihrem Schlafe nicht:
Da schlafen Purpurblüten, goldne Schlangen,
Da schläft ein Berg, in dem Titanen hämmern –
Sie aber schlafen, wie die Austern dämmern.
ANTONIO *halb aufgerichtet*
Darum umgeben Gitter, hohe, schlanke,
Den Garten, den der Meister ließ erbauen,
Darum durch üppig blumendes Geranke
Soll man das Außen ahnen mehr als schauen.
PARIS *ebenso*
Das ist die Lehre der verschlungnen Gänge.
BATISTA *ebenso*
Das ist die große Kunst des Hintergrundes
Und das Geheimnis zweifelhafter Lichter.
TIZIANELLO *mit geschlossenen Augen*
Das macht so schön die halbverwehten Klänge,
So schön die dunklen Worte toter Dichter
Und alle Dinge, denen wir entsagen.
PARIS
Das ist der Zauber auf versunknen Tagen
Und ist der Quell des grenzenlosen Schönen,
Denn wir ersticken, wo wir uns gewöhnen.
Alle verstummen. Pause. Tizianello weint leise vor sich hin.
GIANINO *schmeichelnd*
Du darfst dich nicht so trostlos drein versenken,
Nicht unaufhörlich an das eine denken.
TIZIANELLO *traurig lächelnd*
Als ob der Schmerz denn etwas andres wär
Als dieses ewige Dran-denken-Müssen,
Bis es am Ende farblos wird und leer...
So laß mich nur in den Gedanken wühlen,
Denn von den Leiden und von den Genüssen
Hab längst ich abgestreift das bunte Kleid,
Das um sie webt die Unbefangenheit,
Und einfach hab ich schon verlernt zu fühlen.
Pause

GIANINO

Wo nur Giocondo bleibt?

TIZIANELLO   Lang vor dem Morgen
– Ihr schlieft noch – schlich er leise durch die Pforte,
Auf blasser Stirn den Kuß der Liebessorgen
Und auf den Lippen eifersüchtge Worte...

Pagen tragen zwei Bilder über die Bühne (die Venus mit den Blumen und das Große Bacchanal); die Schüler erheben sich und stehen, solange die Bilder vorübergetragen werden, mit gesenktem Kopf, das Barett in der Hand. Nach einer Pause (alle stehen)

DESIDERIO

Wer lebt nach ihm, ein Künstler und Lebendger,
Im Geiste herrlich und der Dinge Bändger
Und in der Einfalt weise wie das Kind?

ANTONIO

Wer ist, der seiner Weihe freudig traut?

BATISTA

Wer ist, dem nicht vor seinem Wissen graut?

PARIS

Wer will uns sagen, ob wir Künstler sind?

GIANINO

Er hat den regungslosen Wald belebt:
Und wo die braunen Weiher murmelnd liegen
Und Efeuranken sich an Buchen schmiegen,
Da hat er Götter in das Nichts gewebt:
Den Satyr, der die Syrinx tönend hebt,
Bis alle Dinge in Verlangen schwellen
Und Hirten sich den Hirtinnen gesellen...

BATISTA

Er hat den Wolken, die vorüberschweben,
Den wesenlosen, einen Sinn gegeben:
Der blassen, weißen schleierhaftes Dehnen
Gedeutet in ein blasses, süßes Sehnen;
Der mächtgen goldumrandet schwarzes Wallen
Und runde, graue, die sich lachend ballen,
Und rosig silberne, die abends ziehn:
Sie haben Seele, haben Sinn durch ihn.
Er hat aus Klippen, nackten, fahlen, bleichen,

Aus grüner Wogen brandend weißem Schäumen,
Aus schwarzer Haine regungslosem Träumen
Und aus der Trauer blitzgetroffner Eichen
Ein Menschliches gemacht, das wir verstehen,
Und uns gelehrt, den Geist der Nacht zu sehen.

PARIS
Er hat uns aufgeweckt aus halber Nacht
Und unsre Seelen licht und reich gemacht
Und uns gewiesen, jedes Tages Fließen
Und Fluten als ein Schauspiel zu genießen,
Die Schönheit aller Formen zu verstehen
Und unsrem eignen Leben zuzusehen.
Die Frauen und die Blumen und die Wellen
Und Seide, Gold und bunter Steine Strahl
Und hohe Brücken und das Frühlingstal
Mit blonden Nymphen an kristallnen Quellen,
Und was ein jeder nur zu träumen liebt
Und was uns wachend Herrliches umgibt:
Hat seine große Schönheit erst empfangen,
Seit es durch seine Seele durchgegangen.

ANTONIO
Was für die schlanke Schönheit Reigentanz,
Was Fackelschein für bunten Maskenkranz,
Was für die Seele, die im Schlafe liegt,
Musik, die wogend sie in Rhythmen wiegt,
Und was der Spiegel für die junge Frau
Und für die Blüten Sonne, licht und lau:
Ein Auge, ein harmonisch Element,
In dem die Schönheit erst sich selbst erkennt –
Das fand Natur in seines Wesens Strahl.
»Erweck uns, mach aus uns ein Bacchanal!«
Rief alles Lebende, das ihn ersehnte
Und seinem Blick sich stumm entgegendehnte.

Während Antonio spricht, sind die drei Mädchen leise aus der Tür getreten und zuhörend stehengeblieben; nur Tizianello, der zerstreut und teilnahmslos abseits rechts steht, scheint sie zu bemerken. Lavinia trägt das blonde Haar im Goldnetz und das reiche Kostüm einer venezianischen Patrizierin. Cassandra und Lisa, etwa neunzehn- und siebzehnjährig, tragen beide ein einfaches, kaum stilisiertes Peplum aus weißem anschmiegendem, flutendem Byssus; nackte Arme mit goldenen Schlangenreifen; Sandalen, Gürtel aus Goldstoff. Cassandra ist aschblond, graziös. Lisa hat eine gelbe Rosenknospe im schwarzen Haar. Irgend etwas an ihr erinnert ans Knabenhafte, wie irgend etwas an Gianino ans Mädchenhafte erinnert. Hinter ihnen tritt ein Page aus der Tür, der einen getriebenen silbernen Weinkrug und Becher trägt.

ANTONIO
Daß uns die fernen Bäume lieblich sind,
Die träumerischen, dort im Abendwind...

PARIS
Und daß wir Schönheit sehen in der Flucht
Der weißen Segel in der blauen Bucht...

TIZIANELLO *zu den Mädchen, die er mit einer leichten Verbeugung begrüßt hat; alle andern drehen sich um*
Und daß wir eures Haares Duft und Schein
Und eurer Formen mattes Elfenbein
Und goldne Gürtel, die euch weich umwinden,
So wie Musik und wie ein Glück empfinden –
Das macht: Er lehrte uns die Dinge sehen...
Bitter
Und das wird man da drunten nie verstehen!

GIANINO *zu den Mädchen*
Ist er allein? Soll niemand zu ihm gehen?

LAVINIA
Bleibt alle hier. Er will jetzt niemand sehen.

DESIDERIO
Vom Schaffen beben ihm der Seele Saiten,
Und jeder Laut beleidigt die geweihten!

TIZIANELLO
Oh, käm ihm jetzt der Tod, mit sanftem Neigen,
In dieser schönen Trunkenheit, im Schweigen!

PARIS
Allein das Bild? Vollendet er das Bild?

ANTONIO
Was wird es werden?

BATISTA   Kann man es erkennen?

LAVINIA
  Wir werden ihnen unsre Haltung nennen.
  Ich bin die Göttin Venus, diese war
  So schön, daß ihre Schönheit trunken machte.

CASSANDRA
  Mich malte er, wie ich verstohlen lachte,
  Von vielen Küssen feucht das offne Haar.

LISA
  Ich halte eine Puppe in den Händen,
  Die ganz verhüllt ist und verschleiert ganz,
  Und sehe sie mit Scheu verlangend an:
  Denn diese Puppe ist der große Pan,
  Ein Gott,
  Der das Geheimnis ist von allem Leben.
  Den halt ich in den Armen wie ein Kind.
  Doch ringsum fühl ich rätselhaftes Weben,
  Und mich verwirrt der laue Abendwind.

LAVINIA
  Mich spiegelt still und wonnevoll der Teich.

CASSANDRA
  Mir küßt den Fuß der Rasen kühl und weich.

LISA
  Schwergolden glüht die Sonne, die sich wendet:
  Das ist das Bild, und morgen ists vollendet.

LAVINIA
  Indes er so dem Leben Leben gab,
  Sprach er mit Ruhe viel von seinem Grab.
  Im bläulich bebenden schwarzgrünen Hain
  Am weißen Strand will er begraben sein:
  Wo dichtverschlungen viele Pflanzen stehen,
  Gedankenlos im Werden und Vergehen,
  Und alle Dinge ihrer selbst vergessen,
  Und wo am Meere, das sich träumend regt,
  Der leise Puls des stummen Lebens schlägt.

PARIS
  Er will im Unbewußten untersinken,
  Und wir, wir sollen seine Seele trinken
  In des lebendgen Lebens lichtem Wein,
  Und wo wir Schönheit sehen, wird Er sein!

DESIDERIO
  Er aber hat die Schönheit stets gesehen,
  Und jeder Augenblick war ihm Erfüllung,
  Indessen wir zu schaffen nicht verstehen
  Und hilflos harren müssen der Enthüllung...
  Und unsre Gegenwart ist trüb und leer,
  Kommt uns die Weihe nicht von außen her.
  Ja, hätte der nicht seine Liebessorgen,
  Die ihm mit Rot und Schwarz das Heute färben,
  Und hätte jener nicht den Traum von morgen
  Mit leuchtender Erwartung, Glück zu werben,
  Und hätte jeder nicht ein heimlich Bangen
  Vor irgend etwas und ein still Verlangen
  Nach irgend etwas und Erregung viel
  Mit innrer Lichter buntem Farbenspiel
  Und irgend etwas, das zu kommen säumt,
  Wovon die Seele ihm phantastisch träumt,
  Und irgend etwas, das zu Ende geht,
  Wovon ein Schmerz verklärend ihn durchweht –.
  So lebten wir in Dämmerung dahin,
  Und unser Leben hätte keinen Sinn...

Die aber wie der Meister sind, die gehen,
Und Schönheit wird und Sinn, wohin sie sehen.

DER TOD DES TIZIAN

EIN DRAMATISCHES FRAGMENT

*Aufgeführt als Totenfeier für
Arnold Böcklin in München*

Dramatis Personae

DER PROLOG
FILIPPO POMPONIO VECELLIO, genannt
　TIZIANELLO, des Meisters Sohn
GIOCONDO
DESIDERIO
GIANINO, er ist 16 Jahre und sehr schön
BATISTA
ANTONIO
PARIS
LAVINIA, eine Tochter des Meisters
CASSANDRA
LISA

Spielt im Jahre 1576, da Tizian neunundneunzigjährig starb.

Der Vorhang, ein Gobelin, ist herabgelassen. Im Proscenium steht die Büste Böcklins auf einer Säule; zu deren Fuß ein Korb mit Blumen und blühenden Zweigen.
In die letzten Takte der Symphonie tritt der Prolog auf, seine Fackelträger hinter ihm.
Der Prolog ist ein Jüngling; er ist venezianisch gekleidet, ganz in schwarz, als ein Trauernder.

DER PROLOG
   Nun schweig, Musik! nun ist die Szene mein,
   Und ich will klagen, denn mir steht es zu!
   Von dieser Zeiten Jugend fließt der Saft
   In mir; und er, des Standbild auf mich blickt,
   War meiner Seele so geliebter Freund!
   Und dieses Guten hab ich sehr bedurft,
   Denn Finsternis ist viel in dieser Zeit,
   Und wie der Schwan, ein selig schwimmend Tier,
   Aus der Najade triefend weißen Händen
   Sich seine Nahrung küßt, so bog ich mich
   In dunklen Stunden über seine Hände
   Um meiner Seele Nahrung: tiefen Traum.
   Schmück ich dein Bild mit Zweig und Blüten nur?
   Und du hast mir das Bild der Welt geschmückt,
   Und aller Blütenzweige Lieblichkeit
   Mit einem solchen Glanze überhöht,
   Daß ich mich trunken an den Boden warf
   Und jauchzend fühlte, wie sie ihr Gewand
   Mir sinken ließ, die leuchtende Natur!

   Hör mich, mein Freund! ich will nicht Herolde
   Aussenden, daß sie deinen Namen schrein
   In die vier Winde, wie wenn Könige sterben:
   Ein König läßt dem Erben seinen Ruf

Und einem Grabstein seines Namens Schall. –
Doch du warst solch ein großer Zauberer,
Dein Sichtbares ging fort, doch weiß ich nicht,
Was da und dort nicht alles von dir bleibt,
Mit heimlicher fortlebender Gewalt
Sich dunklen Auges aus der nächtigen Flut
Zum Ufer hebt – oder sein haarig Ohr
Hinter dem Efeu horchend reckt, drum will ich
Nie glauben, daß ich irgendwo allein bin,
Wo Bäume oder Blumen sind, ja selbst
Nur schweigendes Gestein und kleine Wölkchen
Unter dem Himmel sind; leicht daß ein Etwas,
Durchsichtiger wie Ariel, mir im Rücken
Hingaukelt, denn ich weiß: geheimnisvoll
War zwischen dir und mancher Kreatur
Ein Bund geknüpft, ja! und des Frühlings Au
Siehe, sie lachte dir so wie ein Weib
Den anlacht, dem sie in der Nacht sich gab!

Ich meint' um dich zu klagen; und mein Mund
Schwillt an von trunkenem und freudigem Wort:
Drum ziemt mir nun nicht länger hier zu stehen.
Ich will den Stab dreimal zu Boden stoßen
Und dies Gezelt mit Traumgestalten füllen.
Die will ich mit der Last der Traurigkeit
So überbürden, daß sie schwankend gehn,
Damit ein jeder weinen mag und fühlen:
Wie große Schwermut allem unsren Tun
Ist beigemengt.
     Es weise euch ein Spiel
Das Spiegelbild der bangen, dunklen Stunde,
Und großen Meisters trauervollen Preis
Vernehmet nun aus schattenhaftem Munde!
Er geht ab, die Fackelträger hinter ihm.
Das Proscenium liegt in Dunkel. Die Symphonie fällt wieder ein. Das Standbild verschwindet.
Darauf ertönt das dreimalige Niederstoßen eines Stabes. Der Gobelin teilt sich und enthüllt die Szene.

DER TOD DES TIZIAN. EIN DRAMATISCHES FRAGMENT

Die Szene ist auf der Terrasse von Tizians Villa, nahe bei Venedig. Die Terrasse ist nach rückwärts durch eine steinerne, durchbrochene Rampe abgeschlossen, über die in der Ferne die Wipfel von Pinien und Pappeln schauen. Links rückwärts läuft eine (unsichtbare) Treppe in den Garten; ihr Ausgang vor der Rampe ist durch zwei Marmorvasen markiert. Die linke Seite der Terrasse fällt steil gegen den Garten ab. Hier überklettern Efeu- und Rosenranken die Rampe und bilden mit hohem Gebüsch des Gartens und hereinhangenden Zweigen ein undurchdringliches Dickicht.
Rechts füllen Stufen fächerförmig die rückwärtige Ecke aus und führen zu einem offenen Altan. Von diesem tritt man durch eine Tür, die ein Vorhang schließt, ins Haus. Die Wand des Hauses, von Reben und Rosen umsponnen, mit Büsten geziert, Vasen an den Fenstersimsen, aus denen Schlingpflanzen quellen, schließt die Bühne nach rechts ab.

Hier folgt der Text Seite 248 von Spätsommermittag. Auf Polstern und Teppichen... bis Seite 254 »Und einfach hab ich schon verlernt zu fühlen.« (mit Ausnahme der neun Verse des Gianino auf Seite 250 von »Er sprach schon früher...« bis »... indes die Stimme bebte.«).

Pause.
Gianino ist seitwärts auf den Stufen, den Kopf auf den Arm geschmiegt, eingeschlummert.
PARIS
 Wo nur Giocondo bleibt?
TIZIANELLO
                              Lang vor dem Morgen
 – Ihr schließt noch – schlich er leise durch die Pforte,
 Auf blasser Stirn den Kuß der Liebessorgen
 Und auf den Lippen eifersüchtge Worte...
Pagen tragen zwei Bilder über die Bühne: die Venus mit den Blumen und das große Bacchanal. Die Schüler erheben sich und stehen, solange die Bilder vorübergetragen werden, mit gesenktem Kopf, das Barett in der Hand.
Nach einer Pause, alle stehen
DESIDERIO
 Wer lebt nach ihm, ein Künstler und Lebendiger,
 Im Geiste herrlich und der Dinge Bändiger
 Und in der Einfalt weise wie das Kind?

ANTONIO
Wer ist, der seiner Weihe freudig traut?
BATISTA
Wer ist, dem nicht vor seinem Wissen graut?
PARIS
Wer will uns sagen, ob wir Künstler sind?
TIZIANELLO
Er hat den regungslosen Wald belebt:
Und wo die braunen Weiher murmelnd liegen
Und Efeuranken sich an Buchen schmiegen,
Da hat er Götter in das Nichts gewebt:
Den Satyr, der die Syrinx tönend hebt,
Bis alle Dinge in Verlangen schwellen
Und Hirten sich den Hirtinnen gesellen...
BATISTA
Er hat den Wolken, die vorüberschweben,
Den wesenlosen, einen Sinn gegeben:
Der blassen, weißen schleierhaftes Dehnen
Gedeutet in ein blasses, süßes Sehnen;
Der mächt'gen goldumrandet schwarzes Wallen
Und runde, graue, die sich lachend ballen,
Und rosig silberne, die abends ziehn:
Sie haben Seele, haben Sinn durch ihn.
Er hat aus Klippen, nackten, fahlen, bleichen,
Aus grüner Wogen brandend weißem Schäumen,
Aus schwarzer Haine regungslosen Träumen
Und aus der Trauer blitzgetroffner Eichen
Ein Menschliches gemacht, das wir verstehen,
Und uns gelehrt, den Geist der Nacht zu sehen.
PARIS
Er hat uns aufgeweckt aus halber Nacht
Und unsre Seelen licht und reich gemacht:
Und uns gewiesen, jedes Tages Fließen
Und Fluten als ein Schauspiel zu genießen,
Die Schönheit aller Formen zu verstehen
Und unsrem eignen Leben zuzusehen.
Die Frauen und die Blumen und die Wellen
Und Seide, Gold und bunter Steine Strahl

Und hohe Brücken und das Frühlingstal
Mit blonden Nymphen an kristallnen Quellen,
Und was ein jeder nur zu träumen liebt,
Und was uns wachend Herrliches umgibt:
Hat seine große Schönheit erst empfangen,
Seit es durch seine Seele durchgegangen.

ANTONIO

Was für die schlanke Schönheit Reigentanz,
Was Fackelschein für bunten Maskenkranz,
Was für die Seele, die im Schlafe liegt,
Musik, die wogend sie in Rhythmen wiegt,
Und was der Spiegel für die junge Frau
Und für die Blüten Sonne licht und lau:
Ein Auge, ein harmonisch Element,
In dem die Schönheit erst sich selbst erkennt...
Das fand Natur in seines Wesens Strahl.
»Erweck uns, mach aus uns ein Bacchanal!«
Rief alles Lebende, das ihn ersehnte
Und seinem Blick sich stumm entgegendehnte.

Während Antonio spricht, sind die drei Mädchen leise aus der Tür getreten und zuhörend stehen geblieben. Nur Tizianello, der zerstreut und teilnahmslos etwas abseits rechts steht, scheint sie zu bemerken. Lavinia trägt das blonde Haar im Goldnetz und das reiche Kleid einer venezianischen Patrizierin. Cassandra und Lisa, etwa 19- und 17jährig, tragen beide ein einfaches Gewand aus weißem, anschmiegendem, flutendem Stoff; nackte Arme mit goldenen Schlangenreifen am Oberarm; Sandalen, Gürtel aus Goldstoff. Cassandra ist aschblond, Lisa hat eine gelbe Rosenknospe im schwarzen Haar. Irgend etwas an ihr erinnert ans Knabenhafte, wie irgend etwas an Gianino ans Mädchenhafte erinnert. Hinter ihnen tritt ein Page aus der Tür, der einen getriebenen, silbernen Weinkrug und Becher trägt.

ANTONIO

Daß uns die fernen Bäume lieblich sind,
Die träumerischen, dort im Abendwind...

PARIS

Und daß wir Schönheit sehen in der Flucht
Der weißen Segel in der blauen Bucht...

TIZIANELLO *zu den Mädchen, die er mit einem leichten Nicken begrüßt hat. — Alle anderen drehen sich um*
Und daß wir eures Haares Duft und Schein
Und eurer Formen mattes Elfenbein
Und goldne Gürtel, die euch weich umwinden,
So wie Musik und wie ein Glück empfinden –
Das macht: Er lehrte uns die Dinge sehen...
Bitter
Und das wird man da drunten nie verstehen!
DESIDERIO *zu den Mädchen*
Ist er allein? Soll niemand zu ihm gehen?
LAVINIA
Bleibt alle hier. Er will jetzt niemand sehen.
TIZIANELLO
O, käm ihm jetzt der Tod, mit sanftem Neigen,
In dieser schönen Trunkenheit, im Schweigen!
Alle schweigen.
Gianino ist erwacht und hat sich während der letzten Worte aufgerichtet. Er ist nun sehr blaß. Er blickt angstvoll von einem zum anderen.
Alle schweigen.
Gianino tut einen Schritt auf Tizianello zu. Dann hält er inne, zusammenschaudernd; plötzlich wirft er sich vor Lavinia hin, die vorne allein steht und drückt den Kopf an ihr Knie.
GIANINO
Der Tod! Lavinia, mich faßt ein Grausen!
Ich war ihm nie so nah! Ich werde nie,
Nie mehr vergessen können, daß wir sterben!
Ich werde immer stumm daneben stehn,
Wo Menschen lachen, und mit starrem Blick
Dies denken: daß wir alle sterben müssen!
Ich sah einmal: sie brachten mit Gesang
Einen geführt, dem war bestimmt zu sterben.
Er schwankte hin und sah die Menschen alle
Und sah die Bäume, die im leisen Wind
Die süßen Schattenzweige schaukelten.
Lavinia, wir gehen solchen Weg!
Lavinia, ich schlief nur eine Weile

Dort auf den Stufen, und das erste Wort,
Da ich die Augen aufschlug, war der Tod!
Schaudernd
Ein solches Dunkel senkt sich aus der Luft!
*Lavinia steht hochaufgerichtet, den Blick auf den völlig hellen
Himmel geheftet. Sie streift mit der Hand über Gianinos Haar.*
LAVINIA
Ich seh kein Dunkel. Ich seh einen Falter
Dort schwirren, dort entzündet sich ein Stern,
Und drinnen geht ein alter Mann zur Ruh.
Der letzte Schritt schafft nicht die Müdigkeit,
Er läßt sie fühlen.
*Indem sie spricht, und der Tür des Hauses den Rücken wendet,
hat dort eine unsichtbare Hand den Vorhang lautlos aber heftig
zur Seite gezogen. Und alle, Tizianello voran, drängen lautlos
und atemlos die Stufen empor, hinein.*
LAVINIA *ruhig weitersprechend, immer gehobener:*
     Grüße du das Leben!
Wohl dem, der von des Daseins Netz gefangen
Tief atmend und nicht grübelnd, wie ihm sei,
Hingibt dem schönen Strom die freien Glieder,
Und schönen Ufern trägt es ihn…
Sie hält plötzlich inne und sieht sich um. Sie begreift, was geschehen ist, und folgt den anderen.
GIANINO *noch auf den Knien, schaudernd vor sich hin:*
     Vorbei!
Er richtet sich auf und folgt den andern.

Der Vorhang fällt.

IDYLLE

NACH EINEM ANTIKEN VASENBILD:
ZENTAUR MIT VERWUNDETER FRAU
AM RAND EINES FLUSSES

*Der Schauplatz im Böcklinschen Stil. Eine offene Dorfschmiede.
Dahinter das Haus, im Hintergrunde ein Fluß. Der Schmied an der
Arbeit, sein Weib müßig an die Türe gelehnt, die von der Schmiede
ins Haus führt. Auf dem Boden spielt ein blondes kleines Kind mit
einer zahmen Krabbe. In einer Nische ein Weinschlauch, ein paar
frische Feigen und Melonenschalen.*

DER SCHMIED
  Wohin verlieren dir die sinnenden Gedanken sich,
  Indes du schweigend mir das Werk, feindselig fast,
  Mit solchen Lippen, leise zuckenden, beschaust?
DIE FRAU
  Im blütenweißen kleinen Garten saß ich oft,
  Den Blick aufs väterliche Handwerk hingewandt,
  Das nette Werk des Töpfers: wie der Scheibe da,
  Der surrenden im Kreis, die edle Form entstieg,
  Im stillen Werden einer zarten Blume gleich,
  Mit kühlem Glanz des Elfenbeins. Darauf erschuf
  Der Vater Henkel, mit Akanthusblatt geziert,
  Und ein Akanthus-, ein Olivenkranz wohl auch
  Umlief als dunkelroter Schmuck des Kruges Rand.
  Den schönen Körper dann belebte er mit Reigentanz
  Der Horen, der vorüberschwebend lebenspendenden.
  Er schuf, gestreckt auf königliche Ruhebank,
  Der Phädra wundervollen Leib, von Sehnsucht matt,
  Und drüber flatternd Eros, der mit süßer Qual die Glieder
                                                      füllt.
  Gewaltgen Krügen liebte er ein Bacchusfest
  Zum Schmuck zu geben, wo der Pupurtraubensaft
  Aufsprühte unter der Mänade nacktem Fuß
  Und fliegend Haar und Thyrsusschwung die Luft erfüllt.
  Auf Totenurnen war Persephoneias hohes Bild,
  Die mit den seelenlosen, toten Augen schaut

Und, Blumen des Vergessens, Mohn, im heiligen Haar,
Das lebenfremde, asphodelische Gefilde tritt.
Des Redens wär kein Ende, zählt ich alle auf,
Die Göttlichen, an deren schönem Leben ich
– Zum zweiten Male lebend, was gebildet war –,
An deren Gram und Haß und Liebeslust
Und wechselndem Erlebnis jeder Art
Ich also Anteil hatte, ich, ein Kind,
Die mir mit halbverstandener Gefühle Hauch
Anrührten meiner Seele tiefstes Saitenspiel,
Daß mir zuweilen war, als hätte ich im Schlaf
Die stets verborgenen Mysterien durchirrt
Von Lust und Leid, Erkennende mit wachem Aug,
Davon, an dieses Sonnenlicht zurückgekehrt,
Mir mahnendes Gedenken andern Lebens bleibt
Und eine Fremde, Ausgeschloßne aus mir macht
In dieser nährenden, lebendgen Luft der Welt.

DER SCHMIED
Den Sinn des Seins verwirrte allzuvieler Müßiggang
Dem schön gesinnten, gern verträumten Kind, mich dünkt.
Und jene Ehrfurcht fehlte, die zu trennen weiß,
Was Göttern ziemt, was Menschen! Wie Semele dies,
Die töricht fordernde, vergehend erst begriff.
Des Gatten Handwerk lerne heilig halten du,
Das aus des mütterlichen Grundes Eingeweiden stammt
Und, sich die hundertarmig Ungebändigte,
Die Flamme, unterwerfend, klug und kraftvoll wirkt.

DIE FRAU
Die Flamme anzusehen, lockts mich immer neu,
Die wechselnde, mit heißem Hauch berauschende.

DER SCHMIED
Vielmehr erfreue Anblick dich des Werks!
Die Waffen sieh, der Pflugschar heilige Härte auch,
Und dieses Beil, das wilde Bäume uns zur Hütte fügt.
So schafft der Schmied, was alles andre schaffen soll.
Wo duftig aufgeworfne Scholle Samen trinkt
Und gelbes Korn der Sichel dann entgegenquillt,
Wo zwischen stillen Stämmen nach dem scheuen Wild

Der Pfeil hinschwirrt und tödlich in den Nacken schlägt,
Wo harter Huf von Rossen staubaufwirbelnd dröhnt
Und rasche Räder rollen zwischen Stadt und Stadt,
Wo der gewaltig klirrende, der Männerstreit
Die hohe liederwerte Männlichkeit enthüllt:
Da wirk ich fort und halt umwunden so die Welt
Mit starken Spuren meines Tuens, weil es tüchtig ist.
Pause
DIE FRAU
Zentauren seh ich einen nahen, Jüngling noch,
Ein schöner Gott mir scheinend, wenn auch halb ein Tier,
Und aus dem Hain, entlang dem Ufer, traben her.
DER ZENTAUR *einen Speer in der Hand, den er dem Schmied hinhält*
Find ich dem stumpfgewordnen Speere Heilung hier
Und neue Spitze der geschwungnen Wucht? Verkünd!
DER SCHMIED
Ob deinesgleichen auch, dich selber sah ich nie.
DER ZENTAUR
Zum ersten Male lockte mir den Lauf
Nach eurem Dorf Bedürfnis, das du kennst.
DER SCHMIED   Ihm soll
In kurzem abgeholfen sein. Indes erzählst
Du, wenn du dir den Dank der Frau verdienen willst,
Von fremden Wundern, die du wohl gesehn, wovon
Hieher nicht Kunde dringt, wenn nicht ein Wandrer
kommt.
DIE FRAU
Ich reiche dir zuerst den vollen Schlauch: er ist
Mit kühlem säuerlichem Apfelwein gefüllt,
Denn andrer ist uns nicht. Das nächste Dürsten stillt
Wohl etwa weit von hier aus beßrer Schale dir
Mit heißerm Safte eine schönre Frau als ich.
Sie hat den Wein aus dem Schlauch in eine irdene Trinkschale gegossen, die er langsam schlürft.
DER ZENTAUR
Die allgemeinen Straßen zog ich nicht und mied
Der Hafenplätze vielvermengendes Gewühl,
Wo einer leicht von Schiffern bunte Mär erfährt.
Die öden Heiden wählte ich zum Tagesweg,

Flamingos nur und schwarze Stiere störend auf,
Und stampfte nachts das Heidekraut dahin im Duft,
Das kühle hyazinthne Dunkel über mir.
Zuweilen kam ich wandernd einem Hain vorbei,
Wo sich, zu flüchtig eigensinnger Lust gewillt,
Aus einem Schwarme von Najaden eine mir
Für eine Strecke Wegs gesellte, die ich dann
An einen jungen Satyr wiederum verlor,
Der, syrinxblasend, lockend wo am Wege saß.

DIE FRAU
Unsäglich reizend dünkt dies Ungebundne mir.

DER SCHMIED
Die Waldgebornen kennen Scham und Treue nicht,
Die erst das Haus verlangen und bewahren lehrt.

DIE FRAU
Ward dir, dem Flötenspiel des Pan zu lauschen? Sag!

DER ZENTAUR
In einem stillen Kesseltal ward mirs beschert.
Da wogte mit dem schwülen Abendwind herab
Vom Rand der Felsen rätselhaftestes Getön,
So tief aufwühlend wie vereinter Drang
Von allem Tiefsten, was die Seele je durchbebt,
Als flög mein Ich im Wirbel fortgerissen mir
Durch tausendfach verschiedne Trunkenheit hindurch.

DER SCHMIED
Verbotenes laß lieber unberedet sein!

DIE FRAU
Laß immerhin, was regt die Seele schöner auf?

DER SCHMIED
Das Leben zeitigt selbst den höhern Herzensschlag,
Wie reife Frucht vom Zweige sich erfreulich löst.
Und nicht zu andern Schauern sind geboren wir,
Als uns das Schicksal über unsre Lebenswelle haucht.

DER ZENTAUR
So blieb die wunderbare Kunst dir unbekannt,
Die Götter üben: unter Menschen Mensch,
Zu andern Zeiten aufzugehn im Sturmeshauch,
Und ein Delphin zu plätschern wiederum im Naß

Und ätherkreisend einzusaugen Adlerlust?
Du kennst, mich dünkt, nur wenig von der Welt, mein
                                                        Freund.

DER SCHMIED
  Die ganze kenn ich, kennend meinen Kreis,
  Maßloses nicht verlangend, noch begierig ich,
  Die flüchtge Flut zu ballen in der hohlen Hand.
  Den Bach, der deine Wiege schaukelte, erkennen lern,
  Den Nachbarbaum, der dir die Früchte an der Sonne reift
  Und dufterfüllten lauen Schatten niedergießt,
  Das kühle grüne Gras, es trats dein Fuß als Kind.
  Die alten Eltern tratens, leise frierende,
  Und die Geliebte trats, da quollen duftend auf
  Die Veilchen, schmiegend unter ihre Sohlen sich;
  Das Haus begreif, in dem du lebst und sterben sollst,
  Und dann, ein Wirkender, begreif dich selber ehrfurchtsvoll,
  An diesen hast du mehr, als du erfassen kannst –
  Den Wanderliebenden, ich halt ihn länger nicht, allein
  Der letzten Glättung noch bedarfs, die Feile fehlt,
  Ich finde sie und schaffe dir das letzte noch.
  Er geht ins Haus.

DIE FRAU
  Dich führt wohl nimmermehr der Weg hieher zurück.
  Hinstampfend durch die hyazinthne Nacht, berauscht,
  Vergissest meiner du am Wege, fürcht ich, bald,
  Die deiner, fürcht ich, nicht so bald vergessen kann.

DER ZENTAUR
  Du irrst: verdammt von dir zu scheiden wärs,
  Als schlügen sich die Gitter dröhnend hinter mir
  Von aller Liebe dufterfülltem Garten zu.
  Doch kommst du, wie ich meine, mir Gefährtin mit,
  So trag ich solchen hohen Reiz als Beute fort,
  Wie nie die hohe Aphrodite ausgegossen hat,
  Die allbelebende, auf Meer und wilde Flut.

DIE FRAU
  Wie könnt ich Gatten, Haus und Kind verlassen hier?

DER ZENTAUR
  Was sorgst du lang, um was du schnell vergessen hast?

DIE FRAU

Er kommt zurück, und schnell zerronnen ist der Traum!

DER ZENTAUR

Mitnichten, da doch Lust und Weg noch offensteht.
Mit festen Fingern greif mir ins Gelock und klammre dich,
Am Rücken ruhend, mir an Arm und Nacken an!

Sie schwingt sich auf seinen Rücken, und er stürmt hell schreiend zum Fluß hinunter, das Kind erschrickt und bricht in klägliches Weinen aus. Der Schmied tritt aus dem Haus. Eben stürzt sich der Zentaur in das aufrauschende Wasser des Flusses. Sein bronzener Oberkörper und die Gestalt der Frau zeichnen sich scharf auf der abendlich vergoldeten Wasserfläche ab. Der Schmied wird sie gewahr; in der Hand den Speer des Zentauren, läuft er ans Ufer hinab und schleudert, weit vorgebeugt, den Speer, der mit zitterndem Schaft einen Augenblick im Rücken der Frau steckenbleibt, bis diese mit einem gellenden Schrei die Locken des Zentauren fahrenläßt und mit ausgebreiteten Armen rücklings ins Wasser stürzt. Der Zentaur fängt die Sterbende in seinen Armen auf und trägt sie hocherhoben stromabwärts, dem andern Ufer zuschwimmend.

DER TOR UND DER TOD

Personen

DER TOD
CLAUDIO, ein Edelmann
SEIN KAMMERDIENER
CLAUDIOS MUTTER ⎫
EINE GELIEBTE DES CLAUDIO ⎬ Tote
EIN JUGENDFREUND ⎭

Claudios Haus.
Kostüm der zwanziger Jahre des vorigen Jahrhunderts.

Studierzimmer des Claudio, im Empiregeschmack. Im Hintergrund links und rechts große Fenster, in der Mitte eine Glastüre auf den Balkon hinaus, von dem eine hängende Holztreppe in den Garten führt. Links eine weiße Flügeltür, rechts eine gleiche nach dem Schlafzimmer, mit einem grünen Samtvorhang geschlossen. Am Fenster links steht ein Schreibtisch, davor ein Lehnstuhl. An den Pfeilern Glaskasten mit Altertümern. An der Wand rechts eine gotische, dunkle, geschnitzte Truhe; darüber altertümliche Musikinstrumente. Ein fast schwarzgedunkeltes Bild eines italienischen Meisters. Der Grundton der Tapete licht, fast weiß; mit Stukkatur und Gold.

CLAUDIO *allein*
  Er sitzt am Fenster. Abendsonne.
  Die letzten Berge liegen nun im Glanz,
  In feuchtem Schmelz durchsonnter Luft gewandet,
  Es schwebt ein Alabasterwolkenkranz
  Zuhöchst, mit grauen Schatten, goldumrandet:
  So malen Meister von den frühen Tagen
  Die Wolken, welche die Madonna tragen.
  Am Abhang liegen blaue Wolkenschatten,
  Der Bergesschatten füllt das weite Tal
  Und dämpft zu grauem Grün und Glanz der Matten;
  Der Gipfel glänzt im vollen letzten Strahl.
  Wie nah sind meiner Sehnsucht die gerückt,
  Die dort auf weiten Halden einsam wohnen
  Und denen Güter, mit der Hand gepflückt,
  Die gute Mattigkeit der Glieder lohnen.
  Der wundervolle wilde Morgenwind,
  Der nackten Fußes läuft im Heidenduft,
  Der weckt sie auf; die wilden Bienen sind
  Um sie und Gottes helle, heiße Luft.
  Es gab Natur sich ihnen zum Geschäfte,
  In allen ihren Wünschen quillt Natur,

Im Wechselspiel der frisch und müden Kräfte
Wird ihnen jedes warmen Glückes Spur.
Jetzt rückt der goldne Ball, und er versinkt
In fernster Meere grünlichem Kristall;
Das letzte Licht durch ferne Bäume blinkt,
Jetzt atmet roter Rauch, ein Glutenwall
Den Strand erfüllend, wo die Städte liegen,
Die mit Najadenarmen, flutenttaucht,
In hohen Schiffen ihre Kinder wiegen,
Ein Volk, verwegen, listig und erlaucht.
Sie gleiten über ferne, wunderschwere,
Verschwiegne Flut, die nie ein Kiel geteilt,
Es regt die Brust der Zorn der wilden Meere,
Da wird sie jedem Wahn und Weh geheilt.
So seh ich Sinn und Segen fern gebreitet
Und starre voller Sehnsucht stets hinüber,
Doch wie mein Blick dem Nahen näher gleitet,
Wird alles öd, verletzender und trüber;
Es scheint mein ganzes so versäumtes Leben,
Verlorne Lust und nie geweinte Tränen,
Um diese Gassen, dieses Haus zu weben
Und ewig sinnlos Suchen, wirres Sehnen.
Am Fenster stehend
Jetzt zünden sie die Lichter an und haben
In engen Wänden eine dumpfe Welt
Mit allen Rausch- und Tränengaben
Und was noch sonst ein Herz gefangenhält.
Sie sind einander herzlich nah
Und härmen sich um einen, der entfernt;
Und wenn wohl einem Leid geschah,
So trösten sie... ich habe Trösten nie gelernt.
Sie können sich mit einfachen Worten,
Was nötig zum Weinen und Lachen, sagen.
Müssen nicht an sieben vernagelte Pforten
Mit blutigen Fingern schlagen.

Was weiß denn ich vom Menschenleben?
Bin freilich scheinbar drin gestanden,

Aber ich hab es höchstens verstanden,
Konnte mich nie darein verweben.
Hab mich niemals daran verloren.
Wo andre nehmen, andre geben,
Blieb ich beiseit, im Innern stummgeboren.
Ich hab von allen lieben Lippen
Den wahren Trank des Lebens nie gesogen,
Bin nie, von wahrem Schmerz durchschüttert,
Die Straße einsam, schluchzend, nie! gezogen.
Wenn ich von guten Gaben der Natur
Je eine Regung, einen Hauch erfuhr,
So nannte ihn mein überwacher Sinn,
Unfähig des Vergessens, grell beim Namen.
Und wie dann tausende Vergleiche kamen,
War das Vertrauen, war das Glück dahin.
Und auch das Leid! zerfasert und zerfressen
Vom Denken, abgeblaßt und ausgelaugt!
Wie wollte ich an meine Brust es pressen,
Wie hätt ich Wonne aus dem Schmerz gesaugt:
Sein Flügel streifte mich, ich wurde matt,
Und Unbehagen kam an Schmerzes Statt...
Aufschreckend
Es dunkelt schon. Ich fall in Grübelei.
Ja, ja: die Zeit hat Kinder mancherlei.
Doch ich bin müd und soll wohl schlafen gehen.
Der Diener bringt eine Lampe, geht dann wieder.
Jetzt läßt der Lampe Glanz mich wieder sehen
Die Rumpelkammer voller totem Tand,
Wodurch ich doch mich einzuschleichen wähnte,
Wenn ich den graden Weg auch nimmer fand
In jenes Leben, das ich so ersehnte.
Vor dem Kruzifix
Zu deinen wunden, elfenbeinern' Füßen,
Du Herr am Kreuz, sind etliche gelegen,
Die Flammen niederbetend, jene süßen,
Ins eigne Herz, die wundervoll bewegen,
Und wenn statt Gluten öde Kälte kam,
Vergingen sie in Reue, Angst und Scham.

Vor einem alten Bild
Gioconda, du, aus wundervollem Grund
Herleuchtend mit dem Glanz durchseelter Glieder,
Dem rätselhaften, süßen, herben Mund,
Dem Prunk der träumeschweren Augenlider:
Gerad so viel verrietest du mir Leben,
Als fragend ich vermocht dir einzuweben!
Sich abwendend, vor einer Truhe
Ihr Becher, ihr, an deren kühlem Rand
Wohl etlich Lippen selig hingen,
Ihr alten Lauten, ihr, bei deren Klingen
Sich manches Herz die tiefste Rührung fand,
Was gäb ich, könnt mich euer Bann erfassen,
Wie wollt ich mich gefangen finden lassen!
Ihr hölzern, ehern Schilderwerk,
Verwirrend, formenquellend Bilderwerk,
Ihr Kröten, Engel, Greife, Faunen,
Phantastsche Vögel, goldnes Fruchtgeschlinge,
Berauschende und ängstigende Dinge,
Ihr wart doch all einmal gefühlt,
Gezeugt von zuckenden, lebendgen Launen,
Vom großen Meer emporgespült,
Und wie den Fisch das Netz, hat euch die Form gefangen!
Umsonst bin ich, umsonst euch nachgegangen,
Von eurem Reize allzusehr gebunden:
Und wie ich eurer eigensinngen Seelen
Jedwede, wie die Masken, durchempfunden,
War mir verschleiert Leben, Herz und Welt,
Ihr hieltet mich, ein Flatterschwarm, umstellt,
Abweidend, unerbittliche Harpyen,
An frischen Quellen jedes frische Blühen...
Ich hab mich so an Künstliches verloren,
Daß ich die Sonne sah aus toten Augen
Und nicht mehr hörte als durch tote Ohren:
Stets schleppte ich den rätselhaften Fluch,
Nie ganz bewußt, nie völlig unbewußt,
Mit kleinem Leid und schaler Lust
Mein Leben zu erleben wie ein Buch,

Das man zur Hälft noch nicht und halb nicht mehr begreift,
Und hinter dem der Sinn erst nach Lebendgem schweift –
Und was mich quälte und was mich erfreute,
Mir war, als ob es nie sich selbst bedeute,
Nein, künftgen Lebens vorgeliehnen Schein
Und hohles Bild von einem vollern Sein.
So hab ich mich in Leid und jeder Liebe
Verwirrt mit Schatten nur herumgeschlagen,
Verbraucht, doch nicht genossen alle Triebe,
In dumpfem Traum, es würde endlich tagen.
Ich wandte mich und sah das Leben an:
Darinnen Schnellsein nicht zum Laufen nützt
Und Tapfersein nicht hilft zum Streit; darin
Unheil nicht traurig macht und Glück nicht froh;
Auf Frag ohn Sinn folgt Antwort ohne Sinn;
Verworrner Traum entsteigt der dunklen Schwelle,
Und Glück ist alles, Stunde, Wind und Welle!
So schmerzlich klug und so enttäuschten Sinn
In müdem Hochmut hegend, in Entsagen
Tief eingesponnen, leb ich ohne Klagen
In diesen Stuben, dieser Stadt dahin.
Die Leute haben sich entwöhnt zu fragen
Und finden, daß ich recht gewöhnlich bin.
Der Diener kommt und stellt einen Teller Kirschen auf den Tisch, dann will er die Balkontüre schließen.

CLAUDIO
Laß noch die Türen offen... Was erschreckt dich?

DIENER
Euer Gnaden glauben mirs wohl nicht.
Halb für sich, mit Angst
Jetzt haben sie im Lusthaus sich versteckt.

CLAUDIO
Wer denn?

DIENER   Entschuldigen, ich weiß es nicht.
Ein ganzer Schwarm unheimliches Gesindel.

CLAUDIO
Bettler?

DIENER   Ich weiß es nicht.

CLAUDIO   So sperr die Tür,
  Die von der Gasse in den Garten, zu,
  Und leg dich schlafen und laß mich in Ruh.
DIENER
  Das eben macht mir solches Graun. Ich hab
  Die Gartentür verriegelt. Aber...
CLAUDIO   Nun?
DIENER
  Jetzt sitzen sie im Garten. Auf der Bank,
  Wo der sandsteinerne Apollo steht,
  Ein paar im Schatten dort am Brunnenrand,
  Und einer hat sich auf die Sphinx gesetzt.
  Man sieht ihn nicht, der Taxus steht davor.
CLAUDIO
  Sinds Männer?
DIENER   Einige. Allein auch Frauen.
  Nicht bettelhaft, altmodisch nur von Tracht,
  Wie Kupferstiche angezogen sind.
  Mit einer solchen grauenvollen Art,
  Still dazusitzen und mit toten Augen
  Auf einen wie in leere Luft zu schauen,
  Das sind nicht Menschen. Euer Gnaden sei'n
  Nicht ungehalten, nur um keinen Preis
  Der Welt möcht ich in ihre Nähe gehen.
  So Gott will, sind sie morgen früh verschwunden;
  Ich will – mit gnädiger Erlaubnis – jetzt
  Die Tür vom Haus verriegeln und das Schloß
  Einsprengen mit geweihtem Wasser. Denn
  Ich habe solche Menschen nie gesehn,
  Und solche Augen haben Menschen nicht.
CLAUDIO
  Tu, was du willst, und gute Nacht.
  Er geht eine Weile nachdenklich auf und nieder. Hinter der Szene erklingt das sehnsüchtige und ergreifende Spiel einer Geige, zuerst ferner, allmählich näher, endlich warm und voll, als wenn es aus dem Nebenzimmer dränge.   Musik?
  Und seltsam zu der Seele redende!
  Hat mich des Menschen Unsinn auch verstört?

Mich dünkt, als hätt ich solche Töne
Von Menschengeigen nie gehört...
Er bleibt horchend gegen die rechte Seite gewandt
In tiefen, scheinbar langersehnten Schauern
Dringts allgewaltig auf mich ein;
Es scheint unendliches Bedauern,
Unendlich Hoffen scheints zu sein,
Als strömte von den alten, stillen Mauern
Mein Leben flutend und verklärt herein.
Wie der Geliebten, wie der Mutter Kommen,
Wie jedes Langverlornen Wiederkehr,
Regt es Gedanken auf, die warmen, frommen,
Und wirft mich in ein jugendliches Meer:
Ein Knabe stand ich so im Frühlingsglänzen
Und meinte aufzuschweben in das All,
Unendlich Sehnen über alle Grenzen
Durchwehte mich in ahnungsvollem Schwall!
Und Wanderzeiten kamen, rauschumfangen,
Da leuchtete manchmal die ganze Welt,
Und Rosen glühten, und die Glocken klangen,
Von fremdem Lichte jubelnd und erhellt:
Wie waren da lebendig alle Dinge,
Dem liebenden Erfassen nahgerückt,
Wie fühlt ich mich beseelt und tief entzückt,
Ein lebend Glied im großen Lebensringe!
Da ahnte ich, durch mein Herz auch geleitet,
Den Liebesstrom, der alle Herzen nährt,
Und ein Genügen hielt mein Ich geweitet,
Das heute kaum mir noch den Traum verklärt.
Tön fort, Musik, noch eine Weile so
Und rühr mein Innres also innig auf:
Leicht wähn ich dann mein Leben warm und froh,
Rücklebend so verzaubert seinen Lauf:
Denn alle süßen Flammen, Loh an Loh
Das Starre schmelzend, schlagen jetzt herauf!
Des allzu alten, allzu wirren Wissens
Auf diesen Nacken vielgehäufte Last
Vergeht, von diesem Laut des Urgewissens,

Den kindisch-tiefen Tönen angefaßt.
Weither mit großem Glockenläuten
Ankündigt sich ein kaum geahntes Leben,
In Formen, die unendlich viel bedeuten,
Gewaltig-schlicht im Nehmen und im Geben.
Die Musik verstummt fast plötzlich.
Da, da verstummt, was mich so tief gerührt,
Worin ich Göttlich-Menschliches gespürt!
Der diese Wunderwelt unwissend hergesandt,
Er hebt wohl jetzt nach Kupfergeld die Kappe,
Ein abendlicher Bettelmusikant.
Am Fenster rechts
Hier unten steht er nicht. Wie sonderbar!
Wo denn? Ich will durchs andre Fenster schaun...
Wie er nach der Türe rechts geht, wird der Vorhang leise zurückgeschlagen, und in der Tür steht der Tod, den Fiedelbogen in der Hand, die Geige am Gürtel hängend. Er sieht Claudio, der entsetzt zurückfährt, ruhig an.
Wie packt mich sinnlos namenloses Grauen!
Wenn deiner Fiedel Klang so lieblich war,
Was bringt es solchen Krampf, dich anzuschauen?
Und schnürt die Kehle so und sträubt das Haar?
Geh weg! Du bist der Tod. Was willst du hier?
Ich fürchte mich. Geh weg! Ich kann nicht schrein.
Sinkend
Der Halt, die Luft des Lebens schwindet mir!
Geh weg! Wer rief dich? Geh! Wer ließ dich ein?

DER TOD

Steh auf! Wirf dies ererbte Graun von dir!
Ich bin nicht schauerlich, bin kein Gerippe!
Aus des Dionysos, der Venus Sippe,
Ein großer Gott der Seele steht vor dir.
Wenn in der lauen Sommerabendfeier
Durch goldne Luft ein Blatt herabgeschwebt,
Hat dich mein Wehen angeschauert,
Das traumhaft um die reifen Dinge webt;
Wenn Überschwellen der Gefühle
Mit warmer Flut die Seele zitternd füllte,

Wenn sich im plötzlichen Durchzucken
Das Ungeheure als verwandt enthüllte,
Und du, hingebend dich im großen Reigen,
Die Welt empfingest als dein eigen:
In jeder wahrhaft großen Stunde,
Die schauern deine Erdenform gemacht,
Hab ich dich angerührt im Seelengrunde
Mit heiliger, geheimnisvoller Macht.

CLAUDIO
Genug. Ich grüße dich, wenngleich beklommen.
Kleine Pause
Doch wozu bist du eigentlich gekommen?

DER TOD
Mein Kommen, Freund, hat stets nur einen Sinn!

CLAUDIO
Bei mir hats eine Weile noch dahin!
Merk: eh das Blatt zu Boden schwebt,
Hat es zur Neige seinen Saft gesogen!
Dazu fehlt viel: Ich habe nicht gelebt!

DER TOD
Bist doch, wie alle, deinen Weg gezogen!

CLAUDIO
Wie abgerißne Wiesenblumen
Ein dunkles Wasser mit sich reißt,
So glitten mir die jungen Tage,
Und ich hab nie gewußt, daß das schon Leben heißt.
Dann... stand ich an den Lebensgittern,
Der Wunder bang, von Sehnsucht süß bedrängt,
Daß sie in majestätischen Gewittern
Auffliegen sollten, wundervoll gesprengt.
Es kam nicht so... und einmal stand ich drinnen,
Der Weihe bar, und konnte mich auf mich
Und alle tiefsten Wünsche nicht besinnen,
Von einem Bann befangen, der nicht wich.
Von Dämmerung verwirrt und wie verschüttet,
Verdrießlich und im Innersten zerrüttet,
Mit halbem Herzen, unterbundnen Sinnen
In jedem Ganzen rätselhaft gehemmt,

Fühlt ich mich niemals recht durchglutet innen,
Von großen Wellen nie so recht geschwemmt,
Bin nie auf meinem Weg dem Gott begegnet,
Mit dem man ringt, bis daß er einen segnet.

DER TOD

Was allen, ward auch dir gegeben,
Ein Erdenleben, irdisch es zu leben.
Im Innern quillt euch allen treu ein Geist,
Der diesem Chaos toter Sachen
Beziehung einzuhauchen heißt
Und euren Garten draus zu machen
Für Wirksamkeit, Beglückung und Verdruß.
Weh dir, wenn ich dir das erst sagen muß!
Man bindet und man wird gebunden,
Entfaltung wirken schwül und wilde Stunden;
In Schlaf geweint und müd geplagt,
Noch wollend, schwer von Sehnsucht, halbverzagt,
Tiefatmend und vom Drang des Lebens warm...
Doch alle reif, fallt ihr in meinen Arm.

CLAUDIO

Ich bin aber nicht reif, drum laß mich hier.
Ich will nicht länger töricht jammern,
Ich will mich an die Erdenscholle klammern,
Die tiefste Lebenssehnsucht schreit in mir.
Die höchste Angst zerreißt den alten Bann;
Jetzt fühl ich – laß mich – daß ich leben kann!
Ich fühls an diesem grenzenlosen Drängen:
Ich kann mein Herz an Erdendinge hängen.
Oh, du sollst sehn, nicht mehr wie stumme Tiere,
Nicht Puppen werden mir die andern sein!
Zum Herzen reden soll mir all das Ihre,
Ich dränge mich in jede Lust und Pein.
Ich will die Treue lernen, die der Halt
Von allem Leben ist... Ich füg mich so,
Daß Gut und Böse über mich Gewalt
Soll haben und mich machen wild und froh.
Dann werden sich die Schemen mir beleben!
Ich werde Menschen auf dem Wege finden,

Nicht länger stumm im Nehmen und im Geben,
Gebunden werden – ja! – und kräftig binden.
Da er die ungerührte Miene des Todes wahrnimmt, mit steigender Angst
Denn schau, glaub mir, das war nicht so bisher:
Du meinst, ich hätte doch geliebt, gehaßt...
Nein, nie hab ich den Kern davon erfaßt,
Es war ein Tausch von Schein und Worten leer!
Da schau, ich kann dir zeigen: Briefe, sieh,
Er reißt eine Lade auf und entnimmt ihr Pakete geordneter alter Briefe
Mit Schwüren voll und Liebeswort und Klagen;
Meinst du, ich hätte je gespürt, was die –
Gespürt, was ich als Antwort schien zu sagen?!
Er wirft ihm die Pakete vor die Füße, daß die einzelnen Briefe herausfliegen
Da hast du dieses ganze Liebesleben,
Daraus nur ich und ich nur widertönte,
Wie ich, der Stimmung Auf- und Niederbeben
Mitbebend, jeden heilgen Halt verhöhnte!
Da! da! und alles andre ist wie das:
Ohn Sinn, ohn Glück, ohn Schmerz, ohn Lieb, ohn Haß!

DER TOD

Du Tor! Du schlimmer Tor, ich will dich lehren,
Das Leben, eh dus endest, einmal ehren.
Stell dich dorthin und schweig und sieh hierher
Und lern, daß alle andern diesen Schollen
Mit lieberfülltem Erdensinn entquollen,
Und nur du selber schellenlaut und leer.
Der Tod tut ein paar Geigenstriche, gleichsam rufend. Er steht an der Schlafzimmertüre, im Vordergrund rechts, Claudio an der Wand links, im Halbdunkel. Aus der Tür rechts tritt die Mutter. Sie ist nicht sehr alt. Sie trägt ein langes schwarzes Samtkleid, eine schwarze Samthaube mit einer weißen Rüsche, die das Gesicht umrahmt. In den feinen blassen Fingern ein weißes Spitzentaschentuch. Sie tritt leise aus der Tür und geht lautlos im Zimmer umher.

DIE MUTTER
>Wie viele süße Schmerzen saug ich ein
>Mit dieser Luft. Wie von Lavendelkraut
>Ein feiner toter Atem weht die Hälfte
>Von meinem Erdendasein hier umher:
>Ein Mutterleben, nun, ein Dritteil Schmerzen,
>Eins Plage, Sorge eins. Was weiß ein Mann
>Davon?
>*An der Truhe*
>>Die Kante da noch immer scharf?
>Da schlug er sich einmal die Schläfe blutig;
>Freilich, er war auch klein und heftig, wild
>Im Laufen, nicht zu halten. Da, das Fenster!
>Da stand ich oft und horchte in die Nacht
>Hinaus auf seinen Schritt mit solcher Gier,
>Wenn mich die Angst im Bett nicht länger litt,
>Wenn er nicht kam, und schlug doch zwei, und schlug
>Dann drei und fing schon blaß zu dämmern an...
>Wie oft... Doch hat er nie etwas gewußt –
>Ich war ja auch bei Tag hübsch viel allein.
>Die Hand, die gießt die Blumen, klopft den Staub
>Vom Kissen, reibt die Messingklinken blank,
>So läuft der Tag: allein der Kopf hat nichts
>Zu tun: da geht im Kreis ein dumpfes Rad
>Mit Ahnungen und traumbeklommenem,
>Geheimnisvollem Schmerzgefühle, das
>Wohl mit der Mutterschaft unfaßlichem
>Geheimem Heiligtum zusammenhängt
>Und allem tiefstem Weben dieser Welt
>Verwandt ist. Aber mir ist nicht gegönnt,
>Der süß beklemmend, schmerzlich nährenden,
>Der Luft vergangnen Lebens mehr zu atmen.
>Ich muß ja gehen, gehen...
>*Sie geht durch die Mitteltüre ab.*

CLAUDIO   Mutter!
DER TOD   Schweig!
>Du bringst sie nicht zurück.

CLAUDIO   Ah! Mutter, komm!

Laß mich dir einmal mit den Lippen hier,
den zuckenden, die immer schmalgepreßt,
Hochmütig schwiegen, laß mich doch vor dir
So auf den Knieen... Ruf sie! Halt sie fest!
Sie wollte nicht! Hast du denn nicht gesehn?!
Was zwingst du sie, Entsetzlicher, zu gehn?
DER TOD
Laß mir, was mein. Dein war es.
CLAUDIO   Ah! und nie
Gefühlt! Dürr, alles dürr! Wann hab ich je
Gespürt, daß alle Wurzeln meines Seins
Nach ihr sich zuckend drängten, ihre Näh
Wie einer Gottheit Nähe wundervoll
Durchschauert mich und quellend füllen soll
Mit Menschensehnsucht, Menschenlust – und -weh?!

Der Tod, um seine Klagen unbekümmert, spielt die Melodie eines alten Volksliedes. Langsam tritt ein junges Mädchen ein; sie trägt ein einfaches großgeblümtes Kleid, Kreuzbandschuhe, um den Hals ein Stückchen Schleier, bloßer Kopf.

DAS JUNGE MÄDCHEN
Es war doch schön... Denkst du nie mehr daran?
Freilich, du hast mir weh getan, so weh...
Allein was hört denn nicht in Schmerzen auf?
Ich hab so wenig frohe Tag gesehn,
Und die, die waren schön als wie ein Traum!
Die Blumen vor dem Fenster, meine Blumen,
Das kleine wacklige Spinett, der Schrank,
In den ich deine Briefe legte und
Was du mir etwa schenktest... alles das
– Lach mich nicht aus – das wurde alles schön
Und redete mit wachen lieben Lippen!
Wenn nach dem schwülen Abend Regen kam
Und wir am Fenster standen – ah, der Duft
Der nassen Bäume! – Alles das ist hin,
Gestorben, was daran lebendig war!
Und liegt in unsrer Liebe kleinem Grab.
Allein es war so schön, und du bist schuld,
Daß es so schön war. Und daß du mich dann

Fortwarfest, achtlos grausam, wie ein Kind,
Des Spielens müd, die Blumen fallen läßt...
Mein Gott, ich hatte nichts, dich festzubinden.
Kleine Pause
Wie dann dein Brief, der letzte, schlimme, kam,
Da wollt ich sterben. Nicht um dich zu quälen,
Sag ich dir das. Ich wollte einen Brief
Zum Abschied an dich schreiben, ohne Klag,
Nicht heftig, ohne wilde Traurigkeit;
Nur so, daß du nach meiner Lieb und mir
Noch einmal solltest Heimweh haben und
Ein wenig weinen, weils dazu zu spät.
Ich hab dir nicht geschrieben. Nein. Wozu?
Was weiß denn ich, wieviel von deinem Herzen
In all dem war, was meinen armen Sinn
Mit Glanz und Fieber so erfüllte, daß
Ich wie im Traum am lichten Tage ging.
Aus Untreu macht kein guter Wille Treu,
Und Tränen machen kein Erstorbnes wach.
Man stirbt auch nicht daran. Viel später erst,
Nach langem, ödem Elend durft ich mich
Hinlegen, um zu sterben. Und ich bat,
In deiner Todesstund bei dir zu sein.
Nicht grauenvoll, um dich zu quälen nicht,
Nur wie wenn einer einen Becher Wein
Austrinkt und flüchtig ihn der Duft gemahnt
An irgendwo vergeßne leise Lust.

Sie geht ab; Claudio birgt sein Gesicht in den Händen. Unmittelbar nach ihrem Abgehen tritt ein Mann ein. Er hat beiläufig Claudios Alter. Er trägt einen unordentlichen, bestaubten Reiseanzug. In seiner linken Brust steckt mit herausragendem Holzgriff ein Messer. Er bleibt in der Mitte der Bühne, Claudio zugewendet, stehen.

DER MANN

Lebst du noch immer, Ewigspielender?
Liest immer noch Horaz und freuest dich
Am spöttisch-klugen, nie bewegten Sinn?
Mit feinen Worten bist du mir genäht,

Scheinbar gepackt von was auch mich bewegte...
Ich hab dich, sagtest du, gemahnt an Dinge,
Die heimlich in dir schliefen, wie der Wind
Der Nacht von fernem Ziel zuweilen redet...
O ja, ein feines Saitenspiel im Wind
Warst du, und der verliebte Wind dafür
Stets eines andern ausgenützter Atem,
Der meine oder sonst. Wir waren ja
Sehr lange Freunde. Freunde? Heißt: gemein
War zwischen uns Gespräch bei Tag und Nacht,
Verkehr mit gleichen Menschen, Tändelei
Mit einer gleichen Frau. Gemein: so wie
Gemeinsam zwischen Herr und Sklave ist
Haus, Sänfte, Hund, und Mittagstisch und Peitsche:
Dem ist das Haus zur Lust, ein Kerker dem,
Den trägt die Sänfte, jenem drückt die Schulter
Ihr Schnitzwerk wund; der läßt den Hund im Garten
Durch Reifen springen, jener wartet ihn!...
Halbfertige Gefühle, meiner Seele
Schmerzlich geborne Perlen, nahmst du mir
Und warfst sie als dein Spielzeug in die Luft,
Du, schnellbefreundet, fertig schnell mit jedem,
Ich mit dem stummen Werben in der Seele
Und Zähne zugepreßt, du ohne Scheu
An allem tastend, während mir das Wort
Mißtrauisch und verschüchtert starb am Weg.
Da kam uns in den Weg ein Weib. Was mich
Ergriff, wie Krankheit über einen kommt,
Wo alle Sinne taumeln, überwach
Von allzu vielem Schaun nach einem Ziel...
Nach einem solchen Ziel, voll süßer Schwermut
Und wildem Glanz und Duft, aus tiefem Dunkel
Wie Wetterleuchten webend... Alles das,
Du sahst es auch, es reizte dich!... »Ja, weil
Ich selber ähnlich bin zu mancher Zeit,
So reizte mich des Mädchens müde Art
Und herbe Hoheit, so enttäuschten Sinns
Bei solcher Jugend.« Hast du mirs denn nicht

Dann später so erzählt? Es reizte dich!
Mir war es mehr als dieses Blut und Hirn!
Und sattgespielt warfst du die Puppe mir,
Mir zu, ihr ganzes Bild vom Überdruß
In dir entstellt, so fürchterlich verzerrt,
Des wundervollen Zaubers so entblößt,
Die Züge sinnlos, das lebendge Haar
Tot hängend, warfst mir eine Larve zu,
In schnödes Nichts mit widerlicher Kunst
Zersetzend rätselhaften süßen Reiz.
Für dieses haßte endlich ich dich so,
Wie dich mein dunkles Ahnen stets gehaßt,
Und wich dir aus.
                Dann trieb mich mein Geschick,
Das endlich mich Zerbrochnen segnete
Mit einem Ziel und Willen in der Brust –
Die nicht in deiner giftgen Nähe ganz
Für alle Triebe abgestorben war –
Ja, für ein Hohes trieb mich mein Geschick
In dieser Mörderklinge herben Tod,
Der mich in einen Straßengraben warf,
Darin ich liegend langsam moderte
Um Dinge, die du nicht begreifen kannst,
Und dreimal selig dennoch gegen dich,
Der keinem etwas war und keiner ihm.
Er geht ab.
CLAUDIO
Wohl keinem etwas, keiner etwas mir.
Sich langsam aufrichtend
Wie auf der Bühn ein schlechter Komödiant –
Aufs Stichwort kommt er, redt sein Teil und geht,
Gleichgültig gegen alles andre, stumpf,
Vom Klang der eignen Stimme ungerührt
Und hohlen Tones andre rührend nicht:
So über diese Lebensbühne hin
Bin ich gegangen ohne Kraft und Wert.
Warum geschah mir das? Warum, du Tod,
Mußt du mich lehren erst das Leben sehen,

Nicht wie durch einen Schleier, wach und ganz,
Da etwas weckend, so vorübergehen?
Warum bemächtigt sich des Kindersinns
So hohe Ahnung von den Lebensdingen,
Daß dann die Dinge, wenn sie wirklich sind,
Nur schale Schauer des Erinnerns bringen?
Warum erklingt uns nicht dein Geigenspiel,
Aufwühlend die verborgne Geisterwelt,
Die unser Busen heimlich hält,
Verschüttet, dem Bewußtsein so verschwiegen,
Wie Blumen im Geröll verschüttet liegen?
Könnt ich mit dir sein, wo man dich nur hört,
Nicht von verworrner Kleinlichkeit verstört!
Ich kanns! Gewähre, was du mir gedroht:
Da tot mein Leben war, sei du mein Leben, Tod!
Was zwingt mich, der ich beides nicht erkenne,
Daß ich dich Tod und jenes Leben nenne?
In eine Stunde kannst du Leben pressen,
Mehr als das ganze Leben konnte halten,
Das schattenhafte will ich ganz vergessen
Und weih mich deinen Wundern und Gewalten.
Er besinnt sich einen Augenblick
Kann sein, dies ist nur sterbendes Besinnen,
Heraufgespült vom tödlich wachen Blut,
Doch hab ich nie mit allen Lebenssinnen
So viel ergriffen, und so nenn ichs gut!
Wenn ich jetzt ausgelöscht hinsterben soll,
Mein Hirn von dieser Stunde also voll,
Dann schwinde alles blasse Leben hin:
Erst, da ich sterbe, spür ich, daß ich bin.
Wenn einer träumt, so kann ein Übermaß
Geträumten Fühlens ihn erwachen machen,
So wach ich jetzt, im Fühlensübermaß,
Vom Lebenstraum wohl auf im Todeswachen.
Er sinkt tot zu den Füßen des Todes nieder.
DER TOD *indem er kopfschüttelnd langsam abgeht*
Wie wundervoll sind diese Wesen,
Die, was nicht deutbar, dennoch deuten,

Was nie geschrieben wurde, lesen,
Verworrenes beherrschend binden
Und Wege noch im Ewig-Dunkeln finden.
Er verschwindet in der Mitteltür, seine Worte verklingen.
Im Zimmer bleibt es still. Draußen sieht man durchs Fenster den
Tod geigenspielend vorübergehen, hinter ihm die Mutter, auch
das Mädchen, dicht bei ihnen eine Claudio gleichende Gestalt.

ZU ›DER TOR UND DER TOD‹

PROLOG

In dem alten Wien mit Türmen,
Mit Basteien, Pagen, Läufern,
Lebten vier berühmte, große,
Gänzlich unbekannte Dichter,
Hießen: Baldassar, Ferrante,
Galeotto und Andrea.
Baldassar war Arzt; er spielte
Außerdem auf einem kleinen
Künstlichen Spinett, aus Noten,
Spielte süße Kinderlieder,
Affektierte Menuette
Oder ernste Kirchenfugen.
Galeotto aber hatte
Ein Puppentheater: dieses
Ließ er vor den Freunden spielen,
Kunstreich an den Drähten ziehend,
Und die Puppen spielten große
Höchst phantast'sche Pantomimen,
Wo Pierrot und Colombine,
Arlechin und Smeraldina
Und noch viele andre Leute,
Ja der Tod persönlich auftrat
Und die Paradiesesschlange.
Und der dritte war Ferrante:
Dieser hatte einen schönen
Schlanken semmelblonden Jagdhund,
Der Mireio hieß. Der jüngste
War Andrea: sein Besitztum
War ein großes, altes, dickes
Buch: die »Gesta Romanorum«,
Voll der schönsten alten Märchen
Und phantastischer Geschichten,
Voll antiker Anekdoten

Und aristotel'scher Weisheit.
Wer dies Buch hat, braucht die Bibel,
Braucht Scheherasadens Märchen
Und die heiligen Legenden
Nicht zu lesen, nicht den Platon,
Nicht die Kirchenväter, nicht die
Fabeln des Giovan Boccaccio,
Denn das hat er alles drinnen,
Alle Weisheit, alle Narrheit
Bunt und wundervoll verwoben.

Diese vier nun waren Freunde,
Und an Sonntagnachmittagen,
Namentlich an jenen lauen
Leuchtenden des Frühlings, kamen
Sie zusammen, um zu plaudern.
So geschah es eines stillen
Blauen Sonntagnachmittages,
Daß in Baldassaros Stube
Dieser selbst und Don Ferrante
An dem offnen Fenster lagen
Halbverträumt, indes der gute
Hund Mireio auf den Pfoten
Seinen Kopf gebettet hatte
Und tiefatmend schlief. Da mußte
Ihn ein böser Traum bedrängen,
Denn er stöhnte tief und ängstlich,
Bis sein Herr ihn endlich weckte,
Den er dann mit großen feuchten
Augen dankbar ansah. Dieses
Stöhnen des beklommnen Tieres
War als wie das Wehen einer
Fremden Macht. Die dunklen Saiten
In der beiden Freunde Seelen
Waren angerührt und bebten
Dumpf erregt und schauernd weiter,
Und die Schwelle ihrer Seele
Sandte jene tiefen Träume

Urgeborner Angst des Lebens
Aufwärts. In den schwülen irren
Wind des Frühlings flogen ihre
Phantasien: »wie das dunkle
Blut in unsren Adern waltend
Sinnlos, rettungslos, unfaßbar,
Tod gebären kann in einem
Atemzug, wie es die höchste
Wundervollste Fieberwonne
Feuriger zusammenrauschend
Schenken könnte, unermeßlich
Große Wonne des Erlebens,
Allen Lebenden verwehrte«...
Dunkler immer, wachsend grausam
Wurden diese Phantasien,
Bis sich an das Klavizimbel
Baldassar schwermütig setzte
Und in dunklen Mollakkorden
Sehnsuchtsvoll und schmerzlich wühlend
Diesen Druck von ihnen löste.
Dunkelglühend schwebten schwere
Feierliche Wellen aus dem
Fenster und verschwebten leuchtend
In dem Glanz des Frühlingsabends
Über der Sankt-Karls-Kuppel.

Unterdes die beiden andern
Hatten sich in Galeottos
Haus das Stelldichein gegeben,
Um von dort zu Baldassaro
Gleichen Weg zu zweit zu gehen.
Dieses Haus war in der Wollzeyll,
War ein altes, steinern graues
Dunkles Haus, mit ausgebauchten
Eisengittern an den Fenstern;
Auf des Tores Pfosten waren
Links Diana und Endymion,
Rechts der Held Coriolanus

(Wie die Mutter ihm zu Füßen
Liegt, die Frau von hohem Adel)
Aus dem grauen Stein gemeißelt.
Links und rechts von diesen Pfosten
Waren reinliche Butiken:
Links ein Gärtner, rechts ein Jude,
Der mit schönen Altertümern
Schacherte. Bei diesen beiden
Blieben stets die beiden stehen:
Galeotto rechts: verlockend
Grinste da ein elfenbeinern
Tier, der Hund des Fô aus China;
Auch die bronzne Frauenbüste
Aus des Donatello Schule
Lockte und am meisten jenes
Uhrgehäuse, von dem guten
Meister Boule mit Ornamenten
Schön geziert, indessen um das
Zifferblatt metallne Menschen
Wanderten, ein Stundenreigen,
Den Saturn als Sensenträger
Mit tiefsinn'ger Miene führte.
Ferner waren aufgeschichtet
Sonderbar geformte Waffen,
Persersättel, Maurendolche,
Rostig alte Hallebarten,
Goldgestickte Seidenstoffe,
Meißner Porzellanfigürchen
Und geschwärzte alte Bilder.
Und Andrea blieb am liebsten
Auf der andern Seite stehen
Bei den hohen Henkelkrügen,
Angefüllt mit roten Rosen,
Mohn und schlanken Feuerlilien,
Bei den Schüsseln, wo auf tausend
Dunkelsamtnen Veilchen reife
Trauben, golden rostig, lagen,
Bei den lichten, leichten Körben

Voller Flieder und Akazien.
Und weil Sonntag war, so wollte
Keiner eine kleine Freude
Sich versagen. Galeotto
Kaufte einen zierlich spitzen
Kleinen Dolch; der blauen Klinge
Toledanerstahl verzierten
Koransprüch' und Arabesken.
Und Andrea kaufte Rosen,
Einen lockern Strauß von lichten
Rosa Rosen. In den Gürtel
Steckte der die Blumen, jener
Seine Waffe und sie gingen.
Aber Galeotto sagte:
»Rosen und ein Dolch, Andrea,
Eines Dramas End und Anfang.«
Doch Andrea blieb die Antwort
Schuldig, denn er suchte nach dem
Namen jenes Käfers, dessen
Goldiggrünen, blinkend blauen
Flügeldecken er die Kuppel
Von Sankt Karl vergleichen könnte,
Wie sie jetzt herüberglänzte,
Denn er liebte die Vergleiche.
Und sie gingen schweigend weiter
Durch die stillen Sonntagsstraßen,
Über deren schwarzen Giebeln
Und barocken Steinbalkonen
Schweigend blauer Frühlingshimmel
Leuchtend lag und niederschaute.
Wie sie nun des Baldassaro
Haus auf wenig Schritte nahe,
Drangen jene schwellend dunklen
Tönewellen aus dem Fenster
Und es schien den beiden dieses
Tönen als die letzte schönste
Unbewußt vermißte Note
In der allgemeinen Schönheit.

Und Andrea warf die losen
Rosen in das Glühn und Beben
Dieser Töne, in das Fenster,
Als die Boten ihres Kommens,
Wie ein großer Herr wohl kleine
Rote Pagen auf dem Wege
Laufen läßt, die ihn verkünden.
Und in jener beiden Schwermut,
Deren Ursach sie nicht wußten,
Drang das Lachen der zwei andern,
Die hinwiederum nicht wußten,
Welcher Grund sie fröhlich mache.
Doch sie wußten alle viere,
Daß die leicht erregte Seele
Wie ein kleines Saitenspiel ist
In der dunklen Hand des Lebens...
Dämmerung begann inzwischen;
Auf dem Himmel, der noch licht war,
Schwebte über schwarzen Dächern
Silberglühend auf der Mond,
Den der gute Hund Mireio
Feindlich knurrend aufgerichtet
Ansah, wie ein dunkler Dämon
Einer heilgen Lotosblume
Silberblüte feindlich anschaut.
Roter Kerzen goldne Flammen
Zündeten die Freunde an und
Leise las Andrea ihnen
Eine seltsame gereimte
Kleine Totentanzkomödie.

LANDSTRASSE DES LEBENS

[FRAGMENTE]

VORSPIEL IM DÜRERSCHEN STIL

Gegenwart
    Ich habe und halte den atmenden Tag.
    Mir rauschen die Bäche mir blühet der Hag.
    Mit goldenen Äpfeln zu Lust und zu Leide
    Ihr Schatten, ihr Schwestern ernähr ich Euch beide.
    Ich bin, was ihr träumet, ich bin was ihr sprecht
    Und heißt ihr mich Leben so nennt ihr mich recht.
Zukunft
    Nie fühlt sich das Heute ganz
    Mit Beben und Sorgen
    Dient es dem Morgen
    Ist nur ein Bote Glanz
    Ist unzulänglich,
    Schal und vergänglich
    Ist nur geliehen
    Sich auf ein Höheres
    Erst zu beziehen
    Meinst du zu leben
    Schwester du ahnest nur
    Leben es ist nur Schein
    Erfüllen ist mein
    Traumhafte Spur
    Erfüllung bin ich!
Vergangenheit
    Was zerrst du mich Schwester hier heraus
    Wie schmerzt dies Licht dies wirre Lärmen
    Wie mich verwirrt der Tagesbraus
Gegenwart
    Willst dich lieber in Grotten härmen
Vergangenheit
    Glück ist am andern Ufer daheim
    Am asphodelischen Ufer
    Im schattigen schönen Land

Da wandeln weiß und still
Die schlanken toten vergangenen Tage
Zwischen schmalen dunklen Lorbeerbäumen
Und mit ihnen die Träume
Die sanften entsagenden Träume
Die Kinder der Morgendämmerung
Wenn blasser Morgenmond den Himmel ziert
Den Himmel blaß wie rosa Heidekraut
Da wandeln die guten vergangenen Tage
Die lächelnden und mit mystischen Augen
Und blassen Gesichtern die Tage der Tränen
Auf silbernen Sohlen mit schweigenden Lippen
Gegürtet mit unbegreiflicher Schönheit.
Deine Geschöpfe sind häßliche dein Tag ist häßlich
Gegenwart
Mich grüßen die atmen
Zukunft
                      Doch nennen sie mich
Vergangenheit
Mich grüßen die sterben. wie grüßen die dich
Zukunft
Mich suchen sie wandernd auf ewigen Wegen
Vergangenheit
Sie weinen wenn sie sich zum Sterben legen
Doch ist es vom Leben so schwer nicht zu scheiden
Nein nur von vergangenem Lieben und Leiden

*

Der Garten auf einem Hügel. Terrasse schroff abfallend. Darunter Landstraße. Da wirft der launische Wind sich manchmal hinunter und reißt Arme voll Blüten und Bienen und Rosenkäfer mit und Duft von Flieder, Jasmin und Goldregen. Er selbst kreist weiter über den Fluß hin über ferne Wiesen und Pappelalleen und Dörfer: er hat sein Nest in einer hohen alten Kastanie.
Außer dem Wind wohnt nur die Liebe in dem Garten.

Gewitter das die Liebe unter dem Baum verträumt, dann fal-

len aus dem blauen Himmel laue duftende Tropfen. Auf der Landstraße unten wandert das ganze Leben vorbei: Schulkinder, Studenten die singen, mit ihren Hunden, junge Mädchen, der Tod fährt in einem einspännigen Zeiselwagen einen alten Herrn, Handwerksburschen, vornehme Reisende zu Pferde, Bettler, das Glück inkognito.
Auf den Wegen Tauben.

*

Hirtenknabe singt
    Am Waldesrand im Gras
    Hab ich geschlafen;
    Goldne Sonnenpfeile,
    Dicke, heiße, trafen
    Meine Augenlider
    Meine kühlen Glieder.

    Hatte an meinen Arm
    Angeschmiegt Stirn und Wang,
    Träumte so, tief und lang,
    Träumte so, warm und bang:
    Und ich war nicht allein
    Zu meiner Schläfen Blut
    Rauschte ein fremd Geräusch
    Leise herein.

    Meint', ich läg im Arme
    Der Geliebten da,
    Still dem leisen Fließen
    Ihrer Adern nah.
    Hörte mit geduckten
    Und gespannten Sinnen
    Ihres Lebens Leben
    Leise rauschend rinnen.

    Kühler Wind weckte mich,
    Doch Rauschen blieb
    Und Traum und Blut
    Zu Kopf mir trieb.

Heiß sprang ich auf
Und ließ den Ort,
Doch leises Rauschen
Umgab mich fort...

Aber allein! und kalt!
Unter dem dunklen Wald
Rauschte mit fernem Schwall
Leise der Wasserfall
Leise empor
Jetzt wie zuvor...

Was ich an mich gedrückt,
Was mich so warm beglückt,
Läßt mich im weiten Raum
Schauernd allein.
Läßt mich und weiß von nichts,
Scholl in mein Leben
Fremde hinein.

*

Verschieden gestaltete Bäume reden lassen

Kerze ausblasen = den flirrenden Schleier der Maia wegwerfen und ins dunkle wesenlose Meer tauchen

großer Mensch = großer Baum in dessen Schatten wir ausruhen

auf seine eigene Seele hinabschauen wie auf den geheimnisvollen unerreichbaren Grund eines tiefen durchsichtigen Sees: hinuntertauchen. Lebensluft verlassen.

WAS DIE BRAUT GETRÄUMT HAT

Personen

DIE BRAUT
ERSTES KIND IM TRAUM: DER GOTT AMOR
ZWEITES KIND: DIE KLEINE MITZI
DRITTES KIND: EIN KIND AUS GÜNSELSDORF

Mädchenzimmer. In der Mitte ein kleiner Tisch mit einer brennenden Lampe, daneben ein Fauteuil. Links ein Fenster mit weißem Vorhang, rechts eine Alkove, im Hintergrund eine Türe.

DIE BRAUT *tritt in die Türe. Der Bräutigam, unsichtbar, begleitet sie bis an die Türe. Langsam entzieht sie ihm ihre Hand und tritt ein. Einen Augenblick steht sie in sich versunken, dann läuft sie an das Fenster, schiebt den Vorhang auf und winkt »Gute Nacht« hinunter. Schließt den Vorhang wieder, geht zur Lampe und sieht mit leuchtenden Augen den Verlobungsring an. Fängt an, ihre Armbänder abzulegen, langsam, halb in Träumerei verloren. Sie setzt sich in den Fauteuil und allmählich fallen ihr die Augen zu. Sie schläft ein. Pause. Aus dem Vorhang der Alkove schlüpft das erste Kind. Es ist der Gott Amor, mit goldenen Flügeln, den Köcher mit Pfeilen auf dem Rücken, den Bogen in der Hand. Er läuft auf die Schlafende zu, zupft sie am Kleid, berührt endlich ihre Hand.*

DIE BRAUT *aufgestört*
  Wer ist das?
DAS KIND *auf seinen Bogen gestützt*
        Ich bin dein Herr,
  Den du fürchtest und verehrst!
DIE BRAUT
  Liebes Kind, du bist mein Gast,
  Und mir ist vor allen Dingen
  Unbescheidenheit verhaßt!
  Heftig haß ich solche Kleinen,
  Die mit unverschämten Reden
  Sich emporzubringen meinen,
  Und durchschaue einen jeden!
  Schwach und plump sind diese Netze,
  Die ein billiges Geschwätze
  Stellt der Neigung einer Frau,

Und wir kennen sie genau!
Ungeduldig manchesmal
Macht dies ewige Geprahl,
Denn ihr wißt nicht zu beginnen
Und ihr wißt auch nicht zu enden.
Wenn ihr ahntet, gute Kinder,
Wie viel mehr an Kraft und Kunst
Wir Verschwiegenen verschwenden
An ein Lächeln, an ein Nicken,
An ein Zeichen unsrer Gunst,
Das wir so verstohlen schicken!
Welche tiefverstellte Müh
Unsre leichten Worte zügelt
Und die zögernden beflügelt:
Nicht zu spät und nicht zu früh,
Scheinbar im Vorüberschweben
Doch sich völlig hinzugeben!
Ihr verstummtet ja vor Scham...

AMOR

Mit Vergnügen muß ich sagen,
Dieses A-B-C aus meiner
Schule ist dir ganz geläufig,
Denn du sollst nur ja nicht meinen,
Daß von diesen Sätzen einen
Dir das sogenannte Leben
Hat als Lehre mitgegeben...
Alles, alles ist von mir!

DIE BRAUT

Du bist derart ungezogen,
Daß es unterhaltend ist.
Aber willst du dich nicht setzen?
Dies ist zwar ein Mädchenzimmer
Und der kleinen Lampe Schimmer
Will vor Staunen fast vergehn,
Einen jungen Herrn zu sehn...
Doch ist alles wohl ein Traum,
Die Gedanken haben Leben,
Und der ganze kleine Raum

Scheint zu schwanken, scheint zu schweben.
Setz dich doch!
AMOR *wirft einen Pouf um, legt ihren Mantel, den sie früher abgelegt hat, darauf und setzt sich*
              Nur auf das meine!
Wie der Jäger auf die Beute,
Wie der Sieger auf den Thron
Aufgeschichteter Trophäen;
Anders soll mich keiner sehen!
DIE BRAUT *lachend*
Aber das ist doch mein Mantel!
AMOR
Dein, und folglich wohl der meine!
Bist doch selber, Kleine, Schwache,
Meine Puppe, meine Sache,
Kannst dich mir ja nicht entziehn;
Von den Spitzen deiner Haare
Zu den Knöcheln deiner Füße
Lenk ich dich an tausend Fäden,
Und ich dichte deine Reden,
Alles kann ich aus dir machen.
DIE BRAUT *lacht*
AMOR *steht auf, drohend*
Kennst du deinen Herrn so schlecht?
DIE BRAUT *lacht*
AMOR *ihr in die Augen*
Willst du immer weiter lachen?
Unter der Gewalt seines Blickes steht sie wie mit gebrochenen Gliedern auf und weicht ein paar Schritte vor ihm zurück.
DIE BRAUT
Sieh mich nicht so an, du bist
Mir zu stark! Mit deinen Blicken
Saugst du mir die Seele aus,
Und ich bin so fremd, so leer,
Um mich alles fremd und leer,
Und ein namenloses Sehnen
Zieht mir meinen armen Sinn
Irgendwo... Wohin? Wohin?

Wohin willst du, daß ich gehe.
Oh, ich werd den Weg nicht finden,
Schwer sind meine Augenlider,
Meine Knie zieht es nieder,
Und es ist so weit, so weit
Über Seen, über Hügel!
Sind das wirklich deine Künste –
Diese fürchterliche Schwere...?
Aber hast du nicht die Flügel?!
Ja, du willst mich nur beschämen
Und dann alles von mir nehmen.
Amor macht eine Gebärde: Sie soll knien.
Knieen soll ich? Sieh, ich knie!
Sieh, ich falte meine Hände,
Aber mach ein Ende, ende!
Amor weicht während der nun folgenden Worte von ihr langsam zurück, immer die Augen auf ihr, und verschwindet mit einem Sprung auflachend im Kamin.
Ja, ich habe Furcht vor dir,
Und wenn ich es schon gestehe –
Ist dir nicht genug geschehen?
Komm, ich brauche deine Nähe,
Bleib bei mir, ich will dich sehen!
Zieh nicht deine Blicke wieder
Langsam so aus mir heraus
Wie den Dolch aus einer Wunde!
Kannst du lachen, wenn ich leide,
Kannst du sehen...
Aufspringend Er ist fort!
Und es kichert da und dort.
Welche tückischen Gewalten
Stecken hinter diesen Falten?
Schütteln diese Wände böse
Träume auf mich Arme nieder,
Weil ich mich von ihnen löse?
In den Vorhängen des Fensters erscheinen zwei Kinderhände.
DIE BRAUT *auf die Hände zugehend*
Hände! Bist du wieder da?

Und jetzt wirst du mich verwöhnen,
Ja? Mit deinen andren Spielen,
Mit den lieben, mit den schönen.
Wie zwei kleine Schmetterlinge
Hängen diese kleinen Dinge
An dem Vorhang in den Falten,
Und ich will die beiden fangen,
Will dich haben, will dich halten.
Wie sie die Hände faßt, wickelt sich das zweite Kind aus dem Vorhang. Die Braut tritt mißtrauisch zurück.
Mitzi, du? Und doch nicht ganz!
Wie kommt diese hier herein?
Und in ihren Augen wieder
Dieser sonderbare Glanz
Wie bei ihm... Was soll das sein?
Wie sich alles das vermischt!

DAS KIND
 Hab ich endlich dich erwischt!

DIE BRAUT
 Bist du denn die Mitzi?

DAS KIND   Freilich!
 Was das Mädel fragt! Du bist
 So verliebt, du wirst dich bald
 Selber nicht im Spiegel kennen!

DIE BRAUT
 Ja, was willst denn du bei mir?

DAS KIND
 Ach, sie dürfens ja nicht wissen!
 Niemand weiß es, daß ich hier bin!
 Aber ich hab sehen müssen,
 Keine Ruhe hats mir lassen...

DIE BRAUT
 Was denn sehen?

DAS KIND   Wie du bist!
 Wie das ist, wenn eine –

DIE BRAUT   Nun?

DAS KIND *lacht*
 Eine neue, neue Braut!

Wie sie schläft und wie sie schaut,
Wie sie aussieht, was sie macht!
Nein, ich hab mirs so gedacht,
So gedacht, daß es so ist:
Daß du gar nicht schlafen kannst,
Daß du auf und nieder gehst
Und mit so verträumten Augen
An dem lieben Ringe drehst!
Immer schicken sie mich schlafen,
Aber klüger war ich heute!
Was hat Nacht mit Schlaf zu tun?
Ruhen müssen alte Leute,
Kleine Kinder müssen ruhn –
Doch wenn ich erwachsen bin,
Laßt mich nur mit Ruhn in Ruh,
Grad so mach ichs dann wie du!
Sie biegt bei den letzten Worten die Falten auseinander, tritt ins Fenster zurück und läßt den Vorhang vor sich zufallen.

DIE BRAUT
Geh, was stehst du so im Fenster,
Halb im Vorhang wie Gespenster,
Komm doch her!

DIE STIMME DES KINDES
              Wie dumm du bist!

DIE BRAUT *tritt zum Fenster und hebt den Vorhang auf*
Leer der Vorhang! Fort das Kind!
Nein, was das für Träume sind!
Sie bleibt nachdenklich stehen. Pause. Die Uhr auf dem Kamin schlägt drei. Die Braut dehnt sich wie im halben Erwachen und spricht leise vor sich
Still! Was war das für ein Schlag!
Drei Uhr früh! Bald kommt der Tag!
Über leuchtende Gelände
Kommt er groß heraufgezogen:
Dann ist alles wieder wahr!
Sonne fällt auf meine Hände...
Wie so licht und wie so klar,
Tag um Tage, ohne Ende!

Sie geht ganz langsam nach vorne. Während ihrer letzten Worte ist das dritte Kind leise bei der Türe hereingeschlüpft und steht vor ihr. Es ist ein kleines Schulkind mit erfrorenen Händen, eine Schiefertafel unterm Arm, Schneeflocken auf der Pelzmütze.

DIE BRAUT
Geht dies Blendwerk immer weiter?
Wo der eine früher stand,
Steht aufs neue solch ein Kleines!
Doch jetzt bin ich schon gescheiter,
Und so leicht erschreckt mich keines.

DAS KIND AUS GÜNSELSDORF
Rat einmal, woher ich komme!

DIE BRAUT
    Du?

DAS KIND
        Aus Günselsdorf.

DIE BRAUT *ungläubig* Ach geh!

DAS KIND
Durch das Dunkel, durch den Schnee.
Über Dächer, über Bäume
Bin ich hier hereingeflogen.

DIE BRAUT *setzt sich nieder*
Fliegen kannst du? Bist geflogen?
Und von dort?

DAS KIND   Es ist nicht schwer.
Wo du meinst, dort komm ich her!

DIE BRAUT
Glaub ich dir?

DAS KIND   Vom großen Haus
Mit dem hohen hohen Rauchfang
Und den vielen vielen Spindeln.

DIE BRAUT
Kleine, Kleine, kannst du schwindeln!

DAS KIND
Ach, jetzt ist es gar nicht lustig,
Durch die kalte Luft zu fliegen:
Weggenommen ist der Himmel,
Bunte Wolken gibt es keine,

Man begegnet keinen Vögeln,
Keine Landschaft liegt im Weiten!
Aber kommt der Frühling nur,
Wird die ganze bunte Welt
Wieder prächtig aufgestellt:
Bäume stehen, Büsche schwellen,
Und die Teiche und die Bäche
Haben Enten auf den Wellen;
Auf der großen, grünen Fläche
Wachsen viele Blumen auf,
Käfer haben ihren Lauf,
Vögel nehmen ihren Flug,
Lustig ist es dann genug!

DIE BRAUT

Redest du von Welt und Leben
Wie von schönen Spielerein,
– Kindertage fühl ich weben,
Ganz Vergeßnes schwebt herein!
Unbegreiflich liebe Dinge
Schweben fern und schweben nah,
Und ich fühle ihre Schwinge
Anders als mir je geschah!
Kleine, Kleine, rede weiter,
Rede weiter, führ mich weiter,
Führst mich nicht auf einer Stiegen?
Großen Stiege, hellen Leiter...
Hohen goldnen Himmelsleiter...?
Können wir... nicht... beide... fliegen...?
Die Augen fallen ihr zu.

DAS KIND

Himmelsschlüssel werden wachsen
Und es blüht der viele Flieder
Um und um in eurem Garten!
Und da geht ihr auf und nieder
Und seid immer Mann und Frau,
Eßt aus einer Schüssel beide,
Trinkt aus einem Becher beide...
Aber hörst du mich denn, du?
Hast ja beide Augen zu!

DIE BRAUT *immer mit geschlossenen Augen*
  Freilich... war das nicht das Letzte:
  »Wachsen goldne Himmelsschlüssel!
  Viele goldne Himmelsschlüssel?...«
  Anders war es... anders... anders...
  »Trinken nur aus einem Becher,
  Essen nur aus einer Schüssel...«
  Sie schläft ein.

Vorhang

PROLOG ZU ›DIE FRAU IM FENSTER‹

Es treten vor den noch herabgelassenen Vorhang der Dichter und sein Freund: Der Dichter trägt gleich den Personen seines Trauerspiels die florentinische Kleidung des fünfzehnten Jahrhunderts, völlig schwarz mit Degen und Dolch, in der Hand hält er den Hut aus schwarzem Tuch mit Pelz verbrämt; sein Freund ist sehr jung, hoch gewachsen und mit hellem Haar, er trägt die venezianische Kleidung der gleichen Zeit, als einzige Waffe einen kleinen vergoldeten Dolch rückwärts über der Hüfte, am Kopf eine kleine smaragdgrüne Haube mit einer weißen Straußenfeder; sie gehen langsam längs des Vorhanges, schließlich mag sich auch der Dichter auf einer kleinen im Proszenium vergessenen Bank niederlassen, sein Freund zuhörend vor ihm stehenbleiben. Ihr Abgang ist, ehe der Vorhang aufgeht, in die vorderste Kulisse.

DER DICHTER
Nein, im Bandello steht sie nicht, sie steht
Woanders, wenn du einmal zu mir kommst,
Zeig ich dir, wo sie steht, die ganz kleine
Geschichte von Madonna Dianora.
Sie ist nicht lang, sie wird auch hier nicht lang:
Geschrieben hab ich grad drei Tage dran,
Drei Tage, dreimal vierundzwanzig Stunden.
Bin ich nicht wie ein Böttcher, der sich rühmt,
Wie schnell er fertig war mit seinem Faß?
Allein ich lieb es, wenn sich einer freut,
Weil er sein Handwerk kann; was heißt denn Kunst?
Auf ein Geheimes ist das ganze Dasein
Gestellt und in geheimen Grotten steht
Ein Tisch gedeckt, der einzige, an dem
Nie ein Gemeiner saß: da sitzen alle
Die Überwinder: neben Herakles
Sitzt einer in der Kutte, der mit Händen
Von Wachs und doch von Stahl in tausend Nächten

Den Thron erschuf, in dessen Rückenlehne
Aus buntem Holz die herrlichsten Geschichten
Zu leben scheinen, wenn ein Licht drauf fällt.
Und neben diesem Zaubrer wieder sitzt
Ein längst verstorbner Bursch aus einem Dorf:
Er war der schönste und der gütigste;
Die Furche, die er zog mit seinem Pflug,
War die geradeste, denn mit der Härte
Des unbewußten königlichen Willens
Lag seine Hand am Sterz des schweren Pfluges.
Und noch ein schwacher Schatten seiner Hoheit
Lebt fort in allen Dörfern des Geländes:
Wer König ist beim Reigenspiel der Kinder,
Dem alle nachtun müssen was er tut
Und folgen wenn er geht, den nennen sie,
Und wissen nicht warum, mit seinem Namen
Noch heute, und so lebt sein Schatten fort.
Und neben diesem sitzen große Könige
Und Heeresfürsten, die mit einer Faust
Den Völkern, die sich bäumten, in die schaum-
Bedeckten Zäume greifend und zu Boden
Die wilden Nüstern zwingend in den Sattel
Den eigenen goldumschienten Leib aufschwangen,
Und andre, Städtegründer, die, den Lauf
Der Flüsse hemmend, von getürmten Mauern
Mit ihrer Gärten Wipfeln nach dem Lauf
Der niedern Sterne langten, und mit Schilden,
Darauf die Sonne fiel, hoch über Länder
Und heilige Ströme hin, die Zeichen tauschten
Mit ihren Wächtern in den Felsenburgen,
Verächter dessen, was unmöglich schien.
Und zwischen diesen Fürsten ist der Stuhl
Gesetzt für einen, der dem großen Reigen
Der Erdendinge, wandelnd zwischen Weiden,
Zum Tanz aufspielte abends mit der Flöte,
Der Flügel trug von Sturm und dunkeln Flammen.
Und wieder ist ein Stuhl gesetzt für den,
Der ging und alle Stimmen in der Luft

Verstand und doch sich nicht verführen ließ
Und Herrscher blieb im eigenen Gemüt
Und als den Preis des hingegebenen Lebens
Das schwerlose Gebild aus Worten schuf,
Unscheinbar wie ein Bündel feuchter Algen,
Doch angefüllt mit allem Spiegelbild
Des ungeheuern Daseins, und dahinter
Ein Namenloses, das aus diesem Spiegel
Hervor mit grenzenlosen Blicken schaut
Wie eines Gottes Augen aus der Maske.
Für jeden steht ein Stuhl und eine Schüssel,
Der stärker war als große dumpfe Kräfte:
Ja von Ballspielern, weiß ich auch, ist einer,
Der Zierlichste und Stärkste, aufgenommen,
Dem keiner je den Ball zurückgeschlagen,
Auch nicht ein Riese, und er spielte lächelnd
Als gält es Blumenköpfe abzuschlagen.
Doch hab ich einen Grund, nicht zu vergessen,
Daß ich dies kleine Ding in einem Fenster
In zweiundsiebzig Stunden Vers auf Vers
Zu Ende trieb mit heißgewordenem Griffel.
In einem fahlen Lichte siehst du Tage
Wie diese drei in der Erinnerung liegen
Dem Lichte gleich, in dem die Welt daliegt,
Wenn du vor Tag aufwachst, ein leichter Regen
Aus schlaffen Wolken fällt und deine Augen
Noch voller Nacht und Traum das offene Fenster
Und diese Bäume ohne Licht und Schatten
Zu sehn befremdet und geängstigt sind
Und doch sich lang nicht schließen können, so
Wie wenn sie keine Lider hätten. Wenn du
Zum zweiten Mal im hellen Tag erwachend
Aus allen Spiegeln grün und goldnen Glanz
Bewegter Blätter und den Lärm der Vögel
Entgegennimmst, dann ist es sonderbar,
Sich jener bleichen Stunde zu entsinnen:
So waren diese zweiundsiebzig Stunden,
Und wie der Taucher aus dem fahlen Licht

Ans wirkliche, so tauchte ich empor
Und holte Atem und berührte mit
Entzückten Fingern einen frischen Quell,
Den Flaum auf jungen Pfirsichen, die Köpfe
Von meinen Hunden, die sich um mich drängten.
Und da ich die Erinnrung an die drei
Dem Leben fremden Tage nun nicht liebte,
Versank sie und die Wellen trugen mich
Du weißt wohin... Es trugen wirklich mich
Die Wellen hin, denn weißt dus oder nicht:
Sie können von der unteren Terrasse
Mit Angeln fischen, aus den Zimmern selber,
Und steigst du aus den oberen Gemächern,
Trägt dich ein Hügel, Bergen angegliedert.
Dort gingen mir die schönen Tage hin
Und nahmen einer aus des andren Händen
Den leichten Weinkrug und den Ball zum Spielen.
Bis einer kam, der ließ die Arme sinken
Und wollte nicht den Krug und nicht den Ball,
Und schmiegte seinen Leib in ein Gemach,
Die Wange lehnend an die kühlste Säule
Und horchend wie das Wasser aus dem Becken
Herunter fällt und über Efeu sprüht.
Denn es war heiß. Wir hatten ein Gespräch,
Aus dem von dunkeln und von hellen Flammen
Ein schwankes Licht auf viele Dinge fiel,
Indes der heiße Wind am Vorhang spielend
Den grellen Tag bald herhielt, bald versenkte.
Und unter diesem schattenhaften Treiben
Las ich mein Stück, sie wolltens, ihnen vor,
Und mit den bunten Schatten dieser Toten
Belud ich noch die schwere schwüle Luft.
Und als ich fertig war und meine Blätter
Zusammennahm, empfand ich gegen dies
Wie einen dumpfen Zorn und sah es an,
Wie der Ermüdete die Schlucht ansieht,
Die ihm zuviel von seiner Kraft genommen
Und nichts dafür gegeben: denn sie war

Gestein und Schatten von Gestein, sonst nichts,
Darin er klomm, und wußte nichts vom Leben.
Dann gingen, nur ein Zufall, alle andern
Aus diesem Zimmer, irgendwas zu holen,
Vielmehr hinunter nach dem See, ich weiß nicht,
Genug, ich blieb allein und lehnte mich
In meinem Stuhl zurück und unbequem,
Allein den Nacken doch an kühlen Stein
Gelehnt und grüne Blätter nah der Stirn,
Schlief ich auf einmal ein und träumte gleich.
Dies war der Traum: Ich lag ganz angekleidet
Auf einem Bett in einer schlechten Hütte.
Es blitzte draußen und ein großer Sturm
War in den Bergen und auf einem Wasser.
Ein Degen und ein Dolch lag neben mir,
Ich lag nicht lang, da schlug es an die Tür,
Wie mit der Faust, ich öffnete, ein Mann
Stand vor der Tür, ein alter Mann, doch stark,
Ganz ohne Bart mit kurzem grauem Haar;
Ich kannte ihn und konnte mich nur nicht
Besinnen, wo ich ihn gesehn und wer
Es war. Allein das kümmerte mich nicht.
Und auch die Landschaft,
Die jeden Augenblick einen Blitz auswarf,
Mir völlig fremd und wild mit einem Bergsee,
Beängstigte mich nicht. Der alte Mann
Befahl mir, wie ein Bauer seinem Knecht:
Hol deinen Dolch und Degen, und ich ging.
Und als ich wiederkam, da hatte er
Im Arm, gewickelt in ein braunes Tuch,
Den Leib von einer Frau, die fester schlief
Als eine Tote und mir herrlich schien.
Nun ging der Mann mit seiner Last voran
Und ich dicht hinter ihm herab zum See,
Durch einen steilen Hohlweg voll Gerölle.
Bald kamen wir ans Wasser, stampfend hing
Dort eine schwere Plätte in dem Dunkel,
Ich wußte, solche Plätten haben sie

Hier in der Gegend, die gebrochenen Steine
Aus dem Gebirg herabzuführen, weil
Der See sich dann als Fluß hinab ergießt.
Ich sah beim Blitz, woran die Plätte hing:
Zwei Knechte hielten mit entblößten Armen
Mit aller Kraft die wilden nackten Wurzeln
Der großen Ufertannen fest, die Plätte
Ging auf und nieder, doch ich konnte hören
Am Niederstampfen, daß sie furchtbar schwer war.
Der Alte stieg hinein, dann ich, er ließ
Die Schlafende zu Boden gleiten, schob
Das Tuch ihr untern Kopf, ergriff die Wurzeln
Und schwang sich auf und stieß mit seinem Fuß
Mit ungeheurer Kraft das Schiff ins Freie.
Die Knechte hingen schon mit ganzem Leib
Am Steuerruder, dann bemerkte ich
Das sonderbare Kleid der jungen Frau:
Es war die braune Kapuzinerkutte,
Nur um den Hals ein breiter weißer Kragen
Von feinen Spitzen und ein schöner Gürtel
Mit goldenen Schildern um den schmalen Leib.
Und augenblicklich wußte ich, das ist
Die Tracht, wie sie sie noch in sieben Dörfern
Jenseits des Waldes tragen müssen wegen
Des Pestgelübdes. Aber ihr Gesicht
War wundervoll gemischt mich zu ergreifen:
Mit Lidern, die ich kenne, deren Anblick
In mir Erinnerungen löste, wie
Ein Licht in einem Abgrund, aber Lippen
So fein gezogen, doch so süß geschwellt
Wie ich sie nie gesehen und über alles
Verlangend wär zu sehn, auch nur zu sehen!
Ich konnte alles sehn, die Blitze kamen
So oft wie einer mit den Wimpern zuckt.
Mit dieser war ich nun allein, doch nicht
Allein, drei Schritte hinter meinem Rücken
Stand mit der Kette um die dicken Hörner,
Mit wilden Augen, ungeheurem Nacken

Ein Stier, die Kette hielt ein Knecht dreimal
Um seinen Arm gewunden. Dieser Knecht
War klein und stämmig und mit rotem Haar.
Und weiter vorne, wo die schwere Plätte
Mit unbehau'nen Platten roten Steins
Beladen war, saß noch ein andrer Gast:
Erinnerst du dich des blödsinnigen
Zerlumpten Hirten, der einmal beim Reiten
Mit gellendem Geschnatter aus der Hecke
Vorspringend uns die Pferde so erschreckte?
Der wars, nur noch viel größer und viel wilder,
Und von den Lippen floß ihm so wie jenem
Die wirre Rede wie ein wütend Wasser
In einer Sprache, deren Laute gurgelnd
Einander selbst erwürgten. Und ich wußte –
Ich wußte wieder! – Rätisch redet der,
Ist aus den Wäldern, wo sie Rätisch reden,
Und immerfort verstand ich was er meinte.
Er gab mir Rätsel auf, er schrie: Wo sind
Die tausend Jungfern, mehr als tausend Jungfern,
Weihwasser geben sie einander, wo?
Und sonderbar, in diesem Augenblick
Triebs uns am Ufer hin, dort hing ein Haus
Mit fahlen Mauern hart am jähen Ufer,
Von dessen steilem Schindeldach der Regen
Herunterschoß, da wußte ich sogleich:
Die Schindeln meinte er. Dann fing er an
Und sprach die Zaubersprüche, die sie haben
Ihr Vieh zu schützen, doch ich hörte ihm
Schon nicht mehr zu und konnt ihn auch nicht sehen.
Die Blitze hatten aufgehört, der Sturm
War nicht so laut, doch nunmehr trieben wir
Mit einer so entsetzlichen Gewalt,
Daß nicht mehr Stampfen, nur das dumpfe Schleifen
Durchs Wasser hin zu hören war, und plötzlich
Sah ich vor uns aus der pechschwarzen Nacht
Ein graues riesiges Gebild, ich wußte,
Es waren Wolken, aber gleich dahinter

Die Klippen, wußte, Wirbel sind zur Linken,
Die Spitze aber rechts, hier wendet sichs,
Weil sich der See verengt und in das Bette
Des Flusses wild hinunter will. Ich schrie:
Nach links! Die Knechte lachten, kam mir vor.
Ich warf den Dolch nach ihnen, pfeifend flog er
Und schnitt dem einen hart am Ohr vorbei,
Sie stemmten sich nach rechts, das Schiff ging links
Und fing zu drehen an, da hub der Stier
Zu stampfen an und schlug mit seinen Hufen
Den Rand des Schiffes und er brüllte dröhnend,
Indes der Hirt ein wunderliches Lied
Anfing mit einem Abzählreim, so wie's
Die Kinder machen, und der Reim ging aus
Auf mich. Indessen weiter trieben wir
Und es war heller, kam mir vor, wir trieben
In einem tiefen eingerißnen Tal,
Ich fühlte, daß es nur der Anfang war...
Was jetzt kommt ging in einem, schneller als
Ich es erzählen kann, ging alles dies
Und tausend Dinge mehr noch durcheinander
Und dauerte doch endlos lang, begann
An jeder Klippe, jeder Biegung neu;
Ich wußte immerfort, das Gleiche war
Ja schon einmal, das hab ich schon erlebt
Und dennoch warfs der Abgrund immer neu
Und immerfort verändert wieder aus.
Die Strömung riß uns hin, zuweilen kam
Aus einem Seitental ein jäher Wind
Und immer schneller lief es zwischen Felsen.
Mit welchen Sinnen ich den Weg erriet,
Die Plätte in dem tiefen Streif zu halten,
Kaum breiter als sie selbst, das weiß ich nicht,
Denn alle Sinne waren überwach,
So überschwemmt vom Leben wie ichs nicht
Dir sagen kann...
Ich konnte mit geschlossenen Augen fühlen
Den Weg im Wasser, den wir nehmen mußten.

Ich wußte, welchen feuchten Pfad die Aale
Hinglitten, wenn sie sich aus dem Getöse
Zu flüchten eine still geschloßne Bucht
Mit flachem Ufer suchen. Alle Schwärme
Der schattenhaft hingleitenden Forellen
Fühlt ich hinan die klaren Bäche steigen
Bis an die Falten des Gebirges, fühlen
Konnt ich ihr Gleiten über freigespültes
Hier rot hier weißlich schimmerndes Gestein...
Die Lager wußt ich, tiefer als die Wurzeln
Der starken Eichen, wo im weichen Ton
Ein Glimmerndes mit funkelnden Granaten
Im tiefen Bette eingewühlt da liegt,
Wie schöne Mäntel eingesunkener Schläfer.
Dem Wind, wenn er mich anblies, fühlt ich an,
Ob er hervorgeflogen aus dem Dickicht
Der Lärchen war, ob von den leeren Halden
Und weißen Brüchen nackter harter Steine.
Und unaufhörlich, wenn bei mir im Schiff
Der Stier mit vorgestreckten Nüstern brüllte,
So spürte ich, wie auf den fernen Triften
Im dunkelsten Gebirg die jungen Kühe
Sich auf die Knie erhoben, völlig dann
Auf ihre Füße sprangen und durchs Dunkel
Hinliefen und die Luft der Nacht einsogen.
Indessen war der Fluß, auf dem wir fuhren,
Breiter geworden und ein Tag brach an
Von so ersticktem Halblicht wie der Tag
Aussehen mag am Grund von tiefem Wasser.
Am Ufer waren Bauten: starke Mauern
In breiten Stufen, welche Bäume trugen.
Von diesen wußt ich alles: jeden Stein,
Wie er gebrochen war und wie gefügt,
Und spürte, wie die andern auf ihm lagen,
Und wie du deine Hände spürst, wenn du sie
Ins Wasser hältst, so spürte ich die Schatten
Der Tausende von Händen, die einmal
Hier Steine schichteten und Mörtel trugen,

Von Tausenden von Männern und von Frauen
Die Hände, manche von ganz alten Männern,
Von Kindern manche, spürte wie sie schwer
Und müde wurden und wie eine sich
Schlafsüchtig öffnete und ihre Kelle
Zu Boden fallen ließ und dann erstarrte
Im letzten Schlaf. Und unter meinen Füßen
Die Fische und auf ihren feuchten Triften
Die jungen Kühe, die den Boden stampften,
Auf stundenweiten Triften, und der Wind,
Von dem ich wußte wie er kam und ging,
Und neben mir der Narr mit wildem Mund!
Er schwieg nicht einen Augenblick: Ja ja,
Schrie er einmal, die Frauen und die Pferde,
Die wissen nicht, wo sich die Grube heben,
Ein Mann der weiß sein Grab, der weiß sein Grab.
Dann kam viel vor vom Volk und Zorn des Volkes
Und tausend andres und ich wußte alles,
Und immerfort bei allen seinen Reden,
Dem fremden wirren Zeug, war mir, als ob sichs
Auf mich bezöge und mein Leben. Und
Auch jene namenlosen andern Dinge
Im Wasser, an den Ufern, in der Luft
Bezogen sich auf mich und diese Frau,
Die mir zu Füßen schlief, und wie ihr Anblick
Mir durch den Leib schnitt gleich sehnsüchtger Lust,
So griffen unaufhörlich diese Reden
Des Narren, ja die Fische, die sich schnellten,
Die schattenhaften Hände, die dort bauten,
Die Tiere, die verlangend brüllten, in mich
Hinein und lösten dunkle Teile los
In meinem Innern und entbanden Schauer
Völlig vergessener Tage, schwankende
Durchblicke, namenlose Möglichkeiten. –
Dich schwindelt schon, und doch, indem ich rede,
Fühl ich als rieselte es ab von mir,
Und wenig ist es, unaufhörlich gehts
Verloren, ist fast nichts, was ich erzähle!

Wie wenn sich einer, aus den stärksten Wellen
Des wilden Bades tauchend, einen Zweig
Umklammernd schnell ans Ufer hebt und steht
In Wind und Sonne, so ist es mit dem
Verglichen, was ich träumte.
Wie lang dies dauerte, das weiß ich nicht;
Nur unaufhörlich wars, wie aus dem Berge
Ein Wasserfall. Wir legten dann einmal
An einem öden Ufer an und dort
So gegen Abend stieg der mit dem Stier
Hinaus und trieb sein Tier hinein ins Land,
Doch weiß ich nicht, war dies am ersten Abend,
Denn eine zweite Nacht kam jedenfalls
Noch wunderbarer als die erste, denn
Der Wind fing wieder an, doch zwischen Wolken,
Seltsamen Wolken, hingen da und dort
Die Sterne, und durch dies Gewebe bebte
Ein sanftes Blitzen von grüngoldnem Licht.
Auch der verrückte Hirte muß uns dann
Verlassen haben, denn am Ende, weiß ich,
War er nicht da und auch die Knechte nicht,
Das Schiff glitt lautlos hin, ich hatte leicht
Die eine Hand am Steuerruder liegen,
So trieben wir noch einen solchen Tag
Mit halbem fahlem Licht wie unterm Wasser,
Und immer bebten meine Pulse voll
Mit allem Lebenden der ganzen Landschaft.
Dann kam ein Abend... oder wars ein Morgen?
Rings lag ein Nebel, doch ein lichter Nebel,
Ein Morgen muß es doch gewesen sein,
Da bog der Fluß sich um und eine Mulde
Lag an dem einen Ufer und ein Gitter
Von einem Garten lief bis an das Wasser,
Und ungewiß im Nebel wie der Eingang
Zu einer Höhle tat der runde Mund
Von einem großen Laubengang sich auf.
Im Nebel gingen Menschen hin und her,
Ein Diener lief herab und schrie: Er ists!

Die andern kamen, Freunde, alle Freunde,
Auch du, auftauchend aus dem dichten Nebel
Wie Schwimmer und dahinter liebe Bäume,
Die Bäume meines Hauses und der Gang,
Der offne Bogengang von meinem Haus,
Und wie sich alle diese lieben Hände
Vom Ufer auf den Rand der Plätte legten,
Da dehnte sich die liebliche Gestalt,
Die mir zu Füßen lag, so wie ein Kind
Vor dem Erwachen; ja sie hatte sich
Die letzte Nacht gewendet, daß sie jetzt
Mit dem Gesicht auf beiden Händen lag.
Nun fühlte ich mit einem grenzenlosen
Entzücken, wie der starre Schlaf sie ließ,
Das Leben fühlte ich durch zarte Schultern
Zum Nacken hin und in die Kehle fließen
Und wie es nach den Hüften niederlief:
Und wiederum war alles dies zugleich: –
Dies Fühlen, das mir ihren jungen Leib
In mich hinein so legte wie in eine
Bewußte fühlende belebte Gruft,
Und wundervolles anderes Bewußtsein
Von eurer Nähe, aller meiner Freunde.
Und wie mein alter Diener neben dir
Mit einer Stimme, die von Regung bebte,
Dies flüsterte: Nach zweiundsiebzig Stunden
Ist er zurück! da fühlte ich das Beben
In meiner eigenen Kehle, und im Innern
Empfand ich dein Gefühl, mit dem dus hörtest,
Und bückte mich mit mehr als trunkenen Händen,
Die Schultern der Erwachenden empor
Zu ziehn, da werd ich selber an den Schultern
Emporgezogen und – bin wach! um mich
Die Freunde, denen ich das Stück gelesen,
Du nicht natürlich, und sie hielten mich,
Denn ich war vorgesunken auf dem Stuhl,
Wie einer, der sich bückt, was aufzuheben.
In meinen Augen war noch zu viel Traum,

In meinen Ohren hatt ich noch das Wort
Von meinem Diener: Zweiundsiebzig Stunden,
Und fragte nur: So seid ihr schon zurück?
Sie waren noch nicht fortgewesen, nur
Im Nebenzimmer wieder umgekehrt,
Mich mitzunehmen. Nicht so viele Zeit
Als einen Krug zu füllen unterm Brunnen,
Und diese Fahrt! Ich nahm es für ein Zeichen,
Für eine dumpfe Widerspiegelung
Des andern traumerfüllten Einsamseins,
Das wirklich zweiundsiebzig Stunden währte.
Zwar wirklich? haben wir ein Maß für wirklich?...
Du meinst, es war auch ein Bild im Einzelnen?
Ein großes Gleichnis? Nun, kann sein, auch nicht!
Gleichviel, bei solchem Treiben der Natur
Ist eine tiefre Bildlichkeit im Spiel,
Denn ihr ist alles Bild und alles Wesen.
Allein es war ein Wink: sie gibt das Leben
Von tausend Tagen wenn sie will zurück,
Indessen du dich bückst um eine Frucht.

Nun müssen wir wohl gehn, ich hör schon rückwärts,
Wie sie zusammenstellen Haus und Garten
Aus Holz und Leinwand, Schatten eines Traumes! –
Es wär mir beinah lieber, wenn nicht Menschen
Dies spielen würden, sondern große Puppen,
Von einem ders versteht gelenkt an Drähten.
Sie haben eine grenzenlose Anmut
In ihren aufgelösten leichten Gliedern
Und mehr als Menschen dürfen sie der Lust
Und der Verzweiflung selber sich hingeben
Und bleiben schön dabei. Da müßte freilich
Ein dünner Schleier hängen vor der Bühne.
Auch anderes Licht. Doch komm, wir müssen gehen.

DIE FRAU IM FENSTER

La demente: »Conosci la storia di Madonna Dianora?«
Il medico: »Vagamente. Non ricordo più«...
Sogno d'un mattino di primavera

Personen

MESSER BRACCIO
MADONNA DIANORA
DIE AMME

Die Gartenseite eines ernsten lombardischen Palastes. Rechts die Wand des Hauses, welche einen stumpfen Winkel mit der den Hintergrund bildenden mäßig hohen Gartenmauer umschließt. Das Haus besteht bis zur anderthalbfachen Manneshöhe aus unbehauenen Quadern. Dann kommt ein kahler Streif, dann ein Marmorsims, der sich unter jedem Fenster zu einer Medaille mit dem halberhabenen Gesicht eines ruhigen Löwen erweitert. Man sieht zwei Fenster, jedes hat einen kleinen eckigen Balkon, dessen Steingeländer nach vorne Spalten hat, so daß man die Füße der Menschen sieht, die in diesen Erkern stehen. In beiden Fenstern ist ein Vorhang gegen das dahinterliegende Zimmer. Der Garten ist nur ein Rasenplatz mit ungeordneten Obstbäumen. Die Ecke zwischen Mauer und Haus ist mit dunklem Buchsgesträuch angefüllt. Die linke Seite der Bühne bildet eine dichte Weinlaube, von Kastanienbäumen getragen; man sieht nur ihren Eingang, sie verläuft schief nach links rückwärts. Auch gegen den Zuschauer hin ist der Garten verlaufend zu denken. Hinter der rückwärtigen Mauer befindet sich (für den Zuschauer auf der Galerie) ein schmaler Weg, dahinter die Mauer des Nachbargartens, der zu keinem Haus zu gehören scheint. Und im Nachbargarten und weiter rückwärts, so weit man sieht, nichts als die Wipfel unregelmäßig stehender Obstbäume, angefüllt mit Abendsonne.

MADONNA DIANORA *am rückwärtigen Fenster*
  Ein Winzer ists und noch der letzte nicht,
  noch nicht der letzte, der vom Hügel steigt!
  Da sind noch ihrer drei, und da, und dort...
  So hast du denn kein Ende, heller Tag?
  Wie hab ich dir die Stunden aus den Händen
  gewunden, aus den halbgeöffneten,
  und sie zerbröckelt und die kleinen Stücke
  hineingeworfen in ein treibend Wasser,
  wie ich jetzt mit zerrißnen Blüten tu.

Wie hab ich diesen Morgen fortgeschmeichelt!
Ein jedes Armband, jedes Ohrgehäng
nun eingehängt, nun wieder abgelegt,
und wiederum genommen, aber dann
doch wieder abgelegt und ganz vertauscht.
Und einen schweren Schwall von klarem Wasser
im Bade durch mein Haar und langsam dann,
ganz langsam ausgewunden und dann langsam
mit stillen, steten Schritten auf und ab
den schmalen Mauerweg dort in der Sonne:
doch wars noch immer feucht: es ist so dicht.
Dann suchte ich im Laubengang nach Nestern
mit jungen Meisen: leiser als ein Lufthauch
bog ich die schwanken Reben auseinander
und saß im bebenden Gebüsch und fühlte
auf meinen Wangen, auf den Händen wandern,
unsäglich langsam wandern mit den Stunden
die kleinen Flecken von erwärmtem Licht
und schloß die Augen halb und konnt es fast
für Lippen nehmen, die so wanderten.
Doch kommen Stunden, wo all der Betrug
nichts fruchtet, wo ich nichts ertragen kann,
als in der Luft dem Rudern wilder Gänse
mit hartem Blick zu folgen oder mich
zu beugen auf ein wildes schnelles Wasser,
das meinen schwachen Schatten mit sich reißt.
Geduldig will ich sein, ich bin es ja:
Madonna! einen hohen steilen Berg
will ich hinaufgehn und bei jedem Schritt
mich niederknieen und den ganzen Berg
abmessen hier mit dieser Perlenschnur,
wenn dieser Tag nur schnell hinuntergeht!
Denn er ist gar zu lang, ich meß ihn schon
mit tausendfachen kleinen Ketten ab;
nun red ich wie im Fieber vor mich hin,
nur statt die Blätter wo am Baum zu zählen,
und bin schon wieder viel zu früh am End!...
Ja, da! Der Alte ruft den Hund herein!

So liegt sein kleiner Garten schon im Schatten:
er fürchtet sich und sperrt sich ein, allein!
Für ihn ist jetzt schon Nacht, doch freuts ihn nicht.
Nun gehen auch die Mädchen nach dem Brunnen:
von jeder kenn ich jetzt schon ganz die Weise,
wie sie den Träger mit den leeren Eimern
abnimmt. – Die letzte ist die hübscheste...
Was tut der Mensch, ein fremder Mensch, am Kreuzweg?
Der geht wohl heut noch weit; er hebt den Fuß
auf einen Stein und nimmt die Tücher ab,
in die der Fuß gewickelt ist, – ein Leben!
Ja, zieh dir aus der Sohle nur den Dorn,
denn du mußt eilen, eilen müssen alle;
hinunter muß der fieberhafte Tag
und dieser Flammenschein von unsern Wangen.
O was uns stört und was uns lastet, fort!
Fort wirf den Dorn, ins Feld, wo in den Brunnen
das Wasser bebt und Büschel großer Blumen
der Nacht entgegenglühn; ich streif die Ringe
von meiner Hand, und die entblößten Finger
sind froh wie nackte Kinder, die des Abends
zum Bach hinunter dürfen, um zu baden. –
Nun gehen sie vom Brunnen, nur die letzte
verweilt sich noch... Wie schönes Haar sie hat;
allein was weiß sie, was sie daran hat!
Sie ist wohl eitel drauf, doch Eitelkeit
ist nur ein armes Spiel der leeren Jahre:
Einmal, wenn sie hinkommt, wo ich jetzt bin,
wird sies liebhaben, wird es über sich
hinfallen fühlen, wie ein Saitenspiel
mit leisem Flüstern und dem Nachgefühl
geliebter Finger fiebernd angefüllt.
Sie löst ihr Haar auf und läßt es links und rechts nach vorne fallen
Was wollt ihr hier bei mir? Hinab mit euch!
Ihr dürft entgegen! Wenn es dunkel ist
und seine Hand sich an der Leiter hält,
wird sie auf einmal statt der leeren Luft
und kühler fester Blätter hier vom Buchs

euch spüren, leiser als den leichten Regen,
der abends fällt aus dünnen goldnen Wolken.
Läßt das Haar über die Brüstung hinabfallen
Seid ihr so lang und reicht doch nicht ein Drittel
des Weges, rührt mit euren Spitzen kaum
dem Löwen an die kalten Marmornüstern!
Sie lacht, hebt sich wieder
Ah! eine Spinne! Nein, ich schleudre dich
nicht weg, ich leg die Hand nun wieder still
hier aufs Geländer, und du findest weiter
den Weg, den du so eifrig laufen willst.
Wie sehr bin ich verwandelt, wie verzaubert!
Sonst hätt ich nicht die Frucht berührt im Korb,
wär nur am Rand des Korbes dies gelaufen:
nun nimmst du deinen Weg auf meiner Hand,
und mich in meiner Trunkenheit erfreuts.
Ich könnte gehn am schmalen Rand der Mauer
und würd so wenig schwindlig als im Garten.
Fiel' ich ins Wasser, mir wär wohl darin:
mit weichen, kühlen Armen fing's mich auf,
und zwischen schönen Lauben glitt' ich hin
mit halbem Licht und dunkelblauem Boden
und spielte mit den wunderlichen Tieren,
goldflossig und mit dumpfen guten Augen.
Ja, müßt ich meine Tage eingesperrt
in einem halbverfallenen Gemäuer
im dicken Wald verbringen, wär mir doch
die Seele nicht beengt, es kämen da
des Waldes Tiere, viele kleine Vögel,
und kleine Wiesel rührten mit der Schnauze
und mit den Wimpern ihrer klugen Augen
die Zehen meiner nackten Füße an,
indessen ich im Moos die Beeren äße!
... Was raschelt dort? Der Igel ists, der Igel
vom ersten Abend! Bist du wieder da,
trittst aus dem Dunkel, gehst auf deine Jagd?
Ja! Igel, käm nur auch mein Jäger bald!
Aufschauend

Nun sind die Schatten fort, die Schatten alle:
die von den Pinien, die von den Mauern,
die von den kleinen Häusern dort am Hügel,
die großen von den Weingerüsten, der
vom Feigenbaum am Kreuzweg, alle fort,
wie aufgesogen von der stillen Erde!
Nun ist es wirklich Nacht, nun stellen sie
die Lampe auf den Tisch, nun drängen sich
im Pferch die Schafe fester aneinander,
und in den dunklen Ecken der Gerüste,
wo sich die dichten Weingewinde treffen,
da hocken Kobolde mit einem Leib
wie hübsche Kinder, doch boshaften Seelen,
und auf den Hügeln treten aus der Lichtung
vom Wald die guten Heiligen heraus
und schauen hin, wo ihre Kirchen stehen,
und freun sich an den vielen Kapellen.
Nun, süßes Spielzeug, darfst du auch heraus,
feiner als Spinnweb, fester als ein Panzer!
Sie befestigt ein Ende der seidenen Strickleiter an einem Eisenhaken innen am Boden des Balkons
Nun tu ich so als wär es höchste Zeit,
und lasse dich hinab in meinen Brunnen,
mir einen schönen Eimer aufzuziehn!
Sie zieht die Strickleiter wieder herauf
Nun ist es Nacht: und kann so lange noch,
so endlos lang noch dauern, bis er kommt!
Ringt die Finger
Kann!
Mit leuchtenden Augen
   Aber muß nicht! aber freilich kann...
Sie macht in ihre Haare einen Knoten. Währenddem ist die Amme an das vordere Fenster getreten und gießt die roten Blumen, die dort stehen.

DIANORA *sehr heftig erschreckend*

Wer ist da, wer? ach Amme, du bist es!
So spät hab ich dich hier noch nie gesehen...
Ist denn etwas geschehn?...

AMME   Nichts, gnädige Frau!
Siehst du denn nicht, ich habe meine Blumen
vergessen zu begießen, und am Weg
vom Segen heim fällts mir auf einmal ein,
und da bin ich noch schnell heraufgegangen.
DIANORA
So gieß nur deine Blumen. Aber, Amme,
wie sonderbar du aussiehst! Deine Wangen
sind rot, und deine Augen glänzen so...
Amme gibt keine Antwort.
DIANORA
Sag, predigt immer noch der Bruder, der...
AMME *kurz*
Ja, gnädige Frau.
DIANORA   Aus Spanien ist er, sag?
Amme gibt keine Antwort. Pause.
DIANORA *verfolgt ihren eigenen Gedankengang* Sag, Amme, wie war ich als Kind?
AMME Stolz, gnädige Frau, ein stolzes Kind, nichts als stolz.
DIANORA *sehr leise* Wie sonderbar, und Demut ist so süß... Wie?
AMME Ich habe nichts gesagt, gnädige Frau...
DIANORA Ach so. Sag, mit wem hat er Ähnlichkeit, der spanische Geistliche.
AMME Er ist anders als die anderen Leute.
DIANORA Nein, nur so im Aussehen... Mit meinem Mann, mit dem gnädigen Herrn?
AMME Nein, gnädige Frau.
DIANORA Mit meinem Schwager?
AMME Nein.
DIANORA Mit Ser Antonio Melzi?
AMME Nein.
DIANORA Messer Galeazzo Suardi?
AMME Nein.
DIANORA Messer Palla degli Albizzi?
AMME Mit diesem hat die Stimme ein wenig Ähnlichkeit. Ja, ich hab gestern zu meinem Sohn gesagt, die Stimme erinnert ein bißchen an Messer Pallas Stimme.

DIANORA Die Stimme...
AMME Aber die Augen erinnern ein wenig an Messer Guido Schio, den Neffen unseres gnädigen Herrn.
Dianora schweigt.
AMME Er ist mir gestern auf der Stiege begegnet. Er ist stehngeblieben.
DIANORA *auffahrend* Messer Palla?
AMME Nein, unser gnädiger Herr. Er befahl mir, ihm von der Wundsalbe zu machen, die aufgebraucht ist. Seine Wunde ist noch immer nicht ganz geheilt.
DIANORA Ach ja, der Biß vom Pferd. Hat er sie dir gezeigt?
AMME Ja, am Rücken der Hand ist es zugeheilt, innen aber ist ein kleiner dunkler Fleck, so sonderbar, wie ich ihn nie bei einer Wunde gesehen habe...
DIANORA Von welchem Pferd er das nur hat?
AMME Von dem schönen großen Rotschimmel, gnädige Frau.
DIANORA Ja, ja, ich entsinn mich schon. Es war an dem Tag, wo Francesco Chieregatis Hochzeit war.
Sie fängt hell zu lachen an.
Amme sieht sie an.
DIANORA Ich hab an etwas anders denken müssen. Er erzählte es dann bei Tisch, er trug die Hand in einem Tuch. Wie war es nur eigentlich?
AMME Was, gnädige Frau?
DIANORA Das mit dem Pferd.
AMME Weißt du es nicht, gnädige Frau?
DIANORA Er erzählte es bei Tisch. Ich konnte es aber nicht hören. Messer Palla degli Albizzi saß neben mir und war so lustig, und alle lachten, und ich konnte es nicht gut hören, was mein Mann erzählte.
AMME Wie der gnädige Herr in den Stand getreten ist, hat der Rotschimmel die Ohren zurückgelegt, geknirscht und auf einmal nach der Hand geschnappt.
DIANORA Und dann?
AMME Dann hat ihn der Herr mit der Faust hinter die Ohren geschlagen, daß das große starke Pferd getaumelt hat wie ein junger Hund.
Dianora schweigt, sieht verträumt vor sich hin.

AMME Oh, er ist stark, unser Herr. Er ist der stärkste Herr vom ganzen Adel ringsum und der klügste.
DIANORA Nicht wahr?
Erst aufmerkend
Wer?
AMME Unser Herr.
DIANORA Ach, unser Herr.
Lächelt. Pause
– – Und seine Stimme ist so schön, und deswegen hören ihm alle so gern zu, in der großen halbdunklen Kirche.
AMME Wem, gnädige Frau?
DIANORA Dem spanischen Ordensbruder, wem denn?
AMME Nein, gnädige Frau, es ist nicht wegen der Stimme, daß man ihm zuhört. Gnädige Frau...
Dianora gibt schon wieder nicht acht.
AMME Gnädige Frau, ist das wahr, was sich die Leute erzählen, das von dem Gesandten?
DIANORA Von welchem Gesandten?
AMME Von dem Gesandten, den die Leute von Como an unsern Herrn geschickt haben.
DIANORA Was erzählen denn die Leute?
AMME Ein Schafhirt, sagen sie, hats gesehen.
DIANORA Was hat er denn gesehen?
AMME Unser Herr war zornig über den Gesandten und hat den Brief nicht nehmen wollen, den ihm die von Como geschrieben haben. Dann hat er ihn doch genommen, den Brief, halb gelesen, und in Fetzen gerissen und die Fetzen dem Menschen, dem Gesandten, vor den Mund gehalten und verlangt, er solle sie verschlucken. Der ging aber rückwärts wie ein Krebs und machte gerade solche stiere Augen wie ein Krebs, und alle lachten, am meisten aber der Herr Silvio, dem gnädigen Herrn sein Bruder. Dann hat ihm der Herr sein Maultier aus dem Stall ziehen und vors Tor stellen lassen; und wie der zu langsam in den Sattel kam, nach den Hunden gepfiffen. Der Gesandte ist fort mit seinen zwei Knechten. Unser Herr ist mit sieben Leuten hinaus auf die Jagd, mit allen Hunden. Gegen Abend aber sollen sie einander begegnet sein, an der Brücke über die

Adda, dort wo das Varesanische anfängt, unser Herr, der von der Jagd am Heimweg war, und der Mensch aus Como. Und der Schafhirt kommt auch vorbei und treibt seine Herde neben der Brücke in ein Maisfeld, nur daß sie ihm nicht von den Pferden zusammengetreten werden. Da hört er unsern Herrn rufen: »Da ist der, der nicht essen wollte, vielleicht will er trinken!« Und vier von unsern Leuten hängen sich an die zwei Knechte, zwei andre nehmen den Gesandten jeder bei einem Bein, heben ihn aus dem Sattel und schleudern ihn, der sich wehrt wie ein Wahnsinniger, übers Geländer. Einem hat er mit den Zähnen ein Stück vom Ärmel mitsamt dem Fleisch darunter herausgerissen. Die Adda hat an der Stelle recht steile Ufer, sie war ganz dunkel und reißend von dem vielen Regen im Gebirg. Er ist nicht wieder herausgekommen, hat der Schafhirt gesagt.
Amme hält inne, sieht sie fragend an.
DIANORA *finster* Ich weiß nicht.
Sie schüttelt den sorgenvollen Ausdruck ab, ihr Gesicht nimmt wieder seinen verträumten, innerlich glücklichen Ausdruck an
Sag mir etwas von dem, was er predigt, der Spanier.
AMME Ich weiß nicht, wie ichs sagen sollte, gnädige Frau.
DIANORA Nur etwas weniges. Predigt er denn von so vielerlei Dingen?
AMME Nein, fast immer von denselben.
DIANORA Von was?
AMME Von der Ergebung in den Willen des Herrn.
Dianora sieht sie an, nickt.
AMME Gnädige Frau, du mußt verstehen, das ist alles.
DIANORA Wie, alles?
AMME *während des Redens mit den Blumen beschäftigt* Er sagt, es liegt darin alles, das ganze Leben, es gibt sonst nichts. Er sagt, es ist alles unentrinnbar, und das ist das große Glück, zu erkennen, daß alles unentrinnbar ist. Und das ist das Gute, ein anderes Gutes gibt es nicht. Die Sonne muß glühen, der Stein muß auf der stummen Erde liegen, aus jeder lebendigen Kreatur geht ihre Stimme heraus, sie kann nichts dafür, sie kann nichts dawider, sie muß.

Dianora denkt nach wie ein Kind.
Amme geht vom Fenster weg.
Pause.
DIANORA
Wie abgespiegelt in den stillsten Teich
liegt alles da, gefangen in sich selber.
Der Efeu rankt sich in den Dämmer hin
und hält die Mauer tausendfach umklommen,
hoch ragt ein Lebensbaum, zu seinen Füßen
steht still ein Wasser, spiegelt, was es sieht,
und aus dem Fenster über diesen Rand
von kühlen, festen Steinen beug ich mich
und strecke meine Arme nach dem Boden.
Mir ist, als wär ich doppelt, könnte selber
mir zusehn, wissend, daß ichs selber bin –
Pause
Ich glaube, so sind die Gedanken, die
ein Mensch in seiner Todesstunde denkt.
Sie schaudert, macht das Kreuz.
AMME *ist schon früher wieder an ihr Fenster gekommen, hat eine Schere in der Hand, schneidet dürre Ästchen von den Blumenstöcken*
Nun aber bin ich fertig mit den Blumen,
und eine gute Nacht, gnädige Frau!
DIANORA *erschreckend*
Wie? Amme, gute Nacht, leb wohl. Mich schwindelt.
Amme geht weg.
DIANORA *sich aufrüttelnd*
Amme!
Amme kommt wieder.
DIANORA
      Wenn der Bruder morgen predigt,
geh ich mit dir.
AMME   Ja, morgen, gnädige Frau,
wenn uns der liebe Gott das Leben schenkt.
DIANORA *lacht*
Ja freilich. Gute Nacht.
Lange Pause

DIANORA   Nur seine Stimme
hat dieser fremde Mönch, da laufen ihm
die Leute zu und hängen sich an ihn,
wie Bienen an die dunklen Blütendolden,
und sagen: »Dieser Mensch ist nicht wie andre,
er macht uns schauern, seine Stimme löst
sich auf und sinkt in uns hinein, wir sind
wie Kinder, wenn wir seine Stimme hören.«
O hätt ein Richter seine helle Stirn,
wer möchte dann nicht knieen an den Stufen
und jeden Spruch ablesen von der Stirn!
Wie süß, zu knieen auf der letzten Stufe
und sein Geschick in dieser Hand zu wissen!
In diesen königlichen guten Händen!
– – – – – – – – – – – – – – – –
Und seine Fröhlichkeit! wie wundervoll
zu sehn, wenn solche Menschen fröhlich sind!
– – – – Er nahm mich bei der Hand und zog mich fort,
und wie verzaubert war mein Blut, ich streckte
die linke Hand nach rückwärts und die andern
hängten sich dran, die ganze lange Kette
von Lachenden! Die Lauben flogen wir
hinab und einen tiefen steilen Gang,
kühl wie ein Brunnenschacht, ganz eingefaßt
von hundertjährigen Zypressen, dann
den hellen Abhang: bis an meine Knie
berührten mich die wilden warmen Blumen,
wie wir hinliefen wie ein heller Windstoß,
und dann ließ er mich los und sprang allein
hinan die Stufen zwischen den Kaskaden:
Delphinen sprang er auf die platte Stirn,
an den im Rausch zurückgeworfnen Armen
der Faune hielt er sich, stieg den Tritonen
auf ihre nassen Schultern, immer höher,
der wildeste und schönste Gott von allen!
Und unter seinen Füßen flog das Wasser
hervor und schäumte durch die Luft herab
und sprühte über mich, und ich stand da,

und mir verschlang der Lärm des wilden Wassers
die ganze Welt. Und unter seinen Füßen
kam es hervor und sprühte über mich!
Pause. Man hört Schritte in der Ferne.
DIANORA
Ss! Schritte! nein, es ist noch viel zu früh
und doch! und doch!
Langes Warten
              Sie kommen!
Pause
                      Kommen nicht.
O nein, sie kommen nicht. Und wie sie schlürfen.
Nun schlürfen sie den Weinberg dort hinab,
und taumeln. Dort sind Stufen. Ein Betrunkner!
Bleib auf der Landstraße, betrunkner Mensch!
Was willst du zwischen unsern Gärten hier?
Heut ist kein Mond, wär Mond, wär ich nicht hier!
Die kleinen Sterne flimmern ruhelos
und zeigen keinen Weg für deinesgleichen.
Geh heim, auf einen Trunknen wart ich auch,
doch nicht vom schlechten Wein, und seine Schritte
sind leichter als der leichte Wind im Gras
und sichrer als der Tritt des jungen Löwen.
Pause
Doch sind es martervolle Stunden! Nein!
Nein, nein, nein, nein, so schön, so gut, so schön!
Er kommt: o weit im Wege ist er schon!
Der letzte Baum dort drunten sieht ihn schon,
vielmehr er könnt ihn sehen, wäre nicht
der lange Streifen schattenhafter Sträucher
dazwischen – und wenns nicht so dunkel wär.
Pause
Er kommt! so sicher, als ich jetzt die Leiter
an diesen Haken binde, kommt! so sicher,
als leise raschelnd jetzt ich sie hinunter,
hinunter gleiten lasse, als sie jetzt
verstrickt ist im Gezweig, nun wieder frei,
so sicher, als sie hängt und leise bebt,
wie ich hier hänge, bebender als sie...

Sie bleibt lange so über die Brüstung gebeugt liegen. Auf einmal glaubt sie zu hören, wie hinter ihr der Vorhang zwischen ihrem Balkon und dem Zimmer zurückgeschlagen wird. Sie dreht den Kopf und sieht, wie ihr Mann in der Türe steht. Sie springt auf, ihre Züge verzerren sich in der äußersten Todesangst. Messer Braccio steht lautlos in der Tür. Er hat ein einfaches dunkelgrünes Hausgewand an, ohne alle Waffen; niedrige Schuhe. Er ist sehr groß und stark. Sein Gesicht ist so, wie es auf den alten Bildnissen von großen Herren und Söldnerkapitänen nicht selten vorkommt. Er hat eine übermäßig große Stirn und kleine dunkle Augen, dichtes kurzgeringeltes schwarzes Haar und einen kleinen Bart rings um das Gesicht. Dianora will sprechen, kann nicht, sie bringt keinen Laut aus der Kehle.
Messer Braccio winkt, sie soll die Leiter einziehn.
Dianora tut es automatisch, rollt sie zusammen, läßt das Bündel wie bewußtlos vor ihren Füßen niederfallen.
Braccio sieht ihr ruhig zu; dann greift er mit der rechten Hand nach der linken Hüfte, auch mit der linken Hand, sieht hinunter, bemerkt, daß er keinen Dolch hat. Macht eine ungeduldige Bewegung mit den Lippen, wirft einen Blick in den Garten hinunter, einen Blick nach rückwärts. Hebt seine rechte Hand einen Augenblick und besieht das Innere. Geht mit starken ruhigen Schritten ins Zimmer zurück.
Dianora sieht ihm unaufhörlich nach: sie kann die Augen nicht von ihm abwenden. Wie der Vorhang hinter ihm zufällt, fährt sie sich mit den Fingern über die Wangen, ins Haar. Dann faltet sie die Hände und spricht lautlos mit wildem Durcheinanderwerfen der Lippen ein Gebet. Dann wirft sie die Arme nach rückwärts und umschließt mit den Fingern den Steinrand, eine Bewegung, in der etwas von tödlicher Entschlossenheit und wie eine Ahnung von Triumph liegt.
Braccio tritt wieder aus der Tür, mit der Linken trägt er einen Sessel, stellt ihn in die Türöffnung und setzt sich seiner Frau gegenüber. Sein Gesicht ist unverändert. Von Zeit zu Zeit hebt er mechanisch die rechte Hand und sieht die kleine Wunde auf der Innenfläche an.

BRACCIO *Der Ton ist kalt, gewissermaßen wegwerfend. Er deutet mit dem Fuß und den Augen nach der Leiter*

Wer?
Dianora hebt die Achseln, läßt sie langsam wieder fallen.
BRACCIO
Ich weiß es!
Dianora hebt die Achseln, läßt sie langsam wieder fallen. Ihre Zähne sind aufeinandergepreßt.
BRACCIO *indem er die Bewegung mit der Hand macht, streift seine Frau nur mit dem Blick, sieht dann wieder in den Garten*
Palla degli Albizzi.
DIANORA *zwischen den Zähnen hervor*
Wie häßlich auch der schönste Name wird,
Wenn ihn ein Mund ausspricht, dem es nicht ziemt!
Braccio sieht sie an, als ob er reden wollte, schweigt aber wieder.
Pause
BRACCIO
Wie alt bist du?
Dianora schweigt.
Pause
BRACCIO
Fünfzehn und fünf. Du bist zwanzig Jahre alt.
Dianora schweigt.
DIANORA *fast schreiend* Meines Vaters Name war Bartholomeus Colleoni... Du kannst mich ein Vaterunser und den Englischen Gruß sprechen lassen und mich dann töten, aber nicht so stehen lassen wie ein angebundenes Tier!
Braccio sieht sie an wie verwundert, gibt keine Antwort, sieht seine Hand an.
DIANORA *fährt langsam rückwärts mit den Händen an ihr Haar, schließt vorne die Ellenbogen, starrt ihn an, läßt die Arme vorne fallen, scheint seinen Plan zu verstehen. Ihre Stimme ist nun völlig verändert, wie eine zum Reißen gespannte Saite*
Ich möchte eine Dienerin, die mir
Stockend, die Stimme droht ihr abzureißen
vorher die Haare flicht, sie sind verwirrt.
BRACCIO
Du hilfst dir öfter ohne Dienerin.
DIANORA *beißt die Lippen zusammen, schweigt, streicht die Haare an den Schläfen zurück; faltet die Hände*

Ich habe keine Kinder. Meine Mutter
hab ich einmal gesehen, bevor sie starb;
der Vater führte mich und meine Schwester
hinein, es war ein strenges hochgewölbtes
Gemach, ich konnte nicht die Kranke sehn,
das Bette war zu hoch, nur eine Hand
hing mir entgegen, und die küßte ich.
Vom Vater weiß ich, daß er einen Harnisch
von grünem Gold mit dunklen Spangen trug
und daß ihm zweie halfen, wenn er morgens
zu Pferde stieg, denn er war schon sehr alt.
Meine Schwester Medea hab ich wenig
gekannt. Sie war kein frohes Kind.
Ihr Haar war dünn, und Stirn und Schläfen schienen
viel älter als der Mund und ihre Hände;
sie hatte immer Blumen in der Hand.
Sei diesen Seelen gnädig, wie der meinen,
und heiß sie freundlich mir entgegenkommen.
Ich kann nicht niederknien, es ist kein Raum.
*Braccio steht auf, schiebt seinen Stuhl ins Zimmer, ihr Platz zu
machen, sie beachtet ihn nicht.*

DIANORA

Noch eins; laß mich nachdenken: Bergamo,
wo ich geboren ward, das Haus zu Feltre,
wo die Oheime und die Vettern waren...
Dann setzten sie mich auf ein schönes Pferd
mit einer reichen Decke, meine Vettern
und viele andre ritten neben mir,
und so kam ich hierher, von wo ich jetzt
hingehen soll...
*Sie hat sich zurückgelehnt und sieht über sich die flimmernden
Sterne auf dem schwarzen Himmel; schaudert*
              Ich wollte etwas andres...
Sucht
Von Bergamo, wo sie mich gehen lehrten,
bis hierher, wo ich stehe, hab ich mich
vielfach verschuldet, öfter als ich weiß,
am öftesten durch Hoffart, und ein Mal,

das ich noch weiß, sei für die vielen andern,
die schwerer sind, gebeichtet und bereut:
Als ich
> *Denkt nach*
> drei Tage nach Sankt Magdalena
mit dem hier, meinem Mann, und vielen andern Herrn
nach Haus ritt von der Jagd, lag an der Brücke
ein alter Bettler mit gelähmten Füßen:
Ich wußte, daß er alt und elend war,
auch war etwas in seinen müden Augen,
das meinem toten Vater ähnlich sah...
Trotzdem! nur weil der welcher neben mir ritt,
die Hand am Zaum von meinem Pferde hatte,
wich ich nicht aus und ließ den scharfen Staub
von meines Pferdes Füßen ihn verschlucken,
ja, ritt so dicht an ihn, daß mit den Händen
er sein gelähmtes Bein wegheben mußte:
dessen entsinn ich mich, und ich bereue es.

BRACCIO
Der neben dir ritt, hielt dein Pferd am Zaume?
Sieht sie an.

DIANORA *erwidert den Blick, versteht ihn, sehr hart*
Ja. Damals so wie öfter. Damals so
wie öfter. Und wie furchtbar selten doch!
Wie dünn ist alles Glück! ein seichtes Wasser:
Man muß sich niederknieen, daß es nur
Bis an die Schultern reichen soll.

BRACCIO   Wer hat
von meinen Leuten, deinen Dienerinnen
gewußt um diese Dinge?
Dianora schweigt.
Braccio, wegwerfende Handbewegung.

DIANORA   Falsch, sehr falsch
verstehst du jetzt mein Schweigen. Was weiß ich,
wer darum wußte? Ich habs nicht verhehlt.
Doch meinst du, ich bin eine von den Frauen,
die hinter Kupplerinnen und Bedienten
ihr Glück versteckt, dann kennst du mich sehr schlecht.

Merk auf, merk auf! Einmal darf eine Frau
so sein, wie ich jetzt war, zwölf Wochen lang,
einmal darf sie so sein! Wenn sie vorher
des Schleiers nie bedurfte, ganz gedeckt
vom eignen Stolz, so wie von einem Schild,
darf sie den Schleier einmal auch wegreißen
und Wangen haben, brennend wie die Sonne.
Die's zweimal könnte, wäre fürchterlich;
mich trifft das nicht, du weißts, du mußt es wissen!
Wer es erraten, fragst du mich um das?
Dein Bruder muß es wissen. So wie du,
dein Bruder! so wie du! Frag den, frag den!
Ihre Stimme hat jetzt etwas Sonderbares, fast kindlich Hohes
Im Juli am Sankt Magdalenentag,
da war Francesco Chieregatis Hochzeit:
das garstige Ding an deiner rechten Hand
ist von dem Tag, und ich weiß auch den Tag.
Wir aßen in den Lauben, die sie haben,
den schönen Lauben an dem schönen Teich:
da saß er neben mir, und gegenüber saß
dein Bruder. Wie sie nun die Früchte gaben
und Palla mir die schwere goldne Schüssel
voll schöner Pfirsiche hinhielt, daß ich
mir nehmen sollte, hingen meine Augen
an seinen Händen und ich sehnte mich,
demütig ihm vor allen Leuten hier
die beiden Hände überm Tisch zu küssen.
Dein Bruder aber, der lang nicht so dumm
wie tückisch ist, fing diesen Blick mit seinem
und muß erraten haben, was ich dachte,
und wurde blaß vor Zorn: da kam ein Hund,
ein großes dunkles Windspiel hergegangen
und rieb den feinen Kopf an meiner Hand,
der linken, die hinunterhing: da stieß
dein dummer Bruder mit gestrecktem Fuß
in Wut mit aller Kraft nach diesem Hund,
nur weil er nicht mit einem harten Dolch
nach mir und meinem Liebsten stoßen konnte.

Ich aber sah ihn an und lachte laut
und streichelte den Hund und mußte lachen.
*Sie lacht ein übermäßig helles Lachen, das jeden Augenblick in
Weinen oder Schreien übergehen könnte.*
Braccio scheint zu horchen.
DIANORA *horcht auch, ihr Gesicht hat den Ausdruck der entsetz-
lichsten Spannung. Bald kann sie es aber nicht ertragen und fängt
wieder zu reden an, in einem fast deliranten Ton*
Wer mich nur gehen sah, der mußt es wissen!
Ging ich nicht anders? saß ich nicht zu Pferd
wie eine Selige? ich konnte dich
und deinen Bruder und dies schwere Haus
ansehn, und mir war leicht, als schwebte ich...
Die vielen Bäume kamen mir entgegen,
mit Sonne drin entgegen mir getanzt...
Die Wege alle offen in der Luft,
die schattenlosen Wege, überall
ein Weg zu ihm... Erschrecken war so süß!
Aus jedem dunklen Vorhang konnte er,
aus dem Gebüsch, Gebüsch...
*Die Sprache verwirrt sich ihr vor Grauen, weil sie sieht, daß
Braccio den Vorhang hinter sich völlig zuzieht. Ihre Augen sind
übermäßig offen, ihre Lippen bewegen sich unaufhörlich.*
MESSER BRACCIO *in einem Ton, den der Schauspieler finden muß;
weder laut noch leise, weder stark noch schwach, aber undurchdringlich*
Kam ich, dein Mann, nun nicht zu dieser Zeit
in dein Gemach, um eine Salbe mir
für meine wunde Hand zu holen – was,
mit Vorsatz, hättest du sodann getan?
DIANORA *sieht ihn wirr an, begreift die neuerliche Frage nicht,
greift sich mit der rechten Hand an die Stirne, hält ihm mit der linken die Strickleiter hin, schüttelt sie vor seinen Augen, läßt sie
ihm vor die Füße fallen (ein Ende bleibt angebunden), schreiend*
Getan? gewartet! so! gewartet, so!
*Sie schwingt wie eine Trunkene ihre offenen Arme vor seinem
Gesicht, wirft sich dann herum, mit dem Oberleib über die Brüstung, streckt die Arme gegen den Boden; ihr Haar fällt vornüber.*

Messer Braccio hat mit einer hastigen Bewegung ein Stück seines Unterärmels abgerissen und um die rechte Hand gewunden. Mit der Sicherheit eines wilden Tieres auf der Jagd faßt er die Leiter, die daliegt wie ein dünner dunkler Strick, mit beiden Händen, macht eine Schlinge, wirft sie seiner Frau über den Kopf und zieht den Leib gegen sich nach oben.

Indessen ist der Vorhang schnell gefallen.

DAS KIND UND DIE GÄSTE

EIN FESTSPIEL,
FÜR DIE KLEINE TOCHTER MEINES FREUNDES
RICHARD BEER-HOFMANN GEDICHTET

Die große Halle eines italienischen Palastes.
Durch eine von links nach rechts laufende Säulenreihe, vier Säulen, wird die Halle in zwei gewaltige Bogengänge geteilt. Links und rechts je zwei Türen. Der Hintergrund bis zu beträchtlicher Höhe offen, von Säulen gestützt, über diesen Säulen noch ein Streif geschlossener Wand: längs dieser läuft ein offener Gang mit eisernem Geländer quer über die ganze Bühne, stockhoch über dem Boden; eine Wendeltreppe in der rechten rückwärtigen Ecke führt zu diesem Gang hinan. Von dem schwebenden Gang führen zwei kleine verhängte Türen in die Rückwand. Die Säulen in der Mitte der Halle sind viel höher als die den Hintergrund tragenden, so daß man dies alles sehen kann. Links rückwärts führt eine breite Freitreppe hinab in den Hof. Durch die offenen Wölbungen sieht man in eine reiche Landschaft hinaus, mit Klöstern und Kirchen auf Hügeln, mit Gärten, Kastellen und gewundenen Wegen. In die Dekoration des Inneren ist eine Erinnerung an das alte Testament hineingetragen. Zwischen den mittelsten Säulen schwebt an einem purpurnen Tau ein riesiger siebenarmiger Leuchter, von altem gedunkeltem Gold. Alle Säulen sind durch Schnüre verbunden, auf denen Vorhänge laufen; diese sind jetzt alle zurückgeschoben und wie herabgesunkene Mäntel um den unteren Teil der Säulen geschlagen. Auch vor den Türen sind gewebte Vorhänge: an der linken vorderen die Königin von Saba, an der rechten Judith mit dem abgehauenen Haupt aus dem Zelt hervortretend, an den rückwärtigen links Susannah und rechts jene Abigail, die von ihrem Bruder erschlagen wurde.

Ein uralter, aber schöner Greis, ein feierlicher Diener mit weißem Bart und pelzverbrämter jüdischer Mütze, öffnet mit wachsgelben Händen den linken vorderen Vorhang, den mit der Königin von Saba, und läßt die zwei Männer mit der Wiege eintreten. Sogleich nach ihrem Eintritt ist der Greis verschwunden. Das vordere Ende der Wiege trägt der Fischer, das rückwärtige der Edelmann. Sie sind einander ähnlicher als Zwillingsbrüder. Nur daß, wenn man lange hinsieht, das Gesicht des Fischers reicher und wilder, das des Edelmannes härter und finsterer erscheint. Sie tragen in völlig gleicher Haltung, mit völlig gleichem Gang die Wiege bis in die Mitte der Bühne, unter den siebenarmigen Leuchter. Dort stellen sie die Wiege nieder und gehen fort, ohne einander anzusehen. Der Fischer geht nach der rechten Ecke, steigt die Wendeltreppe hinan, geht oben über den offenen Gang und verschwindet in die kleine Tür links oben, während der Edelmann langsam die Freitreppe links unten hinabsteigt.

Die Wiege schaukelt leise, das Kind liegt in festem Schlaf. Es ist die berühmte verschwundene Wiege des Hauses Farnese, aus vergoldeten indischen Hölzern zusammengesetzt, die beiden Seitenblätter von Matteo dei Pasti mit dem Triumph der Liebe, nach Petrarca, bemahlt. Durch einen Frühlingswald mit Wiesen, auf denen Krokos und hellrote Tulpen stehen, fährt Amor mit verbundenen Augen auf einem goldenen römischen Triumphwagen stehend. Schöne Knaben führen an goldenen Zügeln die sechs schneeweißen Pferde. Hinter dem Wagen gehen berühmte Liebespaare mit nackten Füßen über die beblümte Wiese: Aeneas und Dido, Lancelot und Guinevra, Abelard und Heloise, der Troubadour Rudel und die Gräfin von Tripolis, Paris und Helena und viele andere. Den Beschluß macht eine Gruppe von Dichtern: zwischen Dante und Petrarca geht Tibull, Tulpenblüten im lockigen Haar und eine Blüte im Mund. Hinter ihm der Troubadour Guillem de Cabestaing: er trägt ein Kleid, in dessen Ärmel Pfauenfedern eingewebt sind, und führt einen östlichen Dichter an der Hand, der einen hellroten Turban trägt.

Von weitem hört man ein Getön wie von angeschlagenen Becken. Die Wiege schaukelt stärker, das Getön kommt näher. Lautlos springt die Tür rechts rückwärts auf, unsichtbare Hände ergreifen beiderseits den Vorhang und halten ihn zurückgerafft. Die Wiege schaukelt noch stärker. Wie ein

heller Windstoß kommen vier Bacchanten hereingelaufen und bringen auf einem Pantherfell die Ariadne getragen. Sie liegt auf dem Fell halbaufgerichtet, zierlich wie ein junges Reh, leicht wie eine Flocke. Die Bacchanten umlaufen die Bühne und ehe sie noch das Fell zu Boden gelassen, ist Ariadne hinabgesprungen und mit wenigen gleitenden Schritten an die Wiege getreten.
Nun spricht Ariadne (indem sie leise die Wiege schaukelt):

Ja, ich bins die ganz verlassen
lag auf einer öden Insel
bis der Gott mich fand und nahm.
Nahe war ich am Verzweifeln:
Hügel mit gewundnen Pfaden,
Ölbaum mit der Last von Früchten
Ja der Himmel schwer von Sternen
alles lastete auf mir!
Nun er mich hinaufgehoben,
weiß ich nimmer was es heißt
traurig und beladen sein...
Unter meinen goldnen Sohlen
unterm Saum des lichten Kleides
schweben leichte Lämmerwolken
und durch ihre Spalten seh ich
in die Haine, in die Gassen,
und ich seh die Menschen leben
wie ich sonst die Fische sah,
wenn ich über'n Teich mich beugte
und mir meine dünnen Haare
über beide Augen fielen.

Wo in Lauben, wo auf Brücken
mit verflochtnem Blick und Fingern
Liebende beisammen stehen,
fühl ich ihr Geschick in mich
greifen, aber ohne Schmerzen,
und mir ist, von diesen Dingen
weiß ich völlig alle Wege

> wie sie wieder auseinander
> gleiten, Blicke sowie Finger:
> grausam nicht, doch eine Göttin...
> und vom eigenen Geschick
> mitten in den tiefsten Schmerzen
> losgeschnitten wie mit goldnem
> zauberhaftem Winzermesser
> und hinaufgeworfen wo die
> Sterne traum- und schmerzlos blühen.

Sie tritt von der Wiege weg, die Bacchanten nehmen sie und tragen sie laufend hinaus. Indem schon windet sich eine Gestalt aus dem Vorhang los, der an der Säule rechts von der Wiege hängt. Es ist ein schöner Jüngling, in ein metallisch schimmerndes Gewand von dunklem Grün kaum gekleidet, vielmehr davon umgeben wie von einer Haut. Manches an ihm ist frauenhaft: seine helle blendende Stirn umgibt eine Wolke lockeren Haares wie rötlicher Rauch. Sein Mund ist der Mund einer Schlange. Wie eine Schlange vom Baum herab wiegt er den Oberleib der Wiege entgegen, mit der unteren Hälfte des Körpers im Vorhang verfangt. Nun flüstert er:

DAS KLEINE WELTTHEATER
oder
DIE GLÜCKLICHEN

Die Bühne stellt den Längsschnitt einer Brücke dar, einer gewölbten Brücke, so daß die Mitte höher liegt als links und rechts. Den Hintergrund bildet das steinerne Geländer der Brücke, dahinter der Abendhimmel und in größerer Ferne die Wipfel einiger Bäume, die Uferlandschaft andeutend.
Der Gärtner trägt ein Gewand von weißem Linnen, eine blaue Schürze, bloße Arme, Schuhe von Stroh;
Der junge Herr einen dunkelgrünen Jagdanzug mit hohen gelben Stulpstiefeln;
Das junge Mädchen ein halblanges Mullkleid, mit bloßen Armen, einen Strohhut in der Hand;
Der Dichter einen dunklen Mantel.
Alle im Geschmack der zwanziger Jahre des vorigen Jahrhunderts.

DER DICHTER
 Ich blieb im Bade, bis der Widerschein
 Des offnen Fensters zwischen meinen Fingern
 Mir zeigte, daß der Glanz der tiefen Sonne
 Von seitwärts in die goldnen Bäume fällt
 Und lange Schatten auf den Feldern liegen.
 Nun schreit ich auf und ab den schmalen Pfad,
 Von weitem einem Vogelsteller gleichend,
 Vielmehr dem Wächter, der auf hoher Klippe
 Von ungeheuren Schwärmen großer Fische
 Den ungewissen Schatten sucht im Meer:
 Denn über Hügel, über Auen hin
 Späh ich nach ungewissen Schatten aus:
 Dort, wo ein abgebrochnes Mauerstück
 Vom Park die Buchen dämmernd sehen läßt,
 Dort hebt sichs an! Kehr ich die Schultern hin
 Und wende mich, den hellen Fluß zu sehen:
 Ich weiß drum doch, es regt sich hinter mir.
 Mit leichten Armen teilen sie das Laub:

Gestalten! und sie unterreden sich.
O wüßt ich nur, wovon! ein Schicksal ists,
Und irgendwie bin ich dareinverwebt.
Mich dünkt, sie bücken sich, mich dünkt, die Riemen
Der Schuhe flechten sie für langen Weg...
Mir schlägt das Herz bei ihrem Vorbereiten:
Seh ich nun aber jenseits an den Hängen
Nicht Pilger mühsam wie Verzauberte
Hinklimmen und mit jeder Hecke ringen?
Und mit geheimnisvoll Ermüdeten
Ist jener Kreuzweg, sind die kleinen Wege
Durch die Weingärten angefüllt: sie lagern
Und bergen in den Händen ihr Gesicht...
Doch an den Uferwiesen, doch im Wasser!
Von Leibern gleicher Farbe wie das Erz
Sind funkelnd alle Wellen aufgewühlt;
Sie freuen sich im Bad, am Ufer liegen
Die schweren Panzer, die sie abgeworfen,
Und andre führen jetzt die nackten Pferde,
Die hoch sich bäumen, in die tiefe Welle.
Warum bewegen sich so fürchterlich
Die Weidenbüsche? andre Arme greifen
Daraus hervor, mit jenen nackten Schultern
Seh ich gemischt Gepanzerte, sie kämpfen,
Von Badenden mit Kämpfenden vermengt
Schwankt das Gebüsch: wie schön ist diese Schlacht!
Er wendet sich
Den Fluß hinab! da liegt der stille Abend.
Kaum ein verworrenes Getöse schwimmt
Herab mit Blut und golddurchwirkten Decken.
Nun auch ein Kopf: am Ufer hebt sich einer
Und mißt mit einem ungeheuren Blick
Den Fluß zurück... Warum ergreifts mich so,
Den einen hier zu sehn?... Nun läßt er sich
Aufs neue gleiten, kein Verwundeter!
So selig ist er wie ein wilder Faun,
Und mit den Augen auf dem Wasser schwimmt
Er hin und fängt mit trunknen Blicken auf

Die feuchten Schatten, durcheinanderkreisend,
Der hohen Wolken und des stillen Goldes,
Das zwischen Kieseln liegt im Grund. Den Schwimmer
Trifft nur der Schatten riesenhafter Eichen,
Von einer Felsenplatte überhängend:
Er kann nicht sehn die Schöngekleideten,
Die dort versammelt sind... um was zu tun?
Sie knien nieder... einen zu verehren?
Vielmehr sie graben, alle bücken sich:
Ist eine Krone dort? ist dort die Spur
Von einem Mord verborgen? Doch der Schwimmer,
Die Augen auf die Wellen, gleitet fort.
Will er hinab, bis wo die letzten Meere
Wie stille leere Spiegel stehen? wird er,
Sich mit der Linken an die nackte Wurzel
Des letzten Baumes haltend, dort hinaus
Mit unbeschreiblichem Erstaunen blicken?
Ich will nicht ihn allein, die andern will ich,
Die auf den Hügeln wiedersehn, und schaudernd
Im letzten Lichte spür ich hinter mir
Schon wieder neue aus den Büschen treten.
Da bebt der Tag hinab, das Licht ist fort,
Wie angeschlagne Saiten beb ich selber.
Die Bühne wird dunkler.
Nun setz ich mich am Rand des Waldes hin,
Wo kleine Weiher lange noch den Glanz
Des Tages halten und mit feuchtem Funkeln
Die offnen Augen dieser Landschaft scheinen:
Wenn ich auf die hinsehe, wird es mir
Gelingen, das zu fertigen, wofür
Der Waldgott gern die neue Laute gäbe
Aus einer Schildkrot, überspannt mit Sehnen:
Ich meine jenes künstliche Gebild
Aus Worten, die von Licht und Wasser triefen,
Worein ich irgendwie den Widerschein
Von jenen Abenteuern so verwebe,
Daß dann die Knaben in den dumpfen Städten,
Wenn sie es hören, schwere Blicke tauschen

Und unter des geahnten Schicksals Bürde,
Wie überladne Reben schwankend, flüstern:
»O wüßt ich mehr von diesen Abenteuern,
Denn irgendwie bin ich dareinverwebt
Und weiß nicht, wo sich Traum und Leben spalten.«
Der Dichter geht ab, der Gärtner tritt auf. Er ist ein Greis mit schönen, durchdringenden Augen. Er trägt eine Gießkanne und einen kleinen Korb aus Bast.

GÄRTNER

Ich trug den Stirnreif und Gewalt der Welt
Und hatte hundert der erlauchten Namen,
Nun ist ein Korb von Bast mein Eigentum,
Ein Winzermesser und die Blumensamen.

Wenn ich aus meinem goldnen Haus ersah
Das Blumengießen abends und am Morgen,
Sog ich den Duft von Erd und Wasser ein
Und sprach: Hierin liegt großer Trost verborgen.

Nun gieß ich selber Wasser in den Mund
Der Blumen, seh es in den Grund gesogen
Und bin vom Schatten und gedämpften Licht
Der ruhelosen Blätter überflogen,

Wie früher von dem Ruhm und Glanz der Welt.
Der Boten Kommen, meiner Flotte Rauschen,
Die goldnen Wächter, Feinde, die erblaßten:
Befreiung wars, dies alles umzutauschen

Für diese Beete, dieses reife Lasten
Der Früchte, halbverborgen an Spalieren,
Und schwere Rosen, drin die goldig braunen
Von Duft betäubten Bienen sich verlieren.

Noch weiß ich eines: Hier und Dort sind gleich
So völlig, wie zwei Pfirsichblüten sind,
In einem tiefen Sinn einander gleich:
Denn manches Mal, wenn mir der schwache Wind

Den Duft von vielen Sträuchern untermengt
Herüberträgt, so hab ich einen Hauch
Von meinem ganzen frühern Leben dran,
Und noch ein Größres widerfährt mir auch:

Daß an den Blumen ich erkennen kann
Die wahren Wege aller Kreatur,
Von Schwach und Stark, von Üppig oder Kühn
Die wahre Art, wovon ich früher nur

In einem trüben Spiegel Spuren fand,
Wenn ich umwölkt von Leben um mich blickte:
Denn alle Mienen spiegelten wie Wasser
Nur dies: ob meine zürnte oder nickte.

Nun aber webt vor meinen Füßen sich
Mit vielen Köpfen, drin der Frühwind wühlt,
Dies bunte Leben hin: den reinen Drang
Des Lebens hab ich hier, nur so gekühlt,

Wie grüne Kelche sich vom Boden heben,
So rein und frisch, wie nicht in jungen Knaben
Zum Ton von Flöten fromm der Atem geht.
So wundervoll verwoben sind die Gaben

Des Lebens hier: mir winkt aus jedem Beet
Mehr als ein Mund wie Wunden oder Flammen
Mit schattenhaft durchsichtiger Gebärde,
Und Kindlichkeit und Majestät mitsammen.

Er tritt ab, der junge Herr tritt auf, langsam, sein Pferd am Zügel führend.

DER JUNGE HERR
Ich ritt schon aus, bevor der Tau getrocknet war.
Die andern wollten mich daheim zu ihrem Spiel,
Mich aber freut es so, für mich allein zu sein.
Am frühen Tage bin ich schon nicht weit von hier
Dem Greis begegnet, der mir viel zu denken gibt:
Ein sonderbarer Bettler, dessen stummer Gruß
So war, wie ihn vielleicht ein Fürst besitzen mag
Von einer Art, wie ich von keinem freilich las:
Der schweigend seine Krone hinwürf und vor Nacht
Den Hof verließ und nie mehr wiederkäm.
Was aber könnte einen treiben, dies zu tun?
Ich weiß, ich bin zu jung, und kann die vielerlei
Geschicke nicht verstehn; vielmehr sie kommen mir
Wie Netze und Fußangeln vor, in die der Mensch

Hineingerät und fallend sich verfängt; ich will
So vielen einmal helfen, als ich kann. Schon jetzt
Halt ich mein Pferd vor jedem an, der elend scheint,
Und wenn sie wo im Felde mähen, bleib ich stehn
Und frage sie nach ihrem Leben, und ich weiß
Schon vielerlei, was meinen Brüdern völlig fremd.
Zu Mittag saß ich ab im dämmernden Gebüsch,
Von Brombeer und von wilden Rosen ganz umzäunt,
Und neben meinem Pferde schlief ich ein. Da fing
Ich gleich zu träumen an. Ich jagte, war der Traum:
Zu Fuß und mit drei großen Hunden trieb ich Wild,
Gekleidet wie auf alten Bildern und bewaffnet
Mit einer Armbrust, und vor mir der dichte Wald
War angefüllt mit Leben, überschwemmt mit Wild,
Das lautlos vor mir floh. Nichts als das Streifen
Der Felle an den Bäumen und das flinke Laufen
Von Tausenden von Klauen und von leichten Hufen
Auf Moos und Wurzeln, und die Wipfel droben dunkel
Von stiller atemloser Flucht der Vögel. In getrennten,
Doch durcheinander hingemengten Schwärmen rauschten
Birkhähne schweren Flugs, das Rudern wilder Gänse,
Und zwischen Ketten der verschreckten Haselhühner
                                                          schwangen
Die Reiher sich hindurch, und neben ihnen, ängstlich
Den Mord vergessend, hasteten die Falken hin.
Dies alles trieb ich vor mir her, wie Sturm ein schwarzes
Gewölk, und drängte alles einer dunklen Schlucht
Mit jähen Wänden zu. Ich war vom Übermaß
Der Freude über diese Jagd erfüllt und doch
Im Innersten beklommen, und ich mußte plötzlich
An meinen Vater denken, und mir war, als säh ich
Sein weißes Haar in einem Brunnen unter mir.
Da rührte sich mein Pferd im Schlaf und sprang auf einmal
Zugleich auf die vier Füße auf und schnaubte wild,
Und so erwachte ich und fühlte noch den Traum
Wie dunkle Spinnweb um die Stirn mir hängen. Aber dann
Verließ ich diese dumpfe Kammer grüner Hecken, und
                                                          mein Pferd

Ging neben mir, ich hatte ihm den leichten Zaum
Herausgenommen, und es riß sich kleine Blätter ab.
Da schwirrten Flügel dicht vor mir am Boden hin:
Ich bückte mich, doch war kein Stein im tiefen Moos,
Da warf ich mit dem Zaum der Richtung nach und traf:
Zwei junge Hühner lagen dort und eine Wachtel, tot,
In einem Wurf erschlagen mit der Trense. Sonderbar
War mir die Beute, und der Traum umschwirrte mich so
        stark,
Daß ich den Brunnen suchte und mir beide Augen schnell
Mit klarem Wasser wusch; und wie mir flüchtig da
Aus feuchtem Dunkel mein Gesicht entgegenflog,
Kam mir ein Taumel so, als würd ich innerlich
Durch einen Abgrund hingerissen, und mir war,
Da ich den Kopf erhob, als wär ich um ein Stück
Gealtert in dem Augenblick. Zuweilen kommt,
Wenn ich allein bin, solch ein Zeichen über mich:
Und früher war ich innerlich bedrückt davon
Und dachte, daß in meinem tiefsten Seelengrund
Das Böse läg und dies Vorboten wären und
Erwartete mit leiser Angst das Kommende.
Nun aber ist durch einen Gruß ein solches Glück
In mich hineingekommen, daß ich früh und spät
Ein Lächeln durch die lichten Zweige schimmern seh,
Und statt die Brüder zu beneiden, fühl ich nun
Ein namenloses stilles Glück, allein zu sein:
Denn alle Wege sind mir sehr geheimnisvoll
Und doch wie zubereitet, wie für mich
Von Händen in der Morgenfrühe hingebaut,
Und überall erwarte ich den Pfad zu sehn,
Der anfangs von ihr weg zu vieler Prüfung führt
Und wunderbar verschlungen doch zu ihr zurück.
*Er geht mit seinem Pferde ab. Nun ist völlige Dämmerung. Der
Fremde tritt auf; nach seiner Kleidung könnte er ein geschickter
Handwerker, etwa ein Goldschmied, sein. Er bleibt auf der Brücke
stehen und sieht ins Wasser.*

DER FREMDE
Dies hängt mir noch von Kindesträumen an:
Ich muß von Brücken in die Tiefe spähen,

Und wo die Fische gleiten übern Grund,
Mein ich, Geschmeide hingestreut zu sehen,

Geschmeide in den Kieselgrund verwühlt,
Geräte, drin sich feuchte Schatten fangen.
Wie Narben an dem Leib von Kindern wuchs
Mit mir dies eingegrabene Verlangen!

Ich war zu klein und durfte nie hinab.
Nun wär ich stark genug, den Schatz zu heben,
Doch dieses Wasser gleitet stark und schnell,
Zeigt nicht empor sein stilles innres Leben.

Nur seine Oberfläche gibt sich her,
Gewaltig wie von strömendem Metalle.
Von innen treibt sich Form auf Form heraus
Mit einer Riesenkraft in stetem Schwalle.

Aus Krügen schwingen Schultern sich heraus,
Aus Riesenmuscheln kommt hervorgegossen
Ein knabenhafter Leib, ihm drängt sich nach
Ein Ungeheuer und ist schon zerflossen!

Lieblichen Wesen, Nymphen halb, halb Wellen,
Wälzt eine dunkle riesige Gewalt
Sich nach: mich dünkt, es ist der Leib der Nacht,
In sich geballt die dröhnende Gestalt:

Nun wirft sie auseinander ihre Glieder,
Und für sich taumelt jedes dieser wilden.
Mich überkommt ein ungeheurer Rausch,
Die Hände beben, solches nachzubilden,

Nur ist es viel zu viel, und alles wahr:
Eins muß empor, die anderen zerfließen.
Gebildet hab ich erst, wenn ichs vermocht,
Vom großen Schwall das eine abzuschließen.

In einem Leibe muß es mir gelingen,
Das unaussprechlich Reiche auszudrücken,
Das selige Insichgeschlossensein:
Ein-Wesen ists, woran wir uns entzücken!

Seis Jüngling oder Mädchen oder Kind,
Das lasse ich die schmalen Schultern sagen,

Die junge Kehle, wenn sie mir gelingt,
Muß jenes atmend Unbewußte tragen,

Womit die Jugend über Seelen siegt.
Und der ich jenes Atmen ganz verstehe,
Wie selig ich, der trinkt, wo keiner trank,
Am Quell des Lebens in geheimer Nähe,
Wo willig kühle unberührte Wellen
Mit tiefem Klang dem Mund entgegenschwellen!

Tritt ab. Das junge Mädchen tritt auf. Sie ist noch ein halbes Kind. Sie geht nur wenige Schritte, setzt sich dann auf den steinernen Brückenrand. Ihr weißes leichtes Kleid schimmert durch das Dunkel.

DAS MÄDCHEN

Die Nacht ist von Sternen und Wolken schwer,
Käm jetzt nur irgendeiner daher
Und säng recht etwas Trauriges,
Indes ich hier im Dunkeln säß!

DIE STIMME EINES BÄNKELSÄNGERS *aus einiger Entfernung*

Sie lag auf ihrem Sterbebett
Und sprach: Mit mir ists aus.
Mir ist zumut wie einem Kind,
Das abends kommt nach Haus.

Das Ganze glitt so hin und hin
Und ging als wie im Traum:
Wie eines nach dem andern kam,
Ich sterb und weiß es kaum!

Kein andrer war, wie der erste war:
Da war ich noch ein Kind,
Es blieb mir nichts davon als ein Bild,
So schwach, wie schwacher Wind.

Dem zweiten tat ich Schmerz und Leid
So viel an, als er mir.
Er ist verschollen: Müdigkeit,
Nichts andres blieb bei mir.

Den dritten zu denken, bringt mir Scham.
Gott weiß, wie manches kommt!

Nun lieg ich auf meinem Sterbebett:
Wenn ich nur ein Ding zu denken hätt,
Nur ein Ding, das mir frommt!

DAS MÄDCHEN *Es ist aufgestanden und spricht im Abgehen*
Die arme Frau, was die nur meint?
Das ganze Lied ist dumm, mir scheint.
Schlaftrunken bin ich. Mir scheint, dort fällt
Ein Stern. Wie groß ist doch die Welt!
So viele Sachen sind darin.
Mir käm jetzt manches in den Sinn,
Wenn ich nur nicht so schläfrig wär...
Mir kann doch alles noch geschehn!
Jetzt aber geh ich schon ins Haus,
Ich ziehe mich im Dunkeln aus
Und laß die Läden offenstehn!
Nun schläft der Vogel an der Wand,
Ich leg den Kopf auf meine Hand
Und hör dem lang noch singen zu.
Ich hör doch für mein Leben gern
So traurig singen, und von fern.
Geht ab. Es ist völlig Nacht geworden. Der Wahnsinnige tritt auf, jung, schön und sanft, vor ihm sein Diener mit einem Licht, hinter ihm der Arzt. Der Wahnsinnige lehnt sich mit unbeschreiblicher Anmut an den Brückenrand und freut sich am Anblick der Nacht.

DER DIENER
Schicksal ist das Schicksal meiner Herrschaft,
Von dem eignen sei mir nicht die Rede!
Dieser ist der Letzte von den Reichen,
Von den Mächtigen der Letzte, hilflos.
Aufgetürmten Schatz an Macht und Schönheit
Zehrte er im Tanz wie eine Flamme.
Von den Händen flossen ihm die Schätze,
Von den Lippen Trunkenheit des Siegers,
Laufend auf des Lebens bunten Hügeln!
Wo beginn ich, sein Geschick zu sagen?
Trug er doch gekrönt von wildem Feuer
Schon in knabenhafter Zeit die Stirne:
Und der Vater, der die Flüsse nötigt,

Auszuweichen den Zitronengärten,
Der die Berge aushöhlt, sich ein Lusthaus
Hinzubaun in ihre kühle Flanke,
Nicht vermag er, seinen Sohn zu bändigen.
Dieser dünkt sich Prinz und braucht Gefolge:
Mit den Pferden, mit den schönen Kleidern,
Mit dem wundervollen tiefen Lächeln
Lockt er alle Söhne edler Häuser,
Alles läuft mit ihm; den Papageien,
Den er fliegen läßt, ihm einzufangen,
Laufen aus den Häusern, aus den Gärten
Alle, jeder läßt sein Handwerk liegen
Und der lahme Bettler seine Krücke.
Und so wirft er denn aus seinem Fenster
Seines Vaters Gold mit beiden Händen:
Wenn das Gold nicht reicht, die goldnen Schüsseln,
Edle Steine, Waffen, Prunkgewebe,
Was ihr wollt! Wie eine von den Schwestern
Liebesblind, mit Fieberhänden schöpfend,
Von den aufgehäuften Hügeln Goldes
Alles gibt, die Wege des Geliebten
Mit endloser Huldigung zu schmücken
– Fremd ist ihr die Scheu wie einer Göttin –,
Wie die andre Fürstengüter hingibt,
Sich mit wundervollen Einsamkeiten
Zu umgeben, Park und Blütenlaube
Einer starren Insel aufzulegen,
Mitten in den öden Riesenbergen
Eigensinnig solchen Prunk zu gründen:
ER vereinigt in den süßen Lippen,
In der strengen, himmelhellen Stirne
Beider Schönheit –, in der einen Seele
Trägt er beides: ungeheure Sehnsucht,
Sich für ein Geliebtes zu vergeuden –
Wieder königliche Einsamkeit.
Beides kennend, überfliegt er beides,
Wie er mit den Füßen viele Länder,
Mit dem Sinn die Freundschaft vieler Menschen

Und unendliches Gespräch hindurchfliegt
Und der vielen Frauen Liebesnetze
Lächelnd kaum berührt und weiterrauscht.
Auf dem Wege blieben wie die Schalen,
Leere Schalen von genoßnen Früchten,
Herrliche Gesichter schöner Frauen,
Lockig, mit Geheimnissen beladen,
Pupurmäntel, die um seine Schultern
Kühnerworbne Freunde ihm geschlagen.
Alles dieses ließ er hinter sich!
Aber funkelnde Erfahrung legte
Sich um seiner Augen innre Kerne.
Wo er auftritt, bringen kluge Künstler
Ihm herbei ihr lieblichstes Gebilde;
Mit den Augen, den beseelten Fingern
Rührt ers an und nimmt sich ein Geheimnis,
Das der Künstler selbst nur dunkel ahnte,
Nimmt es atmend mit auf seinem Wege.
– –
Manches Mal an seinem Wege schlafend
Oder sitzend an den dunklen Brunnen,
Findet er die Söhne oder Töchter
Jener fremden Länder; neben ihnen
Ruht er aus, und mit dem bloßen Atmen,
Mit dem Heben seiner langen Wimpern
Sind sie schon bezaubert, und er küßt sie
Auf die Stirn und freut sich ihres Lebens.
Denn er sieht ihr sanftes, stilles Leben,
Mit dem stillen Wehen grüner Wipfel
Sieht er es in ihren großen Augen.
Sie umklammern seine Handgelenke,
Wenn er gehen will, und wie die Rehe
Schauen sie voll Angst, warum er forteilt.
Doch er lächelt; und auf viele Fragen
Hat er eine Antwort: mit den Augen,
Die sich dunkler färben, nach der Ferne
Winkend, sagt er mit dem strengen Lächeln:
»Wißt ihr nicht? Dies alles ist nur Schale!

Hab so viele Schalen fortgeworfen,
Soll ich an der letzten haftenbleiben?«
Und er treibt sein Pferd schon vorwärts wieder,
Wie ihn selbst die rätselvolle Gottheit.
Seine Augen ruhen auf der Landschaft,
Die noch nie ein solcher Blick getroffen:
Zu den schönsten Hügeln, die mit Reben
An die dunklen, walderfüllten Berge
Angebunden sind, zu schönen Bäumen,
Hochgewipfelt seligen Platanen,
Redet er: er will von ihnen Lächeln,
Von den Felsen will sein starker Wille
Eine atmend wärmere Verkündung,
Alle stummen Wesen will er, flehend,
Reden machen, in die trunkne Seele
Ihren großen Gang verschwiegnen Lebens,
Wie der Knaben und der Mädchen Leben,
Wie der Statuen Geheimnis haben!
Und er weint, weil sie ihm widerstehen.
Diese letzte Schale wegzureißen,
Einen unerhörten Weg zu suchen
In den Kern des Lebens, dahin kommt er.
In das einsamste von den Kastellen,
Nur ein Viereck von uralten Quadern,
Rings ein tiefer Graben dunklen Wassers,
Nistet er sich ein. Das ganze Leben
Läßt er draußen, alle bunte Beute
Eines grenzenlos erobernden
Jungen Siegerlebens vor dem Tore!
Nur die zaubermächtigen Geräte
Und die tief geheimnisvollen Bücher,
Die Gebildetes in seine Teile
Zu zerlegen lehren, bleiben da.
Unbegreiflich ungeheure Worte
Fängt er an zu reden und den Abgrund
Sich hinabzulassen, dessen obrer
Äußrer Rand an einer kleinen Stelle
Von des Paracelsus tiefsten Büchern

Angeleuchtet wird mit schwacher Flamme.
Und es kommen wundervolle Tage:
In der kahlen Kammer, kaum der Nahrung,
Die ein zahmer Vogel nimmt, bedürftig,
Wirft sich seine Seele mit den Flügeln,
Mit den Krallen kühner als ein Greife,
Wilder als ein Greife, auf die neue
Schattengleiche, körperlose Beute.
Mit dem ungeheueren Gemenge,
Das er selbst im Innern trägt, beginnt er
Nach dem ungeheueren Gemenge
Äußern Daseins gleichnishaft zu haschen.
Tausend Flammen schlagen ihm entgegen
Da und da! in Leben eingekapselt;
Und vor ihm beginnt der brüderliche
Dumpfe Reigen der verschlungnen Kräfte
In der tiefsten Nacht mit glühendem Munde
Unter sich zu reden: Wunderliches,
Aus dem Herzblut eines Kindes quellend,
Findet Antwort in der Gegenrede
Eines Riesenblocks von dunklem Porphyr!

Welcher Wahnsinn treibt mich, diesen Wahnsinn
Zu erneuern! Ja, daß ich es sage:
Wahnsinn war das wundervolle Fieber,
Das im Leibe meines Herren brannte!...
Nichts hat sich seit jenem Tag verändert,
Mit den süßen hochgezognen Lippen
Tauscht er unaufhörlich hohe Rede
Mit dem Kern und Wesen aller Dinge.
Er ist sanft, und einem Spiel zuliebe,
Meint er, bleibt er noch in seinem Leibe,
Den er lassen könnte, wenn er wollte...
Wie vom Rande einer leichten Barke
In den Strom hinab, und wenn er wollte,
In das Innre eines Ahornstammes,
In den Halm von einem Schilf zu steigen.
Nie von selber denkt er sich zu nähren,

Und er bleibt uns nicht an einem Orte:
Denn er will die vielen seiner Brüder
Oft besuchen und zu Gast bei ihnen
Sitzen, bei den Flüssen, bei den Bäumen,
Bei den schönen Steinen, seinen Brüdern.
Also führen wir ihn durch die Landschaft
Flußhinab und hügelan, wir beide,
Dieser Arzt und ich, wie nicht ein Kind ist
Sanft und hilflos, diesen, dem die Schönen
Und die Mächtigen sich dienend bückten,
Wenn er hinlief auf des Lebens Hügeln,
Trunkenheit des Siegers um die Stirne.

DER ARZT
Ich sehe einen solchen Lauf der Welt:
Das Übel tritt einher aus allen Klüften;
Im Innern eines jeden Menschen hält
Es Haus und schwingt sich nieder aus den Lüften:
Auf jeden lauert eigene Gefahr,
Und nicht die Bäume mit den starken Düften
Und nicht die Luft der Berge, kühl und klar,
Verscheuchen das, auch nicht der Rand der See.
Denn eingeboren ist ihr eignes Weh
Den Menschen: ja, indem ich es so nenne,
Verschleir ich schon die volle Zwillingsnäh,
Mit ders dem Sein verwachsen ist, und trenne,
Was nur ein Ding: denn lebend sterben wir.
Für Leib und Seele, wie ich sie erkenne,
Gilt dieses Wort, für Baum und Mensch und Tier.
Und hier...

DER WAHNSINNIGE *indem er sich beim Schein der Fackel in einem silbernen Handspiegel betrachtet*
Nicht mehr für lange hält dieser Schein,
Es mehren sich schon die Stimmen,
Die mich nach außen rufen,
So wie die Nacht mit tausend Lippen
Die Fackel hin und wider zerrt:
Ein Wesen immer gelüstet es nach dem andern!
Düstern Wegen und funkelnden nachzugehen,

Drängts mich auseinander, Namen umschwirren mich
Und mehr als Namen: sie könnten meine sein!
Ich bin schon kaum mehr hier!
Ich fühl schon auf der eigenen Stirn die Spur
Der eignen Sohle, von mir selber fort
Mich schwingend wie ein Dieb aus einem Fenster.
Hierhin und dorthin darf ich, ich bin hergeschickt,
Zu ordnen, meines ist ein Amt,
Des Namen über alle Namen ist.
Es haben aber die Dichter schon
Und die Erbauer der königlichen Paläste
Etwas geahnt vom Ordnen der Dinge,
Der ungeheuren dumpfen Kräfte
Vielfachen Mund, umhangen von Geheimnis,
Ließen sie in Chorgesängen erschallen, wiesen ihm
Gemessene Räume an, mit Wucht zu lasten,
Empor zu drängen, Meere abzuhalten,
Selbst urgewaltig wie die alten Meere.
Schicksal aber hat nur der einzelne:
Er tritt hervor, die ungewissen Meere,
Die Riesenberge mit grünem Haar von Bäumen,
Dies alles hinter ihm, nur so wie ein Gewebe,
Sein Schicksal trägt er in sich, er ist kühn,
Verfängt sich in Fallstricke und schlägt hin
Und vieles mehr, sein Schicksal ist zehntausendmal
Das Schicksal von zehntausend hohen Bergen:
Der wilden Tiere Dreistigkeit und Stolz,
Sehnsüchtige Bäche, der Fall von hohen Bäumen,
Dies alles ist darin verkocht zehntausendmal.
Hier tritt der Mond vor die Wolken und erleuchtet das Flußbett.
Was aber sind Paläste und die Gedichte:
Traumhaftes Abbild des Wirklichen!
Das Wirkliche fängt kein Gewebe ein:
Den ganzen Reigen anzuführen,
Den wirklichen, begreift ihr dieses Amt?
Hier ist ein Weg, er trägt mich leichter als der Traum.
Ich gleite bis ans Meer, gelagert sind die Mächte dort
Und kreisen dröhnend, Wasserfälle spiegeln

Den Schein ergoßnen Feuers, jeder findet
Den Weg und rührt die andern alle an...
Mit trunknen Gliedern, ich, im Wirbel mitten,
Reiß alles hinter mir, doch alles bleibt
Und alles schwebt, so wie es muß und darf!
Hinab, hinein, es verlangt sie alle nach mir!
*Er will über das Geländer in den Fluß hinab. Die beiden halten
ihn mit sanfter Gewalt. Er blickt, an sie gelehnt, und ruft heiter,
mit leisem Spott*
Bacchus, Bacchus, auch dich fing einer ein
Und band dich fest, doch nicht für lange!

DIE HOCHZEIT DER SOBEIDE

DRAMATISCHES GEDICHT

Des Kerkermeisters Tochter:
»Lieber Gott, wie verschieden sind Männer!«
Altes englisches Trauerspiel »Palamon und Arcite«

Personen

EIN REICHER KAUFMANN
SOBEIDE, seine junge Frau
BACHTJAR, der Juwelier, Sobeidens Vater
SOBEIDENS MUTTER
SCHALNASSAR, der Teppichhändler
GANEM, sein Sohn
GÜLISTANE, eines Schiffshauptmanns Witwe ⎫
EIN ARMENISCHER SKLAVE   ⎬ im Hause
EIN ALTER KAMELTREIBER   ⎭ Schalnassars
EIN GÄRTNER
SEINE FRAU
BAHRAM, Diener des Kaufmanns
EIN SCHULDNER DES SCHALNASSAR

In einer alten Stadt im Königreich Persien.
Die Zeit ist der Abend und die Nacht nach dem Hochzeitsfest des reichen Kaufmanns.

I

Das Schlafzimmer im Hause des reichen Kaufmanns. Rückwärts ein Alkoven mit dunklen Vorhängen. Links eine Tür, rechts eine kleine Tür in den Garten und ein Fenster. Lichter.
Es treten auf: Der Kaufmann und sein alter Diener Bahram.

KAUFMANN
  Bahram, gabst du gut acht auf meine Frau?
DIENER
  Acht, inwiefern?
KAUFMANN   Sie ist nicht fröhlich, Bahram.
DIENER
  Sie ist ein ernstes Mädchen. Und die Stunde
  liegt schwer auch auf der leichtesten, bedenk.
KAUFMANN
  Und auch die Andern: je mehr Lichter ich
  befahl zu bringen, um so trüber hing
  ein Schleier über dieser Hochzeitstafel.
  Sie lächelten wie Masken, und ich fing
  mitleidige und finstre Blicke auf,
  die hin und wider flogen, und ihr Vater
  versank zuweilen in ein düsteres Sinnen,
  aus dem er selbst sich mit gezwungnem Lachen
  aufschreckte.
DIENER   Herr, der allgemeine Stoff
  der Menschen hält nicht gut den stillen Glanz
  von solchen Stunden. Wir sind nicht gewohnt
  was andres, als nur mit den nächsten Dingen
  uns abzuschleppen. Kommt ein solcher Tag,
  so fühlen wir: still tut ein Tor sich auf,
  daraus uns eine fremde, kühle Luft
  anweht, und denken gleich ans kühle Grab.
  Aus einem Spiegel sehen wir unser eignes
  vergessenes Gesicht entgegenkommen
  und sind dem Weinen näher als dem Lachen.

KAUFMANN
   Sie nahm von keiner Speise, die du ihr
   vorschnittest.
DIENER   Herr, ihr mädchenhaftes Blut
   hielt ihr die Kehle zugeschnürt; sie nahm
   doch übrigens vom Obst.
KAUFMANN   Ja, einen Kern!
   ich habs gesehen, vom Granatapfel.
DIENER
   Auf einmal auch besann sie sich, daß Wein,
   wie flüssig Blut durchfunkelnd durch Kristall,
   vor ihr stand, und sie hob den schönen Kelch
   und trank ihn wie mit plötzlichem Entschluß
   zur Hälfte aus, und Röte flog ihr in
   die Wangen, und sie mußte tief aufatmen.
KAUFMANN
   Mir scheint, das war kein fröhlicher Entschluß,
   so tut, wer selber sich betrügen will,
   den Blick umwölken, weil der Weg ihn schaudert.
DIENER
   Du quälst dich, Herr. So sind die Frauen nun.
KAUFMANN *im Zimmer herumschauend, lächelt*
   Auch einen Spiegel hast du her gestellt.
DIENER
   Herr, du befahlst mirs selbst, der Spiegel ists
   aus deiner Mutter Kammer, wie das andre.
   Und selbst befahlst du mir, gerade den...
KAUFMANN
   So? tat ich das? Dann wars ein Augenblick,
   in dem ich klüger war als eben nun.
   Ja, eine junge Frau braucht einen Spiegel.
DIENER
   Nun geh ich noch, den Becher deiner Mutter
   zu holen, mit dem kühlen Abendtrunk.
KAUFMANN
   Ja, hol den Abendtrunk, geh, guter Bahram.
   Bahram ab.
   Du, Spiegel meiner Mutter, wohnt kein Schimmer

von ihrem blassen Lächeln drin und steigt
wie aus dem feuchten Spiegel eines Brunnens
empor? Ihr Lächeln war das matteste
und lieblichste, das ich gekannt, es glich
dem Flügelschlagen eines kleinen Vogels,
bevor er einschläft in der hohlen Hand.
Vor dem Spiegel
Nein, nichts als Glas. Er stand zu lange leer.
Nur ein Gesicht, das lächelt nicht: das meine.
Mein Selbst, gesehen von den eignen Augen:
so inhaltslos, als würfen nur zwei Spiegel
das unbewußte Bild einander zu.
O könnte ich darüber weg! nur einen,
den kleinsten Augenblick darüber weg,
und wissen, wie das Innre i h r e s Blicks
mich nimmt! Bin ich für sie ein alter Mann?
Bin ich so jung, als manchesmal mich dünkt,
wenn ich in stiller Nacht in mich hinein
auf den gewundnen Lauf des Blutes horche?
Heißt das nicht jung sein, wenn so wenig Hartes
und Starres noch in meinem Wesen liegt?
Mich dünkt, daß meine Seele, aufgenährt
mit dünner, traumhafter, blutloser Nahrung,
so jung geblieben ist. Wie hätt ich sonst
dies schwankende Gefühl, ganz wie als Knabe,
und diese seltsame Beklommenheit
des Glücks, als müßt es jeden Augenblick
mir aus den Händen schlüpfen und zerrinnen
wie Schatten? Kann ein alter Mensch so sein?
Nein, alten Menschen ist die Welt ein hartes,
traumloses Ding; was ihre Hände halten,
das halten sie. Mich schauert diese Stunde
mit ihrem Inhalt an, kein junger König
kann trunkner dieses rätselhafte Wort
»Besitz« vernehmen, wenns die Luft ihm zuträgt!
Dem Fenster nah
Ihr schönen Sterne, seid ihr da, wie immer!
Aus meinem sterblichen, haltlosen Leib

heraus dem Lauf von euch in kreisenden,
ewigen Bahnen zuzusehen, das war
die Kost, die meine Jahre leicht erhielt,
daß ich den Boden kaum mit meinen Füßen
zu treten glaubte. Bin ich wirklich welk
geworden, während meine Augen immer
an diesen goldnen hingen, die nicht welken?
Und hab ich aller stillen Pflanzen Art,
ihr Leben zu begreifen, ihre Glieder
gelernt, und wie sie anders auf den Bergen
und anders wieder nah am Wasser werden,
sich selber fast entfremdet, doch im tiefsten
sich selber treu; und konnte sicher sagen:
der geht es wohl, von reiner Luft genährt,
leicht spielt sie mit der Last der edlen Blätter,
der hat ein schlechter Grund und dumpfes Leben
den Halm verdickt, die Blätter aufgeschwemmt –
und mehr... und von mir selber weiß ich nichts,
und dicke Schalen legen sich ums Auge
und hemmen dieses Urteil...
Er geht hastig wieder vor den Spiegel
                              Leeres Werkzeug!
Auch überrumpelt läßt du nicht die Wahrheit,
wie Menschen oder Bücher doch zuweilen,
in einem Blitz erkennen.

DIENER *zurückkommend* Herr!
KAUFMANN   Was ist?
DIENER
Die Gäste brechen auf. Dein Schwiegervater,
auch andre, haben schon nach dir gefragt.
KAUFMANN
Und meine Frau?
DIENER   Nimmt Abschied von den Eltern.
*Kaufmann steht einen Augenblick mit starrem Blick, dann geht er
mit starken Schritten durch die Tür links.
Diener folgt ihm.
Die Bühne bleibt eine kurze Zeit leer. Dann tritt der Kaufmann
wieder ein, einen Leuchter tragend, den er auf den Tisch neben*

den Becher mit dem Abendtrunk stellt. Hinter ihm tritt Sobeide ein, von ihrem Vater und ihrer Mutter geführt. Alle bleiben in der Mitte des Zimmers, etwas links, stehen, der Kaufmann etwas abseits.
Sobeide löst sich sanft von den Eltern. Der Schleier hängt ihr rückwärts herab. Sie trägt eine Perlenschnur im Haar und eine größere um den Hals.

DER VATER
Ich hab von vielem Abschied nehmen müssen.
Dies ist das Schwerste. Meine gute Tochter,
das ist der Tag, den ich zu fürchten anfing,
als ich dich in der Wiege lächeln sah,
und der der Alp in meinen Träumen war.
Zum Kaufmann
Vergib mir das. Sie ist mehr als mein Kind.
Ich geb dir, was ich nicht benennen kann,
denn jeder Name faßt nur einen Teil –
sie aber war mir alles!

SOBEIDE   Lieber Vater!
die Mutter bleibt bei dir.

DIE MUTTER *sanft*   O laß ihn doch:
er hat ganz recht, daß er mich übersieht;
ich bin ein Teil von seinem Selbst geworden:
was mich trifft, trifft ihn auch zugleich; doch was ich tu,
berührt ihn anders nicht, als wenn die Rechte
und Linke sich des gleichen Leibs begegnen.
Die Seele bleibt indes ein ewig saugend Kind
und drängt sich nach den lebensvollern Brüsten.
Leb wohl. Sei keine schlechtre Frau als ich,
und keine minder glückliche. Dies Wort
schließt alles ein.

SOBEIDE   Einschließen ist das Wort!
In euer Schicksal war ich eingeschlossen:
nun tut das Leben dieses Mannes hier
die Pforten auf, und diesen Augenblick,
den einzgen, atme ich in freier Luft:
nicht eure mehr, und noch die Seine nicht.
Ich bitt euch, geht, ich fühl, dies Ungewohnte,

so ungewohnt wie Wein, hat größre Kraft
und macht mich mein und sein und euer Dasein
mit andren Blicken ansehn, als mir ziemt.
Mühsam lächelnd
Ich bitt euch, seht mich nicht verwundert an:
mir gehn oft solche Dinge durch den Kopf,
nicht Traum, nicht Wirklichkeit. Ihr wißt, als Kind
war ich noch ärger. Und ist nicht der Tanz,
den ich erfunden hab, auch solch ein Ding:
wo ich aus Fackelschein und tiefer Nacht
mir einen flüssigen Palast erschuf,
drin aufzutauchen, wie die Königinnen
des Feuers und des Meers im Märchen tun.
Die Mutter hat indes dem Vater einen Blick zugeworfen und ist lautlos zur Tür gegangen. Lautlos ist ihr der Vater gefolgt. Nun stehen sie, Hand in Hand, in der Tür und verschwinden im nächsten Augenblick.
SOBEIDE
Geht ihr so leise! Wie? Und seid schon fort!
Sie wendet sich, steht schweigend, den Blick zu Boden.
DER KAUFMANN *umfängt sie mit einem langen Blick, geht dann nach rückwärts, bleibt wieder unschlüssig stehen*
Willst du den Schleier nicht ablegen?
Sobeide schrickt auf, sieht sich zerstreut um.
KAUFMANN *deutet nach dem Spiegel*
Dort.
Sobeide bleibt stehen, löst mit mechanischen Bewegungen den Schleier aus dem Haar.
KAUFMANN
Es wird dir hier – in deinem Haus – vielleicht
im ersten Augenblick an manchem fehlen.
Dies Haus ist seit dem Tode meiner Mutter
entwöhnt, dem Leben einer Frau zu dienen.
Auch trägt, was etwa an Geräten da ist,
kaum solchen Prunk an sich, womit ich gern
dich eingerahmt erblickte, doch mir schien
das nicht sehr schön, was jeder haben kann:
ich ließ aus der gepreßten Luft der stillen,

verschloßnen Schränke, die mir selbst den Atem
ergriff, wie Sandelholz im Heiligtum,
dies alles nehmen und zu deinem Dienst
in deine Kammer stellen, dort hinein,
woran vom Leben meiner Mutter etwas –
verzeih – für mich noch hängt. Mir war, ich könnte
dir damit etwas zeigen... Manchen Dingen
sind stumme Zeichen eingedrückt, womit
die Luft in stillen Stunden sich belädt
und etwas ins Bewußtsein gleiten läßt,
was nicht zu sagen war, auch nicht gesagt sein sollte.
Pause
Es tut mir weh, dich so zu sehn, betäubt
von diesen überladnen Stunden, die
kaum aufrecht gehen unter ihrer Last.
Es ist zu sagen, alles Gute kommt
auf eine unscheinbare, stille Art
in uns hinein, nicht so mit Prunk und Lärm.
Lang meint man, plötzlich werd es fern am Rand
des Himmels wie ein neues Land auftauchen:
das Leben, wie ein nie betretnes Land.
Doch bleibt die Ferne leer, allein die Augen
begreifen langsam da und dort die Spur,
und daß es rings ergossen ist, uns einschließt,
uns trägt, und in uns ist, und nirgends nicht ist.
Ich rede Sachen, die dir wenig Freude
zu hören macht. Sie klingen wie Entsagung.
Bei Gott! mir klingen sie nicht so. Mein Kind,
nicht wie ein Bettler fühl ich mich vor dir,
Mit einem großen Blick auf sie
wie schön dir auch der große Glanz der Jugend
vom Scheitel niederfließt bis an die Sohlen...
Du weißt nicht viel von meinem Leben, hast
gerade nur ein Stück von seiner Schale
durch eine Hecke schimmern sehn im Schatten.
Ich wollt, du sähest in den Kern davon:
so völlig als den Boden untern Füßen,
hab ich Gemeines von mir abgetan.

Scheint dir das leicht, weil ich schon alt genug bin?
Freilich, mir sind auch Freunde schon gestorben –,
dir höchstens die Großeltern –, viele Freunde,
und die noch leben, wo sind die zerstreut?
An ihnen hing der längst verlernte Schauer
der jungen Nächte, jener Abendstunden,
in denen eine unbestimmte Angst
mit einem ungeheuren, dumpfen Glück
sich mengte, und der Duft von jungem Haar
mit dunklem Wind, der von den Sternen kam.
—————————————————————
Der Glanz, der auf den bunten Städten lag,
der blaue Duft der Ferne, das ist weg,
ich fänd es nicht, wenn ich auch suchen ginge.
Allein im Innern, wenn ich rufe, kommts,
ergreift die Seele, und mir ist, es könnte
auch deine –
Er wechselt den Ton
Weißt du den Tag, an dem du tanzen mußtest
vor deines Vaters Gästen, wie? Ein Lächeln
blieb immerfort auf deinen Lippen, schöner
als jedes Perlenband und trauriger
als meiner Mutter Lächeln, das du nie
gesehen hast. Der Tanz hat alle Schuld:
dies Lächeln und der Tanz, die beiden waren
verflochten wie die wundervollen Finger
traumhafter Möglichkeiten. Möchtest du,
sie wären nie gewesen, da sies sind,
die schuld sind, meine Frau, daß du hier stehst?
SOBEIDE *in einem Ton, in welchem man hört, wie die Stimme die Zähne berührt*
Befiehlst du, daß ich tanzen solle, oder
befiehlst du etwas andres?
KAUFMANN   Meine Frau,
wie sonderbar und wild sprichst du mit mir?
SOBEIDE
Wild? Hart, kann sein: mein Schicksal ist nicht weich.
Du redest wie ein guter Mensch, so sei

so gut und rede heute nicht mit mir!
Ich bin dein Ding, so nimm mich für dein Ding,
und laß mich wie ein Ding auch meinen Mund
vergraben tragen und nach innen reden!
*Sie weint lautlos, mit zusammengepreßten Lippen, das Gesicht
gegen das Dunkel gewandt.*
KAUFMANN
So stille Tränen und so viele! Dies
ist nicht der Schauer, drin der Krampf der Jugend
sich löst. Hier ist ein Tieferes zu stillen
als angeborne Starrheit scheuer Seelen.
SOBEIDE
Herr, wenn du in der Nacht erwachst und mich
so weinen hörst aus meinem Schlaf heraus,
dann weck mich auf! Dann tu ich, was dein Recht
ist, mir zu wehren, denn dann träume ich
in deinem Bett von einem andren Mann
und sehne mich nach ihm, das ziemt mir nicht,
mich schaudert vor mir selber, es zu denken:
versprich mir, daß du mich dann wecken wirst!
Pause.
Der Kaufmann schweigt: tiefe Erregung färbt sein Gesicht dunkel
Du fragst nicht, wer es ist? Ist dirs so gleich?
Nein? Dein Gesicht ist dunkel, und dein Atem
geht schwer? So will ich selber dir es sagen:
du hast ihn hie und da bei uns gesehn,
sein Name ist Ganem – des Schalnassar Sohn,
des Teppichhändlers – und ich kannte ihn
drei Jahre lang. Doch nun seit einem Jahr
hab ich ihn nicht gesehn.
Dies sag ich dir, dies letzte geb ich preis,
weil ichs nicht leide, daß ein Bodensatz
von Heimlichkeit und Lüge in mir bleibt:
ob dus erfährst, ist gleich: ich bin kein Becher,
für rein gekauft und giftger Grünspan drin,
der seinen Boden frißt – und dann, damit
du mir ersparst, in meinem Haus als Gast
ihn etwa oft zu sehn, denn das ertrüg ich schwer.

KAUFMANN *drohend, aber schnell von Zorn und Schmerz erstickt*
Du! du hast... du hast...
Er schlägt die Hände vors Gesicht.

SOBEIDE
So weinst du auch an deinem Hochzeitstag?
Hab ich dir einen Traum verdorben? Sieh,
du sagst, ich bin so jung, und das, und das –
Zeigt auf Haar und Wangen
ist wirklich jung, doch innen bin ich müd,
so müd, es gibt kein Wort, das sagen kann,
wie müd und wie gealtert vor der Zeit.
Wir sind gleich alt, vielleicht bist du noch jünger.
Du hast mir im Gespräch einmal gesagt:
seitdem ich lebe, diese ganze Zeit
wär dir beinahe nur in deinen Gärten
dahingegangen und im stillen Turm,
den du gebaut, den Sternen nachzuschauen.
An diesem Tage hielt ich es in mir
zum erstenmal für denkbar, deinen Wunsch
und meines Vaters, das wars noch viel mehr,
ja... zu erfüllen. Denn mir schien, die Luft
im Haus bei dir müßt etwas Leichtes haben,
so leicht! so ohne Last! und die bei mir
war so beladen mit Erinnerung,
der luftige Leib schlafloser Nächte schwamm
darin umher, an allen Wänden hing
die Last der immer wieder durchgedachten,
verblaßten, jetzt schon toten Möglichkeiten;
die Blicke meiner Eltern lagen immer
auf mir, ihr ganzes Leben... viel zu gut
verstand ich jedes Zucken ihrer Augen,
und über allem diesem war der Druck
von deinem Willen, der sich über mich
wie eine Decke schweren Schlafes legte.
Es war gemein, daß ich mich endlich gab:
ich such kein andres Wort, doch das Gemeine
ist stark, das ganze Leben voll davon:
wie konnt ichs unter meine Füße bringen,
da ich darinnen war bis an den Hals?

KAUFMANN
So wie ein böser Alpdruck lag mein Wunsch
auf deiner Brust! so hassest du mich doch...
SOBEIDE
Ich haß dich nicht, ich hab zu hassen nicht
gelernt, vom Lieben nur den Anfang erst,
der brach dann ab, doch kann ich andre Dinge
schon besser, als: mit Lächeln, wie du weißt,
zu tanzen, wenn mir schwerer als ein Stein
das Herz drin hing, und jedem schweren Tag
entgegen, jedem Übel ins Gesicht
zu lächeln: alle Kraft von meiner Jugend
ging auf in diesem Lächeln, doch ich triebs
bis an das Ende, und nun steh ich da.
KAUFMANN
Dies alles hängt nur schattenhaft zusammen.
SOBEIDE
Wie dies zusammenhängt, daß ich lächeln mußte
und endlich deine Frau geworden bin?
Willst du das wissen? muß ich dir das sagen?
So weißt du, weil du reich bist, gar so wenig
vom Leben, hast nur Augen für die Sterne
und deine Blumen in erwärmten Häusern?
Merk, so hängt dies zusammen: arm war mein Vater,
nicht immer arm, viel schlimmer: arm geworden,
und vieler Leute Schuldner, doch am meisten
der deine; und von meinem Lächeln lebte
die kummervolle Seele meines Vaters,
wie andrer Leute Herz von andren Lügen.
Die letzten Jahre, seit du uns besuchst,
da konnt ichs schon, vorher war meine Schulzeit.
KAUFMANN
Meine Frau geworden!
Sie hätt sich ebenso mit einer Schere
die Adern aufgetan und in ein Bad
mit ihrem Blut ihr Leben rinnen lassen,
wär das der Preis gewesen, ihren Vater
von seinem großen Gläubiger zu lösen!
... So wird ein Wunsch erfüllt!

SOBEIDE
  Nimms nicht so hart. Das Leben ist nun so.
  Ich selber nehms schon wie im halben Traum.
  Wie einer, wenn er krank ist, nicht mehr recht
  vergleichen kann und nicht mehr sich entsinnen,
  wie er am letzten Tag dies angesehen,
  und was er dann gefürchtet und gehofft:
  er hat den Blick von gestern schon nicht mehr...
  so, wenn wir in die große Krankheit »Leben«
  recht tief hineingekommen sind. Ich weiß
  kaum selber mehr, wie stark ich manche Dinge
  gefürchtet, andere wie sehr ersehnt,
  und manches was mir einfällt, ist mir so,
  als wärs das Schicksal einer andern Frau,
  grad etwas, das ich weiß, doch nicht das meine.
  Schau, meine Art ist bitter, doch nicht schlimm:
  war ich im ersten Augenblick zu wild,
  so wird auch kein Betrug dabei sein, wenn ich
  sanft sitzen werd und deinen Gärtnern zusehn.
  Mein Kopf ist abgemüdet. Mir wird schwindlig,
  wenn ich zwei Dinge in mir halten soll,
  die miteinander streiten. Viel zu lang
  hab ich das tuen müssen. Ich will Ruh!
  Die gibst du mir, dafür bin ich dir dankbar.
  Denk nicht, das wäre wenig: furchtbar schwach
  ist alles, was auf zweifelhaftem Grund
  aufwächst. Doch hier ist nichts als Sicherheit.
KAUFMANN
  Und dieser Mensch?
SOBEIDE
                     Auch das nimm nicht so schwer.
  Schwer wars zu nehmen, hätt ich dirs verschwiegen;
  nun hab ichs hergegeben. Laß es nun!
KAUFMANN
  Du bist nicht los von ihm!
SOBEIDE
                             Meinst du? Was heißt
  denn »los«? Die Dinge haben keinen Halt,
  als nur in unserm Willen, sie zu halten.
  Das ist vorbei.
  Handbewegung.

KAUFMANN *nach einer Pause*
              Du warst ihm, was er dir?
Sobeide nickt.
KAUFMANN
Wie aber, wie nur denn ist dies gekommen,
daß dich zur Frau nicht er –
SOBEIDE   Wir waren arm!
Nein, mehr als arm, du weißts. Sein Vater auch.
Auch arm. Dazu ein harter, düstrer Mensch,
wie meiner allzu weich, und auf ihm lastend,
so wie der meinige auf mir. Das Ganze
viel leichter zu erleben, als mit Worten
zu sagen. Alles ging durch Jahre hin.
Wir waren Kinder, als es anging, müde
am End wie Füllen, die man allzu früh
am Acker braucht vor schweren Erntewagen.
KAUFMANN
Es ist zu sagen: das kann nicht so sein,
das mit dem Vater. Diesen Schalnassar,
den Teppichhändler, kenn ich. Nun, es ist
ein alter Mensch; von ihm mag Gutes reden,
wer will, ich nicht. Ein schlechter alter Mensch!
SOBEIDE
Kann sein, gleichviel! Ihm ists der Vater eben.
Ich hab ihn nie gesehn. Er sieht ihn so.
Er nennt ihn krank, wird traurig, wenn er redet
von ihm. Deswegen hab ich ihn auch nie
gesehn, das heißt, seit meiner Kinderzeit,
und da nur hie und da am Fenster lehnen.
KAUFMANN
Doch gar nicht arm, nichts weniger als arm!
SOBEIDE *ihrer Sache völlig sicher, traurig lächelnd*
Meinst du, dann stünd ich hier?
KAUFMANN   Und er?
SOBEIDE
Wie, er?
KAUFMANN
          Er ließ dich deutlich sehn,

daß ihm unmöglich schien, was er und du
durch Jahre wünschtet und lang möglich hieltet?
SOBEIDE
Da es unmöglich war!... und dann, zudem
»durch Jahre wünschtet« – alle diese Dinge
sind anders, und die Worte, die wir brauchen,
sind wieder anders. Hier ist dies gereift,
und hier vermodert. Augenblicke gibts,
die Wangen haben, brennend wie die Sonnen –
und irgendwo schwebt ein uneingestanden
Geständnis, irgendwo zergeht in Luft
der Widerhall von einem Ruf, der nie
gerufen wurde; irgend etwas flüstert:
»Ich gab mich ihm«, merk: in Gedanken! »gab« –
der nächste Augenblick schluckt alles ein,
so wie die Nacht den Blitz... Wie alles anfing
und endete? Nun so: ich tat die Lippen
nicht auf und bald auch meine Augenlider nicht,
und er –
KAUFMANN
   Wie war denn er?
SOBEIDE   Mich dünkt, sehr vornehm.
Wie einer, der im Andern selbst sein Bild
zerstören will, dem Andern Schmerz zu sparen –
ganz ungleich, nicht so gütig mehr wie sonst
– die größte Güte lag drin, so zu sein –,
zerrissen, voll von einem Spott, der ihm
im Innern weher tat vielleicht als mir,
wie ein Schauspieler manches Mal, so seltsam
voll Absicht. Andre Male wieder so
von meiner Zukunft redend, von der Zeit,
da ich mit einem Anderen –
KAUFMANN *heftig*   Mit mir?
SOBEIDE *kalt*
Mit irgendeinem Anderen vermählt,
so redend, wie er wußte, daß ich nie
ertragen würde, daß es sich gestalte.
So wenig, als er selbst es eine Stunde

ertrüge, denn er gab sich nur den Schein,
mein Wesen kennend, wissend, daß ich so
mit mindren Schmerzen mich losmachen würde,
sobald ich irr an ihm geworden wäre.

Es war zu künstlich, aber welche Güte
lag drin.
KAUFMANN
     Sehr große Güte, wenn es wirklich
nichts war, als nur ein angenommner Schein.
SOBEIDE *heftig*
Mein Mann, ich bitte, dieses eine bitt ich
von dir: verstöre unser Leben nicht:
es ist noch blind und klein wie junge Vögel:
mit einer solchen Rede kannst dus töten!
Nicht eine schlechte Frau werd ich dir sein:
ich meine, langsam finde ich vielleicht
in andern Dingen etwas von dem Glück,
nach dem ich meine Hände streckte, meinend,
es wär ein Land ganz voll damit, die Luft,
der Boden! und man könnte dort hinein:
jetzt weiß ich schon, ich sollte nicht hinein...
Ich werde dann beinahe glücklich sein,
und alle Sehnsucht ohne Schmerz verteilt
an Gegenwart und an Vergangenheit
wie helle Sonne in den lichten Bäumen,
und wie ein leichter Himmel hinterm Garten
die Zukunft: leer, doch alles voller Licht...
Nur werden muß mans lassen:
jetzt ist noch alles voll Verworrenheit,
du mußt mir helfen, das darf nicht geschehn,
daß du mit einem falschen Wort dies Leben
zu stark an mein vergangnes knüpfst: sie müssen
geschieden sein durch eine gläserne,
luftlose Mauer wie in einem Traum.
Am Fenster
Der Abend darf nicht kommen, der mich hier
an diesem Fenster fände ohne dich:

– schon nicht zu Haus zu sein, nicht aus dem Fenster
von meiner Mädchenkammer in die Nacht
hinauszuschaun, hat eine sonderbare,
gefährliche, verwirrende Gewalt:
als läg ich auf der Straße, niemands eigen,
so meine Herrin, wie noch nie im Traum!
Ein Mädchenleben ist viel mehr beherrscht
von einem Druck der Luft als du begreifst,
dem Freisein das Natürliche erscheint.
Der Abend darf nie kommen, wo ich hier
so stünde, aller Druck der schweren Schatten,
der Eltern Augen, alles hinter mir,
im dunklen Vorhang hinter mir verwühlt,
und diese Landschaft mit den goldnen Sternen,
dem schwachen Wind, den Büschen so vor mir!
Immer erregter
Der Abend darf nie kommen, wo ich dies
mit solchen Augen sähe, die mir sagten:
Hier liegt ein Weg, er schimmert weiß im Mond:
bevor der schwache Wind die nächste Wolke
dem Mond entgegentreibt, kann den ein Mensch
zu Ende laufen, zwischen Hecken hin,
dann aber einen Kreuzweg, einen Rain
im Schatten dann vom hohen Mais, zuletzt
in einem Garten! und dann hätt er schon
die Hand an einem Vorhang, hinter dem
ist alles: Küssen, Lachen, alles Glück
der Welt so durcheinander hingewirrt
wie Knäuel goldner Wolle, solches Glück,
davon ein Tropfen auf verbrannten Lippen
genügt, so leicht zu sein wie eine Flamme,
und gar nichts Schweres mehr zu sehen, nichts
mehr zu begreifen von der Häßlichkeit!
Fast schreiend
Der Abend darf nie kommen, der mit tausend
gelösten Zungen schreit: Warum denn nicht?
warum bist du ihn nicht in einer Nacht
gelaufen? Deine Füße waren jung,

dein Atem stark genug, was hast du ihn
gespart, damit dir reichlich überbleibt,
in deine Kissen nachts hineinzuweinen?
*Sie kehrt dem Fenster den Rücken, klammert sich an den Tisch,
sinkt in sich zusammen und bleibt auf den Knien liegen, das Gesicht an den Tisch gedrückt, den Leib vom Weinen durchschüttert.
Lange Pause*

KAUFMANN
Und wenn ich dir die erste Tür auftäte,
die einzige verschloßne auf dem Weg?
*Er tuts; durch die geöffnete kleine Tür in den Garten rechts fällt
Mond herein.*

SOBEIDE *auf den Knien, beim Tisch*
Bist du so grausam, in der ersten Stunde
ein abgeschmacktes Spiel aus meinem Weinen
zu machen, bist du so, mich recht zu höhnen?
so stolz darauf, daß du mich sicher hältst?

KAUFMANN *mit aller Beherrschung*
Ich hätte sehr gewünscht, du hättest anders
gelernt von mir zu denken, doch dazu
ist jetzt nicht Zeit.
Dein Vater, wenns das ist, was dich so drückt,
dein Vater ist mir nichts mehr schuldig, vielmehr
ist zwischen mir und ihm seit kurzer Zeit
dergleichen abgemacht, wovon ihm Vorteil
und damit hoffentlich ein später Schimmer
von Freudigkeit erwächst.
Sie hat sich auf den Knien, zuhörend, ihm näher geschoben.
                        Du könntest also –
du kannst, ich meine, wenn es dieses war,
was dich am meisten lähmte, wenn du hier,
in einem – fremden Haus, den Mut des Lebens,
der dir verloren war, neu eingeatmet,
dich wie aus einem schweren Traum zur Hälfte
aufrichtest, und es diese Tür hier ist,
von der du fühlst, sie führt zum wachen Leben:
so geb ich dir vor Gott und diesen Sternen
den Urlaub, hinzugehn, wohin du willst.

SOBEIDE *immer auf den Knien*
Wie?
KAUFMANN
Ich seh in dir so wenig meine Frau
als sonst in einem Mädchen, das, vor Sturm,
vor Räubern von der Straße, sich zu schützen
für kurz hier in mein Haus getreten wäre,
und spreche mir mein Recht ab über dich,
so wie mir keines zusteht über eine,
die solcher Zufall in mein Haus verschlüge.
SOBEIDE
Was sagst du da?
KAUFMANN Ich sage, du bist frei,
durch diese Tür zu gehn, wohin du willst:
frei wie der Wind, die Biene und das Wasser.
SOBEIDE *halb aufgerichtet.*
Zu gehn?
KAUFMANN Zu gehn.
SOBEIDE Wohin ich will?
KAUFMANN Wohin
du willst, zu welcher Zeit du willst.
SOBEIDE *noch immer betäubt, jetzt an der Tür*
                              Jetzt?! hier?!
KAUFMANN
Jetzt, so wie später. Hier, wie anderswo.
SOBEIDE *zweifelnd*
Doch zu den Eltern nur?
KAUFMANN *in stärkerem Tone*
                    Wohin du willst.
SOBEIDE *zwischen Lachen und Weinen*
Das tust du mir? Das hab ich nie im Traum
gewagt zu denken, nie im tollsten Traum
wär ich auf meinen Knien mit dieser Bitte
Sie fällt vor ihm auf die Knie
zu dir gekrochen, um dein Lachen nicht
zu sehn bei solchem Wahnsinn... und du tusts,
du tust es! Du! Du guter, guter Mensch!
Er hebt sie sanft auf, sie steht verwirrt.

KAUFMANN *sich abwendend*
  Wann willst du gehen?
SOBEIDE   Jetzt! im Augenblick!
  Oh, sei nicht zornig, denk nicht schlecht von mir!
  Sag selber: kann ich denn die Nacht bei dir,
  bei einem Fremden bleiben? muß ich nicht
  sogleich zu ihm, gehör ich ihm denn nicht?
  Wie darf sein Gut in einem fremden Haus
  die Nacht verweilen, als wärs herrenlos?
KAUFMANN *bitter*
  Gehörst ihm schon?
SOBEIDE   Herr, eine rechte Frau
  ist niemals ohne Herrn: von ihrem Vater
  nimmt sie der Gatte, dem gehört sie dann,
  sei er lebendig oder in der Erde;
  der nächste und der letzte ist der Tod.
KAUFMANN
  So willst du nicht, zumindest bis zum Tag,
  zurück zu deinen Eltern?
SOBEIDE   Nein, mein Lieber.
  Das ist vorbei. Mein Weg ist nun einmal
  nicht der gemeine: diese Stunde trennt
  mich völlig ab von mädchenhaften Dingen.
  So laß mich ihn in dieser einen Nacht
  auch bis ans Ende gehn, daß alles später
  mir wie ein Traum erscheint, und ich mich nie
  zu schämen brauch.
KAUFMANN   So geh!
SOBEIDE   Ich tu dir weh?
Kaufmann wendet sich ab.
SOBEIDE
  Erlaub, daß ich aus diesem Becher trinke.
KAUFMANN
  Er ist von meiner Mutter, nimm ihn dir.
SOBEIDE
  Ich kann nicht, Herr. Doch trinken laß mich draus.
Sie trinkt.

KAUFMANN
 Trink dies und sei dir nie im Leben not,
 aus einem Becher deinen Durst zu löschen,
 der minder rein als der.
SOBEIDE   Leb wohl.
KAUFMANN   Leb wohl.
Sie ist schon auf der Schwelle
 Hast du nicht Furcht? Du bist noch nie allein
 gegangen. Wir sind außerhalb der Stadt.
SOBEIDE
 Mein Lieber, mir ist über alle Furcht
 und leichter, als noch je am hellen Tage.
 Sie geht.
KAUFMANN *nachdem er ihr lange nachgesehen, mit einer schmerzlichen Bewegung*
 Als zög jetzt etwas seine stillen Wurzeln
 aus meiner Brust, ihr hinterdrein zu fliegen,
 und in die leeren Höhlen träte Luft!
 Vom Fenster wegtretend
 Scheint sie mir nicht im Grund jetzt minder schön,
 so hastig, gar so gierig, hinzulaufen,
 wo sie kaum weiß, ob einer auf sie wartet!
 Nein: ihre Jugend muß ich nur recht fassen,
 ganz eins mit allem Schönen ist auch dies,
 und diese Hast steht diesem Wesen so,
 wie schönen Blumen ihre stummen Mienen.
 Pause
 Ich glaube, was ich tat, ist einer Art
 mit dem, wie ich den Lauf der Welt erkenne:
 Ich will nicht andere Gedanken haben,
 wenn ich die hohen Sterne kreisen seh,
 und andre, wenn ein junges Weib vor mir steht.
 Was dort die Wahrheit, muß es hier auch sein.
 Auch ist zu sagen, wenn es diese Frau,
 wenn dieses Kind es nicht ertragen kann,
 zwei Dinge gleichzeitig in sich zu halten,
 von denen eins das andre Lügen straft,
 soll ich es können, mit der Tat verleugnen,

was ich mit der Vernunft und dumpfer Ahnung
dem Ungeheuren abgelernt, das draußen
sich auftürmt von der Erde zu den Sternen?
Ich nenn es Leben, jenes Ungeheure,
und Leben ist auch dies, wer dürft es trennen?
Was ist denn Reifsein, wenn nicht: ein Gesetz
für sich und für die Sterne anerkennen!
Jetzt gab mir also mein Geschick den Wink,
so einsam fortzuleben, wie bis nun,
und – kommt einmal das Letzte, ohne Erben
und keine Hand in meiner Hand, zu sterben.

Verwandlung.

II

Ein getäfelter Raum im Haus des Schalnassar. Links rückwärts kommt die Treppe herauf, rechts rückwärts steigt sie empor, eng und steil. In Stockhöhe läuft eine Galerie aus durchbrochenem Holzwerk mit Öffnungen, inneren Balkonen, um die ganze Bühne. Offene Ampeln. Links und rechts vorne Türen mit Vorhängen. An der linken Wand eine niedrige Bank zum Sitzen, weiter rückwärts ein Tisch mit Sitzen.
Auf der Sitzbank neben der Tür links sitzt der alte Schalnassar, in seinen Mantel gewickelt. Vor ihm steht ein junger Mensch, der verarmte Kaufmann.

SCHALNASSAR
Wär ich so reich, als Ihr mich haltet – wahrlich,
ich bins nicht, weit davon entfernt, mein Lieber –,
ich könnt Euch dennoch diesen Aufschub nicht
gewähren, wirklich, Freund, um Euretwillen:
allzu nachsichtge Gläubiger sind, bei Gott,
des Schuldners Untergang.
DER SCHULDNER   Schalnassar, hört mich!
SCHALNASSAR
Nichts mehr! Ich kann nichts hören! Meine Taubheit
wächst immerfort mit Euren Reden. Geht!
Geht nur nach Haus: bedenkt, Euch einzuschränken:
Ich kenn Eur Haus, Ihr habt viel Ungeziefer,
Dienstboten mein ich. Drückt den Aufwand nieder,
den Eure Frau Euch macht: er schickt sich nicht
für Eure Lage. Was? ich bin nicht da,
Euch zu beraten! Geht nach Hause, sag ich.
DER SCHULDNER
Ich wollte schon, mein Herz läßt mich nicht gehn,
dies Herz, das so aufschwillt! Nach Haus! Mir ist
die Tür von meinem Haus schon so verhaßt!
Ich kann nicht durch, daß nicht ein Gläubiger
den Weg mir sperrte.

SCHALNASSAR   Welch ein Narr wart Ihr!
Geht heim zu Eurer schönen Frau, so geht!
Geht hin! Setzt Kinder in die Welt! Verhungert!
*Klatscht in die Hände. Der armenische Sklave kommt die Stiege
herauf. Schalnassar flüstert mit ihm, ohne den andern zu beachten.*
DER SCHULDNER
Nicht fünfzig Goldstück hab ich in der Welt!
Dienstboten, sagtet Ihr? Ein altes Weib,
die Wasser trägt, sonst nichts! Und die, wie lang noch?
Kein armer Teufel, den Almosen füttert,
ist elend dran wie ich: ich hab gekannt
die Süßigkeit des Reichtums: jede Nacht
hab ich geschlafen, und Zufriedenheit
war rings um meinen Kopf, und süß der Morgen.
Doch still! sie liebt mich noch, und mein Zusammenbruch
ist ganz vergoldet! Oh, sie ist mein Weib!
SCHALNASSAR
Ich bitt Euch, geht, ich muß die Lampen brennen,
solang Ihr hier herumsteht!
Zu dem armenischen Sklaven Geh mit ihm.
Da sind die Schlüssel.
DER SCHULDNER *seine Angst überwindend*
                  Guter Schalnassar!
Ich wollt Euch nicht um einen Aufschub bitten!
SCHALNASSAR
Wie? meine Taubheit spiegelt mir was vor?
DER SCHULDNER
Nein, wirklich!
SCHALNASSAR   Sondern?
DER SCHULDNER   Um ein neues Darlehn!
SCHALNASSAR *wütend*
Was wollt Ihr?
DER SCHULDNER Nein, ich will ja nicht, ich muß!
Du hast sie nie gesehn, du mußt sie sehn!
Mein schweres Herz hört auf, so dumpf zu pochen
und hüpft vor Freude, wenn mein Aug sie sieht.
Immer erregter

Dies alles muß sich wenden! Ihre Glieder
sind für den Dienst der Zärtlichkeit geschaffen,
nicht für die wilden Klauen der Verzweiflung!
Sie kann nicht betteln gehn mit solchem Haar!
Ihr Mund ist ganz so stolz als süß: das Schicksal
will mich nur überlisten – doch ich lache –
wenn du sie sähest, alter Mann –

SCHALNASSAR   Das will ich!
Sagt ihr: der alte Mann, von dessen Gold
ihr junger Mann so abhängt – merkt Euch, sagt:
der gute alte Mann, der schwache Greis –,
verlangte, sie zu sehn. Sagt: alte Männer
sind kindisch: warum sollt es der nicht sein?
Doch ein Besuch ist wenig. Sagt ihr noch:
es ist beinah ein Grab, das sie besucht,
ein Grab, das grad noch atmet. Wollt Ihr das?

DER SCHULDNER
Ich hörte sagen, daß Ihr Euer Gold
anbetet wie was Heiliges, und zunächst dann
den Anblick von gequälten Menschen liebt
und Mienen, die den Schmerz der Seele spiegeln.
Doch seid Ihr alt, habt Söhne, und ich glaub nicht,
daß diese bösen Dinge wahr sind. Drum
will ich ihrs sagen, und wenn sie mich fragt,
wie mir das deucht, so will ich sagen: »Liebste,
nur wunderlich, nicht schlimm!« – Lebt wohl, doch laßt,
wenn Euer Wunsch gewährt ist, die Erfüllung
des meinen, Schalnassar, nicht lange anstehn!

Der Schuldner und der armenische Sklave gehen ab, die Stiege hinab.

SCHALNASSAR *allein. Er steht auf, dehnt sich, scheint nun viel größer*
Ein süßer Narr ist das, ein süßer Schwätzer!
»Hört, alter Mann!« – »Ich bitt Euch, alter Mann!«
Ich hörte sagen, seine Frau ist schön
und hat so feuerfarbnes Haar, darin
die Hände, wenn sie wühlen, Glut und Wellen
zugleich zu spüren meinen. Kommt sie nicht,

so soll sie lernen, auf der nackten Streu
zu schlafen!...
                ... Schlafenszeit wär nun für mich!
Man sagt, Genesne brauchen langen Schlaf.
Allein, bin ich schon taub, so will ich taub sein
für solche Weisheit. Schlafen ist nichts andres
als voraus sterben. Ich will meine Nächte
zugießen noch den Tagen, die mir bleiben.
Freigebig will ich sein, wos mir gefällt:
der Gülistane will ich heute abend
mehr schenken, als sie träumt. Dies gibt den Vorwand,
daß sie die Kammer tauscht und eine größre
bezieht, die näher meiner. Wenn sies tut,
soll Saft von Nelken, Veilchen oder Rosen
ihr Bad sein, Gold und Bernstein soll sie trinken,
bis sich das Dach in tollem Schwindel dreht.
Er klatscht in die Hände, ein Sklave kommt, er geht links ab, der Sklave folgt ihm.
Gülistane kommt die Treppe links rückwärts herauf, hinter ihr eine alte Sklavin. Ganem beugt sich spähend oben aus einer Nische vor, kommt die Treppe rechts rückwärts herab.
GANEM *nimmt sie bei der Hand*
Mein Traum! wo kommst du her? Ich lag so lang und
                                                    lauerte.
Die alte Sklavin steigt die Treppe hinauf.
GÜLISTANE
Ich? aus dem Bade steig ich
und geh in meine Kammer.
GANEM   Wie du funkelst
vom Bad!
GÜLISTANE Mein Bad war flüssig glühndes Silber
vom Mond.
GANEM   Wär ich der Bäume einer, die dort stehn,
ich würf mein ganzes Laubwerk bebend ab
und spräng zu dir! O wär ich hier der Herr!
GÜLISTANE
Ja, wärest du! Dein Vater ist sehr wohl.
Er bat mich, heut zur Nacht mit ihm zu speisen.

GANEM
Verdammte Kunst, die dieses Blut erweckte,
das schon so nahe am Erstarren war.
Ich sah ihn diesen Morgen mit dir reden.
Was wars?
GÜLISTANE Ich habs gesagt.
GANEM
Sag, wars nicht mehr? Du lügst! es war noch mehr!
GÜLISTANE
Er fragte –
GANEM Was? Doch still, die Wände hören.
Sie flüstert.
GANEM
Geliebtes!
Indes du redest, reift in mir ein Plan,
höchst wundervoll, merk auf! und so begründet:
er ist nur mehr der Schatten seines Selbst,
er steht noch drohend da, doch seine Füße
sind Lehm. Sein Zorn ist Donner ohne Blitz,
und – merk wohl – all seine Begehrlichkeit
ist nichts als Prahlerei des Alters.
GÜLISTANE Nun,
was gründest du auf dies?
GANEM Die größte Hoffnung.
Er flüstert.
GÜLISTANE
Allein dies Gift –
gesetzt, es gäbe eins mit solcher Wirkung:
dem Geist nur tödlich und dem Körper spurlos –
dies Gift verkauft dir niemand!
GANEM Nein, kein Mann,
doch eine Frau –
GÜLISTANE Um welchen Preis?
GANEM Um den,
daß sie vermählt mich wähnt und zu besitzen
mich wähnt – nachher.
GÜLISTANE Dies machst du keine glauben.

GANEM
Es gibt schon lange eine, die dies glaubt.
GÜLISTANE
Du lügst: gerade, sprachst du, wär der Plan gereift,
nun aber sagst du: lange gibts schon eine.
GANEM
Die gibts: ich hab in dieses Lügennetz
sie eingesponnen, eh ich recht gewußt,
zu welchem Ende. Heute ist mirs klar.
GÜLISTANE
Wer ists?
GANEM   Des ärmlichsten Pastetenbäckers
hinkende Tochter, in der letzten Gasse
des Schifferviertels.
GÜLISTANE   Wer?
GANEM
Was tut ein Name? Ihre Augen hingen
so hündisch bang an mir, wenn ich vorbeiging:
es war von den Gesichtern, die mich reizen,
weil sie die Lüge so begierig trinken
und solche Träumereien aus sich spinnen!
Und so blieb ich dort stehn und sprach sie an.
GÜLISTANE
Und wer schafft ihr das Gift?
GANEM   Das tut ihr Vater,
indem ers dort verwahrt, von wo sies stiehlt.
GÜLISTANE
Wie? ein Pastetenbäcker?
GANEM   Doch sehr arm
und sehr geschickt – jedoch für keinen Preis
von uns zu kaufen: denn er ist von denen,
die heimlich einen Teil der heiligen Bücher
verwerfen und von keiner Speise essen,
auf die von unsereinem Schatten fiel.
Ich geh zu ihr, indessen du mit ihm
zu Abend ißt.
GÜLISTANE   So hat ein jedes sein Geschäft.
GANEM
Das meine aber soll dem deinigen

die Wiederholung sparen. Ich bin früh
zurück. Brauch einen Vorwand. Geh von ihm.
Denn träf ich dich mit ihm –
GÜLISTANE *hält ihm den Mund zu*
            O still, nur still!
GANEM *bezwungen*
Wie kühl sind deine Hände, und wie glüht
zugleich dein Blut hindurch, du Zauberin!
Du hältst gefangen mich im tiefsten Turm
und fütterst mich um Mitternacht mit dem,
was deine Hunde übriglassen, schlägst mich,
läßt mich im Staube kriechen.
GÜLISTANE   Recht! und du?
GANEM *gebrochen von ihrem Blick*
Und ich?
Sieht zu Boden
        Nun eben Ganem heiß ich doch!
Ganem der Liebessklave!
Er sinkt vor ihr nieder, umschlingt ihre Füße.
GÜLISTANE   Geh nur, geh!
Ich hör den Vater, geh! Ich heiß dich gehn!
Ich will nicht, daß man uns beisammen trifft!
GANEM
Ich hab ein eitles inhaltsloses Lächeln,
das trefflich dient, ihm ins Gesicht zu sehn.
*Gülistane geht die Treppe hinauf. Der armenische Sklave kommt
von unten. Ganem wendet sich, rechts vorne abzugehen.*
DER SKLAVE
War Gülistane hier?
Ganem zuckt die Achseln.
DER SKLAVE   Doch sprachst du eben.
GANEM
Mit meinem Hund!
DER SKLAVE   So find ich sie wohl hier.
Geht hinauf.
*Die Bühne bleibt kurze Zeit leer, dann tritt von links Schalnassar
auf mit drei Sklaven, die Geräte und Schmuck tragen. Er läßt al-
les an der linken Wand niederstellen, wo ein Tisch mit niedrigen
Sitzen befindlich ist.*

SCHALNASSAR
   Hier legt dies her! hier dies! und tragt nun auf!
   Er geht an die unterste Stufe der Treppe rechts
   Ah, der Genesne, sagt man, soll der Sonne
   entgegengehn. Nun denn, ich steh schon hier,
   *Gülistane kommt die Treppe herab, er führt sie zu den
   Geschenken.*
   und weiß nichts mehr von Krankheit, als daß Perlen
   ihr Werk sind und der Bernstein, wenn sie Muscheln
   zu ihrem Sitz wählt oder Bäume. Wahrlich,
   die liegen beide da! Und hier sind Vögel
   der Seide recht lebendig eingewebt,
   wenn dirs der Mühe wert, sie anzusehen.
GÜLISTANE
   Dies ist zuviel.
SCHALNASSAR   Für einen Taubenschlag,
   doch nicht für ein Gemach, das groß genug ist,
   um unbetäubt den Duft von Rosenöl
   zu tragen, den die Krüge hier ausatmen.
GÜLISTANE
   Die wundervollen Krüge!
SCHALNASSAR   Der ist Onyx,
   der Chrysopras, wie? nicht der Rede wert.
   Für undurchdringlich gelten sie und lassen
   den Duft so durch, als wär es morsches Holz.
GÜLISTANE
   Wie dank ich dir?
   Schalnassar versteht nicht.
GÜLISTANE   Wie ich dir danken kann?
SCHALNASSAR
   Indem du alles dies
   vergeudest: diesen Tisch von Sandelholz
   und Perlmutter brauch in kühlen Nächten
   statt dürrer Zweige, dir das Bad zu wärmen,
   und achte, wie das Feuer sprüht und duftet.
   Man hört unten einen Hund anschlagen, dann mehrere.
GÜLISTANE
   Durchsichtige Gewebe!
   Hebt sie empor.

SCHALNASSAR Totes Zeug!
Ich bring dir einen Zwerg, der zwanzig Stimmen
von Menschen und von Tieren in sich hat.
Statt Papageien und Affen schenk ich dir
sehr sonderbare Menschen, Ausgeburten
von Bäumen, die sich mit der Luft vermählen.
Die singen nachts.
GÜLISTANE
Ich will dich küssen!
Das Anschlagen der Hunde wird stärker, scheint näher.
SCHALNASSAR Sag, ob junge Männer besser
verstehn zu schenken?
GÜLISTANE Was für Stümper sind die
in dieser Kunst, und welch ein Meister du!
Der armenische Sklave kommt, zupft Schalnassar am Kleide, flüstert.
SCHALNASSAR
Ein Mädchen sagst du? wohl ein Weib, doch jung,
wie? ich versteh dich nicht!
GÜLISTANE
Von welchem Weib ist da die Rede, Liebster?
SCHALNASSAR
Von keinem. »Bleib«, sprach ich zu diesem da,
und du mißhörtest mich.
Zum Sklaven Sprich hier, und leise!
DER SKLAVE
Sie ist halbtot vor Angst, ein Wegelagrer
war hinter ihr: dann rissen sie die Hunde
zu Boden. Ohne Atem fragte sie:
»Ist dies Schalnassars Haus, des Teppichhändlers?«
SCHALNASSAR
Es ist des süßen Narren Weib. Er schickt sie!
Sei still!
Geht zu Gülistane, die eine Perlenschnur um den Hals legt
 O schön! sie sind den Platz nicht wert!
Tritt wieder zu dem Sklaven.
DER SKLAVE
Sie redet auch von Ganem.

SCHALNASSAR Meinem Sohn!
Gleichviel! Sag: ist sie schön?
DER SKLAVE Mir schien sies.
SCHALNASSAR Wie?
DER SKLAVE
Allein entstellt von Angst.
GÜLISTANE Geschäfte?
SCHALNASSAR *zu ihr* Keines,
als dir zu dienen.
Greift hin, ihr die Spange am Nacken zu schließen; es gelingt ihm nicht.
GÜLISTANE Aber!
SCHALNASSAR *greift sich ans Auge*
Eine Ader
sprang mir im Aug. Ich muß dich tanzen sehn,
dann saugt das Blut sich auf.
GÜLISTANE Wie wunderlich!
SCHALNASSAR
Tus mir zulieb!
GÜLISTANE Da muß ich mir mein Haar
aufstecken.
SCHALNASSAR Steck dirs auf! Ich kann nicht leben,
solang du dich verweilst.
Gülistane geht die Treppe hinauf.
Zum Sklaven Führ sie herauf:
sag nichts als dies: hier stünde, den sie sucht.
Merk: den sie sucht, nicht mehr!
Geht auf und nieder, der Sklave ab.
So arglos ist kein Mensch, ich will nicht glauben,
daß es dergleichen Narren gibt! Was Wegelagrer!
Er schickt sie her, und was dem widerspricht,
ist aufgeschminkt.
Ich dachte nicht, daß diese Nacht dies bringt,
doch Gold treibt dieses alles aus dem Nichts!
Ich will sie hüten, wenn sie mir gefällt:
ihr eigner Mann soll ihr Gesicht nicht mehr
zu sehn bekommen! goldne Kettchen leg ich
um ihre Knöchel!

Ich will mit zweien hausen und sie zähmen,
daß sie in einem Reif wie Papageien
sich schaukeln.
*Der Sklave führt Sobeide die Treppe herauf. Sie ist verstört, ihre
Augen wie erweitert, ihr Haar zerrüttet, die Perlenschnüre her-
abgerissen. Sie trägt keinen Schleier mehr.*

SCHALNASSAR Käm mein Sohn vor Ärger um!
Ei da! und wie sie sich verstellt und zittert!
Er winkt dem Sklaven, zu gehen.

SOBEIDE *sieht ihn angstvoll an*
Bist du der Schalnassar?

SCHALNASSAR Ja. Und dein Mann –

SOBEIDE
Mein Mann? wie weißt du das? bin ich denn nicht
gerade jetzt... war alles nicht heut nacht?...
Wie... oder du errätst?

SCHALNASSAR So neckisch rede
mit einem jungen Affen. Ich bin alt
und weiß, wie viel ich Macht hab über Euch.

SOBEIDE
Wohl hast du Macht, doch wirst du sie nicht brauchen,
mir wehzutun.

SCHALNASSAR Nein, beim wahrhaftgen Licht!
Doch ich bin nicht geschaffen, süß zu reden,
noch viel zu reden.
Beflißne Schmeichelei liegt hinter mir:
der Mund, der einer Frucht den Saft aussaugt,
ist stumm. Und dies ist das Geschäft des Herbstes.
Mag immerhin der Frühling süßer duften,
der Herbst verlacht den Frühling! Sieh nicht so
auf meine Hand. Weil sie voll Adern ist,
Gerank, darin der Lebenssaft erstarrt –,
oh, sie ergreift dich noch und kann dich halten!
Schon weh! ich wills mit einer Perlenschnur
umwickeln, komm!
Will sie fortziehen.

SOBEIDE *macht sich los*
Erbarm dich meiner, du, mein armer Kopf

ist ganz zerrüttet! Redest du mit mir?
Sag, du bist trunken oder willst mich narren!
Weißt du denn, wer ich bin? Doch ja, du sprachest
von meinem Mann! Heut war mein Hochzeitstag!
Weißt du das? Heut! wie ich mit ihm allein war,
mit meinem Mann, da kam es über mich,
ich weinte laut, und wie er fragte, dann
erhob ich meine Stimme gegen ihn
und sagte ihm von Ganem, deinem Sohn,
alles! ich sag dir später, wie es war.
Jetzt weiß ichs nicht. Nur dies: er hat die Tür
mir aufgetan, in Güte, nicht im Zorn,
und mir gesagt: ich bin nicht seine Frau:
ich kann hingehen, wo ich will. – So geh
und hol mir Ganem! geh und hol ihn mir!
SCHALNASSAR *greift zornig in seinen Bart*
Verdammtes Blendwerk! welcher Teufel ließ dich ein?
SOBEIDE
Die Tochter Bachtjars bin ich, lieber Herr,
des Juweliers.
SCHALNASSAR *klatscht in die Hände, der Sklave kommt*
Ruf Ganem!
SOBEIDE *unwillkürlich laut* Ruf ihn her!
SCHALNASSAR *zum Sklaven*
Hinauf die Mahlzeit! Ist der Zwerg bereit?
DER SKLAVE
Er wird gefüttert; wenn er hungrig ist,
ist er zu boshaft.
SCHALNASSAR   Gut, dies will ich ansehn.
Geht mit dem Sklaven links vorne ab.
SOBEIDE *allein*
Nun bin ich hier. Wie, fängt das Glück so an?
Ja, dies hat kommen müssen, diese Farben
kenn ich aus meinen Träumen, so gemischt.
Aus Bechern trinken wir, die uns ein Kind,
durch Blumenkränze mit den Augen leuchtend,
hinhält – doch aus den Wipfeln eines Baumes,
da fallen schwarze Tropfen in den Becher
und mischen Nacht und Tod in unsern Trunk.

Sie setzt sich auf die Bank
In alles, was wir tuen, ist die Nacht
vermengt, selbst unser Aug hat was davon:
das Schillernde in unseren Geweben
ist nur ein Einschlag, seine wahren Fäden
sind Nacht.
Der Tod ist überall: mit unsern Blicken
und unsern Worten decken wir ihn zu,
und wie die Kinder, wenn sie was verstecken
im Spiel, vergessen wir sogleich, daß wirs
nur selber sind, die ihn vor uns verstecken.
Oh, wenn wir Kinder haben, müssen sie
das alles lange, lange nicht begreifen.
Ich habs zu früh gewußt. Die schlimmen Bilder
sind immerfort in mir: sie sitzen immer
in mir wie Turteltauben in den Büschen
und schwärmen gleich hervor.
Sie sieht auf
Doch nun wird Ganem kommen! Wenn mein Herz
nur nicht mein ganzes Blut so in sich preßte.
Ich bin zum Sterben müd. Ich könnte schlafen.
Mit mühsamer Lebhaftigkeit
Ganem wird kommen! dann ist alles gut!
Sie atmet den Duft von Rosenöl und wird die kostbaren Dinge gewahr
Wie alles dies hier duftet! wie es funkelt!
Mit erschrockenem Staunen
Und da! Weh mir, dies ist des Reichtums Haus,
blödsinnige, belogne Augen, seht!
Sie erinnert sich fieberhaft
Und dieser Alte wollte Perlenschnüre
mir um die Hände winden: sie sind reich!
und »arm« war seines Mundes zweites Wort!
So log er, log nicht einmal, hundertmal!
ich sah sein Lächeln, wenn er log, ich fühls,
es würgt mich hier!
Sie sucht sich zu beruhigen
Oh! wenn er log – es gibt dergleichen Dinge,

die eine Seele zwingen! und sein Vater –
ich hab um meinen Vater viel getan! –
sein Vater dies? dies würgt mich noch viel mehr!
mutloses Herz, er kommt, und irgend etwas
enthüllt sich, alles dies begreif ich dann,
begreif ich dann –
Sie hört Schritte, blickt wild umher, dann angstvoll
                Komm! laß mich nicht allein!
Gülistane und eine alte Dienerin steigen die Treppe herab und gehen zu den Geschenken bei dem Tisch.
SOBEIDE *auffahrend*
  Ganem! bist du es nicht?
GÜLISTANE *halblaut*   Sie ist verrückt.
Sie lädt der Sklavin die Geschenke eines nach dem anderen auf die Arme.
SOBEIDE *steht in einiger Entfernung von ihr*
  Nein, Fräulein, nicht verrückt. Seid nur nicht bös.
  Die Hunde sind mir nach! zuerst ein Mensch!
  Ich bin fast tot vor Angst! Er ist mein Freund,
  er wird Euch sagen, wer ich bin. Ihr wißt nicht,
  was Angst aus einem Menschen machen kann.
  Sagt, Fräulein, fürchten wir uns denn nicht alle
  selbst vor Betrunkenen? und der war ein Mörder!
  Ich bin nicht mutig, und ich hab ihn doch
  mit einer Lüge, die mir wie der Blitz
  in meinen armen Kopf gefahren ist,
  für eine Weile weggehalten – dann
  ist er gekommen, seine Hände waren
  schon da! Habt Mitleid mit mir, seid nicht zornig.
  Ihr sitzt da an dem schönen Tisch mit Lichtern,
  ich stör euch auf. Doch seid ihr seine Freunde,
  er wird euch alles sagen. Und dann später,
  wenn wir uns sehn und Ihr mich besser kennt,
  dann lachen wir zusammen noch darüber.
Schaudernd
  Jetzt könnt ich noch nicht lachen!
GÜLISTANE *sich zu ihr umwendend*
  Wer ist dein Freund? wer wird uns alles sagen?

SOBEIDE *arglos freundlich*
  Ei, Ganem.
GÜLISTANE
  Was hast du hier für ein Geschäft?
SOBEIDE *tritt näher, sieht sie starr an* Wie, bist du nicht die Witwe
  Kamkars, des Schiffshauptmanns?
GÜLISTANE   Und du die Tochter
  Bachtjars, des Juweliers?
  Sie betrachten einander aufmerksam.
SOBEIDE   Es ist lang her,
  daß wir einander sahn.
GÜLISTANE   Was kommst du, hier
  zu tun?
SOBEIDE So lebst du hier? – Ich komm den Ganem
  Stockend
  um ein Ding fragen – dran sehr vieles hängt
  – für meinen Vater –
GÜLISTANE   Hast ihn lange nicht
  gesehn, den Ganem?
SOBEIDE   Fast ein Jahr ist das.
  Daß Kamkar starb, dein Mann, ist nun vier Jahr.
  Ich weiß den Tag. Und wie lang lebst du hier?
GÜLISTANE
  Verwandte sinds zu mir. Was kümmerts dich,
  wie lang. Zwar, eben drum: nun seit drei Jahren.
  Sobeide schweigt.
GÜLISTANE *zu der Sklavin*
  Sieh zu, daß nichts hinunterfällt! Die Matten
  hast du?
  Zu Sobeide
           Kann sein, wenn eine liegen bliebe
  und Ganem fände sie, es fiel ihm ein,
  die Wange drauf zu betten, weil mein Fuß
  darauf geruht, und was du dann auch redest,
  so wär er taub für deine Sache! Fänd er
  vielleicht die Nadel, die aus meinem Haar
  gefallen ist und etwa danach duftet:

er säh dich nicht, so hingen seine Sinne
an dieser Nadel.
Zu der Sklavin Geh, heb sie mir auf!
Ei, bück dich doch!
*Sie stößt die Sklavin, Sobeide bückt sich schnell und hält der
Sklavin die Nadel hin. Gülistane nimmt ihr die Nadel aus der
Hand und sticht nach Sobeide.*
SOBEIDE Weh, warum stichst du mich?
GÜLISTANE
Damit ich dir zuvorkomm, kleine Schlange,
geh, dein Gesicht ist solch ein eitles Nichts,
man sieht dir an, was du verbergen willst.
Geh wieder heim, ich rate dir.
Zu der Sklavin Du komm
und schlepp, soviel du kannst.
Zu Sobeide Was mein ist, merk,
das halte ich und wahr es mir vor Dieben!
Sie geht mit der Sklavin die Treppe hinauf.
SOBEIDE *allein*
Was bleibt mir nun? Wie kann das noch gut werden,
was so beginnt? Nein, nein, mein Schicksal will
mich prüfen! Was soll dieses Weib ihm sein?
Dies ist nicht Liebe, dies ist Lust, ein Ding,
das Männern nötig ist zu ihrem Leben.
Fieberhaft hastig
Er kommt und wirft dies ab mit einem Wort
und lacht mich aus. Steht auf, Erinnrungen!
jetzt oder nie bedarf ich euer! weh,
daß ich euch rufen muß in dieser Stunde!
Kommt keine seiner Mienen mir zurück?
kein unzweideutig Wort? ah, Worte, Mienen,
aus Luft gewobner Trug! ein schweres Herz
hängt sich an euch, und ihr zerreißt wie Spinnweb.
Fahr hin, Erinnerung, ich hab mein Leben
heut hinter mich geworfen, und ich steh
auf einer Kugel, die ins Ungewisse rollt!
Immer erregter
Ganem wird kommen, ja, sein erstes Wort

zerreißt die Schlinge, die mich würgen will;
er kommt und nimmt mich in den Arm – ich triefe
von Schreck und Graun anstatt von Duft und Salben –
ich schweig von allem, ich häng mich an ihn
und trink die Worte ihm vom Mund. Sein erstes,
sein erstes Wort wird alle Angst betäuben...
er lächelt alle Zweifel weg... er scheucht...
wenn aber nicht?... ich will nicht denken! will nicht!
Ganem kommt die Treppe herauf.
SOBEIDE *schreit auf*
Ganem!
Sie läuft auf ihn zu, befühlt seine Haare, sein Gesicht, fällt vor ihm nieder, drückt den Kopf an ihn, zwischen krampfhaftem Lachen und Weinen
Hier bin ich! nimm mich, nimm mich! halt mich fest!
Sei gut zu mir! Du weißt ja alles nicht!
Ich kann noch nicht... Wie schaust du mich denn an?
Sie steht wieder auf, tritt zurück, sieht ihn mit entsetzlicher Spannung an.
GANEM *bleibt vor ihr stehen*
Du?
SOBEIDE *in fliegender Eile*
  Ich gehör dir, Ganem! ich bin dein!
Frag mich jetzt nicht, wie dies gekommen ist:
dies ist der Kern von einem Labyrinth,
wir stehn nun einmal hier! Sieh mich doch an!
Er selber hat mich freigegeben! er...
mein Mann. Was wechselt dein Gesicht jetzt so?
GANEM
Um gar nichts. Tritt hierher, man hört uns etwa –
SOBEIDE
Ich fühl, es ist an meinem Wesen etwas,
das dir mißfällt. Warum verbirgst du mirs?
GANEM
Was willst du?
SOBEIDE   Ich will nichts, als dir gefallen.
Hab Nachsicht mit mir. Sag, worin ich fehle:
ich will so folgsam sein! war ich zu kühn?

Siehst du, es ist nicht meine Art: mir ist,
als hätt mich diese Nacht mit ihren Fäusten
gepackt und hergeworfen, ja, mir schaudert
vor allem, was ich dort vermocht zu reden,
und daß ich dann vermocht, den Weg zu gehn.
Mißfällt dir, daß ichs konnte?

GANEM   Warum weinst du?

SOBEIDE

Du hast die Macht, mich so veränderlich
zu machen. Ich muß lachen oder weinen,
erröten und erblassen, wie dus willst.
Ganem küßt sie.

SOBEIDE

Wenn du mich küssest, sieh mich anders an!
Nein. Ich bin deine Magd. Tu, wie du willst.
Laß mich hier lehnen. Ich will sein wie Lehm
in deinen Händen und an nichts mehr denken.
Was runzelst du die Stirn?

GANEM   Weil du nun bald schon
nach Hause mußt. Was lächelst du?

SOBEIDE   Ich weiß doch,
du willst mich nur versuchen.

GANEM   Nein, wahrhaftig,
da irrst du dich. Was meinst du denn? Ich kann dich
nicht hier behalten. Sag mir, ist dein Mann
denn über Land gereist, daß du nicht Furcht hast?

SOBEIDE

Ich bitte, hör nun auf, ich kann nicht lachen!

GANEM

Nein, ganz im Ernst: wann soll ich zu dir kommen?

SOBEIDE

Zu mir, wozu? Du siehst, ich bin doch hier:
Sieh, hier zu deinen Füßen setz ich mich:
ich hab sonst kein Daheim als wie die Streu
zur Seite deinem Hund, wenn du mich sonst
nicht betten willst. Und niemand wird mich holen!
Er hebt sie auf.

GANEM *klatscht vergnügt in die Hände*
Vortrefflich! wie du dich verstellen kannst,
wos die Gelegenheit erheischt! bei Gott,
es steht dir prächtig! und es soll uns nützen!
Jetzt wirds am freien Spielraum nicht mehr fehlen,
uns furchtlos unsrer Lust zu überlassen –
Wann soll ich zu dir kommen?
SOBEIDE *zurücktretend*
Ich bin wahnsinnig!
mein Kopf ist schuld, daß ich dich andre Worte,
als du in Wahrheit redest, reden höre!
Ganem, so hilf mir! hab Geduld mit mir!
Was ist heut für ein Tag?
GANEM   Wozu das jetzt!
SOBEIDE
Es bleibt nicht so, es ist nur von der Angst,
und weil ich in der einen Nacht zuviel
hab fühlen müssen, das hat mich zerrüttet.
Heut war mein Hochzeitstag: wie ich allein war
mit meinem Mann, hab ich geweint und ihm
gesagt, es ist um dich: er hat die Tür
mir aufgetan. –
GANEM   Ich wett, er hat die Fallsucht
und wollte frische Luft. Du bist zu närrisch!
Laß mich dein Haar auflösen und dich küssen.
Dann aber schnell nach Haus: was später kommt,
soll besser werden als der Anfang heute!
Er will sie an sich ziehen.
SOBEIDE *macht sich los, tritt zurück*
Ganem! er hat die Tür mir aufgetan
und mir gesagt, ich bin nicht seine Frau,
ich kann hingehen, wo ich will... der Vater
ist los von seinen Schulden... und mich läßt er
hingehen, wo ich will... zu dir, zu dir!
Sie bricht in Schluchzen aus
Ich lief, da war der Mensch, der mir den Schmuck
wegnahm und mich umbringen wollte – dann
die Hunde –

Mit dem Ausdruck kläglicher Verlassenheit
          und jetzt bin ich hier, bei dir!
GANEM *unaufmerksam, nach rückwärts horchend*
  Mir ist, ich hör Musik! hörst dus nicht auch –
  von unten?
SOBEIDE   Dein Gesicht und noch etwas,
  Ganem, erfüllen mich mit großer Angst –
  Hör nicht auf dies, hör mich! hör mich, ich bitte!
  Hör mich, die deinem Blick mit offner Seele
  daliegt, die ihres Blutes Flut und Ebbe
  vom Wechsel deines Angesichts empfängt:
  du hast mich einst geliebt – dies, scheint mir, ist vorbei –
  Was dann geschah, ist meine Schuld allein:
  dein Glanz schwoll an in meinem trüben Sinn
  wie Mond im Dunst – –
  Ganem horcht nach rückwärts.
SOBEIDE *immer wilder*   Gesetzt, ich war dir nichts:
  warum dann logst du? wenn ich dir was war,
  warum hast du gelogen? Sprich zu mir –
  Bin ich dir nicht der Antwort wert?
  Sonderbare Musik draußen und Stimmen.
GANEM   Bei Gott,
  es ist des Alten Stimme und die ihre!
  Die Treppe herunter kommt ein flötenspielender Zwerg und ein
  weibisch aussehender Sklave, der eine Laute spielt, voraus andere
  mit Lichtern, dann Schalnassar, auf Gülistane gestützt, zuletzt
  ein Verschnittener, mit einer Peitsche im Gürtel.
  Gülistane macht sich los, tritt nach vorne, scheinbar auf dem
  Boden etwas suchend, die anderen kommen auch nach vorne. Die
  Musik verstummt.
GÜLISTANE *über die Schulter, zu Schalnassar*
  Mir fehlt ein Büchslein, ganz von dunklem Onyx,
  mit Salbe voll. Bist du noch immer da,
  du Tochter Bachtjars! Auf, und bück dich doch,
  ob dus nicht finden kannst!
  Sobeide schweigt, sieht auf Ganem.
SCHALNASSAR   So laß und komm!
  ich schenk dir hundert andre.

GÜLISTANE   Doch die Salbe
  war ein Geheimnis!
GANEM *dicht bei Gülistane*
                          Wozu soll der Aufzug?
SCHALNASSAR
  Was kommst du nicht? wer alt ist, kann nicht warten!
  Und ihr voran! macht Lärm und tragt die Lichter!
  Betrinkt euch: was hat Nacht mit Schlaf zu tun!
  Voran bis an die Tür, dort bleibt zurück!
  Die Sklaven stellen sich wieder in Ordnung.
GANEM *wütend*
  Was Tür? an welche Tür?
SCHALNASSAR *zu Gülistane, die sich an ihn lehnt*
                          Antwort ich ihm?
  Es ist, um dir zu schmeicheln! Tu ichs nicht,
  geschiehts, um dir zu zeigen, daß mein Glück
  der Schmeichelei des Neides nicht bedarf.
GANEM *zu Gülistane*
  Sag nein! sag, daß er lügt!
GÜLISTANE   Geh, guter Ganem,
  und laß uns durch. Dein Vater ist genesen,
  darüber freun wir uns. Was stehst du finster?
  Man muß sich doch mit den Lebendgen freun,
  solang sie leben.
  Sieht ihm unter die Augen.
GANEM *reißt dem Verschnittenen die Peitsche weg*
  Wozu trägst du die Peitsche, altes Weib?
  Stieb auseinander, krüppelhafte Narrheit!
  Er schlägt auf die Musiker und die Lichter ein, wirft dann die Peitsche weg
  Schamlose Lichter, aus! und du, zu Bett,
  geschwollner Leib! ihr, aufgeblähte Adern!
  ihr, rote Augen! du, verfaulter Mund!
  fort in ein ungesellig Bett! und Nacht,
  lautlose Nacht statt unverschämter Fackeln
  und frecher Pfeifen!
  Er weist den Alten hinaus.
SCHALNASSAR *bückt sich mühsam um die Peitsche*
                          Mir die Peitsche, mir!

SOBEIDE *schreit auf*
  Sein Vater! beide, um das Weib! die beiden!
GÜLISTANE *windet dem Alten die Peitsche aus der Hand*
  Geh selber doch zu Bett, jähzorniger Ganem,
  und laß beisammen, was beisamm sein will!
  Schilt deinen Vater nicht! Ein alter Mann
  weiß richtiger zu schätzen, und ist treuer
  als eitle Jugend. Hast du nicht Gesellschaft?
  Des Bachtjar Tochter steht doch da im Dunkeln:
  ich hab oft sagen hören, sie wär schön.
  Auch weiß ich wohl, du warst verliebt in sie.
  Nun gute Nacht.
  Sie wenden sich alle zum Gehen.
GANEM *wild*   Geh nicht mit ihm!
GÜLISTANE *über die Schulter zurück*   Ich geh,
  wohin mein Herz mich heißt.
GANEM *flehend*   Geh nicht mit ihm!
GÜLISTANE
  Ei, laß uns durch! auch morgen ist ein Tag.
GANEM *an der Treppe vor ihr liegend*
  Geh nicht mit ihm!
GÜLISTANE *umgewandt* Du Tochter Bachtjars,
  so halt ihn doch! ich will ihn nicht! ich trete
  mit meinem Fuß nach seinen Händen! Du!
SOBEIDE *wie von Sinnen*
  Ja! ja! wir wollen einen Reigen tanzen!
  Gib mir die Hand! und ihm! und ich dem Alten!
  Wir wollen unser Haar auflösen: welche
  das längre Haar hat, soll den Jungen haben
  für heut – und morgen wieder umgekehrt!
  Gemeinheit hat den Thron! die Lügen triefen
  vom menschlichen Gesicht wie Gift vom Molch!
  Ich will mein Teil von eurer Lustigkeit!
  Zu Ganem, der den Hinaufsteigenden zornig nachsieht
  Hinauf! stiehl sie dem Vater aus dem Bett,
  würg ihn im Schlaf: ein Trunkner wehrt sich nicht!
  Ich seh dirs an: du stirbst, mit ihr zu liegen!
  Wenn du sie satt bist oder wechseln willst,

dann komm zu mir, wir wollen leise gehn,
mein alter Mann hat keinen tiefen Schlaf,
nicht so wie die, die dies anhören können
und schlafengehn dabei!
Sie wirft sich zu Boden Ich will dies ganze Haus
aufheulen aus dem Schlaf mit Schmach und Zorn
und Jammer...
Sie liegt stöhnend
             ... Oh, dich hab ich so geliebt,
und du zertrittst mich so!
Ein alter Sklave zeigt sich rückwärts, löscht die Lichter aus, ißt eine herabgefallene Frucht.
GANEM *schlägt jähzornig in die Hände*
Auf! schafft sie fort! hier ist ein Weib, das schreit.
Ich kenn sie kaum! sie sagt, es ist um mich!
Ihr Vater wollte sie dem reichen Mann
verkuppeln, aber sie verdreht das Ganze
und sagt, ihr Mann wär auch ein solcher Kuppler,
und der ist nur ein Narr, soviel micht dünkt.
Er tritt nahe an sie heran, mitleidig spöttisch
Ihr seid doch allzu gläubig. Doch daran
ist eure Art mehr schuld als unsre Kunst.
Nein, steh nur auf, ich will dich nicht mehr ärgern.
SOBEIDE *richtet sich auf, ihre Stimme ist hart*
So war an allem nichts, und hinter allem
ist nichts. Von allem dem werd ich nicht rein:
was heut in mich kam, kann nicht mehr heraus.
Aus anderen vielleicht. Ich bin zu müd.
Sie steht
Fort, fort! ich weiß, wohin ich geh! nur hier
hinaus!
Der alte Sklave ist langsam die Stiege hinabgegangen.
GANEM Ich halt dich nicht. Allein den Weg –
wirst du den finden? Zwar, du fandest ihn...
SOBEIDE
Den Weg! den gleichen Weg!
Sie schaudert   Der alte Mann
soll mit mir gehn. Ich hab nicht Furcht, ich will

nur nicht allein sein: erst bis wieder Tag ist –
Ganem geht nach rückwärts, holt den alten Sklaven zurück.
SOBEIDE
   Mir ist, ich trüg ein Kleid, daran die Pest
   und grauenvolle Spur von Trunkenheit
   und wilden Nächten klebte, und ich brächte
   es nicht herunter als mit meinem Leib zugleich.
   Jetzt muß ich sterben, dann ist alles gut.
   Doch schnell, bevor dies schattenhafte Denken
   an meinen Vater wieder Blut gewinnt:
   sonst wird es stark und zieht mich noch zurück,
   und ich muß weitergehn in meinem Leib.
GANEM *führt den Alten langsam vor*
   Merk auf. Dies ist des reichen Chorab Frau.
   Verstehst du mich?
DER ALTE *nickt*   Des reichen!
GANEM   Wohl. Die sollst du
   begleiten.
DER ALTE   Wie?
GANEM   Du sollst den Weg sie führen
   bis an ihr Haus.
Der Alte nickt.
SOBEIDE   Bis an die Gartenmauer.
   Von dort weiß ich allein, wohin ich soll.
   Will er das tun? Ich dank dir. Das ist gut,
   sehr gut. Komm, alter Mann, ich geh mit dir.
GANEM
   Geht hier den Gang, der Alte weiß den Weg.
SOBEIDE
   Er weiß ihn, das ist gut, sehr gut. Wir gehn.
   Sie gehen durch die Tür rechts ab. Ganem wendet sich, die Treppe hinaufzugehen.

Verwandlung.

III

Der Garten des reichen Kaufmanns. Von vorne rechts läuft die hohe Gartenmauer nach links rückwärts. In ihr ist ein kleines vergittertes Pförtchen, zu dem Stufen führen. Links verläuft sich ein gewundener Weg zwischen Bäumen. Es ist früher Morgen. Die Büsche sind mit Blüten beladen und die Wiesen stehen voller Blumen. Im Vordergrund sind der Gärtner und seine Frau beschäftigt, zarte blühende Sträucher aus einer offenen Trage zu nehmen und im ausgegrabenen Boden umzusetzen.

DER GÄRTNER
    Dort kommen schon die andern. Nein, das ist
    ein einzelner... der Herr!
DIE FRAU   Der Herr? am Morgen
    nach seiner Hochzeit vor der Sonne auf,
    im Garten und allein. Das ist kein Mann
    wie andre Männer.
DER GÄRTNER   Schweig. Er kommt hierher.
DER KAUFMANN *tritt langsam von links her auf*
    Die Stunde, wo die Sonne noch nicht auf ist
    und alle Zweige in dem toten Licht
    dahängen ohne Glanz, ist fürchterlich.
    Mir ist, als säh ich diese ganze Welt
    zurückgestrahlt von einem grauenhaft
    entseelten Spiegel, öde wie mein innres Auge!
    O welkten alle Blumen! wär mein Garten
    ein giftiger Morast, ganz ausgefüllt
    mit den verfaulten Leibern seiner Bäume!
    und meiner mitten drunter!
    Er zerpflückt einen blühenden Zweig, dann hält er inne und läßt ihn fallen   Ei, ein Geck!
    ein alter Geck, so alt als melancholisch,
    so lächerlich als alt! ich will mich setzen
    und Kränze winden und ins Wasser weinen!

Er geht ein paar Schritte weiter, fährt wie unwillkürlich mit der Hand nach dem Herzen
O wie ist dies von Glas, und wie der Finger,
mit dem das Schicksal daran pocht, von Eisen!
Die Jahre setzen keine Ringe an
und legen keine Panzer hier herum.
Er geht wieder ein paar Schritte, stößt dabei auf den Gärtner, der seinen Strohhut abnimmt; fährt aus seinen Gedanken auf, sieht den Gärtner fragend an.
DER GÄRTNER
Dein Diener Scheriar, Herr, der dritte Gärtner.
DER KAUFMANN
Wie? Scheriar, wohl. Und diese ist dein Weib?
DER GÄRTNER
Ja, Herr.
DER KAUFMANN
    Allein sie ist um vieles jünger
wie du. Und einmal kamst du zu mir klagen,
daß sie mit einem Burschen – welcher wars?
DER GÄRTNER
Der Eseltreiber wars.
DER KAUFMANN   Da jagt ich den
aus meinem Dienst, und sie lief dir davon.
DER GÄRTNER *sich verneigend*
Du kennst die Wege aller heiligen Sterne,
doch du erinnerst dich der Raupe auch,
die einmal neben deinen Füßen kroch.
Es ist so, Herr. Doch kam sie mir zurück
und lebt seitdem mit mir.
DER KAUFMANN   Und lebt mit dir!
Der Bursche schlug sie wohl! Du aber nicht!
Er wendet sich ab, sein Ton wird bitter
Wir wollen uns nur zueinander setzen
ins Gras, und eins dem andern die Geschichte
erzählen! Lebt mit ihr! er hat sie doch!
Besitz ist alles! Welch ein Narr ist das,
der das Gemeine schmäht, da doch das Leben
gemacht ist aus Gemeinem durch und durch!
Er geht mit starken Schritten rechts vorne weg.

DIE FRAU *zum Gärtner*
Was hat er dir gesagt?
DER GÄRTNER Nichts, nichts.
Sobeide und der Kameltreiber erscheinen an dem Gittertürchen.
DIE FRAU
Du, weißt du was?
Näher kommend Schau! dort
die Frau! das ist die junge Frau
des Herrn! schau, wie verstört sie aussieht.
DER GÄRTNER Kümmer dich
um deine Sach!
DIE FRAU Schau, sie ist ohne Schleier,
und wer bei ihr ist. Schau. Das ist doch keiner
von unsern Dienern, sag?
DER GÄRTNER Ich weiß nicht.
Sobeide streckt ihren Arm durch das Gitter, nach dem Schloß suchend
DIE FRAU Du!
Sie will herein. Hast du den Schlüssel?
DER GÄRTNER *aufschauend* Wohl,
den hab ich, und da sie die Herrin ist,
so dient man ihr, eh sie den Mund auftut.
*Er geht hin und sperrt auf. Sobeide tritt ein, hinter ihr der Alte.
Der Gärtner sperrt wieder zu. Sobeide geht mit verlorenem Blick
nach vorne, der Alte hinter ihr. Der Gärtner geht an ihr vorbei,
nimmt den Strohhut ab, will wieder an seine Arbeit. Die Frau
steht ein paar Schritte rückwärts, biegt neugierig das Buschwerk
auseinander.*
SOBEIDE
Sag, hier ganz nah ist doch der Teich, nicht wahr,
der große Teich, an dem die Weiden stehen?
DER GÄRTNER *nach rechts hin zeigend*
Hier unten liegt er, Frau, du mußt ihn sehen.
Soll ich dich führen?
SOBEIDE *heftig abwehrend*
Nein, nein, geh nur, geh!
*Sie will rechts abgehen, da hält sie der Alte am Kleid zurück. Sie
wendet sich um.*

Der Alte hält bettelnd die Hand hin, zieht sie verlegen gleich wieder zurück.
SOBEIDE
Was?
DER ALTE
Du bist nun daheim, ich geh zurück.
SOBEIDE
Ja, und ich hab dir deinen Schlaf gestohlen
und geb dir nichts dafür. Und du bist alt
und arm. Allein ich hab nichts, nichts, gar nichts!
So arm wie ich, war auch kein Bettler je.
Der Alte verzieht sein Gesicht zum Lachen, hält wiederum seine Hand hin.
SOBEIDE *sieht ratlos umher, fährt sich mit der Hand ins Haar, spürt ihre Ohrgehänge von Perlen, macht eines los, dann das andere, gibt sie ihm.*
Da nimm, da nimm und geh!
DER ALTE *schüttelt den Kopf*
O nein, o nein!
SOBEIDE *qualvoll eilig*
Ich geb sie gern, geh, geh!
Will weg.
DER ALTE *hält die Ohrgehänge in der Hand*
Nimm sie zurück. Gib mir ein kleines Stück Geld!
Ich bin ein armer Narr. Sie kämen her,
Schalnassar und die andern, über mich
und nähmen mir die Perlen. Ich bin alt
und solch ein Bettler! Dies wär nur mein Unglück!
SOBEIDE
Ich hab nichts andres. Komm heute abend wieder
und bring sie hier dem Herrn, er ist mein Mann,
er gibt dir Geld dafür.
DER ALTE   Bist du auch hier?
SOBEIDE
Frag nur nach ihm, jetzt geh und laß mich gehn!
Will weg.
DER ALTE *sie zurückhaltend*
O wenn er gut ist, bitt ihn du für mich,

daß er mich in sein Haus nimmt: er ist reich
und hat so viel Gesinde. Ich bin fleißig,
brauch wenig Schlaf. Doch in Schalnassars Haus
hungert mich abends immer so. Ich will –
SOBEIDE *sich losmachend*
Wenn du heut abend kommst, so sprich zu ihm:
ich ließ ihn bitten, daß er dirs erfüllt.
Nun geh, ich bitte dich, ich hab nicht Zeit.
*Der Alte geht gegen die kleine Türe, bleibt aber im Gebüsch
stehen. Die Gärtnersfrau hat sich von links Sobeiden genähert.
Sobeide geht ein paar Schritte, dann läßt sie den leeren Blick
umherschweifen, schlägt sich an die Stirn, als ob sie etwas ver-
gessen hätte. Sie bleibt plötzlich vor der Gärtnersfrau stehen,
sieht diese verloren an, dann fragt sie hastig*
Der Teich ist dort? wie? dort? der Teich?
Zeigt nach links.
DIE FRAU   Nein, hier.
Zeigt nach rechts
Hier diesen Weg hinab. Er biegt sich dort.
Du willst den Herrn einholen? er geht langsam:
wenn du zum Kreuzweg kommst, wirst du ihn sehn.
Du kannst ihn nicht verfehlen.
SOBEIDE *noch verstörter*   Ich, den Herrn?
DIE FRAU
Ei ja, du suchst ihn doch?
SOBEIDE   Ich, ihn? – Ja, ja,
ich – geh – dann – hin.
*Ihr Blick schweift angstvoll umher, haftet plötzlich auf einem un-
sichtbaren Ziel links rückwärts*
                              Der Turm! Er ist verschlossen?
DIE FRAU
Der Turm?
SOBEIDE   Die Stiege, ja, zum Turm?
DIE FRAU   O nein!
Der Turm ist nie verschlossen. Auch zur Nacht nicht.
Weißt du das nicht?
SOBEIDE
Ei, ja.

DIE FRAU
>   Willst du hinaufgehn?
SOBEIDE *mühsam lächelnd*
> Nein, nein, jetzt nicht. Vielleicht ein andermal.
> *Lächelnd, mit einer freundlichen Handbewegung*
> Geh nur. Geh, geh.
> *Allein*   Der Turm! der Turm!
> Und schnell. Er kommt von dort. Gleich ists zu spät.
> *Sie sieht sich spähend um, geht erst langsam nach links, läuft dann durchs Gebüsch. Der Alte, der sie aufmerksam beobachtet hat, folgt ihr langsam.*

DER GÄRTNER *ist mit seiner Arbeit fertig*
> Komm her und hilf mir tragen.

DIE FRAU   Ei, ja, gleich.
Sie nehmen die Trage auf und tragen sie weiter nach rechts.

DER KAUFMANN *tritt von rechts auf*
> Ich hab sie so geliebt! wie gleicht das Leben
> betrügerischen Träumen! Heute, hier
> und immer hätt ich sie besessen! ich!
> Besitz ist alles! langsame Gewalt,
> einsickernd durch die unsichtbaren Spalten
> der Seele, nährt die wundervolle Lampe
> im Innern, und bald bricht aus solchen Augen
> ein mächtigres und süßres Licht als Mond.
> Ich hab sie so geliebt! ich will sie sehn,
> noch einmal sehn. Mein Aug sieht nichts als Tod:
> die Blumen welken sehends wie die Kerzen,
> wenn sie ins Laufen kommen, alles stirbt,
> und alles stirbt vergeblich, denn sie ist
> nicht da –
> *Der alte Kameltreiber kommt von links her über die Bühne auf den Gärtner zugelaufen und zeigt diesem etwas, das links in einiger Entfernung und in der Höhe vorzugehen scheint, der Gärtner macht die Frau aufmerksam, alle sehen hin.*

DER KAUFMANN *wird dies plötzlich gewahr, folgt mit den Blicken der gleichen Richtung, wird totenblaß*
>   Gott, Gott! gebt Antwort! da! da! da!
> die Frau! da! auf dem Turm! sie beugt sich vor!

was beugt sie sich so vor? schaut hin! schaut hin!
Die Frau schreit auf und schlägt die Hände vors Gesicht.
DER GÄRTNER *läuft nach links, sieht hin, ruft zurück*
Sie lebt und regt sich! Herr! komm diesen Weg!
Der Kaufmann läuft hin. Die Frau hinter ihm.
Gleich darauf bringen der Kaufmann, der Gärtner und die Frau Sobeide getragen, lassen sie im Gras nieder. Der Gärtner legt sein Oberkleid ab und schiebt es ihr unter den Kopf. Der alte Kameltreiber steht in einiger Entfernung.
DER KAUFMANN *auf den Knien*
Du atmest! Du wirst leben, du mußt leben!
Du bist zu schön, zu sterben!
SOBEIDE *schlägt die Augen auf*
Laß! ich muß sterben; still, ich weiß es gut.
Mein Lieber, still, ich bitte. Ich hab nicht
gedacht, dich noch zu sehn –
Ich hab dir abzubitten.
DER KAUFMANN *zärtlich* Du!
SOBEIDE   Nicht dies!
Dies mußte sein. – Von früher, heute nacht:
ich war mit dir, wie's keiner Frau geziemt zu sein:
ich tat mit meinem ganzen Schicksal so,
wie ichs beim Tanzen tu mit meinen Schleiern:
mit eitlen Händen rühr ich an mein Selbst.
Sprich nicht! versteh mich!
DER KAUFMANN   Was geschah dir – dann?
SOBEIDE
Nicht fragen, was geschah; nicht fragen, bitte.
Ich war schon vorher müd, und so am Ende!
Nun ist es leicht. Du bist so gut, ich will
dir noch was sagen: merk nur auf. Die Eltern –
du weißt ja, wie sie sind – du mußt sie nehmen:
ganz zu dir nehmen.
DER KAUFMANN   Ja, doch du wirst leben.
SOBEIDE
Nein, sag das nicht: merk auf: ich möchte manches
noch sagen. Ja, da ist ein alter Mann.
Der ist sehr arm: den nimm auch in dein Haus
um meinetwillen.

DER KAUFMANN   Nun bleibst du bei mir:
ich will erraten, was du willst: so leise
du atmest, will ich doch die Harfe sein,
die jedem Hauch mit Harmonie antwortet,
bis du dich langweilst und sie schweigen heißt.
SOBEIDE
Laß solche Worte: mir ist schwindlig und
sie flimmern vor den Augen. Klag nicht viel,
ich bitte dich. Wenn ich jetzt leben bliebe,
verstümmelt wie ich bin, so könnt ich dir
kein Kind je zur Welt bringen, und mein Leib
wär häßlich anzusehn, und früher, weiß ich,
war ich zuweilen schön. Das könntest du
nur schwer ertragen und vor mir verbergen.
Allein ich werde ja gleich sterben, Lieber.
Dies ist so seltsam: unsre Seele lebt in uns
wie ein gefangner Vogel. Wenn der Käfig
zerschlagen wird, so ist sie frei. Nein, nein,
du darfst nicht lächeln: nein, ich fühl es so;
es ist so. Sieh, die Blumen wissens auch
und starren so vor Glanz, seit ich es weiß.
Kannst du es nicht verstehen? merk auf.
Pause
Du bist noch da und ich auch immer noch?
Jetzt seh ich dein Gesicht, so wie ichs nie
gesehn hab. Bist dus denn, du, mein Mann?
DER KAUFMANN
Mein Kind!
SOBEIDE   Aus deinen Augen lehnt sich so
die Seele! und die Worte, die du redest, zucken
noch in der Luft, weil dir das Herz so zuckt,
aus dem sie kommen. Weine nicht, ich kanns
nicht sehn, weil ich dich nun so liebhab. Laß
mich deine Augen sehn zuletzt. Wir hätten lang
zusammen sein und Kinder haben sollen,
nun ist es schrecklich – für die Eltern!
Sie stirbt
DER KAUFMANN   *halb gebückt*
So lautlos fällt ein Stern. Mich dünkt, ihr Herz

war mit der Welt nicht fest verbunden. Nichts
bleibt mir von ihr als dieser Blick, des Ende
getaucht schon war in starrendes Vergessen,
und Worte, die der falsche Hauch des Lebens
noch im Entfliehen trüglich schwellen ließ,
so wie der Wind, eh er sich schlafen legt
zum Trug die Segel bläht wie nie zuvor.
Er erhebt sich
Ja, hebt sie auf. So bitter ist dies Leben:
ihr ward ein Wunsch erfüllt: die eine Tür,
an der sie lag mit Sehnsucht und Verlangen,
ihr aufgetan – und so kam sie zurück
und trug den Tod sich heim, die abends ausgegangen
– wie Fischer, Sonn und Mond auf ihren Wangen,
den Fischzug rüsten – um ein großes Glück.
Sie heben sie auf, den Leichnam hineinzutragen.

Der Vorhang fällt.

ZU ›DIE HOCHZEIT DER SOBEIDE‹

2. SZENE EINER FRÜHEREN FASSUNG

*Kreuzweg außerhalb der Stadt. Wind, wechselndes Mondlicht.
Nach rechts hin ein Hohlweg mit ein paar Feigenbäumen und einem
kleinen Gebüsch. Links ein halbverfallener Begräbnisplatz, von
niedrigen, zerbröckelten Mauern umgeben. Im Hintergrund ziemlich
weit ein paar Häuser mit Gärten; in einem einzigen ist Licht.*

SOBEIDE *tritt auf, verschleiert, laufend, ohne Atem*
 Ich kann nicht mehr! Er kommt mir nach! Er bückt sich!
 hebt Steine auf! Und dort ist schon der Garten!
 Ich seh das Licht! Warum kann ich nicht schreien?
 Warum denn nicht? Warum? Bin ich wahnsinnig?
 Die Stimme stockt! Hinein! Ich reiß den Schmuck
 vom Hals ab, von den Ohren, von den Fingern,
 Sie fängt schon an, es zu tun
 und werf ihn hin, dann stürzt er drauf und ich
 bin fort! ja! ja! er will ja nur den Schmuck!
 Sie kriecht hinter das Gebüsch.
 *Der Räuber kommt über die kleine Mauer des Begräbnisplatzes,
 die linke Hand voll Steine. Er ist ein völlig bartloser junger
 Mensch mit verwüsteten Zügen und verquollenen Augen.*
DER RÄUBER
 He du! Du hast vergessen, meinen Ring
 zurückzugeben! Du hast meine Ringe
 an deinen Fingern, schnell heraus damit!
 *Sobeide gibt keinen Laut, aber das Gebüsch, wo sie steht, zittert
 heftig.*
DER RÄUBER *wirft einen Stein ins Gebüsch*
 Heraus aus deinem Busch, sonst schlag ich dir
 den Schädel ein!
 *Sobeide taucht mit dem Oberleib aus dem Gebüsch, will ihm mit
 ausgestrecktem Arm den Schmuck hinwerfen. Er faßt sie blitzschnell
 am Handgelenk*
SOBEIDE *schreiend* Hier hast du meinen Schmuck!

Nimm alles! Da! Nur laß mich gehn! dorthin!
Dort! Ich bin krank: ich muß in dieses Haus!
Ich will nicht wissen, wie du aussiehst, alles
will ich dir lassen und nie danach fragen!
DER RÄUBER
Von der Art bist du krank, daß du dort hin mußt?
Zu diesem alten Schuft, dem Teppichkramer?
So krank bist du? nun wart, ich bin bei ihm
Flurwächter, und er hat mir aufgetragen,
sooft sich eine solche Katze durchschleicht,
zu überprüfen, ob sie für ihn paßt:
die schlechtern läßt er nämlich dem Herrn Sohn.
Er will ihr den Schleier vom Gesicht ziehn.
SOBEIDE *stößt einen schrillen Schrei aus*
Weh! weh! Du reißest mir die Binde weg
von den Geschwüren! hast du kein Erbarmen!
Geschwüre wie die Faust, mit Blut und Brand
gefüllt! Komm her, ich hab den Tod im Leib!
Willst du davon? er springt wie eine Flamme
von einem auf den andern, deine Augen
sind groß mit schönen, dicken Lidern, komm!
da hat er Platz! Komm her, ich küß dich drauf!
Sie tut, als wenn sie ihn umfassen wollte.
DER RÄUBER *tritt zurück*
Drei Schritt vom Leib! Davor hab ich Respekt!
Steh still, sonst schmeiß ich dir die Rippen ein!
Mein Bruder hat mir immer schon gesagt:
Bachtjar, hat er gesagt, du kommst so weit
wie ich und nimmst dir noch ein Weib.
Er hat ein Weib, ist die verdammte Angst
vor diesem Pack nun los, und wenn er Lust hat
zu prügeln, weiß er, wen er prügeln soll.
Ich werds auch tun, ich bin ein schönrer Kerl wie er,
und hab dieselbe Todesangst vorm Sterben,
vor Beulen, Krämpfen und dem andern Giftzeug.
So hast du wirklich so etwas im Leib?
SOBEIDE
Ich kann dir hier, wenn du mich hältst, hinschlagen

und liegen wie ein Block; dann fängt es an
und wirft mich, und ich schlage mit den Zähnen
nach allem, was mir in die Nähe kommt;
und wärs ein grüner Zweig, in den ich mich
verbeiße, seine Blätter schwellen auf
wie Gallenäpfel, doch mit Blut gefüllt!

DER RÄUBER

Was willst du dann bei denen dort? Zum Teufel,
bist du denn nicht die Tänzerin, die Schwester
von Kamkar, dem Taglöhner, der im Herbst
nicht hundert Schritt von hier auf freiem Feld
verhungert ist? Ich saß in einem Grab
und sah ihm zu; er stöhnte wie ein Hund
und fiel auf einmal hin, da dacht ich mir:
jetzt tu ich einmal wie die reichen Leute,
und warf mit einem großen Stück Käs,
das ich noch hatte, fetten, frischen Käs,
nach einer Krähe, die zuerst erschrak,
dann aber wiederkam und fraß. Er war
am selben Tag noch hin, verhungert.
Er war sein Leben lang ein dummer Narr.
Und du bist seine Schwester! Das ist lustig.
Von dir weiß ich Geschichten! Du hasts nicht
gestohlen, was du jetzt mit dir herumträgst!
Und jetzt bist du an die da drin gekommen?
Gar an den jungen wohl, den frechen Hund?
Siehst du, da lach ich. Das ist einmal gut!
Von allen Speisen müssen wir das fressen,
was die uns übriglassen, bei den Mädeln
ists umgekehrt. Die Welt ist nicht so dumm.
Na, bist dus oder nicht? was redst du nicht?
Er sucht am Boden einen dürren Stecken, hebt ihr damit den Schleier auf
Steh! oder – Nein. Die Larve hab ich nie
gesehn. Und wie sie schaut! Ich hab einmal,
ist schon lang her, der Mutter größte Katze
ins offne Feur geworfen und sie drin
so lang als nötig mit der Ofengabel

gehalten. Solche Augen hat mir die
gemacht, dieselben Augen. Was ist da?
Die Haare weg! Was ist mit diesen Perlen?
Wirds? Her damit! Hierher auf diesen Stein.
Vielleicht noch mehr betrogen? Heb die Arme!
die Arme hoch!
*Sie tuts, die Ärmel fallen zurück und entblößen den Arm bis über
den Ellbogen* Die Arme sind nicht häßlich.
Jetzt mach die Perlen los! Soll ich dir helfen?
dann gingen aber ein paar Haare mit –
Sie will die Perlschnur losmachen, die Schließe bleibt aber in ihrem Haar hängen. Er tritt ungeduldig näher
Ich seh nicht viel von Binden und Geschwüren!
Ich guter Narr! Nichts! Nichts wie Lug und Trug!
Auch nur zu glauben, daß so ein Geschöpf,
wärs wirklich krank, mit seiner Krankheit prahlte!
So bin ich dir zu schlecht? Der grüne Teppich
nicht weich genug? ich hab zu wenig Duft
von Rosenöl und Zimt in meinen Haaren?
*Er streckt die Arme gegen ihre Brust aus. In diesem Augenblick
hat sie die Schließe aus den Haaren losgemacht, und wie er ihr die
Schließe abreißt, sticht sie zweimal mit dem Dorn gegen seine
Augen.*
DER RÄUBER *aufschreiend*
Meine Augen!
*Sobeide reißt sich los, verschwindet im Hohlweg. Er hat ihren
Schleier in den Händen, fährt damit über die Augen.*
DER RÄUBER
Bestie! Ganz nah vorbei! Sie sind voll Blut!
Womit? Mit einem Dorn von einer Schließe:
Ja, von der Perlenschnur. Und die zerrissen!
Die Perlen da, und dort! Und die verdammten,
brühwarmen Tropfen immer in den Wimpern.
Wischt sich ab, besieht den Schleier
Was das für ein gesundes, schönes Blut ist!
Gottlob! Wenn der verfluchte Wind nicht wär
mit seinem Wolkenzeug! Groß wie die Erbsen.
Mit solchen Perlen durch die Nacht zu rennen!

Was das für eine sein kann? Alter Hund
von einem Teppichhändler! Aber eigentlich
ist mir nicht leid, ich glaub, sie war verrückt.
Er kniet nieder, die Perlen aufzulesen.

Zwischenvorhang.

DER WEISSE FÄCHER

EIN ZWISCHENSPIEL

Personen

DER PROLOG
FORTUNIO
SEINE GROSSMUTTER
LIVIO
MIRANDA
DIE MULATTIN ⎫
CATALINA ⎬ ihre Dienerinnen
DER EPILOG

DER PROLOG
> Merkt auf, Ihr guten Herrn und schönen Damen:
> Nun kommt ein Spiel, das hat nicht größre Kraft
> Als wie ein Federball. Sein ganzer Geist ist dies:
> Daß Jugend gern mit großen Worten ficht
> Und doch zu schwach ist, nur dem kleinen Finger
> Der Wirklichkeit zu trotzen.
> Und wie ein Federball, das Kinderspielzeug,
> Den Vogel nachahmt, also ahmt dies Spiel
> Dem Leben nach, meint nicht, ihm gleich zu sein,
> Vielmehr für unerfahrne Augen nur
> Erborgts ein Etwas sich von seinem Schein.

Vor dem Eingang eines Friedhofes, nahe der Hauptstadt einer westindischen Insel. Kostüm der zwanziger Jahre des vorigen Jahrhunderts. – Die linke Seite und den Hintergrund bildet die lebendige, mit Blüten bedeckte Hecke, die den Friedhof umsäumt. Sie hat an mehreren Stellen Eingänge. Dahinter sind kleine Hügel mit Fußwegen, hie und da Zypressen. Deutlich sieht man nur einen einzigen Grabhügel, links nahe dem Vordergrund. Auch er ist von einem Zelt blühender Kletterrosen verschleiert. Fortunio und sein Freund treten von rechts auf.

LIVIO
> Zuweilen muß ich staunen, wenn ich denk,
> Daß du so jung, kaum älter wie ich selber,
> Mich so viel Dinge lehren kannst. Mir ist,
> Du mußt schon alles wissen, was es gibt.

FORTUNIO
> Ich weiß sehr wenig. Aber einen Blick
> Hab ich getan ins Tiefre. Irgendwie erkannt:
> Dies Leben ist nichts als ein Schattenspiel:
> Gleit mit den Augen leicht darüber hin,
> Dann ists erträglich, aber klammre dich
> Daran, und es zergeht dir in den Fingern.

Auf einem Wasser, welches fließt, der Schatten
Von Wolken ist ein minder nichtig Ding,
Als was wir Leben nennen. Ehr und Reichtum
Sind lustige Träume in der Morgenfrüh,
»Besitz« von allen Wörtern ohne Sinn
Das albernste, von einem Schullehrer
Ersonnen, welcher meinte, jedem Wort
Müßt eins entgegenstehn, wie Weiß dem Schwarz,
Und so gebildet, weil Besessenwerden
Ein wirklich Ding.

LIVIO

Du kennst das Leben gut und hast mich drüber
So viel gelehrt. So mußt du dich ins Leben
Doch wieder finden, nicht in einen Schmerz
Dein Selbst verwühlen und an dieses Grab
Dich zäher ranken, als die Winde tut.

FORTUNIO

Das aber will ich. Ich will besser sein
Als dieses Schattenspiel, darin die Rolle
Des Witwers auf mich fiel. Ob allzu jung,
Ich will sie spielen mit so großer Treue,
So bittrem Ernst... Ein jeder kann sein Schicksal
So adeln als erniedern. Aufgeprägt
Ist keinem Ding sein Wert, es ist so viel,
Als du draus machst. An Dirnen oder Narren
Rinnt alles ab wie Wasser, innrer Wert
Wird darin, wie du etwas nimmst, bewährt.

LIVIO

Doch hast du mir gesagt, und nicht nur einmal:
Es ziemt uns nicht im Glück und nicht im Leid,
Die Hände in den Schoß zu legen. Tun
Und Denken, sagtest du, das sind die Wurzeln
Des Lebens, und es ziemt uns auszuruhn
Vom Tun im Denken, vom Denken dann im Tun.
Doch du verachtest nun die Anteilnahme
Am Menschlichen, und dies ist doch der Anfang
Und Weg zu allem Tun...

FORTUNIO   So tu ich nicht!
  Veracht ich meine Diener? Bin ich nicht,
  Seit dieses schwere Schicksal auf mich kam,
  Vor allen Edelleuten dieser Insel
  Ein guter Herr? Frag meine weißen Diener,
  Die Farbigen auf meinen Gütern frag!
  Hab ich an dir nicht Freude, süßer Freund,
  Mein zweites, liebes, wolkenloses Selbst?
  So laß mir auch den Weg zu diesem Grab:
  Er raubt mich ja nicht dir, er nimmt den Platz
  Nur eben ein, den sonst der Frauendienst...
LIVIO
  Dies aber ists. Dies kannst du aus dem Leben
  Nicht so mit Willkür...
FORTUNIO   Lieber Freund, sei still!
  Weißt du, was da sein muß, damit ein Mann...
  Ich mein: weißt du das einzige Gewürz,
  Das einzige, das niemals fehlen darf
  In einem Liebestrank, das einzige Ding, woran
  Der Zauber hängt...
LIVIO   Ich weiß nicht, was du meinst.
FORTUNIO
  Geheimnis heißt das Ding. Sonst sei ein Weib
  Schön oder häßlich, ob gemein, ob hoch,
  Ob Kind, ob Messalina, dies ist gleich,
  Doch ein Geheimnisvolles muß es sein,
  Sonst ist sie nichts. Und das sind sie mir alle:
  Geheimnislos... schal über alle Worte.
  Nicht ohne Bedeutung, aber ohne Absicht
  Erlebte Dinge aus der Knabenzeit,
  Kindische, halbvergeßne, die wie Trauben,
  Am Weinstock übersehen, in mir hängen
  Und dörren, sind nicht so geheimnislos,
  Nicht ganz so ohne Reiz wie alles, was
  Ich vor mir seh an solchen Möglichkeiten.
  Sei still, ich bitte dich, es macht mich zornig.
  Er steht vor dem Grab, nur durch die Hecke getrennt
  Hier liegt Geheimnis, hier liegt mein Geheimnis,

Und dächt ich mich zu Tod, ich schöpfts nicht aus!
Du hast sie doch gekannt und redest noch!
LIVIO
Sie war sehr schön. Sie war so wie ein Kind.
FORTUNIO
Sie war ein Kind, und wie bei einem Kind
Ein neugebornes Wunder jeder Schritt.
Wenn wir was reden, Livio, tauschen wir
Nur schale, abgegriffne Zeichen aus:
Von ihren Lippen kamen alle Worte
Wie neugeformt aus unberührtem Hauch,
Zum erstenmal beladen mit Bedeutung.
Mit unbefangnen Augen stand sie da
Und ehrte jedes Ding nach seinem Wert,
Gerechter als ein Spiegel; niemals dort
Mit Lächeln zahlend, wo das Lächeln nicht von selbst
Aus ihres Innern klarem Brunnen aufstieg;
Sich gebend wie die Blume unterm Wind,
Weil sie nichts andres weiß, und unberührt,
Ja unberührbar, keiner Scham bedürftig,
Weil Scham doch irgendeines Zwiespalts Kind
Und sie so völlig einig in sich selber.
Hätt ich ein Kind von ihr, vielleicht ertrüg ichs
Und käm einmal im Jahr an dieses Grab:
So – ist Erinnrung alles, was mir blieb.

Die Großmutter und ihr Diener treten von rückwärts auf, aus dem Friedhof heraus. Sie ist eine schöne alte Frau; sie trägt ein langes Kleid aus Goldstoff mit eingewebten schwarzen Blumen und geht mit einem Stock. Der Neger trägt ihr Sonnenschirm und Fächer nach.

GROSSMUTTER Fortunio, wie gehts dir?
FORTUNIO Großmutter, was machst du hier?
GROSSMUTTER Eine schöne Frage! Unter der nächsten Zypresse ist deines Vaters, meines Sohnes, Grab und unter der zweitnächsten deines Großvaters, meines Mannes. In den Gräbern, auf deren Steinen du kaum mehr die Namen lesen kannst, liegen meine Freunde und Freundinnen. Ich hab hier mehr Gräber, die mich angehn, als du Zähne im Munde hast.

FORTUNIO Ich habe nur eines, aber das ist mir genug.
GROSSMUTTER Deine Frau war ein Kind. Sie spielt im Himmel Ball mit den unschuldigen Kindern von Bethlehem. Geh nach Hause.
FORTUNIO *schweigt, schüttelt den Kopf.*
GROSSMUTTER Wer ist der junge Herr?
FORTUNIO Mein Freund. Er heißt Livius und ist aus dem Hause Cisneros.
GROSSMUTTER Ich habe Ihre Großmutter gekannt, Señor. Sie war drei Jahre jünger als ich und viel schöner. Ich war einmal sehr eifersüchtig auf sie... Er hat hübsche Augen: wenn er zornig ist, müssen sie ganz dunkel werden: so waren die Augen seiner Großmutter auch... Was sind das für Vögel, Señor?
LIVIO Wo, gnädige Frau?
GROSSMUTTER Dort auf den Weidenbüschen.
LIVIO Ich glaube Lerchen, gnädige Frau.
GROSSMUTTER *mit einem leisen, sehr anmutigen Spott* Nein, Señor, es sind Meisen, Lerchen sitzen nie auf Büschen. Lerchen sind entweder hoch in der Luft oder ganz am Boden zwischen den Schollen. Lerchen sitzen nie auf Büschen. Ein Maulesel ist kein Jagdpferd und ein Kolibri kein Schmetterling. Ihre Augen sind hübsch, aber Sie haben sie umsonst im Kopf. Was sind das für junge Leute? Haben Sporen an den Füßen und schleichen hier herum und bleiben an den Grabsteinen hängen. Hier gehören solche Kleider her wie meines, das alle welken Blätter mitnimmt und die schmalen Wege reinfegt. Laßt die Toten ihre Toten begraben. Was steht ihr hier und dämpft eure hübschen jungen Stimmen und flüstert wie die Nonne am Gitter? Komm, Fortunio, gehen wir nach Haus. Ich will bei dir nachtmahlen.
FORTUNIO Nein, Großmutter, ich möchte noch hierbleiben. Komm morgen zu Tisch zu mir.
GROSSMUTTER Wie alt bist du, Fortunio?
FORTUNIO Bald vierundzwanzig, Großmutter.
GROSSMUTTER Du bist ein Kind, und diese übermäßige Trauer ist in dir so wenig an ihrem rechten Platz, als wenn

einer eine Zypresse in einen kleinen irdenen Topf voll lokkerer Gartenerde einsetzen wollte.

FORTUNIO Wie stark man einen Verlust betrauert, richtet sich nicht nach dem Alter, sondern nach der Größe des Verlustes.

GROSSMUTTER Ich war ein Jahr älter, wie du jetzt bist, als ich deines Großvaters Frau wurde. Du weißt, daß ich schon vorher mit einem anderen vermählt war. Die Leiche meines Mannes brachten sie mir eines Tages ins Haus, als ich mit dem Essen auf ihn wartete, und am gleichen Tag sah ich die Leichen meiner beiden Brüder.

LIVIO *sieht sie an.*

GROSSMUTTER Es war im Mai 1775, Señor.

FORTUNIO Ich habe kein Kind von ihr, nichts. Als sie den Sarg aufhoben, trugen sie alles weg.

GROSSMUTTER Dein Großvater und ich, wir waren zehn Jahre verbannt. Als uns das Schiff wegtrug, standen wir mit großen trockenen Augen, solange wir die Küste sahen. Auf einmal sank der letzte Hügel in das goldfarbene Meer wie ein schwerer dunkler Sarg. Wir waren Bettler, ärmer als Bettler, denn wir hatten nicht einmal unsere Namen: und dort in dem Steinsarg war alles, unsere Eltern, unsere Kinder, unsere Häuser, unsere Namen... Wir waren wie Schatten.

FORTUNIO Sie war das schuldloseste kleine Wesen auf der Welt. Warum hat sie sterben müssen?

GROSSMUTTER Ich habe junge Frauen aus den ersten Familien des Landes ihre Ehre an einen Elenden verkaufen sehen, um ihre Männer vor dem Galgen und ihre Kinder vor dem Verhungern zu retten. Du hast sehr wenig erlebt, Fortunio.

FORTUNIO *schweigt.*

GROSSMUTTER Ich habe viel erlebt. Ich weiß, daß der Tod immer da ist. Immer geht er um uns herum, wenn man ihn auch nicht sieht; irgendwo steht er im Schatten und wartet und erdrückt einen kleinen Vogel oder bricht ein welkes Blatt vom Baum. Ich habe fürchterliche Dinge gesehen. Aber nach alledem habe ich das Leben lieb, immer lieber.

Ich fühl es jetzt selbst dort, wo ich es früher nicht gefühlt
habe, in den Steinen am Boden, in den großen schwerfälligen Rindern mit ihren guten Augen. Geh, geh, du wirst
erst lernen es liebhaben.

FORTUNIO Ich weiß nicht, Großmutter.

GROSSMUTTER *sich von ihm abwendend, zu ihrem Diener* Domingo, gib das Vogelfutter. Nicht das, das mögen sie nicht,
diese Kleinen. Die Körner gib her!
Sie füttert einen Schwarm kleiner Vögel.
Pause

GROSSMUTTER Da!
Auf einmal flattern die Vögel weg.
Habt ihrs gehört?

LIVIO Es war wie das Weinen eines ganz kleinen Kindes.

FORTUNIO Es muß ein Vogel gewesen sein.

GROSSMUTTER Ein Vogel! So hast du das noch nie in deinem
Leben gehört? Ein junges Kaninchen wars, das von einem
Wiesel gefangen wird. Was hast du mit deinen Bubenjahren angefangen, Fortunio, daß du das nicht kennst! Dir waren damals deiner Kusine Miranda kleine seidene Schuhe
wichtiger als die Fährte von einem Fuchs am Waldrand;
lieber, beim Ballspielen ihr Kleid anzurühren, als bei der
Hirschhetze mit der Stirn an feuchten raschelnden Zweigen hinzustreifen. So hast du dir damals das vorweggenommen, was für später gehört, und was du damals versäumt hast, holst du nie wieder nach. Was ist Jugend für ein
eigensinniges Ding! Wie der Kuckuck, der aus allen Nestern das hinauswirft, was hineingehört, um seine eigenen
Eier dafür hineinzulegen. Ihr jungen Leute habt etwas an
euch, das einen leicht ungeduldig machen könnte. Wie ein
Schauspieler seid ihr, der sich seine Rolle aus dem Stegreif
selber dichtet und auf keine Stichwörter achtgibt. Später
wird das anders. Alles, was du im Kopf hast, ist altkluges
Zeug. Laß das sein, Fortunio. Willst du jetzt mitkommen?

FORTUNIO Nein, ich möchte lieber hierbleiben.

GROSSMUTTER So kommen Sie mit mir, Señor. Ich glaube,
eine alte Frau ist noch weniger langweilig als dieser junge

Herr. Ich werde Ihnen eine Geschichte erzählen. Was für eine wollen Sie, eine Liebesgeschichte oder eine Jagdgeschichte?

Livio gibt ihr den Arm; sie gehen fort, der Diener hinter ihnen.

LIVIO *im Abgehen* Leb wohl, Fortunio.

FORTUNIO Gute Nacht, Livio.

Sie verschwinden zwischen den Bäumen rechts.

FORTUNIO *allein*
Wer mich verwirren will, wie gut ers meint,
Und ob ers selbst nicht weiß, der ist mein Feind.
Erinnerung ist alles, was mir blieb:
Wer mich verwirrt, verstört mir auch dies letzte.
Doch dieses Grabes Nähe ist sehr stark,
Und wie aus einem dunklen, tiefen Spiegel
Steigt die Vergangenheit herauf, so lieblich,
So jenseits aller Worte, unbegreiflich
Wie Rosen, unergründlich wie die Sterne!
Wenn dies Altklugheit ist, so will ich nie
Die wahre Klugheit lernen. Nein, ich will
Nichts andres lernen als nur mir vorstellen,
Wie sie dasaß... und da... am Weinberg wars
Das letztemal! Sie hatte offnes Haar...
Sie sagte: »Still«... da sah ich eine Maus,
Die kam und unter einem gelben Weinblatt
Vergeßne Beeren stahl und mühsam trug.

Er geht durch die Hecke, setzt sich neben dem Grabe nieder, die Kletterrosen verdecken ihn, doch nicht völlig. Miranda und die Mulattin treten auf, von rechts. Miranda trägt ein weißes Mullkleid mit schwarzem Samt.

MIRANDA Ich verbiete dir, zu mir von diesen Dingen zu sprechen, Sancha. Es mag Witwen geben, die solche Reden gerne hören, ich gehöre nicht zu ihnen.

MULATTIN Ich kann auch schweigen, aber niemand wird mich hindern, im stillen davon überzeugt zu sein, daß ich recht habe und daß die übermäßige Einsamkeit schuld an dieser Traurigkeit, an diesen plötzlichen Anfällen von Beklemmung ist.

MIRANDA Damit du dir auch nicht einmal einbildest, recht zu

haben, obwohl mir das natürlich ganz gleichgültig ist, so will ich dir sagen, was schuld daran ist, daß ich so plötzlich habe anspannen lassen und in der großen Hitze hier hereingefahren bin, um das Grab meines Mannes zu besuchen. Ein Traum, den ich heute nacht geträumt habe, hat mich so beängstigt. Mir träumte, ich stünde am Grabe meines Mannes. Es war ganz mit frischen Blumen bestreut, so wie ich dem Gärtner befohlen habe, es täglich zu bestreuen. Die Blumen waren unbeschreiblich schön, sie leuchteten wie lebendige Lippen und Augen. Auf einmal beugte ich mich hinab und sah, daß unter den Blumen wirklich Lippen und Augen hervorleuchteten. Es war das Gesicht meines seligen Mannes, jugendlicher, als ich es je gekannt habe, funkelnd von Frische und Leben, und kleiner, dünkt mich, als in der Wirklichkeit. Dann fingen die Blumen zu welken an, ihre Ränder verdorrten, die Kelche schrumpften zusammen, und auch das Gesicht schien zu welken, schrumpfte zusammen, ich konnte es nicht mehr deutlich sehen. Es war ganz bedeckt mit welken Blüten. Ich hatte meinen weißen Fächer in der Hand und wehte die Blumen auseinander, um das Gesicht wieder zu sehen. Raschelnd flogen sie auseinander wie dürre Blätter, aber das Gesicht war nun nicht da; der Grabhügel leer, kahl und staubtrocken. Und mir war, als ob ich ihn mit meinem Fächer trockengefächelt hätte, und darüber fing ich so zu weinen an, daß ich erwachte.

MULATTIN Aber es war doch nichts so Schlimmes, gnädige Frau.

MIRANDA Du kannst nicht wissen, warum mich das so entsetzlich berührt. Du weißt nicht, womit das zusammenhängt.

MULATTIN Aber ich weiß, wo solche Träume herkommen. Ich wundere mich, daß die gnädige Frau nicht jede Nacht etwas Entsetzliches träumt. Unser Haus ist der traurigste Aufenthalt, den man sich vorstellen kann. Die Öde der Tage nur abgelöst von der Öde der Nächte. Der totenstille Garten mit den wenigen starren Bäumen und den verwildernden Lauben. Die Teiche ohne Wasser, nebenbei das leere Flußbett, das im Mond blinkt wie die Wohnung des Todes.

Draußen die schweigende blendende Glut und innen die grabdunkeln Zimmer. Und alle kühlen heimlichen Kammern, die Terrassen, das Lusthaus, alles versperrt...

MIRANDA Du weißt, daß ich es so haben will. Jetzt kannst du hier stehenbleiben und mich erwarten.

MULATTIN Ich möchte, wenn die gnädige Frau erlaubt, lieber der Catalina entgegengehen. Sie ist vom Land, sie kann den Weg leicht verfehlen.

MIRANDA Gut. Wartet dann beide hier auf mich. Aber zuerst gib mir noch meinen Fächer.

MULATTIN *gibt ihr, unter einem Schal hervor, einen weißen Fächer.*

MIRANDA *zornig* Der weiße! Hab ich dir nicht befohlen, einen anderen zu nehmen?

MULATTIN Die gnädige Frau ist schon im Wagen gesessen, und alle anderen Fächer sind in der rückwärtigen Kleiderkammer eingesperrt.

MIRANDA *gibt ihn zurück* So will ich lieber gar keinen.
Nimmt ihn wieder
Nein, ich will ihn nur nehmen. Man muß solchen Träumereien gleich im Anfang widerstehen, sonst bekommen sie zu große Gewalt.
Die Mulattin geht ab.
Miranda will langsam den gewundenen Weg nach rückwärts gehen. Im gleichen Augenblick ist Fortunio aus der Hecke herausgetreten. Er geht mit gesenktem Kopf und sieht sie erst an, wie er dicht vor ihr steht.

FORTUNIO Miranda!

MIRANDA Wir haben uns lange nicht gesehen, Vetter. Aber es ist ganz natürlich, daß wir uns hier treffen. Du kommst vom Grab deiner Frau, und ich gehe zum Grab meines Mannes.

FORTUNIO Ich erinnere mich an den Brief, den du mir nach dem Tod meiner Frau geschrieben hast. Ich weiß nicht, was für Worte du gebrauchtest, aber er hatte etwas Sanftes, Freundliches und zugleich etwas so Fernes.

MIRANDA Ich erinnere mich kaum deiner, wie du beim Leichenbegängnis meines Mannes in meinem Hause warst. Es waren so viele Verwandte da. Du standest eine lange Weile hinter mir, und ich hatte es nicht bemerkt; erst als du weggingst, wurde ich dich gewahr, und auch nicht dich selber, sondern nur in dem marmornen Pfeiler neben mir den hellen Schatten deines Gesichts und den dunkeln deiner Kleidung, die sich lösten und fortglitten.

FORTUNIO Das ist sonderbar: auch ich erinnere mich an den blassen Schatten deines Gesichts und an den dunkeln deines Kleides, der über den marmornen Pfeiler schwebte.

MIRANDA *mit schwachem Lächeln* Das paßt zu uns: wir waren füreinander immer nur wie Schatten.

FORTUNIO Warum sagst du das?

MIRANDA Findest du nicht, daß es wahr ist?

FORTUNIO Du meinst, in unserer Kinderzeit?

MIRANDA Ja, ich meine in der früheren Zeit, bevor wir uns verheirateten.

FORTUNIO Bevor du dich verheiratetest.

MIRANDA Und du. Es war fast gleichzeitig. Gleichviel. Aber Schatten ist vielleicht nicht das richtige Wort. Es war nichts Düsteres dabei. Nur so etwas Unbestimmtes, etwas unsäglich Unbestimmtes, Schwebendes. Es war wie das Spielen von Wolken in der dämmernden Luft im Frühjahr.

FORTUNIO Wolken, aus denen nachher kein Gott hervortrat.

MIRANDA Und keine Göttin.

Pause

Es ist töricht, auf vergangene Dinge zurückzukommen, nicht wahr?

FORTUNIO *schweigt.*

MIRANDA Verzeih, es war sehr ungeschickt von mir und überflüssig. Du kannst versichert sein, daß ich in allen diesen Jahren an diese Dinge nicht gedacht habe.

FORTUNIO *schweigt.*

MIRANDA Es scheint, daß wir uns nicht viel zu sagen haben. Und es wird spät. Leb wohl, Fortunio.
Will gehen.

FORTUNIO Miranda, was war dein Mann für ein Mensch?

MIRANDA *sieht ihn groß an.*

FORTUNIO Nein, sieh mich nicht so an. Ich wollte nichts sa-

gen, was dich kränkt. Ich meine: ich habe ihn sehr wenig
gekannt. Er muß eine große Gewalt über dich gehabt haben. Er hat dich sehr verändert.

MIRANDA Ich weiß nicht, ob er es ist, der mich so verändert hat.

FORTUNIO Es kann auch das Alleinsein schuld sein.

MIRANDA Ja: er, sein Tod, das Alleinsein, alles zusammen. Aber gerade du kannst das kaum bemerken. Du mußt doch fast gar nichts von mir wissen, wie ich früher war. Es ist unmöglich, daß du etwas Wirkliches weißt.

FORTUNIO Ich weiß nicht...

MIRANDA Es gibt Augenblicke, die einen um ein großes Stück weiterbringen, Augenblicke, in denen sich sehr viel zusammendrängt. Es sind die Augenblicke, in denen man sich und sein Schicksal als etwas unerbittlich Zusammengehöriges empfindet.

FORTUNIO Du hast viele solche Augenblicke erlebt?...

MIRANDA Es waren einige in den Tagen, bevor mein Mann sterben mußte. Einmal, da wars gegen Abend. Ich saß bei seinem Bett und hatte eine Menge Bücher und wollte ihm vorlesen. Ich nahm zuerst die Schriften der heiligen Therese in die Hand, aber das Buch beängstigte mich: mir war, als stünde in jeder Zeile etwas vom Tod. Ich legte es weg und fing an, die Geschichte von Manon Lescaut vorzulesen. Während ich las, fühlte ich seine Augen auf mir und fühlte, daß er etwas sagen wollte. Ich hielt inne: er sah mich mit einem unbeschreiblich schüchternen Blick an und machte gegen das Buch hin eine Handbewegung, eine ganz kleine Handbewegung. Aber es lag alles darin, was er sagen wollte: Was kümmert mich dieser junge Mensch und seine Geliebte, ihre Soupers und ihre Betrügereien, ihre Tränen und ihre Verliebtheit, was kümmert das alles mich, da ich doch sterben muß! Ich legte das Buch weg. Es schien noch etwas in seinen Augen zu liegen, etwas, eine Bitte, eine Frage. Ich fühlte in diesem Augenblick, da dieser Blick auf mir ruhte, die entsetzliche Gewalt der Wirklichkeit. Ich kann es dir nicht anders sagen. Ich fühlte, daß ich ihn mit einem Zucken meiner Augenlider in einen Abgrund werfen konnte, wie der Ertrinkende versinken muß, wenn du ihm die Finger abschlägst, mit denen er sich an ein Boot klammert. Ich fühlte, daß, wenn ich jetzt aufstünde, mein erster Schritt mich Tausende von Meilen von ihm wegtragen würde. Ich konnte diesen Blick nicht ertragen, mir war, als dauerte es schon Stunden, daß ich so dasäße.

FORTUNIO Arme, du hast viel gelitten.

MIRANDA Ich murmelte irgend etwas, ich weiß nicht was. Nur das weiß ich, daß es dann irgendwie so kam, daß er darauf antwortete: »Laß, laß... aber solange die Erde über meinem Grab nicht trocken ist, wirst du an keinen andern denken, nicht wahr...«, und während er das sagte, wechselte der Ausdruck in seinem Gesicht in einer fürchterlichen Weise, seine armen Augen nahmen etwas Kaltes, fast Feindseliges an, und er lächelte schwach, wie in Verachtung.

Sie sieht vor sich nieder. Beide schweigen.

FORTUNIO *nach einer Pause* Und jetzt bist du völlig allein?

MIRANDA *schweigt, sieht ihn zerstreut an.*

FORTUNIO Du mußt dich sehr verändert haben, daß du das erträgst.

MIRANDA *schweigt.*

FORTUNIO Du warst das anschmiegendste kleine Wesen, das ich je gekannt habe. Du konntest nie allein sein. Selbst gegen deinen Vater warst du wie gegen einen Bräutigam.

MIRANDA *sehr kalt* Mein Vater hat jetzt seine zweite Frau, er braucht mich nicht. Ich muß jetzt gehen, Fortunio, mein Wagen und meine Dienerinnen warten auf mich.

Sie geht.

FORTUNIO Leb wohl.

Geht gegen rechts.

Wie sie schon ein paar Schritte aneinander vorüber sind, wendet Fortunio sich um.

FORTUNIO Miranda!

MIRANDA *bleibt stehen. Sie stehen jetzt weiter auseinander als früher. Sie sieht ihn fragend an.*

FORTUNIO Ich möchte dir etwas sagen, Miranda.

MIRANDA Ich höre.

FORTUNIO Höre mich an, Miranda. Ich weiß, du bist das hochmütigste Geschöpf unter der Sonne, und es ist schwer, dir einen Rat zu geben. Hör mich an: Wir würden uns alle sehr freuen, zu hören, daß du dein Leben änderst.

MIRANDA Wer das? Unsere Verwandten? Um die kümmere ich mich nicht. Du?

FORTUNIO Auch ich.

MIRANDA Du lügst... verzeih, ich meine, du übertreibst. Wann hättest du dich um mein Leben bekümmert... so wenig als ich mich um das deine!... Und was ist es, das dir an meinem Leben mißfällt?

FORTUNIO Miranda, dein Leben sieht dem Leben einer büßenden Nonne ähnlicher als dem Leben einer großen Dame. Ich weiß, ich weiß, was du mir sagen willst, aber du hast nicht recht, bei Gott, du hast nicht recht, Miranda! Du machst dich schuldig, auf eine geheimnisvolle Weise schuldig.

MIRANDA Gegen wen?

FORTUNIO Es gibt Verschuldungen gegen das Leben, die der gemeine Sinn übersieht: aber sie rächen sich furchtbar.

MIRANDA Was hat das alles mit mir zu tun, Vetter?

FORTUNIO Sehr viel hat das mit dir zu tun, Miranda. Das Leben trägt ein ehernes Gesetz in sich, und jedes Ding hat seinen Preis: auf der Liebe stehen die Schmerzen der Liebe, auf dem Glück des Erreichens die unendlichen Müdigkeiten des Weges, auf der erhöhten Einsicht die geschwächte Kraft des Empfindens, auf der glühenden Empfindung die entsetzliche Verödung. Auf dem ganzen Dasein steht als Preis der Tod. – Dies alles aber unendlich feiner, unendlich wirklicher, als Worte sagen können. – Um das kann keiner herum; unaufhörlich zahlt jeder mit seinem Wesen, und so kann keiner Höheres, als ihm ziemt, um billigeren Preis erkaufen. Und das geht bis in den Tod: die marmornen Stirnen zerschlägt das Schicksal mit einer diamantenen Keule, die irdenen einzuschlagen nimmt es einen dürren Ast.

MIRANDA *lächelnd* Du redest wie ein Buch, Fortunio.

FORTUNIO *einen Schritt näher zu ihr tretend* Aber es gibt hochmütige, eigensinnige Seelen, die mehr für ein Ding bezahlen wollen, als das Leben verlangt. Die, wenn das Leben ihnen eine Wunde schlägt, schreien: ich will mir wehtun! und in die Wunde greifen und sie aufreißen wie einen blutenden Mund. Die in ihr Erlebtes sich verbeißen und verwühlen wie die Hunde in die Eingeweide des Hirsches. Und an diesen rächt sich das Dasein, so wie es sich immer rächt: Zahn um Zahn, Auge um Auge.

MIRANDA *sieht ihn an.*

FORTUNIO *indem er ihre Hand ergreift und gleich wieder fallenläßt* Du hast keine Kinder, Miranda. Irgendwo wachsen die Blumen, die danach beben, von diesen Händen gepflückt zu werden. Das Echo in deinen Gärten wartet auf deine Stimme wie ein leerer Becher auf den Wein. Irgendwo steht ein Haus, über dessen Schwelle du treten sollst wie das Glück.

MIRANDA Irgend auf einer Wiese laufen zwei Fohlen. Vielleicht wird eines davon einmal deinen Leichenwagen ziehn, eines den meinigen. Man kann denken, was man will.

FORTUNIO Du bist ein Kind, Miranda. Diese übermäßige Traurigkeit hängt an dir wie eine ungeheure Liane an einem kleinen Baum. Du bist schöner, als du je warst.
Alles dies spricht er weder feurig noch süß, sondern ruhig-eindringlich, wie vor einem schönen Bilde
Es ist etwas um dich wie ein Schatten, etwas, das ich nie an einer Frau bemerkt habe. Der Mann, dem du gehören wirst, der mit seinen Armen dich umschlingen wird statt dieses häßlichen schwarzen Gürtels, der wird etwas Traumhaftes besitzen, etwas wie den Schmuck aus einer rosenfarbenen und einer schwarzen Perle, den die Könige des Meeres tragen. Es werden Stunden kommen, wo ihn sein Glück beängstigen wird wie ein innerliches übermäßiges Schwellen.

MIRANDA Warum redest du so mit mir, Fortunio? Du meinst nichts von dem, was du redest. Es ist nichts an mir, es ist nichts um mich, als daß ich zwei Jahre geschwiegen habe. Welche Freude macht es dir, mich zu verwirren? Aber so bist du. Du warst immer so. Wenn ich fröhlich gewesen wäre, hättest du dein Vergnügen gefunden, mich traurig zu

machen. Es gibt eine Art, sich um einen Menschen zu bekümmern, die viel verletzender ist als die völlige Nichtachtung, und das ist die deinige! Du redest über einen Menschen wie über einen Baum oder einen Hund. Du nennst mich hochmütig, und es gibt auf der ganzen Welt keinen hochmütigeren Menschen als dich. Du bist nicht gut, Fortunio. Leb wohl!
Sie hat Tränen in den Augen, wendet sich schnell und geht weg in den Hintergrund, wo sie verschwindet.

FORTUNIO *allein* Wie sehr geheimnisvoll, daß aus jenem verwöhnten eigensinnigen Kind diese Frau geworden ist. Und dieses ganze Abenteuer, es ist fast nichts, und doch verwirrt es mich. Man muß sich in acht nehmen, denn Fast-nichts, das ist der ganze Stoff des Daseins. Worte, gehobene Wimpern und gesenkte Wimpern, eine Begegnung am Kreuzweg, ein Gesicht, das einem andern ähnlich sieht, drei durcheinandergehende Erinnerungen, ein Duft von Sträuchern, den der Wind herüberträgt, ein Traum, den wir vergessen glaubten... anderes gibt es nicht. Solch ein Schattenspiel ist unser Leben und Sterben.
Er kehrt auf seinen früheren Platz zurück, mit den Augen am Boden
Hier stand sie zuerst. Hier schien sie mir ganz anders: biegsam und kühl wie junge Weiden am Morgen. Hier aber flog etwas über sie hin, wofür ich keinen Namen weiß. Es war wie der Schatten des Lebens, ein Schatten, der durch verschlungene Äste hindurchgedrungen ist, beladen mit dem Schein von vielen reifen Früchten. Wer sie besäße, dem käme zu jeder Stunde eine andere entgegen.
Die Mulattin und eine andere Dienerin treten von rechts auf.
Was tu ich hier? Was such ich hier im Sand, sieben Schritte von meiner Frau Grab, die Spuren einer andern!
Zornig
Wär ich vielleicht froh, wenn ich sie mit den meinen vermischt fände, wie auf der Tenne, wenn die Bauern tanzen! Vielleicht hier... vielleicht da... vielleicht auf meiner Frau Grab!
Er bemerkt die Dienerinnen, steht einen Augenblick verwirrt, geht rasch ab.

MULATTIN *sieht ihm nach* Ein hübscher junger Herr!
DIE WEISSE *steht ein wenig weiter im Hintergrund.*
MULATTIN Du, was machst du denn dort, du weinst ja!
 Ja, sie weint. Catalina!
CATALINA Laß mich, Sancha.
MULATTIN
 Ein Brief vom Dorf?
CATALINA Ich hab schon lange keinen.
MULATTIN
 Was denn?
CATALINA Du lachst mich doch nur aus.
 Ich weiß nicht, dort muß wo ein Strauch von Geißblatt...
 Riechst du den Duft?
MULATTIN Das wars?
CATALINA Wir haben einen
 Zu Haus, nicht einen, eine ganze Laube.
MULATTIN
 Und dann?
CATALINA Sonst nichts, mir fiel nur alles ein:
 Jetzt ist es Abend, und der Vater spannt
 Die Rinder aus: das weiße geht voran
 Zum Brunnen, und das rote geht ihm nach.
 Der lahme Verrueco kommt, sein Nachtmahl
 Stellt ihm die Mutter vor die Tür.
MULATTIN Das wars
 Noch nicht, um was du weintest.
CATALINA
 Von meinem Bruder reden sie, der jetzt
 Soldat ist, auch von mir, und wie's mir geht.
MULATTIN
 Das wars nicht, Catalina: bei der Laube
 Von Geißblatt fiel dir ganz was andres ein,
 Und um was andres weinst du jetzt, mein Kind.
CATALINA
 Woher denn weißt dus?
MULATTIN Das ist nicht so schwer.
CATALINA
 Nun ja, sie schrieben mir – – –
 Sie weint heftig, aber still in sich.

MULATTIN
Er läuft 'ner andern nach! O große Sorgen!
Meinst du vielleicht, du findest keinen andern?
Wie ich so alt wie du war, war ich auch
Verliebt wie eine Katze. Jeden Monat
In einen andern, aber jedesmal
Die ersten sieben Tage so verliebt,
Daß ich zu weinen anfing, wenn ich wo
Hoch schreien hörte oder schrilles Pfeifen
Und Trommeln. Schön ists, so verliebt zu sein,
Und auch die dummen Stunden sind noch schön,
Wo man sich quält, dann aber bald wars aus!
Denn was hat Nacht mit Schlaf zu tun, was Jugend
Mit Treue?
CATALINA   Sancha, das verstehst du nicht.
MULATTIN
Sehr gut versteh ichs, besser wie du selber.
Pause
CATALINA
Ich seh die gnädige Frau.
MULATTIN   Was tut sie denn?
CATALINA
Mich dünkt, sie betet. Nein, sie bückt sich nieder
Und rührt ein Grab mit beiden Händen an.
Nun steht sie auf und geht. Sie kommt hierher.
MIRANDA *tritt auf, verstört, in Gedanken verloren; sie geht ein paar Schritte sehr schnell, dann ganz langsam*
Feucht war sein Grab und schrie mit stummem Mund
Und schreckt mich mehr als zehn Lebendige,
Die flüsterten und mit dem Finger wiesen
Nach mir.
Sie schaudert.
CATALINA
Darf ich nicht einen Mantel aus dem Wagen
Für Euer Gnaden holen? Es wird kühl,
Und alles ist voll Tau.
MIRANDA *wie in halbem Traum*
                Voll Tau ist alles!

Und es wird kühl! Die Eintagsfliegen sterben,
Und morgen sind so viele neue da
Als heute starben. Aufeinander folgen
Die Tage, sind sich aber gar nicht gleich.
Sie fühlt mit den Händen an der Hecke
Der viele Tau! Die Finger triefen mir,
Hier an der Hecke liegt er, hier am Boden,
Auf allen Gräbern... überall... wo nicht?
Und die uralten Gräber macht er feucht
Und die von gestern... morgen aber kommt
Die Sonne, und vor ihr her läuft ein Wind
Und trocknet alles.
Sie weht mit dem Fächer gegen ihre linke Hand
           Trocken sind die Finger!
Welch eine Welt ist dies, wo böse Zeichen
So schnell zu bannen sind?
Ihr Ton verändert sich, etwas wie eine innere Trunkenheit
kommt über sie
Mir schwindelt so, als ob ich trunken wär!
Ist dies der eine Tropfen Möglichkeit,
Der eingeimpft in mein kraftloses Blut
Mirs so in Aufruhr bringt?
Wer bin ich denn, welch eine Welt ist dies,
In der so Kleines hat so viel Gewalt!
Kein Festes nirgends! Droben nur die Wolken,
Dazwischen, ewig wechselnd, weiche Buchten
Mit unruhvollen Sternen angefüllt...
Und hier die Erde, angefüllt mit Rauschen
Der Flüsse, die nichts hält: des Lebens Kronen
Wie Kugeln rollend, bis ein Mutiger drauf
Mit beiden Füßen springt; Gelegenheit,
Das große Wort; wir selber nur der Raum,
Drin Tausende von Träumen buntes Spiel
So treiben wie im Springbrunn Myriaden
Von immer neuen, immer fremden Tropfen;
All unsre Einheit nur ein bunter Schein,
Ich selbst mit meinem eignen Selbst von früher,
Von einer Stunde früher grad so nah,

Vielmehr so fern verwandt, als mit dem Vogel,
Der dort hinflattert.
Sie schaudert   Weh, in dieser Welt
Allein zu sein, ist übermaßen furchtbar.
Dies fühl ich, da ich meine Schwachheit nun
Erkenne: aber daß ich dieses fühle,
Ist meiner Schwachheit Wurzel. Unser Denken
Geht so im Kreis, und das macht uns sehr hilflos.
CATALINA *zurückkommend*
Eur Gnaden, es ist kalt, hier ist ein Mantel.
MIRANDA
Ein Mantel? Ja. Habt ihr nicht einen Herrn
Von hier fortgehen sehn? Wie sah er aus?
MULATTIN
Oh, wie ein Edelmann...
MIRANDA   Nicht das, ich meine...
Ich...
Sehr schnell
    Ob er fröhlich aussah oder traurig.
MULATTIN
Er ging schnell fort, wie einer, den sein Denken
Verwirrt und quält.
MIRANDA
Doch nicht sehr traurig.
MULATTIN   Nein, vielmehr beschäftigt.
MIRANDA *unbewußt, fast laut*
So wird noch alles gut.
Zu Catalina   Du hast geweint?
*Ihr Ton ist jetzt unendlich leicht und zart erregt, ein Plaudern
und hie und da Lachen*
Du armes Kind, ist dirs zu öd und traurig
In meinem Haus, daß du vor Heimweh weinst?
Wir wollen doch von morgen an des Abends
In Garten wieder gehn, sie sollen uns
Die Blumen wieder in die Beete setzen:
Wir waren allzulange eingesperrt,
Drum sind wir schwach im Freien, so wie Kinder,
Die krank gewesen sind.
Nur schade...

MULATTIN   Was ist schade, gnädige Frau?
MIRANDA
Fast gar nichts, gute Sancha. Nur, daß Träume,
Vom Augenblick geboren, so durchs Leere
Hinstürmen können, Purpurfahnen schwingend,
Und daß die Wirklichkeit... Sag, wars auch Heimweh,
Um das sie weinte?... war es nicht ein Liebster?
Wie rot sie wird! Oh, sicher spricht er gut:
Nimm dich in acht vor Männern, die gut reden
Und denen wenig daran gelegen scheint,
Ob sie dich weinen machen oder lachen:
Dergleichen ist nur ein verstelltes Spiel,
Und wir sind dumm! Nein, laßt mich einmal lachen:
Glaubt mir, ich hab fast keinen Grund dazu,
Doch Lachen ist das lieblichste Geschenk
Der Götter: wie der Hauch des Himmels ists
Für einen, der in Purpurfinsternis
Begraben war und wieder aufwärts taucht.
Nun aber gehen wir, und laßt den Wagen
Aufschlagen, lau und schön ist ja die Nacht,
Mit vielen Sternen... nein, mich dünkt, so viele
Hab ich noch nie gesehn, sie tauchen nieder,
Als wollten sie zu uns, ich möchte wissen...
Sie geht, auf Catalina gelehnt, ab, den Kopf zurückgebogen und zu den Sternen aufschauend. Die letzten Worte verklingen schon.

Vorhang

DER EPILOG
    Nun gehn sie hin... was weiter noch geschieht,
Erratet Ihr wohl leicht, doch dieses Spiel
Will sich mit mehr an Inhalt nicht beladen,
Als was ein bunter Augenblick umschließt.
Nehmts für ein solches Ding, wie mans auf Fächern
Gemalt sieht, nicht für mehr... allein bedenkt:
Unheil hat in sich selber viel Gewalt,
Das schwere Schicksal wirft die schweren Schatten,
Doch was Euch Glück erscheint, indes Ihrs lebt,
Ist solch ein buntes Nichts, vom Traum gewebt.

DER KAISER UND DIE HEXE

DER KAISER PORPHYROGENITUS
DIE HEXE
TARQUINIUS, ein Kämmerer
EIN VERURTEILTER
EIN ARMER MENSCH
EIN URALTER BLINDER
Der oberste Kämmerer, der Großfalkonier, der Präfekt des Hauses und andere Hofleute. Ein Hauptmann. Soldaten.

Eine Lichtung inmitten der kaiserlichen Jagdwälder. Links eine Quelle. Rechts dichter Wald, ein Abhang, eine Höhle, deren Eingang Schlingpflanzen verhängen. Im Hintergrund das goldene Gitter des Fasanengeheges, dahinter ein Durchschlag, der hügelan führt.

DER KAISER *tritt auf, einen grünen, goldgestickten Mantel um, den Jagdspieß in der Hand, den goldenen Reif im Haar*
Wohl, ich jage! ja, ich jage!
Dort der Eber, aufgewühlt
Schaukelt noch das Unterholz,
Hier der Speer! und hier der Jäger!
Er schaudert, läßt den Speer fallen
Nein, ich bin das Wild, mich jagt es,
Hunde sind in meinem Rücken,
Ihre Zähne mir im Fleisch,
Mir im Hirn sind ihre Zähne.
Greift sich an den Kopf
Hier ist einer, innen einer,
Unaufhörlich, eine Wunde,
Wund vom immer gleichen Bild
Ihrer offnen weißen Arme...
Und daneben, hart daneben,
Das Gefühl von ihrem Lachen,
Nicht der Klang, nur das Gefühl
Wie ein lautlos warmes Rieseln...
Blut?... Mein Blut ist voll von ihr!
Alles: Hirn, Herz, Augen, Ohren!
In der Luft, an allen Bäumen
Klebt ihr Glanz, ich muß ihn atmen.
Ich will los! Die Ohren hab ich
Angefüllt mit Lärm der Hunde,
Meine Augen bohr ich fest

In das Wild, ich will nichts spüren
Als das Keuchen, als das Flüchten
Dieser Rehe, dieser Vögel,
Und ein totenhafter Schlaf
Soll mir nachts mit Blei versiegeln
Diese Welt... doch innen, innen
Ist die Tür, die nichts verriegelt!
Keine Nacht mehr! Diese Nächte
Brechen, was die Tage schwuren.
Er rüttelt sich an der Brust
Steh! es wird ja keine kommen,
Sieben sind hinab, vorbei...
Sieben? Jetzt, nur jetzt nichts denken!
Alles schwindelnd, alles schwank,
Jagen und nur immer jagen,
Nur bis diese Sonne sank,
Diesen Taumel noch ertragen!
Trinken hier, doch nicht besinnen.

DIE HEXE *jung und schön, in einem durchsichtigen Gewand, mit offenem Haar, steht hinter ihm*
Nicht besinnen? nicht auf mich?
Nicht auf uns? nicht auf die Nächte?
Auf die Lippen nicht? die Arme?
Auf mein Lachen, auf mein Haar?
Nicht besinnen auf was war?
Und auf was, einmal verloren,
Keine Reue wiederbringt...?

DER KAISER
Heute, heute ist ein Ende!
Ich will dirs entgegenschrein:
Sieben Jahre war ich dein,
War ein Kind, als es begann,
End es nun, da ich ein Mann!
Wußtest du nie, daß ichs wußte,
Welches Mittel mir gegeben,
Abzureißen meinem Leben
Die Umklammrung deiner Arme
Sichrer als mit einem Messer?

Verwirrt
Sieh mich nicht so an... ich weiß nicht,
Du und ich... wie kommt das her?
Alles dreht sich, alles leer!
Sich ermannend
Wußtest du nie, daß ichs wußte?
Immerhin... ich will nicht denken,
Welch verschlungnen Weg dies ging,
Fürchterlich wie alles andre...
Ich steh hier! dies ist das Innre
Eines Labyrinths, gleichviel
Wo ich kam, ich weiß den Weg,
Der hinaus ins Freie! Freie!...
Er stockt einen Moment unter ihrem Blick, dann plötzlich sehr laut
Sieben Tage, wenn ich dich
Nicht berührt! Dies ist der letzte!
Diese Sonne dort im Wipfel,
Nur so wenig muß sie fallen,
Nur vom Wipfel bis zum Boden,
Und hinab in ihren Abgrund
Reißt sie dich, und ich bleib hier!
Sieben Tag und sieben Nächte
Hab ich deinen Leib nicht anders
Als im Traum berührt – der Traum
Und der Wahnsinn wacher Träume
Steht nicht in dem Pakt! – mit Händen
Und mit Lippen nicht den Leib,
Nicht die Spitzen deiner Haare
Hab ich angerührt in sieben
Tag... und Nächten... Traum ist nichts!...
Wenn die Sonne sinkt, zerfällst du:
Kröte! Asche! Diese Augen
Werden Schlamm, Staub wird dein Haar,
Und ich bleibe, der ich war.
DIE HEXE *sanft*
Ist mein Haar dir so verhaßt,
Hast doch in das End davon

Mit den Lippen einen Knoten
Dreingeknüpft, wenn wir dort lagen,
Mund auf Mund und Leib auf Leib,
Und ein Atemholen beide
Hob und senkte, und der Wind
Über uns im Dunkel wühlte
In den Bäumen.

DER KAISER   Enden, enden
Will ich dieses Teufelsblendwerk!

DIE HEXE
Wenn du aufwachst in der Nacht
Und vor dir das große schwere
Dunkel ist, der tiefe Schacht,
Den kein Schrei durchläuft, aus dem
Keine Sehnsucht mich emporzieht,
Wenn du deine leeren Hände
Hinhältst, daß ich aus der Luft
Niederflieg an deine Brust,
Wenn du deine Hände bebend
Hinhältst, meine beiden Füße
Aufzufangen, meine nackten
Füße, schimmernder und weicher
Als der Hermelin, und nichts
Schwingt sich aus der Luft hernieder,
Und die beiden Hände beben
Leer und frierend? Nicht die goldne
Weltenkugel deines Reiches
Kann sie füllen, nicht die Welt
Füllt den Raum, den meine beiden
Nackten Füße schimmernd füllten!

DER KAISER
Welch ein Ding ist diese Welt!
Sterne, Länder, Menschen, Bäume:
Ein Blutstropfen schwemmt es fort!

DIE HEXE
Jeden Vorhang hebst du auf,
Windest dich in den Gebüschen,
Streckst die Arme in die Luft,

Und ich komme nie mehr! Stunden
Schleppen hin! die Tage leer,
Leer die Nächte! und den Dingen
Ihre Flamme ausgerissen,
Jede Zeit und jeder Ort
Tot, das Glühen alles fort...

DER KAISER *die Hand vor den Augen*
Muß ich denn allein hier stehen!
Gottes Tod! ich bin der Kaiser,
Meine Kämmrer will ich haben,
Meine Wachen! Menschen, Menschen!

DIE HEXE
Brauchst die Wachen, dich zu schützen,
Armer Kaiser, vor dir selber?
Droh ich dir, rühr ich dich an?
Nein, ich gehe, und wer will,
Kommt mir nach und wird mich finden.
Armer Kaiser!
Sie biegt die Büsche auseinander und verschwindet.

DER KAISER   Nicht dies Lachen!
Einmal hat sie so gelacht...
Was dann kam, ich wills nicht denken!
Hexe, Hexe, Teufelsbuhle,
Steh! Ich will dich sehn, ich will nicht
Stehn wie damals vor dem Vorhang.
Gottes Tod, ich wills nicht denken!
Faune, ekelhafte Faune
Küssen sie! die weißen Hände
Toter, aus dem Grab gelockter
Heiden sind auf ihr, des Paris
Arme halten sie umwunden:
Ich ertrag es nicht, ich reiße
Sie hinweg!

TARQUINIUS *aus dem Hintergrunde rechts auftretend*
            Mein hoher Herr!

DER KAISER
Was? und was? wer schickt dich her?

TARQUINIUS
　Herr, es war, als ob du riefest
　Nach den Kämmrern, dem Gefolge.
DER KAISER *nach einer langen Stille*
　Rief ich und du hörtest, gut.
　Er horcht ins Gebüsch
　Hier ist alles still, nicht wahr?
TARQUINIUS
　Herr, die Jagd zog dort hinunter,
　Jenseits des Fasangeheges.
DER KAISER
　Laß die Jagd! Du hörst hier nichts?
　Nichts von Flüstern, nichts von Lachen?
　Wie?
　In Gedanken verloren, plötzlich
　　　Abblasen laß die Jagd!
　Ich will meinen Hof um mich:
　Meine Frau, die Kaiserin,
　Soll hierher, mein Kind soll her,
　Um mich her mein ganzer Hof,
　Ringsum sollen Wachen stehen,
　Und so will ich liegen, liegen,
　Auf den Knien die heilige Fahne.
　Zugedeckt, so will ich warten,
　Bis die Sonne... wohin gehst du?
TARQUINIUS
　Herr, zu tun, was du befahlst,
　Deinen Hof hierher zu rufen.
DER KAISER *halblaut*
　Wenn sie kommt vor meinen Hof,
　Sich zu mir hinschleicht und flüstert
　Und die Scham hält mich, ich muß
　Ihren Atem fühlen, dann
　Wird es stärker sein als ich!
　Bleib bei mir, es kommen andre.
　Du bleib da. Ich will mit dir
　Reden, bis die andern kommen.

Er geht auf und ab, bleibt schließlich dicht vor dem Kämmerer stehen

Bist der jüngste von den Kämmrern?

TARQUINIUS *auf ein Knie gesunken*
 Nicht zu jung, für dich zu sterben,
 Wenn mein Blut dir dienen kann!

DER KAISER
 Heißt?

TARQUINIUS
      Tarquinius Morandin.

DER KAISER *streng*
 Niemands Blut kann niemand dienen,
 Es sei denn sein eignes.

TARQUINIUS   Herr,
 Zürn mir nicht, die Lippen brennen,
 Einmal dirs herauszusagen.

DER KAISER   Was?

TARQUINIUS *steht verwirrt.*

DER KAISER *gütig*
 Nun was?

TARQUINIUS Gnädiger Herr,
 Daß ich fühle, wie du gut bist,
 So mit Hoheit und mit Güte,
 Wie ein Stern mit Licht beladen.

DER KAISER
 Kämmerer, du bist ein Kind...
 Wenn du nicht ein Schmeichler bist!
 Junge Menschen sind nicht gut,
 Und ob älter auch wie du,
 Bin ich jung. Nimm dich in acht;
 Ich weiß nichts von dir, weiß nicht,
 Wie du lebst, nur Seele seh ich,
 Die sich so aus deinen Augen
 Lehnt, wie aus dem Kerkerfenster
 Ein Gefangner nach der Sonne;
 Nimm du dich in acht, das Leben
 Hat die rätselhafte Kraft,
 irgendwie von einem Punkt aus

Diesen ganzen Glanz der Jugend
Zu zerstören, blinden Rost
Auszustreun auf diesen Spiegel
Gottes... wie das alles kommt?
Halb für sich
Anfangs ists in einem Punkt,
Doch dann schiebt sichs wie ein Schleier
Zwischen Herz und Aug und Welt,
Und das Dasein ist vergällt;
Bist du außen nicht wie innen,
Zwingst dich nicht, dir treu zu sein,
So kommt Gift in deine Sinnen,
Atmests aus und atmests ein,
Und von dem dir gleichen Leben
Bist du wie vom Grab umgeben,
Kannst den Klang der Wahrheit hören,
So wie Hornruf von weither,
Doch erwidern nimmermehr;
Was du sprichst, kann nur betören,
Was du siehst, ist Schattenspiel,
Magst dich stellen, wie du willst,
Findest an der Welt nicht viel,
Wandelst lebend als dein Grab,
Hexen deine Buhlerinnen...
Kehr dich nicht an meine Reden,
Wohl! wenn du sie nicht verstehst.
Denk nur eins: ich will dir Gutes!
Nimms, als käm es dir von einem,
Den du sterbend wo am Wege
Liegen findest; nimms an dich,
Drücks an dich wie eine Lampe,
Wenn dich Finsternis umschlägt;
Merk dir: jeder Schritt im Leben
Ist ein tiefrer. Worte! Worte!
Merk dir nichts als dies, Tarquinius:
Wer nicht wahr ist, wirft sich weg!
... Doch vielleicht begreifst du dies
Erst, wenn es zu spät ist; merk

Dies allein: nicht eine einzige
Stunde kommt zweimal im Leben,
Nicht ein Wort, nicht eines Blickes
Ungreifbares Nichts ist je
Ungeschehn zu machen, was
Du getan hast, mußt du tragen,
So das Lächeln wie den Mord!
Nach einer kleinen Pause
Und wenn du ein Wesen liebhast,
Sag nie mehr, bei deiner Seele!
Als du spürst. Bei deiner Seele!
Tu nicht eines Halms Gewicht
Mit verstelltem Mund hinzu:
Dies ist solch ein Punkt, wo Rost
Ansetzt und dann weiterfrißt.
Dort am Durchschlag hör ich Stimmen:
Jäger sind es wohl, die kommen,
Aber hier ist alles still...
Oder nicht?... Nun geh nur, geh,
Tu, wie ich dir früher sagte.

TARQUINIUS
Hierher ruf ich das Gefolge.

DER KAISER
Ja! was noch?

TARQUINIUS Du hast befohlen.
Geht.

DER KAISER
Irgendwo ist Klang der Wahrheit
Wie ein Hörnerruf von weitem,
Doch ich hab ihn nicht in mir;
Ja, im Mund wird mir zur Lüge,
Was noch wahr schien in Gedanken.
Schmach und Tod für meine Seele,
Daß sie in der Welt liegt wie ein
Basilisk, mit hundert Augen,
Die sich drehen, nach den Dingen
Äugend! daß ich Menschenschicksal
So gelassen ansehn kann

Wie das Steigen und Zerstäuben
Der Springbrunnen! daß ich meine
Eigne Stimme immer höre,
Fremd und deutlich wie das Schreien
Ferner Möwen! Tod! mein Blut
Ist verzaubert! Niemand, niemand
Kann mir helfen, und doch bin ich
Stark, mein Geist ist nicht gemein,
Neugeboren trug ich Purpur,
Diesen Reif, bevor die Schale
Meines Kopfs gehärtet war...
Er reißt sich den Reif vom Kopf
Und er schließt das Weltall ein:
Diese ganze Welt voll Hoheit
Und Verzweiflung, voll von Gräbern
Und von Äckern, Bergen, Meeren,
Alles schließt er ein... was heißt das?
Was ist mir dies alles? welche
Kraft hab ich, die Welt zu tragen?
Bin ich mir nicht Last genug!
Er zerbricht den Reif, wirft die Stücke zu Boden und atmet wild.
DIE STIMME DER HEXE *aus dem Gebüsch.*
DER KAISER *horcht vorgebückt.*
DIE STIMME
Komm, umschling mich mit den Armen,
Wie du mich so oft umschlungen!
Fühlst du nicht, wie meine Schläfen
Klopfen, fühlst dus mit den Lippen?
DER KAISER *sich zurückwerfend, mit emporgereckten Armen*
Redet sie zu mir? zu einem
Andern? ich ertrag es nicht!
Hat sie alles noch mit andern,
Wie mit mir? Dies ist so furchtbar,
Daß es mich zum Wahnsinn treibt...
Alles ist ein Knäul. Umarmung
Und Verwesung einerlei,
Lallen von verliebten Lippen
Wie das Rascheln dürrer Blätter,

Alles könnte sein, auch nicht...
Die Arme sinken ihm herunter, seine Augen sind starr zu Boden gerichtet. Er rafft sich auf und schreit
Menschen, Menschen, ich will Menschen!
DIE DREI SOLDATEN *mit dem Verurteilten treten von rückwärts auf. Der Kaiser läuft auf sie zu.*
DER KAISER
Ihr seht aus wie Menschen. Hierher
Tretet! hier!
EIN SOLDAT   Was will der Mensch?
ZWEITER
Still, das ist ein Herr vom Hof!
Tu, was er uns heißt.
DER KAISER
Diesen hier macht frei! die Ketten
Sind für mich! in mir ist einer,
Der will dort hinein, er darf nicht
Stärker werden! gebt die Ketten!
Allmählich beruhigter
Zwar mich dünkt, nun ist es still...
Und die Sonne steht schon tief!...
... Welch ein Mensch ist dies, wohin
Führt ihr ihn?
ERSTER   Zu seinem Tod.
DER KAISER
Warum muß er sterben?
DER SOLDAT   Herr,
Lydus ist es.
DER KAISER   Lydus?
DER SOLDAT   Herr,
Wenig weißt du, was im Land,
Was sich im Gebirg ereignet,
Wenn du nichts von diesem weißt.
Dieser ist der Fürchterliche,
Der ein ganzes Land verbrannte,
Feuer warf in dreizehn Städte,
Sich Statthalter Gottes nannte
Und der Ungerechten Geißel,

Selbst ein ungerecht Begehren
Wie ein Rad von Blut und Feuer
Durch das Land des Friedens wälzend.

DER KAISER
Doch die Richter?

DER VERURTEILTE *den Blick am Boden*
                Einen Richter,
Der das Recht bog, wollt ich hängen,
So fing alles an.

DER KAISER   Der Kaiser?
Der doch Richter aller Richter?

DER SOLDAT
Herr, der Kaiser, der ist weit.
Eine kleine Stille

DER HAUPTMANN *kommt gelaufen*
Hier ist nicht der Weg. Wir müssen
Weg von hier. Des Kaisers Jagd
Kommt bald hier vorbei.
Erkennend   Der Kaiser!
Kniet nieder, sogleich auch die drei Soldaten.

DER KAISER *zum Verurteilten*
Stehst du, Mensch? die andern knien.

DER VERURTEILTE *den Blick am Boden*
Diese Spiele sind vorüber;
Morgen knie ich vor dem Block.

DER KAISER
Mensch, bei Gott, wie fing dies an?
Wie der erste Schritt davon?

DER VERURTEILTE *hebt seinen Blick und richtet ihn fest auf den Kaiser*
Mensch, bei Gott, mit einem Unrecht.

DER KAISER
Das du tatest?

DER VERURTEILTE *immer die Augen auf ihn geheftet*
                Das ich litt!

DER KAISER
Und was weiter kam?

DER VERURTEILTE   Geschick.

DER KAISER
 Und die Toten?
DER VERURTEILTE Gut gestorben.
DER KAISER
 Und was morgen kommt?
DER VERURTEILTE Das Ende,
 Das höchst nötige gerechte
 Ende.
DER KAISER
  Doch gerecht?
DER VERURTEILTE *ruhig*
  Jetzt wohl.
DER KAISER *geht auf und ab. Endlich nimmt er seinen Mantel ab, hängt ihn dem Verurteilten um, winkt den Soldaten, aufzustehen.*
TARQUINIUS *zurückkommend, verneigt sich.*
DER KAISER
 Kämmrer, schließ dem Mann den Mantel
 Und mach ihm die Hände frei!
 Es geschieht.
DER VERURTEILTE *blickt unverwandt, mit äußerster Aufmerksamkeit, beinahe mit Strenge den Kaiser an.*
DER KAISER *Tarquinius zu sich, nach rechts vorne, heranwinkend*
 Die Galeeren nach Dalmatien,
 Die Seeräuber jagen sollen,
 Warten, weil ich keinen Führer
 Noch genannt. Ich nenne diesen,
 Diesen Lydus. Wer sich selber
 Furchtbar treu war, der ist jenseits
 Der gemeinen Anfechtungen.
 Als ich in der Wiege lag,
 Trug ich Purpur, um mich her
 Stellten sie im Kreise Männer,
 Und auf wen mit unbewußtem
 Finger ich nach Kinderart
 Lallend deutete, der war
 Über Heere, über Flotten,
 Über Länder zum Gebieter

Ausgewählt. Ein großes Sinnbild!
Auf mein ungeheures Amt
Will ich Kaiser mich besinnen:
Meine Kammer ist die Welt,
Und die Tausende der Tausend
Sind im Kreis um mich gestellt,
Ihre Ämter zu empfangen.
Ämter! darin liegt noch mehr!
Kämmrer, führ den Admiral!
Lydus heißt er, Lydus, merk.
Sonst ist nichts vonnöten, geh.
Sie gehen ab, noch im Weggehen heftet der Mann seinen ernsten, beinahe strengen Blick auf den Kaiser.
Doch... wie eitel ist dies alles,
Und wie leicht, daran zu zweifeln,
Wie so leicht, es wegzuwerfen!
Dieses Hauchen lauer Luft
Saugt mir schon die Seele aus!
Kommt nicht irgend etwas näher?
Schwebt es nicht von oben her
Unbegreiflich sanft und stark?
Meinem Blut wird heiß und bang...
Wie soll dies aus mir heraus?
Nur mit meinen Eingeweiden!
Denn ich bin darein verfangen
Wie der Fisch, der allzu gierig
Eine Angel tief verschlang.
Sklave! Hund! was steh ich hier?
Weiß, daß sie mich nehmen will,
Steh ihr selbst am Kreuzweg still!
Dies muß sein! Ich will mich selber
An den Haaren weiterschleppen
Bis zum Sinken dieser Sonne!
Jagen! Jagd ist alles! Schleichen
Auf den Zehen, mit dem Spieß
Eigne Kraft in eines fremden
Lebens Leib so wie der Blitz
Hineinschleudern... Eine Taube!

Wie sie an den Zweigen hinstreift,
Trunken wie ein Abendfalter,
Kreise zieht um meinen Kopf!
Wo der Spieß? Doch hier der Dolch!
Hier und so!
Er wirft den Dolch nach der Taube. Die Hexe, angezogen wie ein Jägerbursch, taumelt hervor. Sie preßt die Hände auf die Brust und sinkt am Rand eines Gebüsches rechts nieder.

DIE HEXE   O weh! getroffen!

DER KAISER
Trug und Taumel! wessen Stimme?
Vogel wars! Die Taube flog!
In der Nähe, aufschreiend
Was für Augen, welche Lippen!
Kriecht auf den Knien der Hingesunkenen näher.

DIE HEXE *sanft wie ein Kind*
Lieber, schlägst du mir mit Eisen
Rote Wunden, blutig rote
Neue Lippen? Dort wo deine
Lippen lagen oft und oft!
Weißt du alles das nicht mehr?
So ist alles aus? Leb wohl,
Aber deiner nächsten Freundin,
Wenn ich tot bin, sei getreuer,
Und bevor du gehst und mich
Hier am Boden sterben lässest,
Deck mir noch mit meinen Haaren
Meine Augen zu, mir schwindelt!

DER KAISER *hebt die Hände, sie zu berühren. In diesem Augenblick überschüttet die dem Untergang nahe Sonne den ganzen Waldrand mit Licht und den rötlichen Schatten der Bäume. Der Kaiser schaudert zurück, richtet sich auf, geht langsam, die Augen auf ihr, von ihr weg; sie liegt wie tot.*

DER KAISER
Tot! was ist für diese Wesen
Tot? die Sonne ist nicht unten,
Dunkel flammt sie, scheint zu drohen.
Soll ich sie hier liegen sehen?

Sollen Ameisen und Spinnen
Über ihr Gesicht hinlaufen
Und ich sie nicht anrührn? ich,
Der mit zehnmal so viel Küssen
Ihren Leib bedeckt hab, als
Das Gewebe ihres Kleides
Fäden zählt, wie? soll ich sie
Liegen lassen, daß mein Hof,
Meine Diener ihr Gesicht
Mir betasten mit den Blicken?
Ich ertrüg es nicht, ich würfe
Mich auf sie, sie zuzudecken!
Dort! ein Mensch, der Stämme schleppt,
Abgeschälte schwere Stämme.
Hier ist eine schönre Last.
Er tritt in eine Lichtung und winkt.
Du, komm her! komm hierher! hier!
Zwar, womit den Menschen lohnen?
Auf den Gold- und Silberstücken
Ist mein Bild, doch hab ich keines!
Doch, der Reif, den ich zerbrach:
Wenn die Krone auch zerschlagen
Da und dort am Boden rollt,
Ist sie doch noch immer Gold.
Er bückt sich und hebt ein paar Stücke auf. Er betrachtet die Stücke, die er in der Hand hält
Wohl, solange du geformt warst,
Warst du viel. Dein bloßes Blinken
Konnte ungeheure Heere
Lenken wie mit Zauberwinken.
Krone, brauchtest nur zu leuchten,
Nur zu funkeln, nur zu drohn…
Kaum die Dienste eines Knechtes
Zahlt dein Stoff, der Form entflohn.
Eine kleine Stille
Mitten drunter kann ich denken,
Ruhig denken, sonderbar.

DER ARME MENSCH *in Lumpen, ein junges, entschlossenes Gesicht und eine unscheinbare, gebückte Haltung*
Herr, was riefst du, daß ich tun soll?
DER KAISER *steht vor der Leiche abgewandt*
Diesen Toten...
DER MENSCH   Herr, ein Weib!
DER KAISER
Frag nicht, schaff sie fort!
DER MENSCH   Wohin?
Fort? Wohin?
DER KAISER   Gleichviel! ins Dickicht.
Wo sie keiner sieht, wo ich
Sie nicht sehe! später dann...
Hier ist Gold für deine Arbeit.
DER MENSCH *steht starr*
Dies? dafür? für nichts als das?
DER KAISER
Nicht genug? komm später wieder.
DER MENSCH
Nicht genug? es wär genug,
Mir mein Leben abzukaufen.
Herr, wer bist du? um dies Gold
Stoß ich dir am hellen Tag,
Wen du willst von deinen Feinden,
Während er bei Tisch sitzt, nieder...
Um dies Gold verkauft dir meine
Schwester ihre beiden Töchter!
Er richtet sich groß auf, mit ausgestreckten Armen.
DER KAISER
Später dann, wenns dunkel ist,
Kommst du wieder und begräbst sie,
Gräbst im Dunkeln ihr ein Grab,
Aber so, daß auch kein Wiesel
Davon weiß und je es aufspürt;
Hüte dich!
DER MENSCH Ich will es graben,
Daß ich selber morgen früh
Nicht den Ort zu sagen wüßte:

Denn mit diesem Leib zugleich
Werf ich in die dunkle Grube
Meinen Vater, meine Mutter,
Meine Jugend, ganz beschmutzt
Mit Geruch von Bettelsuppen,
Mit Fußtritten feiger Lumpen!

DER KAISER
Geh nun, geh! Doch hüte dich,
Daß du sie nicht anrührst, nicht
Mehr als nötig, sie zu tragen.
Ich erführ es, sei versichert,
Ich erführs, und hinter dir
Schickte ich dann zwei, die grüben
Schneller dir ein Grab im Sand,
Schneller noch und heimlicher,
Als du diese wirst begraben.
Er winkt ihm, Hand anzulegen, setzt sich selbst auf einen Baumstrunk und schlägt die Hände vors Gesicht.

DER MENSCH *schleppt den regungslosen Leib ins Gebüsch.*

Lange Stille

DER KAISER *aufstehend, umherschauend*
Ist sie fort, für immer fort?...
Und die Sonne doch noch da?...
Zwar nicht Tag, nicht schöner Tag,
Vielmehr Nacht mit einer Sonne.
Und ich tat es wirklich, tat es?
Unsre Taten sind die Kinder
Eines Rauchs, aus rotem Rauch
Springen sie hervor, ein Taumel
Knüpft, ein Taumel löst die Knoten.
Meine Seele hat nicht Kraft,
Sich zu freun an dieser Tat!
Diese Tat hat keinen Abgrund
Zwischen mich und sie getan,
Ihren Atem aus der Luft
Mir nicht weggenommen, nicht
Ihre Kraft aus meinem Blut!
Wenn ich sie nicht noch einmal

Sehen kann, werd ich nie glauben,
Daß ich mich mit eignem Willen
Von ihr losriß; dies noch einmal
Sehen! dies, was eine Hand
Zudeckt, dieses kleine Stück
Ihres Nackens, wo zur Schulter
Hin das Leben sich so trotzig
Und so weich, so unbegreiflich
Drängt, nur dieses eine sehen!
Sehen und freiwillig nicht –
Nicht! – berühren... Aber wo?
Fort! er trug sie... ich befahl,
Schuf mir selber diese Qual.
Aber dort die grünen Ranken
Seh ich, spür ich nicht? sie beben!
Frag ich viel, obs möglich ist!
Spür ich nicht dahinter Leben?
Er reißt die Ranken weg, die den Eingang der Höhle verhängen.
EIN URALTER BLINDER *tritt ängstlich hervor, weit mit einem dürren Stecken vor sich hintastend. Sein ganzes Gewand ist ein altes linnenes Hemd.*
DER KAISER *hinter sich tretend*
Wie, hier auch ein Mensch! Dies feuchte
Loch noch immer Raum genug
Für ein Leben? Ists damit,
Daß ich sehen soll, welch ein Ding
Herrschen ist, daß mir der Wald
Und die Straße, ja das Innre
Eines Berges nichts wie Menschen
Heut entgegenspein? Heißt dies,
Kaiser sein: nicht atmen können,
Ohne mit der Luft ein Schicksal
Einzuschlucken?
DER GREIS
War es Sturm, der meine Türe
Aufriß? Weh, es ist nicht Nacht!
Nicht das kleine Licht der Sterne
Rieselt auf die Hände nieder...
Schwere Sonne! schwacher Wind!

DER KAISER *für sich*
  Diese Stirn, die riesenhaften,
  Ohnmächtigen Glieder, innen
  Ist mir, alles dieses hab ich
  Schon einmal gesehen! wann?
  Kindertage! Kindertage!
  Hier ist irgendein Geheimnis,
  Und ich bin darein verknüpft,
  Fürchterlich verknüpft...
DER GREIS
  Dort! es steht! es atmet jung!
  Pause
  Wie ein junges Tier!
  Pause
                    Ein Mensch!
  Er zittert
  Hab Erbarmen! ich bin blind!
  Laß mich leben! leben! leben!
DER KAISER
  Alter Mann, ich tu dir nichts.
  Sag mir deinen Namen.
DER GREIS
  Laß mich leben, hab Erbarmen!
DER KAISER
  Fühl, ich habe leere Hände!
  Sag mir, wer du bist.
  Lange Pause
DER GREIS *seine Hände anfühlend*
  Ring!
DER KAISER
          Den Namen, sag den Namen!
DER GREIS
  Was für Stein?
DER KAISER   Ein grüner.
DER GREIS   Grüner?
  Großer grüner?
DER KAISER   Deinen Namen!
  Er faßt ihn an, der Greis schweigt. Im Hintergrunde sammelt sich

der Hof. Sie geben ihre Spieße an die Jäger ab. Links rückwärts wird ein purpurnes Zelt aufgeschlagen. Unter den anderen steht der Verurteilte, er trägt ein rotseidenes Gewand, darüber den Mantel des Kaisers, in der herabhängenden Hand einen kurzen Stab aus Silber und Gold.

TARQUINIUS *kniend*
Herr! die allergnädigste
Kaiserin läßt durch mich melden,
Daß sie sich zurückgezogen,
Weil die Zeit gekommen war
Für das Bad der kaiserlichen
Kinder.

DER KAISER *ohne aufzumerken, betrachtet den Greis, wirft dann einen flüchtigen Blick auf seinen Hof, alle beugen ein Knie*
Decken!
Man bringt purpurne Decken und Felle und legt sie in die Mitte der Bühne.
Der Kaiser führt den Blinden hin und läßt ihn setzen. Er sitzt wie ein Kind, die Füße gerade vor sich. Die weichen Decken scheinen ihn zu freuen.

DER KAISER *von ihm wegtretend*
Großfalkonier! ich habe diesen Menschen
Im kaiserlichen Forst gefunden. Wer
Ist das? Kannst du mir sagen, wer das ist?
Tiefe Stille
Großkämmerer, wer ist der Mann? mich dünkt,
Ich seh ihn heute nicht zum erstenmal.
Stille
Präfekt des Hauses, wer ist dieser Mensch?
Stille
Großkanzler, wer?
Stille
    Großdragoman, wer ist das?
Stille
Die Kapitäne meiner Wachen! wer?
Stille
Du, Tarquinius, bist zu jung,
Um mich anzulügen, hilf mir!

TARQUINIUS *um den Blinden beschäftigt*
Herr, er trägt ein Band von Eisen
Um den Hals geschmiedet, einen
Schweren Ring mit einer Inschrift.
DER KAISER *winkt ihm zu lesen. Tiefe Stille.*
TARQUINIUS *liest*
Ich, Johannes der Pannonier,
War durch dreiunddreißig Tage
Kaiser in Byzanz.
Pause. Tiefe Stille.
                 Geblendet
Bin ich nun und ausgestoßen
Als ein Fraß der wilden Tiere
Auf Befehl...
DER KAISER *sehr laut*
                Lies weiter, Kämmrer!
TARQUINIUS *liest weiter*
Auf Befehl des höchst heiligen, höchst
Weisen, des unbesiegbarsten, erlauchtesten
Kindes...
Stockt.
DER KAISER *sehr laut*
                Kindes... lies!
TARQUINIUS   Dein Name, Herr!
Lange Stille
DER KAISER *mit starker Stimme*
Großkämmerer! Wie alt war ich, der Kaiser,
Als dies geschah?
DER GROSSKÄMMERER *kniend*
                Drei Jahre, hoher Herr.
Lange Stille
DER KAISER *mit halber Stimme, nur zu Tarquinius*
Kämmrer, schau, dies war ein Kaiser!
Zu bedeuten, das ist alles!
Nach einem langen Nachdenken
Ja, den Platz, auf dem ich stehe,
Gab mir ungeheurer Raub,
Und mit Schicksal angefüllt

Ist die Ferne und die Nähe.
Von viel buntern Abenteuern,
Als ein Märchen, starrt die Welt,
Und sie ist der große Mantel,
Der von meinen Schultern fällt.
Überall ist Schicksal, alles
Fügt sich funkelnd ineinander
Und unlöslich wie die Maschen
Meines goldnen Panzerhemdes.
Denn zu unterst sind die Fischer
Und Holzfäller, die in Wäldern
Und am Rand des dunklen Meeres
Atmen und ihr armes Leben
Für die Handvoll Gold dem ersten,
Der des Weges kommt, verkaufen.
Und dann sind die vielen Städte...
Und in ihnen viele Dinge:
Herrschaft, Weisheit, Haß und Lust,
Eins ums andere feil, zuweilen
Eines mit dem andern seine
Larve tauschend und mit trunknen
Augen aus dem ganz verkehrten
Antlitz schauend. Und darüber
Sind die Könige, zuoberst
Ich: von dieser höchsten Frucht
Fällt ein Licht zurück auf alles
Und erleuchtet jede tiefre
Stufe; jede: auf den Mörder
Fällt ein Strahl, Taglöhner, Sklaven
Und die Ritter und die Großen,
Mir ist alles nah; ich muß das
Licht in mir tragen für den,
Der geblendet ward um meinet-
Willen, denn ich bin der Kaiser.
Wunderbarer ist mein Leben,
Ungeheurer aufgetürmt
Als die ungeheuren Dinge,
Pyramiden, Mausoleen,

So die Könige vor mir
Aufgerichtet. Ich vermag
Auf den Schicksalen der Menschen
So zu thronen, wie sie saßen
Auf getürmten toten Steinen.
Und so ungeheure Kunde,
Wer ich bin und was ich soll,
Brachte diese eine Stunde,
Denn ihr Mund war übervoll
Von Gestalten...

DER GREIS *wendet sich mit heftiger Unruhe und einem leisen Wimmern nach dem Hintergrunde.*

TARQUINIUS
Herr, es ist, er riecht die Speisen,
Die sie hinterm Zelt bereiten,
Und ihn hungert.

DER KAISER   Bringt zu essen.

Es kommen drei Diener mit goldenen Schüsseln. Den ersten und zweiten beachtet der Greis nicht, nach der Richtung, wo der dritte steht, begehrt er heftig. Tarquinius nimmt dem dritten die Schüssel aus der Hand, kniet vor dem Greis hin und reicht ihm die Schüssel.

TARQUINIUS *bei dem Greis kniend*
Er will nur von dieser Speise:
Süßes ist es.

Tarquinius will ihm die Schüssel wieder wegnehmen, der Greis weint. Er stellt ihm die Schüssel hin.

DER GREIS *winkt mit der Hand, alle sollen wegtreten, versichert sich, daß er die Schüssel hat, richtet sich groß auf, streckt die Hand, an der des Kaisers Ring steckt, gebieterisch aus – der Arm zittert heftig – und ruft schwach vor sich hin*
            Ich bin der Kaiser!
Sogleich setzt er sich wieder hin wie ein Kind, ißt die Schüssel leer.

DER KAISER *rührt ihn sanft an*
Du, du hast aus meiner Schüssel
Jetzt gegessen; komm, ich geb dir
Jetzt mein Bett, darin zu schlafen.

DER GREIS *nikt, der Kaiser stützt und führt ihn in das Zelt. Der Hof zieht sich nach links rückwärts zurück. Man sieht sie zwischen den Bäumen lagern und essen. Rechts rückwärts geht eine Wache auf und ab. Die Sonne steht nun in dem Walddurchschlag, dem Rande des Hügels sehr nahe.*

DER KAISER *aus dem Zelt zurückkommend, neben ihm Tarquinius*
Immer noch dieselbe Sonne!
Geht mirs doch wie jenem Hirten,
Der, den Kopf im Wasserschaff,
Meinte, Welten zu durchfliegen.
Er setzt sich links vorne auf einen Stumpf
Ich bin heiterer, mein Lieber,
Als ich sagen kann... gleichviel,
Denk nicht nach!... Es ist der neue
Admiral, der mich so freut.
Sieh, ein Schicksal zu erfinden,
Ist wohl schön, doch Schicksal sein,
Das ist mehr; aus Wirklichkeit
Träume baun, gerechte Träume,
Und mit ihnen diese Hügel
Und die vielen weiten Länder
Bis hinab ans Meer bevölkern
Und sie vor sich weiden sehn,
Wie der Hirt die stillen Rinder...
Eine kleine Pause
Grauenhaftes, das vergangen,
Gibt der Gegenwart ein eignes
Beben, eine fremde Schönheit,
Und erhöht den Glanz der Dinge
Wie durch eingeschluckte Schatten.

TARQUINIUS
Die Kaiserin!
Er springt zurück.
Von hinten her ist mit leisen Schritten die Hexe herangetreten. Sie trägt das Gewand der Kaiserin, in dessen untersten Saum große Saphire eingewebt sind. Über das Gesicht fällt ein dichter goldner Schleier. In der Hand trägt sie eine langstielige goldne Lilie.

DER KAISER *ohne aufzustehen*
>So kommst du
Doch! Man hat mir was gemeldet...
Doch du kommst, so sind die Kinder
Wohl gebadet, Helena.
Laß uns von den Kindern reden!
Zwar du redest von nichts anderm...
In der Kammer, wo sie schlafen,
Wohnt die Sonne, Regenbogen,
Mond, die schönen klaren Sterne,
Alles hast du in der Kammer,
Nicht? Mich dünkt, du lächelst nicht!
Lächelst doch so leicht: zuweilen
Bin ich blaß vor Zorn geworden,
Wenn ich sah, wie leicht dir dieses
Lächeln kommt, wenn ich bedachte,
Daß ein Diener, der dir Blumen
Bringt, den gleichen Lohn davon hat
Wie ich selber... es war unrecht!
Heut begreif ichs. Über alle
Worte klar begreif ichs heute:
Welch ein Kind du bist, wie völlig
Aus dir selbst dies Kinderlächeln
Quillt. Ich bin so froh, zu denken,
Daß... ich mein, daß du es bist,
Die mir Kinder auf die Welt bringt.
Meine Kinder, Helena –...
Wie von einer kleinen Quelle
Hergespült, wie aufgelesen
Von den jungen grünen Wiesen,
Die Geschwister ahnungsloser,
Aus dem Nest gefallner kleiner
Vögel sind sie, Helena,
Weil es deine Kinder sind!
Keine Antwort? und den Schleier
Auch nicht weg? Wir sind allein!
DIE HEXE *schlägt den Schleier zurück.*

DER KAISER *aufspringend*
Hexe du und Teufelsbuhle,
Stehst du immer wieder auf?
DIE HEXE *indem sie sich halb wendet, wie ihn fortzuführen*
Komm, Byzanz! Wir wollen diese
Schäferspiele nun vergessen!
Miteinander wieder liegen
In dem goldnen Palankin,
Dessen Stangen deine Ahnherrn,
Julius Cäsar und die andern
Tragen.
DER KAISER *lacht.*
DIE HEXE *mit ausgebreiteten Armen*
  Ich kann nicht leben
Ohne dich!
DER KAISER Geh fort von mir!
DIE HEXE
Sieben Jahre!
DER KAISER Trug und Taumel!
Sieben Tage brachen alles!
DIE HEXE
Hör mich an!
DER KAISER
   Vorbei! vorbei!
DIE HEXE
Keine Stunde! Deine Lippen
Beben noch.
DER KAISER Gott hats gewendet!
Jeden Schritt von deinen Schritten
Gegen dich! Aus allen Klüften,
Von der Straße, aus den Wäldern,
Aus dem Boden, aus den Lüften
Sprangen Engel, mich zu retten!
Wo ich hingriff, dich zu spüren,
Taten sich ins wahre Leben
Auf geheimnisvolle Türen,
Mich mir selbst zurückzugeben.

DIE HEXE *schleudert ihre goldene Lilie zu Boden, die sogleich zu Qualm und Moder zerfällt*
Hingest doch durch sieben Jahr
Festgebannt an diesen Augen
Und verstrickt in dieses Haar!
Völlig mich in dich zu saugen
Und in mir die ganze Welt;
Hexe denn! und Teufel du,
Komm! uns ziemt das gleiche Bette!
DER KAISER
Willst du drohen? sieh, ich stehe!
Sieh, ich schaue! sieh, ich lache!
Diese Flammen brennen nicht!
Aber grenzenlose Schwere
Lagert sich in dein Gesicht,
Deine Wangen sinken nieder,
Und die wundervollen Glieder
Werden Runzel, werden Grauen
Und Entsetzen anzuschauen.
DIE HEXE *zusammensinkend, wie von unsichtbaren Fäusten gepackt*
Sonne! Sonne! ich ersticke!
Sie schleppt sich ins Gebüsch, schreit gellend auf und rollt im Dunkel am Boden hin. Die Sonne ist fort. Der Kaiser steht, die Augen starr auf dem Gebüsch. Eine undeutliche Gestalt, wie ein altes Weib, humpelt im Dickicht nach rückwärts.
DER KAISER
Gottes Tod! dies halten! haltet!
Wachen! Kämmrer! dort! dort! dort!
TARQUINIUS *kommt gelaufen*
Hoher Herr!
DER KAISER   Die Wachen, dort!
Sollen halten!
Lange Pause
TARQUINIUS *kommt wieder*
              Herr, die Wachen
Schwören: niemand ging vorüber
Als ein runzlig altes Weib,

Eine wohl, die Beeren sammelt
Oder dürres Holz.
DER KAISER *ihn anfassend, mit einem ungeheuren Blick*
Tarquinius!
Zieht ihn an sich, überlegt, schweigt eine Weile, winkt ihm wegzutreten, kniet nieder
Herr, der unberührten Seelen
Schönes Erbe ist ein Leben,
Eines auch ist den Verirrten,
Denen eines, Herr, gegeben,
Die dem Teufel sich entwanden
Und den Weg nach Hause fanden.

Während seines Gebetes ist der Vorhang langsam gefallen

DER ABENTEURER UND DIE SÄNGERIN
oder
DIE GESCHENKE DES LEBENS

IN EINEM AUFZUG (MIT EINER VERWANDLUNG)

Personen

EIN ABENTEURER, unter dem Namen BARON WEIDENSTAMM
VITTORIA
CESARINO
LORENZO VENIER
SEIN OHEIM, DER SENATOR VENIER
DIE REDEGONDA, Sängerin
ACHILLES, ihr Bruder
MARFISA CORTICELLI, Tänzerin
IHRE MUTTER
SALAINO, ein junger Musiker
DER ABBATE GAMBA
DER SOHN DES BANKIERS SASSI
LE DUC, Kammerdiener des Barons
EIN ALTER KOMPONIST
DESSEN DIENERIN
EIN JUWELIER
EIN FREMDER ÄLTERER MANN
DREI MUSIKER
DIENER

In Venedig, um die Mitte des achtzehnten Jahrhunderts.

I

In einem venezianischen Palast, den der Baron bewohnt: das Vorzimmer, vielmehr ein hoher geräumiger Vorsaal. Im Hintergrund große Tür auf die Treppe, daneben rechts eine kleine Tür ins Dienerzimmer, links ein Fenster in den Hof. Die rechte Wand hat ein vergittertes Fenster auf den Kanal hinaus. An der linken Wand kleine Tür ins Schlafzimmer und noch eine Tür. Der Saal selbst hat Stuckdekoration im Barockgeschmack und kein Mobiliar als einige große Armstühle mit verblichener Vergoldung.
Es treten auf: der Baron und Lorenzo. Der Baron in Lila, mit blaßgelber Weste, Lorenzo ganz schwarz.
Der Baron tritt zuerst ein, mit den Gebärden des Hausherrn.

BARON Nein, nein, Ihr müßt mir diese Ehre erweisen, ich tue es nicht anders. Ihr seid ein Edelmann, ich bin ein Edelmann. Ihr heißt Venier, ich heiße Weidenstamm. Ihr gehört zu den Familien, die diese Stadt regieren, ich liebe diese Stadt über alles. Wir finden uns in der Oper, ich will den Namen einer Sängerin wissen, ich sehe mich nach einer Person von Stand um, an die ich meine Frage richten könnte. Eure Haltung, Eure Kleidung, Euer gemessener Blick, Eure wundervoll schönen adeligen Hände ziehen meine Aufmerksamkeit auf sich, und ich finde nichts wünschenswerter, als eine Unterhaltung fortzusetzen, die der Zufall angeknüpft hat.

VENIER Sie sind sehr gütig, und ich bin um so beschämter als –

BARON Wir wollen uns Du sagen, wie in der großen Welt in Wien und Neapel. Ich will dir erklären – verzeih –

Klatscht in die Hände.
Venier, stumme Bewegung.
Le Duc tritt von links auf.

BARON Le Duc, ich komme an, niemand ist da, mir aus der Gondel zu helfen. Auf der Treppe ist kein Licht. Im Vor-

haus kann man den Hals brechen. Wo ist der Lakai, den du aufnehmen solltest? Wo ist der Diener, den der Wohnungsvermieter zu schicken versprochen hat?
Zu Venier
Du mußt mich entschuldigen, ich bin noch keine vierundzwanzig Stunden hier und, wie du siehst, schlecht bedient.

LE DUC Euer Gnaden, es waren drei da, aber mit solchen Galgengesichtern –

BARON Genug, du wirst morgen zusehen. Jetzt Lichter, ich habe Spiel! Tokaier, Kaffee!
Zu Venier
Darf ich dir sonst etwas anbieten?
Pause, während Le Duc serviert.

VENIER Sie sind nicht das erste Mal in Venedig, Baron?

BARON Wie kannst du das glauben? Aber du machst mich unglücklich, ich sehe, du fühlst dich nicht zu Hause.
Auf ihn zutretend
Venier, wir überlegen es uns keinen Augenblick, den zehnten Teil unseres Vermögens hinzulegen, wenn wir unter dem Kram eines Antiquitätenhändlers den Kopf eines sterbenden Adonis oder eine Gemme mit beflügelten Kindern finden. Wir fahren stundenweit ins Gebirge, um die Fresken zu sehen, die eine längstvermoderte Hand an die Wände einer halbverfallenen Kapelle gemalt hat. Wir begehen die größten Torheiten um einer Frau willen, die wir im Vorübergehen gesehen haben; und um die Bänder eines Mieders aufzulösen, ehe wir wissen, was dieses Mieder verbirgt, setzen wir unser Leben ein und bedenken uns keinen Augenblick. Aber einen Mann, der uns gefällt, anzureden, einen Menschen zu suchen, ein Gespräch, das vielleicht Unendliches bietet, welche Schwerfälligkeit haben wir da, welche Mischung von Bauernstolz und Schüchternheit. Die Zurückhaltung, deren wir uns einer Statue, einem Gemälde, einer Frau gegenüber schämen würden, einem Manne gegenüber scheint sie uns am Platz.

VENIER Und ist es vielleicht auch ebendarum, weil wir Männer sind.

BARON *trinkt sein Glas aus*
  Du bist ein Venezianer, ich bins zehnfach!
  Der Fischer hat sein Netz, und der Patrizier
  das rote Kleid und einen Stuhl im Rat,
  der Bettler seinen Sitz am Rand der Säule,
  die Tänzerin ihr Haus, der alte Doge
  den Ehering des Meeres, der Gefangne
  in seiner Zelle früh den salzigen Duft
  und blassen Widerschein der Purpursonne:
  ich schmecke alles dies mit einer Zunge!
VENIER *für sich*
  Wer ist der Mensch?
BARON   Hoho, ich bin vergeßlich.
  Wie gehts der schönen Frau des Prokurators
  Manin?
VENIER   Die lebt nicht mehr.
BARON   Die lebt nicht mehr?
  Mit den meergrünen Augen!
VENIER   Die ist tot
  Seit sieben Jahren.
BARON   Tot? Was du nicht sagst!
VENIER
  So ist es lang, daß Sie den Aufenthalt...
BARON
  Recht lang. Drum atm ichs ein mit solcher Lust.
  Er geht ans Fenster rechts
  Zu meiner Zeit saß auch der Alte noch
  mit seiner roten Mütze auf der Treppe
  der kleinen Löwen und erzählte Fabeln.
VENIER
  Der Cigolotti?
BARON   Wundervolle Fabeln!
  Von Serendib und von der Insel Pim-pim.
  Er macht das Fenster auf
  Welch eine Luft ist das! In solcher Nacht
  ward diese Stadt gegründet. Ihre Augen
  schwammen in Lust, er hing an ihrem Hals,
  sie tranken nichts als aufgelöste Perlen.

VENIER
   Wer?
BARON Weißt dus nicht, weißt du den Anfang nicht?
Ihr seid die Letzten nur von ihrem Blut.
VENIER
   Wovon den Anfang?
BARON   Von Venedig. Hier
war solch ein öder Wald am Rand des Meeres
wie bei Ravenna. Aber Fischer zogen
an Perlenschmüren und an ihrem langen
goldroten Haar Prinzessinnen ans Ufer.
VENIER
   Prinzessinnen?
BARON   Von Serendib, was weiß ich!
Sie waren nackt und leuchteten wie Perlen
und lebten mit den Fischern. Andre kamen
dann nach, auf Ungeheuern durch die Luft
und durch das Meer gefahren. Tra la la –
Er sucht eine Melodie
Wie war das, was sie sang? Tra la la la...
VENIER *aufstehend*
   Wer sang?
BARON   Die Mandane! heut in der Oper.
Oder Zenobia, wie? Sehr schön. Sehr schön.
Er fährt wieder in seiner Erzählung fort
Doch später dann zerging die Zauberstadt –
nicht ganz! es blieb ein Etwas in der Luft,
im Blut! Mit rosenfarbnen Muschellippen küßte
das Meer und leckte mit smaragdnen Zungen
die Füße dieser Stadt! Die Kirchen stiegen
wie Häuser der verschwiegnen Lust empor –
VENIER Sie haben die Beredsamkeit eines Dichters, mein Baron.
BARON Oh, eines Liebhabers, höchstens eines Liebhabers.
VENIER Eines Liebhabers, der sich gerade hier...?
BARON Der glücklichsten Stunden erinnert, der unbeschreiblichsten, der unvergeßlichsten...
Venier, Bewegung.

BARON Sie war ein Kind und wurde in meinen Armen zum
  Weib. Ihre ersten Küsse waren unerfahren wie aus dem
  Nest gefallene junge Tauben, ihre letzten Küsse sogen die
  Seele aus mir heraus! Wenn sie kam, abends oder in der
  Früh, schlanker als ein Knabe! sie war in den großen alten
  Mantel gewickelt, dann warf sie ihn hinter sich und trat
  hervor wie ein Reh aus dem Wald.
VENIER So hinter sich...
BARON Den Mantel, ja.
VENIER Den Mantel, und trat hervor.
BARON
  Sie glühte unter meinen Küssen auf.
  Sie hatte einen andern Mantel dann
  von nacktem Glanz und ungreifbarem Gold.
  Ihr Hals war angeschwollen und ihr Mund
  gekrümmt vom Schluchzen grenzenloser Lust.
  Beladen war ein jedes Augenlid
  mit Küssen, jede Schulter, jede Hüfte!
  Ich habe hundertmal im Arm von andern der anderen ver-
  gessen, wie durch Dunst durch ihren Leib hindurch den
  Perlenglanz von jenem Leib im Dunkeln schwimmen sehn
  und zu mir glühen durch den Dunst goldfarben ein erbsen-
  großes Mal an ihrer Brust –
VENIER
  Ein Mal! hier! hier?
  Zeigt an den Hals.
BARON   Wie? Hier mich dünkt.
  Denkt nach
  Nein, hier.
  An der Brust
  Was ficht dich an?
VENIER   Nichts, nichts, beinahe nichts.
  Geht nach rechts vorne.
  Baron geht zu Le Duc nach links rückwärts.
VENIER *rechts vorne stehend* Ich bin wahnsinnig, meine ganze
  Angst und Erregung ist sinnlos und ich kann sie nicht be-
  meistern. Er hat mich in der Oper um ihren Namen ge-
  fragt, also kennt er sie nicht. Zwar er könnte sie doch früher

gekannt haben und hätte nur wissen wollen, wie sie jetzt heißt. Das Muttermal! Jede zweite Frau hat eines. Und er hat ja die falsche Stelle bezeichnet. Warum fallen mir nur die Punkte auf, die meinen Verdacht bestätigen, nicht die, die ihn entkräften! Es war noch etwas,
Nachdenkend
noch etwas sehr Schlimmes! Das mit dem Mantel, das mit dem Mantel!
BARON *zu Le Duc* Der Brief an die Opernsängerin ist bestellt?
LE DUC Zu Befehl, Euer Gnaden, und es ist auch schon eine alte Frau draußen, welche die Antwort bringt.
BARON Wo? her mit dem Brief!
LE DUC Sie will nur Euer Gnaden selbst – sie wartet in der Kammer neben dem Vorsaal.
BARON Ich gehe sogleich.
Laut
Zwei Spieltische! Auf jeden vier Lichter!
Zu Venier
Du entschuldigst mich für einen Augenblick.
VENIER *geht zu Le Duc* Wer ist dein Herr?
Will ihm Geld geben.
LE DUC *zurücktretend* Eure Exzellenz werden wissen, daß ich die Ehre habe, dem Herrn Baron Weidenstamm aus Amsterdam zu dienen.
VENIER Weidenstamm! Weidenstamm! es gibt keinen Holländer auf der Welt, der ein solches Venezianisch spricht.
LE DUC Ich habe sagen gehört, Verwandtschaften –
VENIER Des Teufels Verwandtschaften!
LE DUC Zumindest habe ich aus dem Mund meines gnädigen Herrn selbst die wiederholte Versicherung, daß er sich seit mehr als fünfzehn Jahren niemals in Venedig aufgehalten hat.
VENIER Die hast du, braver Mensch? die wiederholte Versicherung?
LE DUC Wiederholt und ausdrücklich.
VENIER *gibt ihm Geld* Du bist ein sehr braver Mensch und verdienst, einem so ausgezeichneten Kavalier, wie der Baron ist, attachiert zu sein.

LE DUC Ich küsse Euer Exzellenz die Hände.
VENIER Vor fünfzehn Jahren war sie ein zwölfjähriges Kind.
Und dann: er spricht nie von ihrem Singen; wie hab ich
solch ein Narr sein können, das zu übersehen. Er wäre tausendmal zu eitel, so etwas zu verschweigen.
Baron kommt zurück, Venier ihm freundlich entgegen.
VENIER
Nun aber wirklich gute Nacht, und morgen
zum Frühstück, hoff ich, tust du mir die Ehre:
Casa Venier, die jüngere, drei Schritte hinter San
                                                Zaccaria.
BARON
Wie? Gute Nacht? jetzt wär es Schlafenszeit?
Du denkst nicht dran! und ich denk nicht daran,
dich fortzulassen! Nun kommt mein Bankier,
vielmehr sein Sohn und bringt, soviel er kann,
an lustiger Gesellschaft.
VENIER   Nun, ich kann
beinah erraten.
BARON   Wie?
VENIER   Die Redegonda,
die Brizzi –
BARON   Eine andre nannte er.
VENIER
Die Corticelli, wie?
BARON   Mir scheint.
VENIER   Dazu
zwei, drei Tagdiebe, einer, der Sonette
und einer, der Pasquille schreibt, der dümmste
Abbate und der zudringlichste Jude –
BARON
Und du und ich,
dann ists die Arche Noah! Jeder Art
ein Tier. Und daß so viele Arten sind,
das macht die Welt so bunt. Wen möchtest du
entbehren? Ich den tollen Neger nicht,
der von der Riva taucht um einen Soldo
und mit den Hunden sich ums Essen beißt,

und nicht den goldnen Dogen, der an uns
vorüberschwebt auf einer Purpurwolke
und einem goldnen Schiff. In tausend Masken
läuft er um mich und zupft mich am Gewand,
der Dieb, der Schlüssel stahl zu meinem Glück.
Lebhafter
In einen Edelstein hineingebannt
ist unsres Geistes Geist, des Schicksals Schicksal.
Der hängt vielleicht zwischen den schönen Brüsten
der Redegonda, und er schläft vielleicht
bei Zwiebeln in der Tasche eines Juden,
was weiß ich! nicht?

VENIER   Du bist sehr aufgeräumt.

BARON *tritt nahe zu ihm*
Sei nicht zu stolz darauf, daß du nicht Dreißig bist!
Was später kommt, ist auch nicht arm. Rückkehren
und nicht vergessen sein: der Mund wie Rosen,
die offnen Arme da, hineinzufliegen!
Als wär man einen Tag nur fern gewesen –
und den Ulysses grüßte kaum sein Hund!
Immer fröhlicher
Ich will hier Feste geben. Schaff mir Löwen,
Zu Le Duc
die Blumensträuße aus den Rachen werfen!
Vergoldete Delphine stell vors Tor,
die roten Wein ins grüne Wasser spein!
Nicht drei, nicht fünf, zehn Diener nimm mir auf
und schaff Livreen. An den Treppen sollen
drei Gondeln hängen voller Musikanten
in meinen Farben.

VENIER *lächelnd*   Ihr beschämt uns alle.

BARON
Wie? schon zuviel? zuviel? noch nicht genug!
Ich will den Campanile um und um
in Rosen und Narzissen wickeln. Droben
auf seiner höchsten Spitze sollen Flammen
von Sandelholz genährt mit Rosenöl
den Leib der Nacht mit Riesenarmen fassen.

Ich mach aus dem Kanal ein fließend Feuer,
streu so viel Blumen aus, daß alle Tauben
betäubt am Boden flattern, so viel Fackeln,
daß sich die Fische angstvoll in den Grund
des Meeres bohren, daß Europa sich
mit ihren nackten Nymphen aufgescheucht
in einem dunkleren Gemach versteckt
und daß ihr Stier geblendet laut aufbrüllt!
Mach Dichterträume wahr, stampf aus dem Grab
den Veronese und den Aretin,
spann Greife vor, bau eine Pyramide
aus Leibern junger Mädchen, welche singen!
Die Pferde von Sankt Markus sollen wiehern
und ihre ehrnen Nüstern blähn vor Lust!
Die oben liegen in den bleiernen Kammern
und ihre Nägel bohren in die Wand,
die sollen innehalten und schon meinen,
der Jüngste Tag ist da, und daß die Engel
mit rosenen Händen und dem wilden Duft
der Schwingen niederstürzend jetzt das Dach
von Blei hinweg, herein den Himmel reißen!
Plötzlich innehaltend
St! St! hör ich nicht singen? Kommts nicht näher?
Merk auf! Hörst du nicht eine süße Stimme?
Hierher! Noch nichts? Nein, früher war es stärker!
Du hörst gar nichts! So ists in meinem Blut.
VENIER *ist plötzlich wieder aufgestanden und hat sein Glas so heftig auf den kleinen Tisch gesetzt, daß es klirrend zerbricht*
Hier ist ein Glas entzwei. Verzeihen Sie.
Es gibt dergleichen Tage, wo ein tolles
und widerwärtiges Geschick den Kopf,
von Schlangenhaaren wimmelnd, uns entgegen
aus jeder Türe reckt und unterm Tisch
hervorkriecht, dran wir sitzen! Flecken hat
die Sonne selbst, am Mond hängt weißer Aussatz,
und unser ganzes Innre geht in Fetzen,
darein sich Diebe wickeln.

BARON
 Es ist ein Alp.
VENIER   Beinah, nur schläft man nicht!
BARON
 Komm, gehn wir auf und ab, die Luft tut wohl.
 O hättest du gelernt wie ich zu leben,
 dir wäre wohl.
 Ich achte diese Welt nach ihrem Wert,
 ein Ding, auf das ich mich mit sieben Sinnen
 so lange werfen soll, als Tag und Nächte
 mich wie ein ächzend Fahrzeug noch ertragen.
 Leben! Gefangenliegen, schon den Tritt
 des Henkers schlürfen hörn im Morgengrauen
 und sich zusammenziehen wie ein Igel,
 gesträubt vor Angst und starrend noch von Leben!
 Dann wieder frei sein! atmen! wie ein Schwamm
 die Welt einsaugen, über Berge hin!
 Die Städte drunten, funkelnd wie die Augen!
 Die Segel draußen, vollgebläht wie Brüste!
 Die weißen Arme! Die von Schluchzen dunklen
 verführten Kehlen! Dann die Herzoginnen
 im Spitzenbette weinen lassen und
 den dumpfen Weg zur Magd, du glaubst mir nicht?
VENIER
 Wie kannst du einen Blick so sehr mißdeuten?
BARON
 Ich sage dir, es gibt nichts Lustigres
 als hier im Zimmer auf und nieder gehn,
 sich Wein einschenken, essen, schlafen, küssen
 und draußen an der Tür den wilden Atem
 von einem gehen hören oder einer,
 die lauert und in der geballten Faust
 den Tod hält, deinen oder ihren Tod!
 Dein Leben, wie des kalydonischen Königs
 an ein Scheit Holz, geknüpft an eine Kerze,
 die wo vor einem höchst verschwiegnen Spiegel
 in sich verglühend vor Erwartung flackert –
 und das, worauf der Widerschein der Fackel,

indes du fährst zur Nacht, mit Lust umhertanzt,
vielleicht dein nasses Grab! Hoho, sie kommen!
*Es treten auf: Sassi, Marfisa Corticelli mit ihrer Mutter, der
Abbate, zuletzt Salaino.*

SASSI
Wie gehts, Mynheer?
BARON   Wie gehts, mein lieber Sassi?
Spielt Ihr den Hausherrn, mich laßt Diener sein
und Euren Gästen meine Dienste weihn.
SASSI *die Marfisa an der Hand vor ihn führend*
Marfisa Corticelli, die Camargo
des Augenblicks, eine, nein: die Tänzerin Venedigs!
BARON
Marfisa! Euren Namen auszusprechen
heißt Duft einatmen einer seltsam süßen
und wilden Frucht; erlaubt den Lippen, sie zu brechen.
Küßt sie.
DIE MUTTER
Was lobt Ihr ihre Lippen? Ihre Lippen
sind so wie andrer Mädchen. Mit der Spitze
der Füße trillert sie, und in den Kehlen
der Kniee hat sie hübsche Melodien
als andre, wenn sie sich den Hals ausschrein.
Baron schaut verwundert.
DIE MUTTER *knixt*
Ich bin die Mutter.
BARON *mit Verbeugung*
              Lamia, die Mutter
der jüngsten Grazie!
SASSI *vorstellend*   Der Abbate Gamba,
der Plinius, Cicero und Aretin
dieses Jahrhunderts.
BARON   Viel in einem, viel!
Hier noch ein Freund?
Auf Salaino.
DIE CORTICELLI   O dies ist kaum ein Mensch,
gebt auf ihn nicht mehr acht als wie auf einen Schatten!
BARON
So ist es deiner?

DIE CORTICELLI   Ja, ein Tollgewordner!
mit gräßlichen Gebärden hinter mir,
so wie der plumpe Faun die Nymphe ängstigt.
SASSI
   Dies ist ein junger Musiker, Salaino,
   der für das übermütige Ding zuviel
   Seufzer verschwendet –
DIE MUTTER   Aber sonst auch nichts!
DIE CORTICELLI
   Laß ihn doch, Mutter. Und ich bitt euch alle,
   tut so wie ich und gebt auf ihn nicht acht.
BARON
   Hier der Patrizier Lorenzo Venier,
   seit wenig Stunden meinem Herzen nah,
   doch teuer wie ein alterprobter Freund.
   Venier verbeugt sich unmerklich, sieht alle durch ein Lorgnon an. Le Duc mit Erfrischungen von links. Gamba zu Venier. Sassi, Marfisa, Mutter zu Le Duc. Baron rechts rückwärts bei Salaino.
BARON *zu Salaino*
   Wie, junger Mensch, du hast nichts und du willst
   dies weiter tragen? Armut, dies Gefängnis,
   aus dem man nicht entspringt, weils mit uns läuft.
   Den Hohn und Speichel einer solchen Vettel!
   Du hast nichts! dann hat jeder dicke Schuft
   von Seifensieder ja dein Haus, dein Bett
   und küßt deine Geliebte, spürst dus nicht so?
   Vielmehr er hat ein Recht auf ein Stück Fleisch
   aus deiner Brust und darf das Messer noch
   an deinem Haar abputzen! spürst dus so!
   Greift ihm dabei ins Haar
   Wir werden spielen, wart, wir werden spielen,
   und hier ist für den Anfang!
   Gibt ihm Geld   Nägel kauen,
   an einem schmutzigen Kanal die Lacke
   von Stockfisch atmen und auf feuchtem Stroh
   von weißen Knien mit goldnem Strumpfband träumen,
   bis das Geheul der Katzen auf den Dächern
   dem Traum ein Ende macht. Verfluchtes Leben!

SALAINO *mit erstickter Stimme, den Blick zur Seite*
Ich wäre grad so gern der alte Grabstein
am Kirchentor, auf den die Weiber treten,
die halbverfaulte Alge im Kanal,
der Hund von einem Blinden! Manchen Tag,
mein ich, mich schleift ein Pferd an seinem Schweif,
daß ich von unten mit verdrehten Augen
die ganze Welt ansehen muß, so starr
und so verhaßt ist mir des Lebens Anblick.
Ich kann den Fetzen goldgestickten Stoffs
nicht anschaun, den ein Heiliger von Stein
um seinen toten Leib hat, wie viel minder
ertrag ichs, wenn ich die Lebendigen seh,
in lauter Lust gewickelt wie ein Wurm
im Granatapfel.
BARON   Hast du keine Schwester?
Zur Kupplerin mit ihr! Was, keinen Bruder,
an den Kapellmeister, der Bubenstimmen
für Engelschöre braucht, ihn zu verkaufen?
Auch nicht? So ging ich und verhandelte
das Leben eines Menschen, den ich nie
gesehn, und liehe die Pistole mir
als einen Vorschuß von der Summe aus,
die ich mit ihr verdienen wollte. Was?
Genug davon. Auf später.
Geht zu den anderen hinüber.
BARON *zu der Gruppe*
Wir spielen gleich. Seid wie zu Hause, bitt ich.
Führt Marfisa am Arm nach vorne
Was kann ich tun, Marfisa, um dir nicht
ganz zu mißfallen?
MARFISA   Viel, o eine Menge.
Baron küßt sie auf den Arm.
MARFISA
Nicht das. Wenn du mich gern hast –
BARON   Nun?
MARFISA   So gehst du
und mietest Leute – oh, sie tuns um wenig –

wenn du mich gern hast, so mißfällt dir doch,
wer mich mißhandelt, unterdrückt, erniedrigt –
BARON
Mißfällt? Ich haß ihn wie den Pfahl im Fleisch.
MARFISA
Und wen du hassest, läßt du doch nicht ungestraft?
BARON
Des Schurken Namen sag, ich find ihn.
MARFISA *klatscht in die Hände*
Du tust es mir?
BARON   Den Namen!
MARFISA   Costa.
BARON   Wie?
MARFISA
Vicenzo Costa,
der Geck, das ekelhafte Ungeheuer,
der Pächter des Theaters, der die Brizzi
das pas de deux, das mir versprochene,
das große, tanzen läßt. Er geht am Abend
allein nach Haus, ich weiß. Bei San Moisé.
Zwei Männer tuns leicht. Du tusts! Du tusts!
Du bist ein großer Herr, und fremd, hast Diener –
BARON
Und wirds dich freuen?
MARFISA   Wie nichts auf der Welt!
BARON
Und glaubst dann –
MARFISA   Was?
Baron will sie küssen.
MARFISA   Vielleicht! vielleicht auch nicht!
Reißt sich los, läuft nach rückwärts.
BARON *will ihr nach, auf einmal steht die Mutter vor ihm* Liebe Frau, Ihre Tochter ist das entzückendste kleine Ding, das ich je berührt habe – mit der Fingerspitze. Sie ist ein so von Leben starrendes wildes funkelndes Wesen wie ein kleiner Turmfalke.
MUTTER Sie haben sie nur von ihrer unbedeutendsten Seite kennengelernt.

BARON Ganz richtig, ich brenne darauf, sie besser kennenzulernen. Ich sehe, Sie versteht mich, Sie versteht mich.
MUTTER Ich hoffe, Euer Gnaden werden öfter das Ballett mit Ihrem Besuch beehren.
BARON Sie versteht mich nicht. Ich gedenke mich hier nur wenige Tage aufzuhalten und möchte keine Gelegenheit versäumen, Ihre Tochter kennenzulernen. Ich werde morgen bei ihr vorsprechen.
MUTTER Oh, das ist ganz unmöglich, gnädiger Herr, unsere Appartements sind absolut nicht präsentabel. Es ist absolut unmöglich.
BARON Was heißt unmöglich?
Gibt ihr Geld
Sie wird trachten, bis morgen die Appartements präsentabel zu gestalten.
MUTTER Oh, es ist unmöglich, meine Tochter ist nicht im Besitz eines konvenablen Negligé, um so distinguierte Gäste zu empfangen.
BARON Ich werde die Ehre haben, ihr durch meine Gondel ein sehr konvenables Negligé zuzuschicken.
MUTTER Ich weiß nicht, ob Euer Gnaden auswendig die Maße –
BARON Überlassen Sie das meinen Augen, gute Frau. Ich habe hier drinnen Maße genug, zehntausend verschiedene Frauen aus zehntausend blinden Marmorblöcken herauszumeißeln, aber ich habe nicht die Laune, mich mit totem Material abzugeben.
Redegonda tritt auf, ihr Bruder, als Lakai, hinter ihr.
REDEGONDA
Geh vor und meld mich an!
SASSI *ihr entgegen, mit einer großen Handbewegung*
　　　　　　　　Die Redegonda!
BARON *ihr entgegen*
So ruft, wer am Verdeck zuerst erwacht:
die Sonne! und die andern rufens nach.
Ich hört Euch diesen Abend, Mademoiselle,
und neidete den körperlosen Tönen
den Weg auf Euren Lippen. Muß ich nun

ein niedrig Band beneiden, schlechte Spitzen,
die diesen Hals berühren? Welcher Gott
war dies, der starb vor Sehnsucht nach dem Anblick
des wundervollsten Nackens? Seinen Namen
hab ich vergessen, doch ich teile, fürcht ich,
sein Schicksal, wenn Ihr geht.
REDEGONDA *sich fächelnd* Sehr schön gesagt.
BARON *indes Le Duc Erfrischungen serviert*
Erlaubt Ihr?
Redegonda trinkt.
BARON Dieses Glas ist nun so wenig
mehr feil, da es an Euren Lippen lag,
als eine von den Kammern meines Herzens!
REDEGONDA
O solche Gläser haben wir noch viele
zu Haus! Nicht wahr, Achilles? Wenn Ihr wollt,
könnt Ihr sie alle kaufen.
Lacht.
BARON
Ihr spielt?
REDEGONDA Tut Ihrs für mich?
BARON Ich bin zu glücklich,
laßt Ihr mich nur den letzten Ruderer sein
an Eures Glückes Schiff.
REDEGONDA Was heißt das?
ACHILLES *leise* Geh!
*Baron, mit Le Duc, ist beschäftigt, Sassi, Marfisa, die Mutter,
den Abbate an den Spieltisch links rückwärts zu bringen.*
REDEGONDA *vorne zu Venier*
Ah, Herr Venier!
Venier grüßt, legt die Hand auf den Mund.
ACHILLES *zu Redegonda*
Er winkt dir, du sollst schweigen.
REDEGONDA
Wovon?
ACHILLES Nun, wahrscheinlich von seiner Frau.
REDEGONDA
Ach so! Warum?

ACHILLES *immer halblaut*
          Was weiß ich? Schweig!
Redegonda und Achilles ungefähr in der Mitte, Venier geht nach links vorne, Baron kommt von rückwärts zu Redegonda zurück, die durch ihr Lorgnon die Gesellschaft mustert.

REDEGONDA
  Wie? Die ist da? Die Tänzerin! Ich bin
nur gern beim Spiel mit meinesgleichen.

BARON   Göttin
an Schönheit, müßtet Ihr dann Euren Spieltisch
aufschlagen lassen im Olymp.

REDEGONDA   Wo ist das?
Baron führt sie zum Spieltisch, winkt Salaino herbei, der die ganze Zeit, im Hintergrund stehend, mit den Blicken der Marfisa folgte. Ein fremder älterer Mann tritt in die Türe, mit einer schüchternen Verbeugung, den Dreispitz unter dem Arm. Niemand bemerkt ihn.

VENIER *links vorne allein* Ich bin hier lächerlich und kann nicht fort. Und doch, es war keine Täuschung: als dieser Mensch sich auf den Platz neben meiner Loge setzte und ihr Blick, der mich suchte, auf ihn fiel, wurde sie unter der Schminke blaß, und der Ton, der schon auf ihrer Lippe schwebte, tauchte wieder unter wie ein erschreckter Wasservogel, und von dem Augenblick an sang nur mehr ihre Kunst, nicht mehr ihre Seele. Soll ich mich in solchen Dingen irren, ich, der ich aus ihren Schritten auf dem Teppich, aus einem Nichts, aus dem Schlagen ihrer Augenlieder erraten kann, woran sie denkt? Und doch kann ich mich irren und diese ganze Qual kann um nichts sein! Hier ist niemand, den ich fragen könnte; die Redegonda ist zu dumm, Sassi zu boshaft. Und doch war mir, als hätte das ganze Haus gefühlt, daß in ihr etwas Ungeheures vorgegangen war. Und in ihrem Spiel war etwas wie Nachtwandeln, sie ging wie unter einem Schatten. Wer ist dieser Mensch? Mir ist, ich dürfte ihn nicht aus den Augen lassen, als wüßte ich, er ist auf geheimnisvolle Weise bestellt, in mein Leben hineinzugreifen.

Wo hab ich das gehört: Ich seh den Dieb,
der zur geheimsten Kammer meines Glücks
den Schlüssel stahl: er geht um mich herum,
doch kann ich ihn nicht fassen: hab ich das
geträumt? und wann?
SASSI *vorkommend, zu Venier*
                        Wie, kommt Ihr nicht zum Spiel?
VENIER
Sassi, wer ist der Mensch?
SASSI   Ich glaub, nicht viel
Nachdenkens wert. Ein Abenteurer, glaub ich,
doch lustigre Gesellschaft als die Puppen,
von denen man Großvater und Großmutter
mit Namen nennen kann.
VENIER   Wie kommst du zu ihm?
SASSI
Ich? vielmehr er zu mir: mit einem Brief,
der auf viertausend Golddublonen lautet.
VENIER
Und ausgestellt?
SASSI   Von Arnstein Söhnen, Wien.
BARON *geht rückwärts von Marfisas Seite weg, um den Tisch herum; er ruft nach vorne*
Ihr langweilt euch!
SASSI   Im Gegenteil, Mynheer!
Baron rückwärts stehend, neben Salaino, dem er spielen zusieht.
SASSI *nach rückwärts gehend*
Ich nehm die Bank.
BARON   Ich bitte, Sassi, nehmt sie.
DER ABBATE *geht zu Venier nach vorne, sich vorstellend*
Abbate Gamba.
VENIER
Lorenzo Venier, wir sehen
uns nicht das erste Mal.
ABBATE   Ihr seid sehr gütig,
Euch zu erinnern.
Leises Gespräch, Abbate zeigt seine Uhr; beide gehen nach rechts vorne.

Der alte Mann ist unbemerkt an den Tisch gegangen, steht hinter der Kerze und pointiert mit.
BARON *über Salainos Schultern schauend*
  Nimm rot und bleib!
  Nach einer Pause
  　　　　　　　　　Es wird! es wächst! es schwillt!
  Schon bücken sich zwei, drei vor dir, indes du
  aus deiner Gondel steigst, schon brennt ein Licht
  auf einer Treppe, schon für dich bewegt sich
  ein Vorhang, und ein Tisch mit schönen Speisen
  steht da, für zweie aufgedeckt, die Magd
  schielt nur nach deiner Hand, um zu verschwinden.
ABBATE *vorne, zu Venier*
  Verlassen Sie sich drauf, ich faß ihn plötzlich
  und drück ihn an die Wand.
VENIER 　　　　　　　　Wir werden sehn.
BARON *rückwärts, zu Salaino*
  Nun gut und gut! Nun liegt schon mehr und mehr
  gebundne Beute da, mit Zobelpelz
  und goldenen Geweben halbverdeckt!
  Dies ist die Larve schon, der Engerling
  von einem großen Herrn! Jetzt sind schon hundert,
  die um die Wette kriechen! Die Illustrissima,
  die hochmütige schöne Bragadin,
  dreht schon den Kopf. Nun aus dem Dunkel vor!
ABBATE *zu Venier*
  Dies sind die Reden eines Taschenspielers
  und eines armen Teufels, der groß prahlt.
BARON *zu ihnen vorkommend*
  Ihr lacht! Den Teufel, ja, den spiel ich gern;
  den meint Ihr doch, Abbate, der den großen
  Goldklumpen nachts ins Netz des armen Fischers warf?
  Nein, sagt mir, Freunde, wer ist dieser Mensch?
  Er zeigt auf den fremden alten Mann am Spieltisch
  Kennt ihr ihn nicht?
ABBATE 　　　　　　Ich nicht, fragt Sassi.
BARON
  Der kennt ihn nicht, er hat schon mich gefragt.

Der alte Mann ist inzwischen vom Spieltisch weggegangen und verschwindet verstohlen durch die Tür im Hintergrunde.
Nun geht er fort. Bei Gott, mir tut der Mensch
bis in die Seele leid. Er suchte immer lang
und legte noch ein Goldstück, jedes schien
zu zittern, wie er selbst, auf eine Karte
und immer gegen uns. Und jedesmal
zerschellte sein elendes Schifflein kläglich
an jenem dieses Burschen, dessen Segel
vom Wind des Glücks wild aufgeblasen waren.
Er geht ans Fenster, sieht hinab, geht dann nach links an die Tür, winkt Le Duc zu sich.

ABBATE *zu Venier*
Es gibt dergleichen, die wie Raben Aas
die Häuser wittern, wo gespielt wird abends
und mit den Fledermäusen und Nachtfaltern
auf einmal da sind.

VENIER   Der sah traurig aus.

BARON *zu Le Duc*
Lauf diesem Menschen nach im braunen Rock,
er geht die zweite Brücke, lauf und gib ihm
soviel. Sag nicht, von wem. Steh ihm nicht Rede.
Le Duc ab

BARON *bleibt einen Moment stehen, blickt ins Leere*
Dies war vielleicht mein Vater.
Zumindest hab ich meinen nie gesehn
und möchte keinem von dem Alter wehtun
aus Angst, es wär gerade der. Es gibt
Zufälle von der Art. Mir träumts auch öfter.
Gott weiß, der tolle Krüppel in dem Dorf,
wo ich heut durchkam und vor zwanzig Jahren
auch einmal schlief, der war vielleicht mein Sohn
und fletschte grad auf mich so wild die Zähne.
Er will zum Spieltisch zurückgehen; Abbate hält ihn auf.

ABBATE
Erlaubt, reizender Hausherr, einen Blick!
Führt ihn unter ein Licht, betrachtet ihn sehr aufmerksam

Wir sehn uns nicht das erste Mal! Allein
mich dünkt, Ihr habt Euch wunderbar verändert!
Verdeckt mit seiner Hand einen Teil vom Gesicht des andern.
BARON *betrachtet ihn ebenso aufmerksam, wie eine Statue, von rechts, dann von links, dann von unten*
Wahrhaftig nicht das erste Mal! Wo aber
kanns nur gewesen sein?
ABBATE *triumphierend*   Das frage ich!
BARON
Doch nicht im Haag? an jenem blutigen Abend?...
Ich hielt den Kopf des sterbenden Oranien
in meinem Arm, und ringsum drängte sich
unheimliches Gesindel durch die Fackeln:
da war auch einer da, ein alter Jude,
zudringlicher als andre, aber wie,
der? soll ich meinen Augen traun, wart Ihr?
Abbate tritt zurück, beleidigt.
BARON *läßt ihn nicht los*
Nein, nein, jetzt hab ichs! In Damaskus dort,
am Hof Yussuf Alis, der Oberste,
wie sag ich schnell, der Stummen? Wieder nicht!
Abbate tritt noch einen Schritt zurück.
BARON
Und doch gesehn, bestimmt gesehn! In Rom
bei Kardinal Albani –
ABBATE   Das kann sein.
BARON
Ihr wart der Monsignore,
Fängt zu lachen an   dem die Damen –
Sagt ihm etwas ins Ohr
und dem der Kardinal dann durch die Diener –
Sagt ihm noch etwas ins Ohr, faßt ihn bei beiden Händen, schüttelt sie kräftig
Wie!
Lacht
    Das wart Ihr! und habt mich gleich erkannt!
Ich wars, der Euch...
Ihm ins Ohr.

ABBATE *wütend* Niemals und nimmermehr
war ich das, Herr, ich habe mich geirrt:
ich hab Euch nie gesehn.
BARON Wie schade, schade!
Zu Venier
Und du verachtest ganz das kleine Spiel?
SALAINO *am Spieltisch, laut*
Ich hab die Bank, wer legt dagegen?
VENIER *nach rückwärts gehend* Ich!
REDEGONDA *geht vom Spieltisch nach links vorne, Achilles aufwartend hinter ihr*
Richt mir die Schnalle am Schuh, sie ist verschoben.
Was willst du denn, du Garstiger, daß du
mich in den Arm so kneifst; ich hätt beinah
laut aufgeschrien.
ACHILLES Was flüstert er mit dir?
REDEGONDA
Er will, daß ich
heut abends bei ihm bleib, wenn alle fortgehn.
ACHILLES
Und?
REDEGONDA
Er mißfällt mir nicht. Er ist auch artig
mit Frauen. Du, ich glaub, er ist ein Fürst
und reist mit falschem Namen.
ACHILLES Hat er dir
schon was geschenkt?
REDEGONDA Noch nicht, allein ich seh doch,
daß er freigebig ist.
ACHILLES Sag ihm vor allem,
du willst, er soll mich zum Bedienten nehmen.
Dann mach ich alles.
REDEGONDA Doch wie fang ichs an?
ACHILLES
Ganz frech.
REDEGONDA Sag ich, daß du mein Bruder bist?
ACHILLES
Nichts Dümmeres! kein Wort!

REDEGONDA   Allein, mein Graf –
ACHILLES
Was braucht der zu erfahren?
REDEGONDA   Glaubst, es geht?
Lacht
O weh, die Corticelli, die ist boshaft,
vor ihrem Mundwerk hab ich solche Angst
die bringts heraus! merk dir, ich habs gesagt!
BARON *zu ihnen tretend*
Wie, Reizendste? ich morde diesen Burschen
vor Neid.
REDEGONDA
So nehmt ihn lieber, statt so schwere Schuld
auf Euch zu laden, schnell in Eure Dienste,
dann dient er Euch, und nichts gibts zu beneiden.
BARON
Ihr wollt mir Euren Diener überlassen?
REDEGONDA
Ihr sagtet doch, Ihr wollt die Gläser kaufen,
daraus ich trank, nun hier ist ja der Mensch,
der täglich mir die Haare lockt und brennt,
das ist ja noch viel mehr!
BARON   Beinah so viel
als eine Eurer Locken, also mehr
als Zypern und Brabant!
REDEGONDA
Er ist nicht dumm, und wär er ordentlicher,
so hätt ers leicht zu Besserm bringen können:
er hat Geschwister, die was andres sind.
ACHILLES *schnell*
Wir sind aus einer Stadt und Nachbarskinder.
BARON
Sooft sie kommt, bedienst du sie allein,
sonst wirst du ihres Dieners Diener sein.
Bei der Tür im Hintergrund ist der Juwelier hereingekommen und steht lauernd. Auf ein Zeichen von Achilles kommt er schnell nach vorne; Stellung von links nach rechts: Achilles, Redegonda, Baron, Juwelier. Juwelier hält dem Baron Perlenohrgehänge hin.

BARON
  Tut der Rialto Marmorkiefern auf
  und speit den alten Tubal uns hervor?
JUWELIER
  Ich seh, der Herr kennt mich. Das sind ein Paar Ohrgehänge, wie der Herr keine zweiten solche findet in Venedig. Es hat eine Illustrissima sterben müssen in großer Verlegenheit, damit ich diese Ohrringe in die Hand bekomme und sie kann anbieten dem Herrn um einen Preis zum Lachen.
BARON *die Ohrgehänge in der Hand*
  O Perlen, Perlen! nichts von Steinen! – Leben!
  Sie halten Leben wie ein Augenstern:
  die Sterne droben, diese goldnen Tropfen,
  sind jeder, sagt man, eine ganze Welt:
  so gleichen die, nur von weit weit gesehn,
  dem Leib von Überirdisch-Badenden.
  Vielleicht sind Kinder,
  die einst der Mond mit Meeresnymphen hatte,
  hineingedrückt, sie frieren in der Luft:
  hier ist ihr Platz, hier saugen sie sich wach!
  Hält sie an den Hals der Redegonda.
JUWELIER
  Ich seh, der Herr versteht sich auf Perlen.
  Geht eilig ab.
BARON
  Halt, und dein Preis!
JUWELIER *an der Türe* Ich seh, der Herr versteht.
  Ich kenn das Haus. Morgen ist auch ein Tag.
BARON
  Ganz recht! ich kann sie ja nicht überzahlen!
  Mit einem Blick auf die Redegonda.
REDEGONDA
  Wie meint Ihr das?
BARON   Schlag ich für nichts dies an,
  daß du sie trägst?
  Redegonda gibt ihm die Hand zum Küssen.
BARON
  Die Hand! und wann den Mund? o heute, heute,

unnützes Warten ist nichts als der Wurm
in einer reifen Frucht. Oh, Warten ist
die Hölle!
REDEGONDA Wenns dies boshafte Geschöpf,
die Corticelli weiß, bin ich des Todes!
Zu Achilles
Fällt dir nichts ein?
ACHILLES
Wir gehn zum Schein mit allen andern fort
und kehren um, sobald uns eine Ecke
verdeckt –
BARON   Ein braver Bursch!
REDEGONDA   Wenn sie uns sehn,
so weißt du dann, ich habs vorausgesagt.
BARON
So willst du nicht?
REDEGONDA   O ja, nur hab ich Furcht,
die Menschen sind so neidisch, wenn man schön ist
und nicht gemein wie sie.
*Rückwärts treten alle vom Spieltisch weg, außer der Mutter, die
noch ein Glas austrinkt. Sassi, Venier, der Abbate gehen nach
vorne, Marfisa und Salaino nach rechts. Achilles nimmt sogleich
eine andere Haltung an.*
BARON   Wie? brecht ihr auf?
Salaino tritt ganz dicht zu Marfisa mit glühenden Augen.
MARFISA *kokett*
Und was?
SALAINO
Und dies: ich bin verliebt in dich, verliebt,
verliebter als Narzissus in sich selber:
er fand im Wasser sich, ich find dein Bild
bis in den flüssigen Spiegel der Musik –
MARFISA
Nichts Neues sonst?
SALAINO   Und dies: ich reiß mein Selbst
von diesem Traum, um dens wie Efeu rankt,
und müßt ich alle Nerven ihm zerreißen.

MARFISA
    Wie schade!
    Halb von ihm weggehend.
SALAINO   Wie?
MARFISA   Ich hörte nur »zerreißen«
    und dachte an das Kleid.
SALAINO   An welches Kleid?
MARFISA
    Du hättest mir doch eins gekauft –
SALAINO   Ich dir?
MARFISA
    Wenn ich mit dir gegangen wäre –
SALAINO   Du?
MARFISA
    Mit dir? Ich hätt es angezogen und
    wär vor dem Spiegel auf und ab gegangen
    und hätt auf dich gewartet, du indes –
SALAINO
    Nun, ich –
MARFISA   Du hättests nicht getan –
SALAINO   Marfisa!
MARFISA
    Du hättests doch getan!
SALAINO   Was, was getan?
MARFISA
    Du weißt ja doch, wer mich gekränkt hat –
SALAINO   Wie?
    Dies zu versprechen ist zu häßlich.
MARFISA   Ja.
    Nicht reden, mit den Augen nur versprechen!
SALAINO
    Da. Aber tust dus nur deswegen?
MARFISA   Still!
    Still jetzt! geh mir nur ruhig nach! gib acht!
    Ganz still, ganz still! sonst macht die Mutter Lärm.
    Sie geht ganz unbefangen einige Schritte nach vorne, dann, den Blick auf die Mutter geheftet, langsam nach rückwärts, wie in einem Ballett, zur Tür hinaus. Salaino folgt ihr schnell. Die Mut-

ter bemerkt ihn, läuft den beiden nach. Sassi kehrt sich in diesem
Augenblick um, klatscht in die Hände. Alle lachen.
REDEGONDA
Was das für Menschen sind!
ABBATE   Die sind schon fort.
Wir folgen ihrem Beispiel, wenn auch nicht
so wortlos und so eilig.
Verbeugt sich.
BARON *verbeugt sich*
Abbate!
VENIER
Ich seh dich morgen, schnellerworbner Freund.
REDEGONDA *zu Achilles*
Geh vor und leuchte!‹
BARON   Mademoiselle!
SASSI   Ich finde
nicht Worte...
BARON   Sie beschämen mich!
Noch winkend   Abbate!
Alle ab. Der Baron bleibt allein; tritt ans Fenster.
Pause
Le Duc tritt wieder auf mit einem Brief.
BARON
Von wem?
LE DUC   Die gleiche alte Frau,
Die schon vor einer Stunde –
BARON   Von Vittoria!
Erbricht den Brief, liest.
LE DUC
Antwort?
BARON   Ist keine.
Geht auf und ab Wie! sie will hierher!
So steigt von links und rechts aus dieser Nacht
hier Gegenwart und hier Vergangenheit
empor, jedwede eine schöne Nymphe.
Und Zufall tanzt, der übermütige Gott,
wie ein betrunkner Stern in dunkler Luft
und streut Verwirrung! Doch ich nehms auf mich!
Und ficht er aus dem Dunkel – ich pariere!

REDEGONDA *tritt lustig und atemlos auf*
Versteck mich! schnell! ein Mann ist hinter mir!
Ich fürcht, es ist der Graf! wenn der mich findet,
der mordet dich und mich. Ich habs gewußt!
Ich habs vorausgesagt! ich habs gesagt!
BARON *führt sie durch die kleine Tür links vorne*
Nur Mut! nur still! hier steh ich, du bist sicher!
Venier tritt ein, hastig und erregt. Er ist sehr blaß. Hinter ihm Le Duc, der dem Baron Zeichen macht, daß noch eine Person draußen im Vorzimmer ist.
Baron zeigt ihm, er solle sie in das Zimmer rechts rückwärts führen.
Le Duc schließt die Tür in dieses Zimmer. Indessen schlägt es Mitternacht.
BARON *halb für sich*
Wie! mehr Verwirrung! Folgen sie einander
wie Puppen an der Turmuhr, weil es schlägt?
VENIER *ist an der Tür einen Augenblick unschlüssig stehengeblieben, kommt jetzt rasch auf ihn zu* Herr Holländer! ich tue hier ein Ding, das Ihr aufnehmen dürft, ganz wie Ihr wollt und wofür Ihr später jede Genugtuung haben sollt. Umstände nötigen mich, Argumente, die sich um meinen Hals legen wie der Strick des Henkers.
Hält inne.
Baron zuckt die Achseln.
VENIER Wenn das der Fall ist, was ich befürchte, so steht vor Euch ein Mensch, an dem das Schicksal einen unfaßbaren Diebstahl begangen hat, einen Diebstahl, gegen den alle Diebestaten zu nichts werden seit jener ersten berühmten, als die zwei in die schlafende Stadt krochen, das Heiligtum vom Altar stahlen und den von einer langen Reise ermüdeten Fremdlingen im ersten Schlaf die Kehlen abschnitten... ein Diebstahl, der dem Bestohlenen alles wegnimmt, alles was war, was ist, was sein wird, und das Werkzeug dieses Diebstahls seid Ihr.
BARON Messer Lorenzo Venier, ich bin um zwanzig Jahre älter als du, und du bist mein Gast. Das macht die Musik zu meiner Antwort. Hör auf dies:

Die Dame,
die sich bei mir befindet, ist dir nichts;
ich hab dich nicht gefragt, ob du vermählt bist,
doch ist es weder deine Frau, Geliebte,
noch sonst dir nah, ja, der Beachtung wert.

VENIER
Wie weißt du das? Ich hab mich so verstrickt
durch eine kleine Falschheit, daß ich nun,
wo Scham und Zweifel mir den Mund verschließen,
nichts andres weiß, als diesen ganzen Knoten
entzweizuhaun, bevor er mich erwürgt.

BARON
Die hier drin steht, der steht dein Ernst so fern
wie finstre Waffen einem Maskenkleid.

VENIER
Du weißt nicht, wer mir nahsteht, wenn sie dirs
nicht mehr verriet als ich, und sie hat zehnmal
mehr Grund als ich zu diesem Maskenspiel.

BARON
Wär hier ein Ding, das für mich reden könnte,
ein Zipfel ihres Mantels! Könnte dies
ihr blondes Haar, das hier am Vorhang hängt,
goldfarbige Lippen auftun, diesen Argwohn
zu scheuchen.

LORENZO   Wie, ein blondes Haar?

BARON   Der Vorhang
entriß es ihr.

LORENZO   Der Vorhang!
Er besieht es   Dunkles Gold
wie die vom Weihrauch dunklen innern Kuppeln
der Markuskirche! welchen blöden Narren
macht Phantasie aus mir –
Was soll ich sagen? Wenn du morgen kommst,
sollst du sie sehen. Kenntest du mich besser,
so wüßtest du, ich bin nicht immer so
und nähmst es für den Krampf, der eine Kerze
zuweilen packt, daß sich ihr ganzes Licht
zusammenzieht und sie beinah erlischt.
Doch so...

BARON Du bist so edel von Natur,
  sehr wohl vergleichst du dich mit einem Licht,
  das manches Mal, bedrängt vom finstern Hauch
  des Lebens, flackert. Wahrhaft edle Art
  hat dies vom Feuer, daß ihrs nicht gelingt,
  sich zu verstecken, wickelt sie sich auch
  in Finsternis, verkriecht sich in den Klüften
  des Kaukasus in eine Schäferhütte,
  sie glüht hindurch. Wer hinkommt, beugt die Knie!
LORENZO
  Nun laß mich gehn. So machst du mich dem Feuer
  zu ähnlich. Meine Wangen brennen schon.
BARON
  Noch nicht. Du hast noch etwas gutzumachen.
LORENZO
  Wie kann ichs?
BARON Daß du dieses Spielzeug annimmst
  und trägst.
  Gibt ihm eine kleine Dose.
LORENZO Gold und Saphire!
BARON Stört dich das,
  so denk, es wäre Zinn, nicht darum gab ichs:
  es ist mein Bild darauf, und damals war ich
  so alt, vielmehr so jung, wie du jetzt bist.
LORENZO
  Nimm diesen schlechten Ring, so stehn wir hier,
  du Glaukos, Diomedes ich, das Bild
  ungleichen Tausches.
BARON *zeigt auf das Bild auf dem Deckel der Dose*
  Hätte dieser da
  das Feur in seinem Blut so schön gebändigt
  wie du, so stünde nun ein andrer hier,
  ich bin ein Kartenkönig.
LORENZO Laß ihn ansehn.
BARON
  Er ist mein Vater, denn ein jedes Heut
  ist seines Gestern Sohn. Ich bring dir Licht.
LORENZO *das Bild starr betrachtend*
  Dies... ist?

BARON Mein Bild. Ich sagte, 's ist lang her.
LORENZO
  Dein Bild?
BARON Du wirst wachsbleich.
LORENZO *schreiend* Ich träum, ich träum!
  Hexen und Teufel sind auf meinem Bett!
  Schlägt ohnmächtig hin.
  Baron, darauf Le Duc mit Wasser, um den Ohnmächtigen beschäftigt.
REDEGONDA *aus der Tür heraustretend*
  Ach, ich vergeh vor Angst! Was ist denn hier?
  Ganz sicher seid ihr alle einverstanden
  und niemand schützt mich! und wo ist mein Bruder?
BARON
  Dein Bruder?
REDEGONDA Ja, Achilles ist mein Bruder,
  daß dus nur weißt. Es kommt doch nichts heraus
  mit der Geheimniskrämerei, und der
  Auf Lorenzo
  Ist der Vittoria Mann, der Sängerin:
  ich sag dirs grad, weil er mir Zeichen machte,
  daß ichs nicht sagen sollte! Denn wenn ich
  will, daß sie was verschweigen, tut mirs keiner.
  Ich weiß zwar nicht, warum er dirs verschwieg,
  allein ich sag dirs grad! und ich geh fort!
BARON
  Dies ist der Mann?
REDEGONDA Ja, ja, sie hat den Namen
  nur am Theater nicht, weil er von hier
  ein Adeliger ist, allein vermählt
  sind sie zusammen. Und ein andres Mal,
  wenn du so viel Geschäfte hast mit Herrn,
  lad niemand ein, in einem dunklen Zimmer
  sich totzufrieren! Das ist gar nicht höflich.
LORENZO *schlägt die Augen auf*
  Nun wird es Tag.
  Er steht auf, die Redegonda läuft hinaus.
  Bei Gott, die Redegonda!

Er hält sich atmend am Tisch fest
So bin ich nicht bei mir!
Erblickt die Dose am Boden, hebt sie auf
                    Nein, dies gibt Zeugnis,
Daß ich noch bei Verstand bin. So leb wohl.
Allein hier ist ein Knoten aufzulösen
und wird es! seis zum Guten oder Bösen!
Geht schnell ab.
Baron zu Le Duc, nach einer Pause, Zeichen: Jetzt führ die andere herein. Pause
Vittoria von rechts rückwärts. Baron vorne am Tisch. Sie zittert vor Erregung, kann nicht gleich sprechen.
BARON
   Bist du es wirklich, Liebste!
   Vittoria kann nicht sprechen, muß sich setzen. Pause
VITTORIA
   Es waren Leute bei dir.
   Sie redet fast gedankenlos, sieht ihn unaufhörlich an.
BARON   Ja, dein Mann.
VITTORIA *versteht dies nicht, überhört die Worte vollkommen in ihrer Erregung, sie will aufstehen, ihre Knie zittern, ihre Stimme bebt; setzt sich wieder*
   Es ist zu vieles von zu vielen Jahren:
   eins wirft sich auf das andre, laß mich weinen.
   Sie weint lautlos, er geht hin, küßt ihre Hand, sie entzieht sie ihm sanft.
   So fragst du mich nun gar nichts, du hast recht:
   wir sind hinaus übers Erzählen.
BARON   Liebste,
   wie du mich gleich erkannt hast!
VITTORIA   Sonderbar,
   jetzt seh ich dich verändert, im Theater
   wars wie ein Blitz, bei dem mein Blut im Sturm
   dein frühres Bild auswarf.
BARON   So wohnts in dir?
VITTORIA
   Du fragst?
   Pause

> Auch deinen Namen trägst du nicht mehr,
> hast wie ein altes Kleid ihn abgelegt.

BARON
> Was tut ein Name. Bins nicht ich?

VITTORIA *ängstlich* Ja, bist dus?
> Ich bins. Mir ist, ich hab, in dieser Stadt,
> wo keine Gärten sind, nur Stein und Wasser,
> nicht altern können, nicht wie andre altern,
> nur viel durchsichtiger und viel gelöster
> vom schweren Boden scheint mir alles: dies
> sind wohl die Augen, die der Herbst uns einsetzt.
> Du warst mir Frühling, Sommer, Sonn und Mond
> in einem! Lieber, fühlst du, daß ichs bin?

BARON
> Fühlst du, daß ichs bin?
> *Will sie küssen.*

VITTORIA Laß! was willst du tun?
> *Pause*
> *In einem zarten, reinen Ton, mit sanften Augen*
> Daß dus bist, ob ichs fühle? Ja und nein.
> Ich bin bei dir und doch mit mir allein.

BARON
> So red von dir.

VITTORIA Ists noch dieselbe Stimme?
> Zuweilen seh ich abends auf das Wasser:
> es ist verwandelt, scheint ein Element,
> herabgeflutet von den Sternen. Lautlos
> verschleiers und entschleiers, unaufhörlich
> erzeugt es und zerstört es tausend Bilder
> von Dingen, die nicht dieser Welt gehören:
> so ists in mir. Dies ist nun so geworden.

BARON
> Red noch von dir, noch mehr.

VITTORIA *immerfort lebhafter werdend*
> Hast du mich nicht
> singen gehört? Sie sagen, daß es finstrer
> und lichter wird in einer großen Kirche
> von meinem Singen.

Sie sagen, meine Stimme ist ein Vogel,
der sitzt auf einem Zweig der Himmelsglorie.
Sie sagen, wenn ich singe, mischen sich
zwei Bäche freudig, der mit goldnem Wasser,
der des Vergessens, und der silberne
der seligen Erinnerung.
In meiner Stimme schwebt die höchste Wonne
auf goldnen Gipfeln, und der goldne Abgrund
der tiefsten Schmerzen schwebt in meiner Stimme.
Dies ist mein Alles, ich bin ausgehöhlt
wie der gewölbte Leib von einer Laute,
das Nichts, das eine Welt von Träumen herbergt:
und alles ist von dir, dein Ding, dein Abglanz.
Denn wie ein Element sein Tier erschafft,
so wie das Meer die Muschel, wie die Luft
den Schmetterling, schuf deine Liebe dies.
In deiner Liebe, nur aus ihr genährt,
unfähig, anderswo nur einen Tag
sich zu eratmen, einzig nur bekleidet
mit Farb, aus diesem Element gesogen,
wuchs dieses Wunder, dies Kind der Luft,
Sklavin und Herrin der Musik, Geschwister
der weißen Götter, die im Boden schlafen,
dies Ding, das ich so: meine Stimme nenne,
wie einer traumhaft sagt: mein guter Geist!

BARON
Wie hätte ich an solchen Wundern schuld?

VITTORIA
Mein Lieber, wohl. Denn dies entstand ja so:
Als du mich ließest, stand ich ganz im Finstern,
und wie ein Vogel an den dunklen Zweigen
hinflattert, suchte meine Stimme dich.
Du warst im Leben, dies war mir genug.
Ich sang, da warst du da, ich weiß nicht wie,
ich meinte manches Mal, du wärst ganz nah
und meine Töne könnten aus der Luft
dich holen, wie die Klauen eines Adlers.
Es wurden Inseln in der Luft, auf denen

du lagest, wenn ich sang. Und immer war mir,
als rief ich nur das eine: Er ist schuld,
an allen Wonnen er, an allen Qualen!
Merkt nicht auf mich! Er ist es, der euch rührt!
Und meine Klagen senkten sich hinab
wie tiefe Stiegen, unten schlugen Tore
wie ferner Donner zu, die ganze Welt
umspannte meine Stimme und auch dich.
Du warst in ihr.
BARON   Sei wieder mein, Vittoria.
VITTORIA
Ich kann nicht. Nein. Ich will nicht!
BARON   Wer verbietets?
VITTORIA
Wer?
Kleine Pause
     Menschen – auch.
BARON   Dein Mann?
VITTORIA   Mein ganzes Schicksal
verbietets ungeheuer. Spürst du das nicht?
Es hüllt mich wie in seinen Schatten ein.
BARON
Du lügst! Du liebst mich, aber du hast Furcht!
VITTORIA
O nein, nicht Furcht, nur Ehrfurcht.
BARON   Komm zu mir:
wir wohnen –
VITTORIA   Auf dem Grabe unsrer Jugend?
Schüttelt den Kopf
Ich hab ein Haus, ich hab –
Für sich   Noch nicht, noch nicht!
Die Stunde kommt, wo er auch das erfährt!
BARON *will sie an sich ziehen*
Gehör mir wieder! Denk an das, was war!
VITTORIA *zurücktretend*
Ich denk daran. In mir ist keine Faser,
die nicht dran dächte. Eben darum laß mich!
Du denk daran. Denk an das Fürchterliche,

das kam, als wir mit frevelhaftem Finger
aufjagen wollten die verglühte Flamme.
Denk an die Qual! Ich mein, ich muß vergehn
vor Scham, wenn ich dran denke. Auf dem Rand
des Bettes saßen wir wie bleiche Mörder!
Denkst dus? Die Luft der Nacht blieb stehn wie starr,
und draußen spie der Berg sein rotes Feuer
und leuchtete auf dein und meine Qual.
BARON
  Was meinst du?
VITTORIA   Die drei Tage in Neapel,
wo wir als die Gespenster unsrer selbst
uns in den Armen lagen, schmählich tauschend
mit bleichen Lippen nicht mehr wahre Worte!
Und Küsse, nein, vielmehr blutrote Wunden
ein jedes auf das arme Herz des andern
über und über streute, bis ein Grauen
uns auseinandertrieb!
BARON   In Genua!
Dies war in Genua. Es war zu nah
von unsrem großen Glück, wir hatten noch
die Augenwimpern und die Fingerspitzen
versengt von zuviel Flammen. Welch ein Narr
war ich, dich so zu quälen, welch ein Narr
und Bösewicht! um der Geschenke willen!
VITTORIA *ganz verwirrt*
  Geschenke?
BARON
  Die der Marchese –
VITTORIA *wiederholt* Der Marchese... mir?
BARON
  Grimaldi –
VITTORIA *tonlos*
          Wie?
BARON   Der dir das Landhaus baute –
VITTORIA
  Ein Landhaus mir?
BARON   Das mit dem Pinienhain.

VITTORIA
　Neapel war es und nicht Genua!
　Ich weiß von keinem Landhaus! niemals warens
　Geschenke, wegen derer du mich quältest!
　Nie kam der Nam Grimaldi an mein Ohr!
　Neapel wars! Neapel! Ich allein!
　Nichts von Grimaldi! ich war ganz allein
　– vielmehr nicht ganz allein, wer mit mir war,
　hab ich dir damals nicht gesagt, ich hielt
　dies einzige Geheimnis mit den Zähnen
　in mir zurück wie einen Fetzen Schleier
　für meine Seele.
BARON　　　　　Hätt ich alles denn
　verwechselt, so den Ort als die Person?
VITTORIA
　Er hats verwechselt! hats vergessen können,
　wie man den Inhalt einer schlechten Posse
　vergißt, so wie den Namen eines Gasthofs,
　wie das Gesicht von einer Tänzerin!
　Sie weint
　Und wenn er das vergessen konnte, was
　vergaß er nicht?
　Pause
　Er weiß's nicht mehr! Ich Närrin! Dies ist Leben.
　Nun bin ich ruhig. Siehst du, früher war ich
　so wie ein kleines Kind und hab uns ganz
　ums Plaudern und ums ruhige Erzählen
　gebracht.
　Pause
　　　　Ich hab gehört, du warst ein Jahr
　hier in den bleiernen Kammern, hast den Weg
　mit deinen Händen dir gebohrt, an Tüchern
　dich nachts aufs Kirchendach herabgelassen –
BARON
　Dann kam ein Sprung: doch hatt ich reichlich Kleider
　übereinander an: zu unterst meine,
　den grünen Rock –
VITTORIA　　　　Den grünen Rock!

BARON
  Du weinst?
VITTORIA Es war so bald
  danach –
BARON Kein halbes Jahr. Darüber trug ich
  von einem Domherrn das Habit. Zuäußerst
  umschloß ein dicker dänischer Edelmann
  mit Orden und Perücke diesen Klumpen.
  Ich sprang und tat mir nur am Finger weh.
VITTORIA *streichelt sanft seine Hand, die am Tische ruht; mit sanftem Vorwurf*
  Nun kommst du wieder!
BARON Wer erkennt mich?
VITTORIA Ich
  hab dich erkannt.
  Baron küßt ihr die Hand.
VITTORIA *sieht ihn lächelnd an*
  Und Frauen, Frauen, Frauen
  wie Wellen! wie der Sand am Meer! wie Töne
  in einem Saitenspiel!
  Leicht über seine Stirne streifend
  Dies war der Strand,
  verzeih, dies ist der Strand, auf dem die leichte Barke
  des leichten Gottes landet, jedesmal
  beladen mit der jüngsten Siegerin:
  und viele Spuren sind in diesem Strand.
  Nun aber geh ich.
BARON Wie! wann kommst du wieder?
VITTORIA
  Ich, wieder? nimmermehr! Dies war einmal
  Und durfte einmal sein.
BARON Doch ich?
VITTORIA Wohl auch nicht.
BARON
  Du hast mich früher überhört: Dein Mann –
VITTORIA
  Ich habs gehört, ich dacht, mein Ohr betrög mich.

BARON
　Dein Mann ward heut mein Freund.
　Vittoria schüttelt verwundert den Kopf.
BARON　　　　　　　　　　　　　　Gleichviel, es kam so.
　Und führt mich morgen, er, der von nichts weiß,
　an seiner Hand vor dich und nennt den Namen –
VITTORIA
　Den deinen?
BARON　　　　Nein, den ich jetzt hab. Wir müssen
　bedenken –
VITTORIA　　Ja; bedenken, heucheln, lügen.
　Ich seh, das Leben läßt von seinem Brauch
　nicht ab, und wenn es ein Versprechen hält,
　so mischt es einen wilden Augenblick
　zusammen aus Verwirrung und Besorgnis
　und wirft einem Betäubten sein Geschenk
　zweideutig lächelnd vor die Füße hin.
　Dich führt mein Mann, der von nichts weiß, mir morgen
　treuherzig lächelnd zu. Was dir verborgen,
　dacht ich in einer reineren Begegnung
　an einem stillern Strande dir zu zeigen.
　Nun ists wie eine wilde Hafenstadt
　voll Lärm, in dem die Nachtigallen schweigen.
　Allein, muß nicht in dieser dunklen Welt
　sogar das Licht gewappnet gehen? Nun:
　wir wollen einen Harnisch von Musik
　anlegen und dann mutig alles tun,
　was uns gerecht und schön erscheint. Die Macht
　ist bei den Fröhlichen. Jetzt gute Nacht.
　Geht ab. Pause
　Baron, dann Le Duc, der einige von den Lichtern auslöscht.
LE DUC
　Befiehlt der gnädige Herr zur Nacht?
BARON　　　　　　　　　　　　　　Jawohl,
　jawohl, Le Duc. Der gelbe Koffer ist
　gekommen? Bring ihn her.
　Le Duc bringt den gelben Koffer, sperrt ihn auf.

BARON
Die Salbe für die Hände ist fast ganz
verbraucht.
LE DUC　　　　Ich habe nach Marseille geschrieben.
BARON
Sehr gut. Der neue Diener, wie? gefällt dir.
LE DUC
Ich glaube nicht, daß Euer Gnaden wirklich
im Ernst gedenken – Stellen Ihrer Dienste
mit Komödianten zu besetzen.
BARON　　　　　　　　　　Wie?
Sowas im Ernst! Du kannst ganz ruhig sein.
LE DUC
Ich war vollkommen ruhig. Andernfalls
hätt ich sofort gebeten, meinen Rücktritt
in Gnaden zu genehmigen.
BARON *mit sanftem Vorwurf* Le Duc!
Le Duc!
Pause
　　　　Ich habe nicht genug
Bewegung!
LE DUC　　　Um Verzeihung, ich vergleiche
den gnädigen Herrn, was die Gestalt betrifft,
in jeder Stadt mit andern Edelleuten
von gleichen Jahren, nein, vielmehr mit jüngern,
und werde mit vollkommenem Vergnügen
mir jedesmal des Resultats bewußt.
BARON
Die letzten Tage auf dem Schiff, ich fühl es.
Le Duc, wir fechten vor dem Schlafengehn.
LE DUC
Verzeihung, die Rapiere sind in Mestre
beim übrigen Gepäck.
BARON　　　　　　　　　So ringen wir.
Er legt Uhr, Ringe, ein Armband ab.
*Le Duc zieht seinen Rock aus, stellt sich mit einer Verbeugung
bereit.*
*Es wird unten heftig an eine Tür geschlagen. Beide horchen; es
wird noch einmal angeschlagen.*

BARON
  Geh nachsehn.
  Heftigere Schläge.
LE DUC *am Fenster*
              Eine Gondel mit Maskierten!
BARON
  Auch Frauen?
LE DUC   Nein, nur Männer.
BARON
  So ists der Messer Grande und mein Tod!
  Blickt wild um sich, packt Le Duc an der Gurgel
  Du bists, der mich verkauft hat, Schuft! nur du!
  Sonst kennt mich hier kein Mensch!
LE DUC   Gnädiger Herr,
  Hier ist ein Messer. Wozu Ihre Hände?
  Entblößt seinen Hals.
BARON *läßt das Messer fallen*
  Vergib. Was ist das! Bin ich schon so schreckhaft!
  Gib meine Ringe. Zieh dich an, Le Duc.
  Das Haus hat keinen zweiten Ausgang. Gestern
  noch sicher wie in Mutters Schoß. Verflucht
  mein Leichtsinn! wie? es ist gebaut, zum Teufel,
  wie eine Mausefalle.
  Kramt fieberhaft im Koffer.
LE DUC
  Der Koffer?
BARON   Nein, das Haus...
  Wirft Kleidungsstücke aus dem Koffer
                        das ist der Orden
  vom Goldnen Sporn –
LE DUC   Was suchen Euer Gnaden?
BARON *weiterkramend*
  Häng du ihn um.
LE DUC   Den Orden?
BARON   Du! ich wills!
  Und steht der Henker unten, soll zumindest
  ein Kämmrer ihm die Türen öffnen, geh!
  Nicht den, den großen Leuchter! geh! dein Herr
  empfängt.

Wiederholte heftige Schläge; er verstummt, winkt Le Duc abzugehen; dieser geht.
Allein. Er zittert heftig; er hält ein kleines Fläschchen, das er aus dem Koffer genommen, und steckt es zu sich.
Und sind sies, hilft mir dies. Warum? ich könnte
ja noch einmal entkommen. Nein, nein, nein.
Noch einmal alles dies: mit meinen Nägeln
den Mörtel bohren, auf den Atemzug
der Wächter horchen, alle Höllenqualen
erdulden, wenn der letzte Schuft dem Bett
auf zwei Schritt nahe kommt – noch einmal dies?
Ich merk, das Leben will dasselbe Stück
nicht wiederholen... Was die Seele
genossen und ertragen hat einmal,
brennt sich beim Wiederkehren in sie ein
mit glühnden Stempeln: Ekel, Scham und Qual.
Dies ist beinah der Brauch wie auf Galeeren:
und da und dort hilft eins, sich zu erwehren.
Le Duc kommt zurück mit einem Brief.
BARON
Was ist? Was wollen sie?
LE DUC Fort sind sie, fort
und warfen dies herein mir durch die Tür.
BARON *liest aufmerksam, lacht dann heftig*
Wir sind nur Arlekin und Truffaldino
in einem tollen Stück. Die Herzogin
Sanseverina tut die große Ehre
uns an und ist – errätst du? – eifersüchtig.
LE DUC
Das ist zum mindesten ein wechselnd Fieber,
es ließ lang aus.
BARON Heufieber, alle Jahr
einmal, doch heftig. Und sie schreibt, sie wisse,
was mich veranlaßt hat, hierherzugehen.
Ich weiß es selbst nicht! außer Übermut,
der Mäuse immer wieder zu der Falle
hinlockt. Und kurz und gut, sie droht, sie droht,
wenn ich bis morgen abend nicht Venedig

im Rücken habe, ist ein Brief am Weg,
der mich verrät an die Inquisitoren.
Wir gehn. Sie ist die Frau, ihr Wort zu halten.
Doch nun zu Bett; dies ist ein buntes Zeug
von Wiedersehn und Trennung, Angst und Lust,
und macht den Kopf so wirr, als hätt man Nächte
in einem Maskenaufzug umgetrieben.
Wir gehen morgen, zwar vor Abend nicht:
Vittoria wollte mir doch etwas zeigen...
Was wird das sein? Sie ist noch fast so schön
wie damals... doch ich merk, man soll kein Ding
zweimal erleben wollen. Wie wenn Fäuste
unsichtbar uns von rückwärts hielten. Seltsam.
Ich wollt, die Redegonda wär geblieben!
Die hält kein Spuk mit Luft als wie mit einem
Gitter umschlossen. Vor zehn Jahren, glaub ich,
hätt ich dergleichen nicht gespürt. Dergleichen
sind deine unsichtbaren Boten, du,
den ich nicht nennen will, und dem die Zeit
auf leisen Sohlen dient.
Er wechselt den Ton O schöne Stadt,
die nie versagt! Heut war ein hübscher Tag,
wir wollen ihn uns merken! so gelungen,
als wär er eines Dichters Kopf entsprungen!
Doch was vergeud ich Schlafenszeit mit Schwätzen?
Wir wollen auf dies Heut ein beßres Morgen setzen!
Wendet sich an der Tür zum Schlafzimmer noch einmal um
Schreib um die Salbe. Ja, du hast schon! Gut.

Zwischenvorhang.

II

Großer freundlicher Saal im Hause Venier. Im Hintergrund eine große Tür und zwei große, schön vergitterte Fenster auf den Kanal hinaus. Links und rechts Türen. An der rechten Seitenwand in Zimmerhöhe eine kleine offene Galerie. An der Decke und über den Fenstern Fresken im Geschmack des Tiepolo. Im Vordergrund links steht ein kleines Klavier, in der Mitte des Saales ein sehr großer Tisch mit vergoldeten Füßen, auf diesem Blumen in einer großen Vase. – Es ist heller Tag.
Es treten auf: Lorenzo und sein Oheim, der Senator Venier. Der Senator trägt über seinem Kostüm den Überwurf eines dünnen schwarzen Maskenkleides; die schwarze Larve und den Kopfteil hält er in der linken Hand. Mit der Rechten stützt er sich auf einen Stock.

LORENZO *Er ist blaß und erregt, – spricht im Auftreten; dann bleiben sie in der Mitte stehen*
Ich bitte, Oheim, frag mich nicht um Gründe
für etwas, das mir so natürlich ist
wie Atmen. Ja, wißt ihr denn alle nicht,
was sie mir ist? Ich bitte, geh!... So bleib!
Ich war kein frohes Kind: du mußts doch wissen,
wie leichtlich übermannt von Traurigkeit,
wie schnell zu Tod erstarrt, wenn das Gemeine
mit aufgerissenen Medusenaugen
aus dem Gebüsch des Lebens auf mich sah.
Da fand ich sie. Ich fand das eine Wesen,
aus dessen hohler Hand der Quell des Lebens sprang,
daran ich meine Lippen legen konnte
und Seligkeit des Daseins in mich schlürfen!
O hätte sie nur halb die Fröhlichkeit,
die ihr im Auge quillt, mich lehren können,
so hingest du an meinem Munde jetzt,
so wie die Welt an ihrem Munde hängt,

und dächtest an nichts andres als zu atmen!
Und das verleugnete ein Tropfen nur
von meinem Blut? Es ist das Blut Venier,
und wie der Brunnen in der Fabel wallt
es wütend auf, wenn ein unedler Atem
nur seinem reinen Spiegel nahe kommt,
und hebt sich in den Adern so voll Wut
wie ein gereizter Löw in seinem Zwinger.
Du mahnst mich recht: es ist das Blut Venier
und hat noch so viel edle Art in sich,
daß es bezahlt, wie Könige bezahlen
– und nicht wie Krämer –: einen Augenblick
etwa mit dem zusammgerafften Preis
von vielen Jahren, ja, dem letzten Gold,
das aufgesprengte Ahnengräber geben –
ein wenig Lächeln etwa mit sich selbst
und einen Traum etwa mit einem Leben!
Er hat sich bei den letzten Worten, die er mehr für sich spricht,
von dem Alten abgewendet und ist einige Schritte nach vorne ge-
gangen. Der Alte hat kopfschüttelnd seine Maske aufgesetzt und
ist durch die große Tür im Hintergrund weggegangen.
LORENZO *wendet sich, sieht sich allein*
Schon fort, Gespenst? Ich will zu ihr.
                                                Vielleicht,
Hält an der Tür links still
daß sie noch schläft! So will ich denn noch warten.
Kehrt um, setzt sich in der Mitte des Zimmers auf einen Lehn-
stuhl
Nun schon ich ihren Schlaf – und bald vielleicht
ermord ich ihr den Schlaf von vielen Nächten!
Nun ging es mir ans Herz, als einer nur
auf ihren Schatten treten wollte – bald
tret ich vielleicht mit Fingern, die gepanzert,
in ihres Herzens Wunden und in meine!
So tappen wir im Dunklen hin und her!
Cesarino kommt von rückwärts gegangen, legt ihm die Hände auf
die Schultern.

LORENZO *auffahrend, ergreift eine Hand Cesarinos*
Vittoria!
Cesarino tritt neben ihn.
        Besser wärs, wenn eure Hände
sich nicht so ähnlich sähn!
CESARINO   Warum denn besser?
Pause
LORENZO
Sag, du hast deine Mutter nie gekannt?
CESARINO
Wie, unsre Mutter?
LORENZO   Deine.
CESARINO   Sie war doch
Vittorias Mutter auch.
LORENZO   Jawohl, jawohl.
Er versucht, Cesarino mit dem Bild auf der Dose zu vergleichen, die er halbverdeckt in der linken Hand hält. Cesarino geht nach rückwärts.
LORENZO
Wo gehst du hin?
CESARINO   Ich seh, ob jemand kommt.
Er geht durch die Tür rechts rückwärts ab.
LORENZO *hinter ihm her, die Dose in der Hand*
Ein Bild! ein Bild! ein und dasselbe Bild!
Er bleibt stehen, den Kopf zu Boden gesenkt.
Vittoria von links, geht leise auf ihn zu. Er tritt zurück, sieht sie traurig an. Sie nimmt seinen Kopf zwischen ihre Hände. Er tritt wiederum zurück.
Pause
VITTORIA
Du siehst nicht fröhlich aus.
LORENZO   Ich bin nicht fröhlich.
Pause
LORENZO
Vittoria, wie hast du heut geschlafen?
Ohne die Antwort abzuwarten
Weißt du, ich wachte einmal morgens auf,
indessen du noch schliefest. Über dich

war ich gebeugt und haßte deine Augen,
ich haßte deine süßen Augenlider:
denn irgendwie verstand ich, daß darunter
ein Traum war, angefüllt mit Leben, dran
ich keinen Anteil hatte, keinen Anteil,
nicht eines Schattens Anteil!
VITTORIA Ja, mein Lieber.
Doch war dies, weil ich schlief. Nun bin ich wach.
LORENZO
Nein! dies ist, weil du wach bist! Aber dann
müßt ich die Lider nicht, ich müßte ja
die wachen Augen hassen und die Lippen
und diese süße, helle Stirn und alles!
VITTORIA
Ich weiß nicht, was das ist, wovon du redest!
Pause
LORENZO
Sag mir, was bin ich dir?
VITTORIA Du bist mein Mann.
LORENZO
So bist du meine Frau, und Mann und Frau,
sagt man, sind eins. Mich dünkt, dies ist nicht so.
VITTORIA
Du bist ein Ganzes, und auch ich bin ganz:
und kann mich nur als Ganzes geben, nicht
den Kranz auflösen, der mein Wesen ist.
Was quälst du dich und mich mit solchen Worten?
LORENZO
Nicht genug deutlich? Nun, hier ist ein Bild!
Hält ihr die Dose hin
Und der mirs gab – so hat Natur noch nie
mit lautem Mund geschrien –, ist der Vater
des Burschen, den du deinen Bruder nennst!
und nicht dein Vater, dir ist er nicht ähnlich,
o, nicht dein Vater, er ist wohl zu jung!
Fast atemlos
Des Burschen Hände aber wieder sind
den deinen allzu ähnlich, als daß nicht

ein fürchterlich verwirrender Verdacht
sich wie ein Brand ganz durch mein Denken fräße,
von hundert dunklen Dingen noch genährt:
denn der mirs gab, das ist derselbe Mensch,
des Anblick gestern in der Oper dich
unter der Schminke so erbleichen ließ,
als schlüg ein weißer Blitz durch deinen Leib –
Er hält inne.

VITTORIA *den Blick auf ihn geheftet, ruhig*
Daß ich erschrak, kann sein. Ich hab ihn lange,
so lange nicht gesehn, daß mir war,
als müßt nun meine Mutter hinter ihm
aus ihrem Grabe aufgestanden kommen,
zuhören, wie ich singe. Ich hab ihn
als Kind sehr oft gesehn, bis zu dem Tag,
da meine Mutter starb und mich zurückließ
und meinen neugebornen Bruder.
Nach einer kleinen Pause
                                Meine
und meines Bruders Hände gleichen, glaub ich,
den Händen unsrer Mutter. Ich war damals
zehn Jahre, und mein Vater lange tot.

LORENZO
Wie, deine Mutter war zweimal vermählt?

VITTORIA
Das nicht. Ich war ein Kind, das viel verstand.
Begreifst du, was mirs war, nach siebzehn Jahren
den Menschen wiederum zu sehn? Er ist
die Schuld, daß meine Mutter starb und daß
mein Bruder lebt. Jetzt schweigen wir! Die kommen.
*Cesarino und Marfisa nähern sich. Lorenzo geht ihnen einige
Schritte entgegen. Sie entfernen sich wieder.*

VITTORIA *in der Mitte allein*
Ich lüge wie ein Grabstein, und ich bins
ja auch allein, drin wie in einem Grab
dies sonst vergeßne Abenteuer wohnt.
Lorenzo tritt wieder zu ihr.

VITTORIA *ohne sich umzuwenden*
Hast du sie wieder fortgeschickt?
LORENZO *hart bei ihr*
Vittoria, mach, daß ich dir glauben kann!
VITTORIA *sieht ihn mit offenen Augen an* Lorenzo, was bin ich dir, wenn dus vermagst, jetzt zu zweifeln?
LORENZO Alles bist du mir, alles – so oder so, zum Guten oder zum Schlimmen. Das einzige Geschenk, das mein Leben je mir zuwarf, eines aber, das alle andern in sich schließt...
Vittoria, ich habe Angst, an dir zu zweifeln, und Angst, an dich zu glauben. Was immer du redest, hab ich Angst, daß das Leben mich überlistet.
VITTORIA Oh, es überlistet uns alle, mein Freund!
LORENZO *dringender* Vittoria, mach, daß ich dir glauben kann!– Bedenk, wie du in mein Leben hineintratest, beladen mit Geheimnissen –
VITTORIA Es gab eine Zeit, da du mich um dieser Dinge willen m e h r liebtest. Du selbst verglichest mein Wesen mit einem festgeflochtenen Kranz. Ja, ich bin nicht dein Geschöpf, ich bin das Geschöpf des Lebens und beladen mit dem Abglanz überwundener Schmerzen; behängt mit dem Gold erstarrter Tränen, trat ich in dein Leben hinein. Denk daran, wie es anfing, Lorenzo. Hab ich gelogen? versprach ich zuviel?
LORENZO Ich denk daran, Vittoria. Dein Reden hat niemals etwas versprochen, dein Schweigen – auch nicht, dünkt mich. Es war nur dein Wesen, das Unaussprechliches versprach – und hielt, Vittoria, ja, o mehr als hielt! – – Ich war wohl nicht der unglücklichste Mensch auf der Welt, aber vielleicht der wenigst Glückliche – da fand ich dich. Welch ein Geschenk war das! Ich, der ich an einer Welt und ihrer Sonne nicht Lust gefunden hatte, lernte ein Öllämpchen lieben, weil es dich beleuchtete! Du warst die einzige Wirklichkeit in meinem Leben, die Veste, auf der ich meine Welt aufbaute – du, beladen mit Geheimnissen, du, das Geschöpf eines Lebens, von dem ich nichts wußte! Ich lernte dich zu sehr lieben, mit einer Liebe, die mein Wesen durchschüt-

terte und in mir zuweilen Abgründe der Ermattung aufriß,
wie ein ungeheurer Zorn!
Doch wenn in deinem Reden, deinem Schweigen
so wie in einem Nest und einem Abgrund,
wie Kröten, Lüge neben Lüge wohnt –
vom Anfang an, und immer – immer fort
– wie's möglich ist, entsetzlich möglich ist! –
was bleibt uns dann, Vittoria, daß wir beide
fortleben können? sag, was bleibt Vittoria?
Vittoria, in ihrem Gesicht scheint ein Entschluß mit Heftigkeit zu arbeiten. Sie geht zum Tisch und läutet mit einer kleinen Glocke.

LORENZO Was willst du tun?

VITTORIA Das einzige, was dich ruhig machen kann! Ich wollte es vermeiden, um jeden Preis vermeiden! Aber jetzt muß es sein. Wir müsssen zu ihm gehn. Du mußt dabei sein, wenn ich ihn wiedersehe und wenn er mich wiedersieht. Dann wirst du mir vielleicht glauben können. Oder er muß hierher kommen.
Läutet nochmals.

LORENZO *erregt* Vittoria, was du willst, das ist schon geschehn. Er wird herkommen.

VITTORIA *tonlos* Er wird herkommen!

LORENZO Ich habe das getan, was du tun willst.

VITTORIA
Du hast es getan, du hast es schon getan!
Zu dem Diener, der an der Tür rechts vorne erscheint
Geh wieder, es ist nicht mehr nötig.
Diener ab.
Du hast ihn herbestellt – – um mich zu prüfen?

LORENZO *mit bebender Stimme* Ich weiß es nicht – es kam so – es fügte sich so. Da du es aber nun so willst, Vittoria... Du selbst es willst – dann ist ja alles gut, Vittoria!
Kleine Pause
Was macht dich jetzt traurig?

VITTORIA *sehr ernst*
An eines nur hast du gar nicht gedacht.
Wenn er jetzt kommt und sieht mich und sieht den,
und nimmt ihn mir? Lorenzo, nimmt ihn mir!

LORENZO
 Wie, kennt er denn sein Kind?
Vittoria schüttelt den Kopf.
LORENZO   Erkennt er dich?
VITTORIA
 Kann sein. Und dann? was dann? Er ist der Vater,
 ich nicht die Mutter; welche Kraft hab ich,
 die Schwester, wenn er sein Kind haben will?
Sie richtet ihre Augen auf ihn.
LORENZO *ganz verstört*
 O weh mir, daß ich immer wehtun muß,
 mir selbst und andern!
VITTORIA *indem sie ihn mit den Händen leise berührt*
                    Es ist besser so:
 wenn du mir dann nur glauben kannst, mein Lieber,
 und glauben, daß ich dein bin.
LORENZO *schmerzlich*   Mein! Doch wie?
VITTORIA
 So völlig, als ich kann! Nun still, die kommen.
LORENZO
 Sieh mich noch einmal an!
VITTORIA   Da!
Sie reicht ihm einen Blick wie einen Kuß.
LORENZO   Liebe! Liebe!
Marfisa und Cesarino kommen plaudernd näher, Lorenzo geht ihnen entgegen.
VITTORIA *in der Mitte allein, spricht sanft vor sich hin*
 Ich kann nicht sehn, wie sein Gesicht so blaß ist
 und so beladen mit verhaltnen Schmerzen.
Indem sie weiterspricht, nimmt ihr Gesicht einen völlig veränderten Ausdruck von Aufmerksamkeit, beinahe von Strenge an
 Um seinetwillen lüg ich bis ans Ende.
 Nun bin ich eine, die auf Dächern wandelt,
 wo kein Vernünftiger den Fuß hinsetzt:
 wer mich beim Namen anruft, bringt mich um.
 Doch wenn der andre ähnlich wär mit dem,
 so fiele dies Gebäude schnell zusammen!
 Nun muß ich warten, ruhig, was auch kommt:

doch wenn ich Einen falsch berechnet hab,
so grub ich meinem ganzen Glück sein Grab.
Sie tritt ans Klavier und schlägt stehend ein paar Akkorde an.

CESARINO *zu ihr tretend*
Laßt mich doch nicht dabei sein, wenn ihr euch
mit diesem fürchterlichen Alten abgebt.

LORENZO
Wen meint er denn?

VITTORIA   Den alten Passionei.
Der kommt dann her. Du siehst, auch ich hab Gäste.

CESARINO
Ich wollte grad so gern mein offnes Grab
anschaun, als solch ein wandelnd Grauen. Ich denk mir immer,
wenn ich ihn essen seh und eine Beere
abfällt, bald fällt vielleicht der Finger mit!
Verzeih mirs Gott, ich freu mich manchesmal,
daß ich die Mutter nie gesehen hab
und nun nicht zusehn muß, wie sie zerfiele!
Du bist mir statt der Mutter und bist jung!
Laßt mich mit der ins andre Zimmer gehn:
sie soll auf einem Stuhl im leeren Zimmer
verlassen sitzen wie die Ariadne,
ich will der Bacchus sein, der zu ihr kommt!
Ich roll den Apfel, wie ihr Knie so rund,
dann ist sie Atalanta, ich der Freier,
der sie gewinnen will mit großer List!

MARFISA
Dies ist ein Kopf, in dem die ganze List
beisammen wohnt von Frauen und von Männern.
Er sagt aus Heuchelei das, was er meint,
und deckt es damit besser als mit Lügen.

CESARINO *auf sie zeigend*
Dies ist ein Kopf, in dem der Kopf der Circe
verborgen ist, der, wenn sie schläft, wie Phosphor
durch Elfenbein, durch diese Larve schimmert.
Ich fürcht, sie macht Glühwürmer aus uns allen
und steckt sich die mit Nadeln in ihr Haar!

VITTORIA
  Nein, bleibt nur da.
CESARINO   Ich bleib nicht da und will,
  daß sie mit mir geht. Und willst du es wehren,
  so schrei ich so, daß der dort an der Decke
  vor Schrecken den gemalten Blumenkranz
  aus den gemalten Händen fallen läßt!
VITTORIA
  Marfisa, bitte, geh: vor meinem Spiegel
  sind aufgeschlagne Noten, bring mir die.
  Marfisa geht links ab, Lorenzo in den Hintergrund.
  Vittoria küßt Cesarino heftig auf die Stirn.
CESARINO
  Was hast du, Schwester? Du bist nicht wie sonst!
  nein, lüg nicht, du hast eine Angst in dir!
  Was ist es, Schwester, liebe Schwester, was?
VITTORIA
  Geh zur Marfisa, gib nicht acht auf mich!
CESARINO
  Nicht von der Stelle, eh du anders bist,
  du! du!
VITTORIA Nein, geh, mein Kind. Du bist doch da,
  du und mein Mann. Wovor sollt ich mich fürchten?
CESARINO
  Ich weiß nicht, was es ist, allein ich fühl,
  es ist etwas. Du bist nichts als ein Schwindeln,
  in einen dünnen Schleier eingewickelt.
VITTORIA
  Mein Freund, das ist nur, was wir alle sind.
  Merk auf, ich geh den Gästen jetzt entgegen,
  und später sing ich was von der Musik,
  die er geschrieben.
CESARINO   Wer?
VITTORIA   Der Passionei,
  der alte Mann, vor dem es dir so graut.
CESARINO
  Merk auf, er weiß nicht, daß die Melodien
  von ihm sind, und schläft ein, indes du singst.
  Vittoria nickt ihm zu, geht nach rückwärts.

CESARINO *steht rechts, sieht ihr nach*
Sie geht nicht so wie sonst. Ich bin nicht ruhig,
eh ich sie singen hör. Doch fürcht ich sehr,
sie singt heut nicht. O weh, was sind mir nun
die Lippen der Marfisa! Liebe Schwester,
die schwächste Angst um dich haucht auf die Welt
und macht sie trüb wie angelaufne Klingen!
*Marfisa kommt von links, legt die Noten aufs Klavier, geht zu
Cesarino nach rechts.*
LORENZO *tritt von links rückwärts wieder herein, winkt Vittoria
zu sich und führt sie an der linken Seite der Bühne einige Schritte
nach vorne*
Vittoria, noch ein Wort!
Vittoria tritt zu ihm.
LORENZO *spricht hastig* Wenn er sein Kind nicht kennt – und
dich, wie's sein kann, – auch nicht erkennt, – so bitt ich: sag
ihm nichts!
VITTORIA *sieht ihn groß an*
Wie?
LORENZO
   Denn nun hab ich Kraft, dir s o zu glauben!
VITTORIA *sanft*
Wie du es willst, wie du es w i r k l i c h willst.
LORENZO *hastig*
Ich will, daß du für Cesarino nicht
zu fürchten hast – um meiner Schwäche willen!
VITTORIA *schnell*
O schmäh dich nicht!
LORENZO   Sei still, die Gäste kommen.
Sie wenden sich nach rückwärts.
*Rückwärts, als wie aus Gondeln und über Stufen heraufsteigend,
die Folgenden, von Lorenzo und Vittoria begrüßt: der Abbate,
der alte Komponist, geführt von seiner alten Dienerin und der Re-
degonda. Hinter diesen Salaino, der deutsche Graf und drei Mu-
siker mit ihren Instrumenten.*
DER ABBATE *indem er sich vor Vittoria auf ein Knie niederläßt*
O schönste Eurydike! die mit Orpheus
die Rollen tauscht, und sie ruft ihn zurück
und führt ihn aufwärts aus dem Reich der Schatten!

*Die Dienerin nimmt dem Alten den großen Mantel von den
Schultern und eine große Halsbinde vom Hals.*
VITTORIA
Wen meint ihr, Gamba?
ABBATE Euch und diesen hier!
VITTORIA *sieht Passionei an*
Solch eine Kraft hat Zeit, und ist doch nichts,
schlägt nicht auf uns, gießt uns kein Gift ins Ohr
und solche Wirkung!
Der Alte flüstert mit seiner Dienerin.
VITTORIA
Ich bitt euch, Freunde, wißt ihr, was er will?
REDEGONDA
Er fürchtet sich vor jeder kühlen Luft.
VITTORIA
So führt ihn hierher, hier ist er geschützt.
Indem alle nach vorne gehen
Mit solchem Schauspiel kürzt das Leben uns
die Zeit, da wir nun einmal seine Gäste.
Lebendige läßt es wie die Sodomsäpfel
vor uns zu Staub zerfallen, schneller als
ihr blühend Bild in unserm Aug erlischt,
Verschwundne schickts zurück, erweckt die Züge
Vergessener im ahnungslosen Antlitz
von Kindern, legt es auf Verwirrung an,
schickt Jedem Doppelgänger übern Weg,
und läßt die Samen aufgehn, wann es will!
*Sie setzen den Alten in einen Lehnstuhl vor dem großen Tisch.
Die Dienerin bleibt neben ihm. Er flüstert mit ihr.*
LORENZO
Was will er nun, ich bitt euch, Freunde, seht!
DER GRAF
Nun ängstigt ihn die Sonne.
VITTORIA Auch die Sonne!
Auch vor der Sonne hat er Furcht! So arm –
*Es wird an einem der rückwärtigen Fenster ein grüner Vorhang
herabgelassen.*
Salaino setzt sich ans Klavier, die Musiker halten ihre Instru-

mente bereit: Violine, Cello und Flöte. Vittoria geht, nachdem sie dem Alten ein Polster gegeben, nach links, nimmt ihre Noten in die Hand. Sie stimmen.

VITTORIA
Dies ist ein Mensch, von dem einst Freude ausging,
und hier, wo jetzt der öde Trübsinn brütet
und zweite Kindlichkeit, das grauenvolle
Gespenst der ersten, hier saß einst Musik,
so süß, wie in der Brust von jungen Lerchen,
die überladen mit Triumph aufsteigen
und manchmal tot vor Lust zur Erde fallen.
Er selbst sitzt nun nicht hier, nur seine Hülse:
sein beßres Teil schläft da und da und da!
Sie zeigt auf die Instrumente
Das Leben spinnt das Beste unsrer Seele
aus uns hinaus und spinnt es still hinüber
auf andere unschuldigre Geschöpfe
wie Bäume, Blumen, solche Instrumente,
in denen lebt es dann und altert nicht.
Wahrhaftig, wo wir lieben, schaffen wir
solch eine unsichtbare Zauberinsel,
die schwebt, mit selig unbeschwerten Gärten,
schwebenden Abgründen: die gleitet dann
im Traum des Abends einmal spät vielleicht
in goldner Luft hin über unserm Haupt,
und wenn die Augen sie noch matt erkennen,
die Hände heben wir umsonst empor!
So lassen wir vor diesem alten Mann
sein ihm entwandtes Reich nach oben fluten,
vielleicht, daß er noch drüber weinen kann
und schmelzen bei des eignen Feuers Gluten!
Sie fangen an zu spielen, Salaino am Klavier, Vittoria zählt die Takte, bis die Singstimme einsetzt. Rückwärts rechts tragen Diener verdeckte Silberschüsseln auf. Der Alte dreht sich nach ihnen um. Die Dienerin will ihn abhalten. Der Alte schlägt nach ihr und scheint stärker nach einer der Schüsseln zu verlangen. Vittoria legt ihre Noten aus der Hand, geht zu dem Alten hinüber. Die Musiker halten inne.

VITTORIA
Schaut: er will von den Speisen! Davon? nein?
doch davon? Das ist süß. So nimm von dem.
Sie haben ihm von der süßen Speise gegeben, er ißt gierig.
VITTORIA *sich von ihm abwendend*
Sieh mich nicht dankbar an, das ist zu bitter,
daß du für dieses dankst und nicht für jenes.
Geht wieder zu den Musikern hinüber
So laßt ihn denn, und spielen wirs für uns!
Denn wirklich: was einst Feuer war in ihm,
ist Feuer nun in uns und diesen Geigen:
als er noch jung war, gab ihm das ein Gott:
er horchte auf den leisen, süßen Laut,
mit dem das Blut in den entblößten Adern
des Lebens läuft und fing den Klang davon
in seinem Ohr und hauchte ihn in Flöten:
wir haben die Musik, die er erschuf,
nun ist sein Atem nimmermehr vonnöten!
Sie fangen wieder an, das gleiche Musikstück zu spielen. Indessen führt ein Diener durch die Türe rechts vorne den Baron herein. Dieser winkt dem Diener, nicht zu stören, und bleibt abseits stehen. Vittoria bemerkt ihn und senkt mit ruhigem Lächeln ihr Notenblatt. Die Musik hält inne.
VITTORIA *sehr gelassen zu Lorenzo, der dem Eintretenden den Rücken kehrt*
Lorenzo, du hast einen Gast gar nicht gesehn.
LORENZO *wendet sich, begrüßt den Baron*
Ah, Weidenstamm! ich freue mich von Herzen!
Leise
Nichts, wenn ich bitten darf, von heute nacht:
das ist vorbei und nicht mehr wahr, wie Träume!
Er wendet sich zu Vittoria, führt sie an der Hand einen Schritt vor
Vittoria! – Baron Weidenstamm aus Holland!
VITTORIA *zum Baron, lächelnd, kühl*
Und mir nicht völlig fremd, wenn ich nicht irre.
LORENZO *rechts zur Seite tretend, für sich*
So grüßt sie nicht, wenn der geheime Inhalt

all ihrer Träume aus dem Nichts hervor
auf einmal spränge. Ah, sie grüßt ihn so,
als wär es einer, den sie gestern abend
noch sah und sprach. O ja, nun kann ich atmen.
*Vittoria scheint durch eine Bewegung den Baron auf ihre Gäste
hinzuweisen. Der Baron tritt auf Marfisa zu, die mit dem Abbate
und Cesarino rechts steht. Cesarino und der Abbate treten zur
Seite. Vittoria sieht unverwandt auf den Baron, dessen Blick nur
einmal flüchtig über Cesarino hinstreift. Rechts ganz vorne steht
Lorenzo und beobachtet auch die Gruppe mit Aufmerksamkeit.
Plötzlich fährt er mit der Hand wie unwillkürlich nach der Dose,
die er zu sich gesteckt hat. Er besinnt sich sogleich, tritt zu Vittoria und spricht.*
LORENZO *hastig*
Du mußt ihm alles sagen. Cesarino
steht dort, als atmete dasselbe Bild,
das hier auf meiner Dose – ja, mich dünkt,
er muß es jetzt schon wissen.
VITTORIA *leise*   Wie du willst.
LORENZO *ebenso*
Wir müssen, Liebe, Mut!
VITTORIA   Wenn du denn willst!
*Der Baron verbeugt sich lächelnd vor Marfisa und tritt wieder zu
Vittoria vor.
Vittoria winkt Cesarino zu sich. Marfisa und der Abbate gehen
zu den Musikern hinüber, die ihre Instrumente beiseite gelegt haben.*
VITTORIA *Cesarino dem Baron vorstellend*
Dies ist mein Bruder und zu sehr mein Stolz.
Die Sonne von Neapel war das erste,
zu dem er »Kukuk« sagte, wenn sie abends
im Meer versank, und später wollt er sie
anrühren, weil er sie für einen Ball
von Gold hielt, und seither ist er verliebt –
ich glaub, seitdem – in Gold und Edelsteine
wie eine Elster, und ich fürcht, das macht:
er hat ein zu begierig Aug für Schönheit.
Das Lesen und das Schreiben lehrten ihn

die guten Väter auf dem heiligen Berg,
der die Kartause von Siena trägt;
ich glaube, wenn er lachte, waren sie
so froh, als wäre ihrem Klosterschatz
ein Stück vom Heiligen Rock zuteil geworden,
und aus dem Holz ehrwürdiger Zypressen
auf ihren Ruhestätten schnitzten sie
ihm eine Armbrust und auch gleich den Vogel,
da der von Gott geschaffne nicht so stillhielt.
Ich schwätz zuviel. Es haben ihn fünf Städte
und eine Schwester, die nichts kann als singen,
so schlecht erzogen, daß er voll der Fehler
der Jugend steckt, und leider voll des Zaubers,
der für zu günstige Augen sie verhüllt.
Je mehr ich von ihm rede, merk ich, kommt
nicht er, nur meine Torheit an den Tag.
Geh zu den andern, geh zu der Marfisa.
Cesarino tritt zu der Gruppe beim Klavier.

VITTORIA
Er meint, daß ihm die Welt gehört. Wenn er
zu Wagen oder Schiff in einer Stadt
ankommt, so rollt er seinen Blick umher,
ganz wie der Söldnerführer, der die Stadt
erobert hat und die Brandschatzung abhält
und mit den Augen, stärker als Magnete,
versteckte Frauen und vergrabne Schätze
aus allen Winkeln an sich ziehen will.
Während dieser Erzählung suchen Vittorias Augen den Blick des Barons, und sie scheint mit dem Blick ihm mehr sagen zu wollen, als ihre Worte sagen. Der Abbate steht aber nahe. Auch Lorenzo steht rechts vorne in ihrer Nähe.

VITTORIA *fortfahrend*
Sein Reden, wenn er sah, was ihm gefällt,
ist wie Auflodern halberstickter Flammen.
Er ist noch halb ein Kind, und seine Zunge
ist wie der Speer des Halbgotts, dessen Spitze
die tiefsten Wunden schlug und wieder heilte.
Sein Blick dringt durch und durch, er sieht die nackt,

die sich verstellen, und ich fürchte, Scham
hält ihn nicht auf, doch weiß ich: Liebe kanns –
CESARINO *tritt wieder zu ihr*
Sprichst du ihm immer noch von mir, du Gute?
VITTORIA
Mein Bruder, sprich mit ihm, er stand sehr nah
zu deiner Mutter.
CESARINO   Tatet ihr das, Herr?
Ich habe meine Mutter nie gekannt.
Sie sagen, »Mutter« ist das schönste Wort
im Leben, mit dem tiefsten süßen Klang
beladen, doch für mich ist »Schwester« dies.
Und wenn ich »Mutter« sag, so denk ich eine,
die, mit dem einen Fuß im Grab, auf mich
aus fremden Augen schaut, und schaudre fast.
BARON
Da tut ihr unrecht.
Führt ihn plaudernd nach rückwärts.
VITTORIA *allein stehenbleibend, da auch Lorenzo nach rückwärts gegangen, der Abbate zu der Gruppe am Klavier zurückgetreten ist.*   Schmäht er seine Mutter,
um mir zu schmeicheln? Und mich schmerzts beinah!
So steh ich selber mir im Licht und muß
zwiesäftige Früchte essen, deren Fleisch
halb süß, halb bitter schmeckt. Wie gleicht dies Träumen!
LORENZO *zu ihr zurückkommend*
Vergißt du ganz den Alten?
VITTORIA   Nein, mein Freund.
Verzeih, ich bin heut nicht die beste Hausfrau!
LORENZO
Verzeih mir du. Ich seh, du bist bewegt.
VITTORIA
Ja, ja, ich bins. Bedenk, wie viel er mir
wegnehmen könnte, dieser Augenblick:
mein Schicksal tanzt auf eines Messers Schneide –
verstehst du mich?
LORENZO   O wohl.
VITTORIA *indessen Lorenzo sich wegwendet und einem Diener etwas aufträgt; für sich*   Das hoff ich nicht!

Wieder zu Lorenzo
Sei ohne Sorgen, ich vergesse nicht.
Wo ist der Alte? ich vergesse nicht.

LORENZO
Auch mich nicht ganz?

VITTORIA   Heut weniger als je:
mir ist, ich seh mein Leben durch und durch
und deine Liebe drinnen.

LORENZO   Wie die Mücke
im Bernstein?

VITTORIA   Nein. So wie den Edelstein
im Bergkristall, der eine Heilkraft hat
und den verstümmelten Kristall von innen
nachwachsen macht, wie ein lebendiges Ding!
Lorenzo geht nach rückwärts.
Zu Vittoria tritt der Baron, Cesarino zu Marfisa, den Musikern und dem Abbate, der ihn bekomplimentiert.

VITTORIA *geht noch einige Schritte nach vorne, so daß niemand sie hören kann; zum Baron*
So weißt du, wer das ist?
Baron küßt ihr die Hand.

VITTORIA   Es ist dein Kind,
dein und mein Kind! Stell dich vor mich,
daß mich die dort nicht weinen sehn.
Sie weint.

MARFISA
Such du mir eine Frucht aus, Cesarino,
und bring sie mir!

SALAINO *leise, flehend* Marfisa!

MARFISA *halblaut zu ihm*   Das war gestern –
und heut ist heut!
Sie nimmt die Frucht aus Cesarinos Hand.

VITTORIA *zum Baron* So wein ich
einmal aus meiner Seele tiefstem Kern:
denn dies ist das Geheimnis meines Lebens
und alles andre nur die leere Schale.

BARON
Du liebste Zauberin, ein Spiegel ists,

der dreißig Jahr nach rückwärts, wie ich atme,
mich eilig blitzt! Ich küsse meine Jugend
wehmütig auf die Stirn, wenn ich ihn küsse!
VITTORIA
Mir macht er meiner Jahre Zählung wirr
und mich mir selbst zur Doppelgängerin.
BARON
Wie meinst du das?
Die Gruppe links will Cesarino ans Klavier ziehen, Marfisa am schmeichelndsten. Ein Musiker bietet seine Geige. Salaino steht abseits.
VITTORIA *halb gegen diese gekehrt, spricht zum Baron*
Sind alle nicht von seinem wilden Feuer
bestrahlt? er ist dein Kind! Sag, bist du froh?
Indem sie sich nach links hin wendet
Sie haben recht, Abbate – Malaspina
hat unrecht: ja, mein Bruder spielt viel besser,
geläufiger und besser viel als ich,
obwohl er um zehn Jahre, vielmehr beinahe
zehn Jahre jünger ist –
Zum Baron
Siehst du, hier weiß kein Mensch
mein wahres Alter!
BARON   Weil du keines hast!
VITTORIA *lächelnd*
So schwimme ich auf einer großen Lüge
durchs Leben, wie Europa auf dem Stier:
die Schwester meines Kindes, schattenhaft,
zu einem neuen Wesen fast verdoppelt – –
Es kommt rechts der Alte vor, von seiner Dienerin und der Redegonda geführt; hinter ihm Lorenzo und der deutsche Graf. Der Baron tritt etwas zur Seite nach rechts vorne, Lorenzo zu ihm. Die Redegonda präsentiert den Alten und die Dienerin der Vittoria. Der Graf nimmt Anteil. – Indessen
LORENZO *zum Baron*
Nun weißt du, was mich in den Boden schlug,
als du mir deine Dose schenktest. Zwar
nicht jedes Blut ist so, daß es vor Staunen

und plötzlicher Verwirrung fast gefriert.
Ich müßte diese Eigenschaft in meinem
ein Weibererbteil nennen und mich schämen,
wüßt ichs dafür nicht ziemlich frei von Feigheit
und fieberfrei, wo wirkliche Gefahr.
Baron schweigt mit einer verlegenen Bewegung.
LORENZO *erklärend*
Ich weiß erst heute, daß Vittorias Bruder
von Mutter- zwar, doch nicht von Vaterseite
ihr Bruder ist –
BARON *ablenkend* Ich kannte einen Marschall
von Frankreich, den der Anblick weißer Mäuse
in Ohnmacht warf. Es gibt dergleichen Spiele –
Vittoria läßt sich von einem Diener die große Fruchtschüssel reichen und legt Feigen und Orangen in einen Korb, den die alte Dienerin hält. Der Alte sieht mit leuchtenden Augen zu.
VITTORIA
Ja, deine Anna trägt sie dir nach Haus,
und sie gehören alle dir. Die Welt
ist für ihn wieder, wie für Kinderaugen,
zurückgekrochen in die runde goldne
Orange. Möglich hat er selbst einmal
den Kern, bei Gott! unwissend hingestreut,
daraus der Baum entstand, von dem die kommt.
Er war vielleicht bei einer, die er liebte,
und wie die Nacht verging und ihnen Küsse
den Sommerdurst nicht stillten, schälten sie,
im Bette aufgestützt, solch eine Frucht
und warfen ihre Kerne durch das Fenster
nach einer Fledermaus, die draußen schwirrte.
Sie wühlten in dem kühlen Fleisch der Frucht
und teilten ihren Duft und Purpursaft
mit trunknen Fingern, die in einer Welt
von Leben, Lust und Traum zu wühlen meinten –
und ihre Lippen teilten eine Welt!
Nun hat die Zeit dies alles umgekehrt
wie eine Sanduhr, und die ganze Welt,
rückflutend, ließ ihm nichts als diese Frucht zurück.

DER GRAF
   Ich führ in meiner Gondel ihn nach Haus:
   er wohnt in einem Winkel der Giudecca,
   wo morsche Leiber alter Schiffe liegen
   und, langsam faulend, auf das hohe Meer
   aus blinden Augenhöhlen –
REDEGONDA   Wie! und ich?
   Ich fahr nicht mit! Dort ist nichts als Gesindel,
   hohläugige Kinder –
DER GRAF   Kommen Sie nicht mit,
   so finden wir uns auf der Piazza später,
   in einer Stunde.
   Die Redegonda tritt einen Schritt nach rückwärts, die Dienerin
   führt den Alten weg.
VITTORIA *zu dem Grafen*
                Schön ist an euch Deutschen –
   daß ihr Liebende sein und doch zugleich
   vom Vater und vom Bruder einen Schimmer
   an euch bewahren könnt. Hier liegt ein Grund,
   euch recht zu lieben, wenn man euch versteht.
REDEGONDA *flüsternd zum Baron, der zu ihr getreten ist*
   So gib doch acht! Er würde mich ermorden!
DER GRAF *lächelnd*
   Meint Ihr auf den? Dann wärs von Söhnen etwas –
REDEGONDA *etwas rückwärts, zum Grafen*
   Friedrich, Sie kommen nicht?
VITTORIA *zum Grafen*   Ich meins auf den
   vielleicht, und auch auf die.
DER GRAF   Ihr seid sehr gut –
   Er küßt ihr die Hand, sie reden noch, langsam nach rückwärts ge-
   hend.
   Die Gruppe am Klavier hat sich aufgelöst und mit Ausnahme der
   Marfisa, die sitzenbleibt, sind alle nach rückwärts gegangen
BARON *rechts vorne zu Lorenzo, dem Alten nachsehend*
   Das wird aus uns!
LORENZO   Ich glaub, ich hab gehört,
   daß er sehr schön war und von vielen Frauen geliebt –

BARON
  Nicht möglich! Hast du seine Lippen
  gesehn?
LORENZO Es gibt vielleicht Gedichte drauf! Er sang
  in einer seiner Opern – man verglich
  die Lippen einer halbgeöffneten
  Granatfrucht –
BARON   Weißt du das?
  Für sich   Er ist nicht doppelt
  so alt wie ich, und wär ers, wärs kein Trost!
  Nur keinen Tag verlieren, keiner kommt zurück!
  Er sieht, daß Marfisa allein ist, geht mit einer verbindlichen Bewegung gegen Lorenzo eilig zu ihr hinüber, spricht eifrig mit ihr; sie lacht. Lorenzo geht zu der Gruppe im Hintergrund. Von dieser lösen sich bald Cesarino und Vittoria und kommen wieder vor, jeder für sich, er links, sie rechts. Cesarino betrachtet den Baron. Dann bemerkt er Vittoria, geht lebhaft zu ihr. Beide stehen rechts im Mittelgrund, halb den zwei andern zugewandt. Indessen
BARON *zu Marfisa*
  Ich muß wahrhaftig heut vor Abend fort,
  und doppelt gibt, wer gleich gibt, schöne Kleine!
MARFISA *lacht, scheint ihm etwas zu versprechen*
  Vor Abend, das ist lang!
BARON   Drei kurze Stunden!
  Er zieht seine Uhr heraus, beide neigen sich über die Uhr. Marfisa streckt drei Finger in die Höhe, er küßt flüchtig ihre Fingerspitzen. Sie deutet, er solle jetzt zu den andern gehen.
CESARINO *lebhaft zu Vittoria*
  Schwester, der fremde Mensch gefällt mir sehr –
VITTORIA
  Hat er denn viel mit dir geredet?
CESARINO   Nein!
  Allein die Art, und daß er wieder jetzt
  mit der Marfisa spricht – schau, wie sie lacht!
  ich weiß nicht, was es ist – ich hab ihn gern!
VITTORIA *küßt ihn auf die Stirn*
  Stellst du dir vor, du möchtest gern einmal
  so sein?

CESARINO Wie der? ganz so und nichts als das?
VITTORIA
  Ja, was denn noch? berühmt?
CESARINO   Ja, auch berühmt!
  Um alle auszulachen, die den Ruhm
  wie eine große Staatsperücke tragen!
VITTORIA
  Wie trügst denn du ihn?
CESARINO   Wie eine Schuhschnalle.
VITTORIA
  Wenn er jetzt herkommt, sprich noch mehr mit ihm,
  und merk auf alles gut, was er dir sagt.
  Marfisa ist aufgestanden und mit einem Blick auf Vittoria langsam und lautlos nach rückwärts gegangen, wo sie in der Tür rechts verschwindet.
BARON *tritt mit einer leisen Verlegenheit zu Vittoria und Cesarino*
  Bruder und Schwester!
CESARINO   Das sind wir doch wirklich!
  Sie sagens so wie »Diana und Endymion«,
  »Zeus und Europa«, ganz als ob es Masken wären.
VITTORIA
  Er ist zu unverschämt!
BARON   Es ist sein Alter.
  Ich muß ihn bitten, daß er mir Du sagt,
  das wird ihn älter machen und mich jünger.
CESARINO
  Warum? es sagen Väter ja und Söhne
  einander Du!
BARON   Doch Freunde auch. Es gibt
  nicht wenig Städte, wo der ganze Adel
  sich so zu Brüdern macht.
VITTORIA *zu Cesarino*   Laß dir von ihm
  erzählen! Er ist viel gereist: die Welt
  ist ihm ein offnes Buch.
  Sie geht nach rückwärts, wo sich indessen alle empfohlen haben und Lorenzo allein zurückgeblieben ist.
CESARINO *eifrig zum Baron* Die halbe Lust
  am Reisen, denk ich, nein, mehr als die halbe

muß in der Schnelligkeit – ich kann mich schlecht
ausdrücken –

BARON   Aber was du meinst, hat Sinn:
Europa wird dein Haus, die Welt dein Garten,
der Wunsch erschafft dir Vaterländer,
die Hast ist schönste Trunkenheit!

CESARINO *nachdenkend*
Ja, das – und viel – Doch irgendwie
muß dann das Leben immer so –
Er hält inne.

BARON   Das kommt von selbst.
Der umgegrabne Baum geht schnell zugrund,
uns gibt ein fremder Boden Riesenkräfte.
Die Märchen werden wahr, der Vogel Rockh
trägt dich in seinem Turban, Ariadne
hebst du in deinen Wagen, die Verlaßne:
Städte versinken hinter dir, und neue
tauchen empor: weil du der Fremde bist,
bist du schon reizender als alle andern:
die Schönsten sind an Felsen festgekettet,
doch du hast Flügel an den Fuß gebunden,
und wo du auftrittst, haben sich im Flug
Perseus und Andromeda schon gefunden!

CESARINO *der jedes Wort von seinen Lippen trinkt; atemlos*
Warst du an einem Hof? und wie ists dort?

BARON
Dort lernst dus, jeden kurzen Augenblick
so leerzusaugen, wie ein Bettelkind,
das Trauben stahl, die letzte Beere aussaugt.
Und das ist gut, denn keiner kommt zweimal!
Geh jung an einen Hof, und wenn du dort
herauskommst, bist du wie der Salamander,
der auch im Feuer atmet. Dort nur lernst du,
die Flatternde von vorne wild zu packen
an ihrem einzigen Büschel Haar, die Göttin
Gelegenheit! Dort lernst du, Dolche reden
und Gift aus deinen Blicken werfen, aber
du lernst auch, Augenblicke, die die Kraft

von Blitzen haben, deinem Willen vor-
zuspannen, mehr in einem Blick zu schlürfen
als Perlen, die drei Königreiche wert sind,
und eines Atemzuges Frist zu stehen
auf einem Rad, des Speichen Schicksal sind!

CESARINO
Mir schwindelt!

BARON   Nein, es ist nichts als Spiel,
darin der stärkste Wille aus Medusen,
die ihn erwürgen, wenn er sie nicht bändigt,
tanzende Grazien machen kann, ein Spiel –
Er legt die Hand auf Cesarinos Schulter und geht plaudernd mit ihm nach rückwärts.
Vittoria, hinter ihr Lorenzo, kommen stumm aus dem Hintergrund und bleiben links vorne stehen. Vittoria zeigt auf die beiden.
Kleine Pause

LORENZO
Er denkt nicht daran, ihn uns wegzunehmen,
nicht wahr?

VITTORIA *den Blick zu Boden*
           Er denkt nicht dran.

LORENZO   So bist du froh?
Vittoria nickt, aber mit traurigem Gesicht.
Lorenzo tritt von ihr weg nach links. Sie steht, ans Klavier gelehnt.

LORENZO *für sich*
Warum ist sie nun traurig? Wieder Träume,
daran ich keines Schattens Anteil habe?
Ich werd nicht fröhlich, eh nicht der verschwunden:
so hängt noch immer Unheil in der Luft.
Fang ich aufs neue mich zu quälen an?
Nun ist nicht Nacht und morgen folgt nichts Beßres.
Der Baron und Cesarino kommen wieder nach vorne.

BARON
Auch Kleider sind kein Ding, ganz zu verachten,
nichts ist bloß äußerlich: was wären Blumen?
In diesen Dingen steckt ein Teil von uns:
die Römer ließen Sklaven hinter sich

hergehen, deren Köpfe schwer beladen
mit dem Gedächtnis wundervoller Verse
aus großen Dichtern waren: unsre Kleider
sind solche Diener, und sie atmen Träume,
die unsre eigne Phantasie erschuf.
VITTORIA *zu ihnen tretend*
Ich seh, daß ihr euch nur zu sehr versteht.
BARON
So sehr, daß Euer Bruder mir erlaubt hat,
ihm so, als wär ich ein Verwandter, dies
engmaschige Netz zu schenken, das ein Ring
mit eingegrabenen arabischen Worten
verschließt, doch eines Edelmannes Hand,
großmütiger als dieser Heidenring,
aufschließen wird, bis kein Gefangner mehr
im Innern wohnt.
Er reicht ihm eine schöne gefüllte Börse.
CESARINO
Die Hülse gern, doch tu dies Gold heraus!
BARON
Wie, hätt ich dir einen Granatapfel
geschenkt, behieltest du die Schale nur
und würfest mir die Kerne vor die Füße
wie dieses Gold?
CESARINO   Nein, dies wär Nahrung
für einen Augenblick.
BARON   Laß deine Laune
den Mund weit auftun und dies Gold wird mehr
nicht sein als Nahrung eines Augenblicks!
CESARINO
Ich kann nicht –
BARON   Also weißt du nicht zu schenken,
da du so gar nicht anzunehmen weißt!
CESARINO *nimmt die Börse*
So muß ich wohl –
Baron scheint mit dem Blick jemanden zu suchen.
VITTORIA   Die sind schon fort. Sie suchen?
BARON *schnell*
O niemand, niemand!

VITTORIA *zu Cesarino, der mit der Börse in der Hand unschlüssig dasteht* Und was denkst du nach?
CESARINO
Wir sind im Feenland: hier drinnen halt ich
ein seidnes Zelt, groß wie die Markuskirche,
Gewänder für zweihundert Sklavinnen –
und eines aus durchsichtigem Gewebe,
mit goldnen Schmetterlingen eingestickt,
mit einem Unterkleid mattgelber Seide,
liegt drauf und –
VITTORIA   Heißt –
CESARINO   Ich wollte sagen »glänzt« –
doch heißt? nun: heißt?
VITTORIA   Marfisa Corticelli!
CESARINO
Ja, liebe Schwester. O mach keine Falten
in deine schöne, liebe, helle Stirn!
Steht nicht so da und seht euch an und denkt:
er ist verliebt, das ist wie eine Krankheit,
man muß ihn hüten, er ist viel zu jung!
O laßt die Worte weg, sie sind Harpyen,
die Ekel auf des Lebens Blüten streun!
Bin ich so jung? Die Göttin Helena
war sieben Jahr, als Könige um sie
zu Felde lagen, und der Dichter Dante
neun Jahr, als ihm der Liebesgott im Traum
erschien und in Sonetten zu ihm sprach!
Die Seele hat kein Alter: dein und meine
sind Zwillinge, die deine nur die sanftre!
Wenn ich Musik gehört hab, ist mein Ohr
so voller Nachklang, daß ich Harmonien
der Sphären spüre, wenn ein Ruder leise
durchs Wasser gleitet: so verzaubert sie
mir meine Augen, wie Musik mein Ohr.
Seht den an, der meint alles, wie ichs meine!
VITTORIA
So geh und kauf!
CESARINO   Zwei Schiffe sind gekommen,
eins von Brabant und eins aus der Levante:

da find ich, was ich such: denn ihre Maße
hab ich im Kopf, so wie die vielen Stimmen
der Palestrinamesse, die ich neulich
aus dem Gedächtnis aufschrieb in der Nacht.
VITTORIA *leise*
Er macht Musik aus allem, was er anrührt!
LORENZO *ebenso*
Wie wundervoll, daß solch ein wildes Wasser
zugleich die Gabe hat, so rein zu spiegeln!
BARON *küßt ihn auf die Stirn*
Geh, geh, mein Sohn, o wie ich dich erkenne!
CESARINO
Für was?
VITTORIA *schnell*
      Für einen frechen kleinen Burschen –
den hoffentlich die Leute auf dem Schiff
einfangen, ihn in einem andern Land
als Affen zu verkaufen.
Baron und Lorenzo reden indessen miteinander.
CESARINO   Gut, dann spräng ich
ins Wasser und es käme ein Delphin
und trüge mich auf seinem Rücken fort!
VITTORIA
So geh nur, geh!
LORENZO *zu Cesarino*   Nimmst du mich mit?
CESARINO   Wie gern!
Er läutet, ein Diener kommt, bringt zwei schwarze Maskenanzüge.
Der Baron tritt zu Cesarino, flüstert ihm etwas ins Ohr, Cesarino hängt sich ausgelassen an seinen Arm.
Lorenzo legt den Arm um Vittorias Taille, führt sie ein paar Schritte nach vorne.
LORENZO *sehr heiter*
Weißt du, daß der Baron mir eben sagt,
daß er Venedig heute schon verläßt?
VITTORIA
Wie, heute schon?
LORENZO   Ja, heut, und läßt sein Kind
mit heiterm Lächeln stehen, wo ers fand.

Wie rätselhaft verschieden Menschen sind...
Auch deine Mutter glich wohl dir nicht sehr!
Wie töricht war ich nur mit meiner Angst:
das weiß ich: diesen hast du nie geliebt,
auch nicht im Traum, auch nicht im bunten Traum!
Er wendet sich wieder zu den andern
Leb wohl, Vittoria. Cesarino, komm!
Zum Baron
Du aber, bitte, leistest meiner Frau
noch eine kurze Zeit Gesellschaft, ja?
Ihr müßt euch vieles zu erzählen haben,
wenn ich nicht irre. Sind die Masken da?
Lorenzo und Cesarino werfen die Masken über und gehen ab.
Vittoria geht nach vorne links, lädt den Baron mit einer Handbewegung zum Setzen ein, er bleibt stehen, scheint befangen.
VITTORIA
Nun geht dein Sohn mit meinem Mann und kaufen
ein Kleid für eine Tänzerin. Kein Märchen
geht lustiger aus. Die alten Tränen wurden
Goldflitter für ein buntes Maskenkleid,
du bist der Tänzer, ich die Tänzerin,
wir drehn uns einmal, dann gehst du hinaus,
ich hier hinein, und alles hat ein Ende.
BARON *küßt ihre Hand*
Du Liebe, Schöne, Gute!
Er wendet sich, nimmt seinen Hut von einem Lehnstuhl, wie um wegzugehen.
VITTORIA *sieht ihn nachdenklich an*
       Viel, viel leichter
sind manche Dinge hier, wo sie geschehn,
als hier, wo wir sie träumen. Sonderbar!
Nun lassen sie uns eine halbe Stunde
allein, damit wir, wie auf dem Theater,
du mir, ich dir, in hundert Worten sage,
was zu erleben grad ein halbes Leben
hinreichte – und dann willst du wirklich fort?
BARON *den Hut in der Hand, rasch*
Noch heute, Liebe.

VITTORIA   Heute! an dem Tag,
  der dir dein Kind gegeben. – Dies ist wahr,
  daß Frauen Mütter sind, und Männer – Männer.
BARON
  So kränkt es dich?
VITTORIA *achselzuckend*   Du mußt –
BARON   Ich muß, Geliebte!
  Sie sind mir auf der Spur. Aus Eifersucht
  hat eine Frau –
VITTORIA *lächelnd*   Ist eine Frau im Spiel?
  So mußt du wirklich, Frauen sind gefährlich!
  Man sagts zumindestens. Ich war es nicht:
  dir nicht, dem alten Mann nicht, nicht dem Dritten.
  Vielleicht bin auch ich keine rechte Frau.
  Sie tritt ihm einen Schritt näher
  Weißt du denn noch, wie über alle Maßen
  achtlos, wie über Nacht du mich verließest?
BARON
  Nach den drei Tagen?
VITTORIA   O nein, der drei Tage
  gedenk ich nicht, der guten Zeit gedenk ich,
  und ihres doch für dich so leichten Endes!
BARON *verlegen*
  Du weißt nicht, wie das war.
VITTORIA   Ich weiß es nicht
  und hab es nie gewußt. Doch nun, mein Lieber,
  erzähl mirs nicht, denn nun ist nicht die Zeit.
  Tritt ein wenig zurück
  Nun ist die Zeit, von unserm Kind zu reden.
  – – Der alte Mann, bei dem ich lang gelebt –
BARON
  Der Fürst von Pallagonia?
VITTORIA   Diesen Namen,
  der dich und mich nicht kümmert, der auf Erden
  nichts als den Deckel einer Gruft bezeichnet,
  den wußtest du, doch daß ein Kind, dein Kind
  aufwächst, ein lebend Kind von dir und mir,
  das hast du nie gewußt! so leben wir!

Nach einer kleinen Pause
Der alte Mann war gut. Mit wenig Kunst
konnt ich aus ihm mir einen Vater machen.
BARON *mit affektiertem Interesse*
 Er?
VITTORIA
 Hat dies Kind gekannt und recht geliebt.
Ich hab ihn sterben sehn. Die Güter kamen
an seine Neffen.
Sie tritt an die Wand links, schlägt einen Gobelin zurück und läßt ein tiefes geheimes Fach aufspringen
 Diese Edelsteine,
die er mich anzunehmen sterbend bat,
sind das Korallenriff im Meer gewesen,
daran sich mit der Zeit ein kleines Erbgut
für mein – für unser Kind von selber hing.
BARON
 Von selber?
VITTORIA Ja, denn ich tat nichts dazu,
als daß ich sang. Wofür sie mich bezahlten,
der Schatten wars, den meine Seele warf,
wenn sie die Flügel schwang, um dich zu suchen.
Ich warf mein Netz nach Liebe, und ich zogs
mit einem Klumpen Gold empor. Allmählich
fand ich das Leben freundlich. Wie sie alle,
die Menschen, wie ein langer Maskenzug,
fast wie die Könige aus Morgenland,
die Gaben brachten für ein schlafend Kind,
an mir vorüberkamen und von allen
mir nichts zurückblieb als dies viele Gold –
BARON
 So ist er reich?
VITTORIA *lächelnd* Wohl reicher als mein Mann.
BARON
 Der – ist der Dritte?
VITTORIA *läßt das Fach wieder zuspringen*
 Ja, der Dritte. Du
der Erste, warst mein einziger Geliebter:

doch weil das Leben Vater mir und Bruder
versagte, als ich hilflos war und klein,
so mußt ich sie im Leben suchen gehn
und fand zuerst den einen, dann den andern.
Sie zieht die Tapete wieder vor, tritt von der Wand weg
Nun weißt du alles.
BARON *zieht einen Ring vom Finger*
      Wenn dein Sohn so reich ist,
so wird ihn dieser Ring des Steines nicht
und auch – des Gebers wegen nicht erfreun:
so gib ihn du, von der er alles hat,
dem Kind an seines armen Vaters Statt!
VITTORIA
 Du nennst dich selber arm! Antonio, hör mich.
Nimmt ihn bei der Hand
Er, ich, dies alles ist doch dein! dein Ding!
Du bist sein Vater, ich gehör zu ihm,
und er muß dir –
BARON *schnell*   Vittoria! still, Vittoria!
Wir müssen still vorüber aneinander,
still wie die beiden Eimer in dem Brunnen,
der eine geht nach oben, der ist voll,
der leere geht nach unten in das Dunkel.
VITTORIA
 Antonio!
BARON Ich bin heut nicht arm und morgen –
VITTORIA *ängstlich*
 Lieber!
BARON
 Gib ihm den Ring und sag ihm dies dazu:
er kommt von einem, der mit tausend Armen
nach allen Freuden griff und wie ein Kind
mit allem wild zum Mund fuhr; der mit Lust
am Schein von Seifenblasen hing; der achtlos
ein wundervolles Herz hinfallen ließ,
um eine liederlich geschminkte Maske
zu haschen; der des Lebens Sklave hieß,
nicht altern konnte, und – dein Vater war!

Gib ihm den Ring, und sag ihm nichts dazu.
Er wendet sich zum Gehen.
VITTORIA
Wie, du willst gehen und ihn auch nicht erwarten?
Es ist noch früh am Nachmittag!
BARON *sieht auf die Uhr, verlegen* Verzeih,
ich hab Verschiedenes zu ordnen, auch –
es wär ein Augenblick, was macht der aus?
VITTORIA
So geh und ordne.
Sie läutet; an der Tür rechts vorne erscheint ein Diener.
                      Angelo, die Gondel
für den Baron.
Diener ab.   Wie du sie verstehst,
die Kunst, die ich im Leben nie erlernt,
die Kunst, zu enden! Wer das kann, kann alles.
Ich fing was an, da war ich sechzehn Jahr,
und heute hats kein Ende –
BARON   Tuts dir leid?
VITTORIA
Ich weiß nicht; geh.
BARON   Leb wohl!
VITTORIA   Leb wohl!
Sie wendet sich noch einmal um, geht an ihn heran; mit veränderter Stimme
Antonio, weißt du, wie ich gestern nacht
zu dir kam? Nimm dirs als Erinnrung mit:
ich kam, so sehr die Sklavin eines Zaubers,
der von dir ausging – und doch nicht von dir –,
daß ich kaum mehr die Mutter deines Kindes,
kaum mehr ich selber war, die Sängerin,
vielmehr dein Ding, dein törichtes Geschöpf,
die kleine längst begrabene Vittoria.
Ich bin sehr froh, daß du das nicht gespürt
und mich mir selbst zurückgegeben hast.
Ich könnt auch dafür danken, daß du schuld warst,
daß ichs noch einmal spürte –
BARON *nähertretend*   O Vittoria!

VITTORIA *indem sie ihn mit einer leisen Gebärde abwehrt, leise*
Vorüber.
Von rückwärts kommt der Diener.
VITTORIA *dem Diener zunickend, lächelnd, laut*
．．．．．．．．．．Ihre Gondel wird gemeldet,
Baron!
*Sie verneigt sich, der Baron verbeugt sich tief. Beide gehen ab.
Der Baron verschwindet mit dem Diener im Hintergrund. Vittoria bleibt an der Tür links stehen, sieht ihm nach, bis er verschwindet.*
VITTORIA
Wie, geht er wirklich? Kann ers? ja, er geht!
Er geht. Was will ich weinen? Alles führt
ein gütiges Geschick zu sanftem Ende,
und mir bleibt alles, denn der eine geht,
aus dessen Mund der Blitz hätt fallen können:
denn ihn hält eine Tänzerin am Faden,
und den Magnetberg, dran sein morsches Schiff
einmal die Nägel läßt und elend scheitert,
birgt jedes Haus, aus dessen offnen Fenstern
geschminkte Lippen auf die Straße lächeln.
*Sie setzt sich in einen Stuhl, schlägt die Hände vors Gesicht,
weint. Nach einer Weile steht sie auf, geht auf und ab*
Er geht und dreht den Kopf nicht noch einmal,
das Haus zu sehn, in dem sein Kind zurückbleibt.
Mich dünkt, das wollt ich doch, was jetzt geschah!
Wie, oder log ich auch mich selber an?
Wie leicht und lustig ging dies alles aus!
Hätt ich ihn gestern abend nicht gesehn,
gelang mir heute niemals die Verstellung:
und wiederum, wär etwas von dem Erz,
das in dem Namen »Vater« dröhnt und klingt,
in seines Wesens weichen Lehm gemischt,
so ging er heut nicht so von dieser Schwelle!
An welchem Spinnweb oder welcher Kette
von Eisen hängst Du unser Schicksal auf,
Du droben?
Sie stößt mit dem Fuß an eine Orange, die aus dem Korb des Al-

*ten gefallen ist, hebt sie auf und legt sie, ohne darauf zu achten,
aufs Klavier* Wohl, ich seh, dies ist nun so.
Des Lebens Wasser rinnen einen Weg,
und der Musik erschuf – dann kommt ein Tag,
wo er sie nicht erkennt, und sich von ihr
wegwendet: also auch geschah es hier.
Bin ich nicht die Musik, die er erschuf,
ich und mein Kind? ist Feuer nicht in uns,
was Feuer einst in seiner Seele war?
Was gilt das Scheit, daran es sich entzündet:
die Flamme ist dem höchsten Gott verbündet!
Sie geht mit leichtem Schritte zur Tür rechts vorne hinaus, erscheint gleich wieder auf der Galerie, öffnet dort eine kleine Tür und verschwindet. Die Bühne bleibt eine Weile leer. Dann kommt von rückwärts Cesarino, verlarvt. Er ruft.

CESARINO
Vittoria! Vittoria!
Steht horchend in der Mitte der Bühne still, reißt die Larve vom Gesicht, horcht gespannter. Läuft durch die Türe rechts, erscheint gleich wieder auf der Galerie; beugt sich weit über und ruft herunter mit bebender Stimme:
Lorenzo, schnell! sie singt so wundervoll,
mir bleibt das Blut in allen Adern stehn!
Sie singt das große Lied der Ariadne,
das sie seit Jahren hat nicht singen wolln!
die große Arie, wie sie auf dem Wagen
des Bacchus steht! o komm, Lorenzo, komm!

Vorhang.

ZU ›DER ABENTEURER UND DIE SÄNGERIN‹

ABWEICHUNGEN IN DER BÜHNENFASSUNG

Die Bühnenfassung (»Dramatisches Gedicht in einem Aufzug«, A. Entsch, Berlin 1899) wurde nur an Theater versandt. Sie zieht die beiden Akte in einen zusammen (Schauplatz: im Palazzo des Abenteurers), d. h. sie schiebt viele Szenen und Gespräche durcheinander, ändert die Folge des einzelnen, teilt Reden anderen Figuren zu, kürzt und muß daher an andern Orten erweitern.
Wir teilen die stärkeren Abweichungen von der Buchfassung mit.

Nach den Worten des Barons »Nun kommt mein Bankier... und bringt, soviel er kann, an lustiger Gesellschaft« (S. 517) heißt es hier:

SASSI *tritt auf*
 Wie gehts, Mynheer?
BARON   Wie gehts, mein lieber Sassi,
 Wen bringt Ihr mir?
SASSI *nachdem er Venier begrüßt hat* Nicht viel, und wenns auch ganz Venedig wär. Der alte Marschall von der Schulenburg hat mir die Brizzi abgejagt. Dafür bring ich die Redegonda, die Corticelli, ein halbes Dutzend Abbati, ein paar Juden – einen, der Sonette, einen, der Pasquille schreibt – und von jungen Herren beiläufig so viel, als man im Vorzimmer eines besseren Wucherers beisammen trifft: einen Gradenigo, einen Mocenigo, einen Vendramin, einen Priuli, zwei Malipier –
BARON
 Wer immer! Laß es sein wer immer! Menschen!
 Pfui: alt und einsam! Zwei verfluchte Worte!
 Wer alt wird, müßte fünfzig Söhne haben
 wie Priamus, die immer um ihn her
 bei Tische säßen, nachts mit ihren Fraun

rings um sein Bette lägen, daß er wüßte,
wohin das Feuer floh, das er entbehrt.
Im Ernst, ich will nichts hören von Alleinsein!
Die Kreatur ist hin, die's nicht gelüstet
nach ihresgleichen.
Wer einsam ist, der fängt zu träumen an:
dazu hab ich einmal in meinem Leben,
mich dünkt, so siebzehn Monat Zeit gehabt.
Schüttelt sich
Pfui, welch ein nichtswürdig und sinnlos Zeug!
Laßt Menschen um mich sein!
SASSI *auf die Tür weisend*   Ihr seid bedient!
*Es treten auf: Marfisa Corticelli mit ihrer Mutter, der Abbate,
zuletzt Salaino.*

An Stelle von Lorenzos Monolog (S. 527f.), aber ein wenig später,
nach seinen Fragen, wer Weidenstamm ist, heißt es:

BARON *von rückwärts rufend*
   Ihr langweilt Euch!
SASSI   Im Gegenteil, Mynheer.
   *Rückwärts kommen noch verschiedene Herren. Man fängt an zu
   spielen. Der Baron zieht Salaino, der in einer Ecke gestanden ist,
   an den Spieltisch.*
SASSI *zu Venier*
   [Hier fehlt eine Zeile im Spielbuch.]
VENIER *der, links stehend, oft auf den Baron hinsieht, wobei er sich
   fast umwenden muß* Sehr, mein Lieber. Warst du heute in
   der Oper?
   Sie setzen sich, Venier links, Sassi rechts.
SASSI Den ersten Akt.
VENIER *halb für sich* Das' war im zweiten!
SASSI Willst du mir nicht erzählen, was dich beunruhigt?
VENIER Ich fürchte, ich bin lächerlich. Und doch war es keine
   Täuschung! Als dieser Mensch –
SASSI Du kanntest ihn?
VENIER Nein. Nachher stellte er sich mir vor. Als dieser

Mensch sich auf den Platz neben meiner Loge setzte, und ihr Blick –

SASSI Du sprichst von deiner Frau?

VENIER *nickt* – und ihr Blick, der mich suchte, auf ihn fiel, wurde sie unter der Schminke blaß, und der Ton, der schon auf ihren Lippen schwebte, tauchte wieder unter, wie ein erschreckter Wasservogel, und von dem Augenblick an sang nur mehr ihre Kunst, nicht mehr ihre Seele. Soll ich mich irren, der aus ihren Schritten auf dem Teppich, aus einem Nichts, aus dem Schlagen ihrer Augenlider erraten kann, was sie denkt?

SASSI Einbildungen!

VENIER Und doch war mir, als hätte das ganze Haus gefühlt, daß in ihr etwas Ungeheures vorgegangen war. Und in ihrem Spiel war etwas wie Nachtwandeln, sie ging wie unter einem Schatten. Wer ist dieser Mensch? Mir ist, ich dürfte ihn nicht aus den Augen lassen, als wüßte ich, er ist auf geheimnisvolle Weise bestellt, in mein Leben hineinzugreifen.

Er hält inne, sieht wieder nach dem Baron.

SASSI Ich warte darauf, nun zu hören, wie er sich benahm, wodurch er dir auffallend wurde.

VENIER Das ist das Sonderbare, er kam dann auf mich zu, redete mich an und fragte um ihren Namen.

SASSI Er fragte um den Namen deiner Frau, um Vittorias Namen?

VENIER Ja, er fragte, wie die Sängerin heiße, welche die Zenobia singt.

SASSI Dann kann er sie doch nicht gekannt haben!

VENIER Das sagte ich mir selbst im ersten Augenblick, aber im nächsten sagte ich mir, er kann sie sehr wohl gekannt haben, aber er hat sie sehr lang nicht gesehen, er vermutet sie vermählt und will ihren jetzigen Namen erfahren.

SASSI *lächelnd* Da zogst du den Degen –

VENIER Laß! Ich sagte ihm ihren Namen.

SASSI Du sagtest, daß es deine Frau ist?

VENIER Nein, ich sagte ihm ihren Mädchennamen.

SASSI Und er?

VENIER Er dankte und entfernte sich.
SASSI O rätselhaftes Abenteuer! Ein Fremder, der um den Namen einer berühmten Sängerin fragt, die ihm auffällt. Hast du noch ähnliche merkwürdige Erlebnisse gehabt?
VENIER Nachher. – Ich langweile dich sehr!
SASSI Nachher?
VENIER Am Ausgang des Theaters begegnete er mir wieder und schien es darauf abgesehen zu haben, mir zu gefallen. Ich mußte mit ihm.
SASSI Was weiter? Du hast gehört, er will Menschen um sich haben. Wer, ist ihm gleich.
VENIER Danke!
SASSI Du bist ein Kind, und der Mann der schönsten, wundervollsten und unnahbarsten Frau Venedigs!
VENIER Zu wundervoll! Bedenk, wie sie in mein Leben hineintrat, das geheimnisvolle Geschöpf eines Lebens, von dem ich nichts wußte, beladen mit dem Abglanz überwundener Schmerzen, behängt mit dem Gold erstarrter Tränen. Es gibt Stunden, wo ich Angst habe, an ihr zu zweifeln, und Angst, an sie zu glauben. Sassi, ich habe sie zu sehr lieben gelernt, mit einer Liebe, die mein Wesen durchschütterte und in mir zuweilen Abgründe der Ermattung aufriß wie ein ungeheurer Zorn. Was siehst du mich so an?
SASSI Ich beneide dich, ich beneide dich unsäglich!
Le Duc legt auf den Tisch, an dem die beiden sitzen, ein Spiel Karten. Sie beginnen zu spielen.

Es folgt das Gespräch mit Marfisa und das mit ihrer Mutter. Dem Auftreten des Cesarino (und des »alten berühmten Sängers« und Tänzers Zanni, der hier statt des Komponisten Passionei steht) geht mehrfach der Ruf »Marfisa!« voraus (wie der Ruf »Circe!« dem Erscheinen des Bacchus in der »Ariadne«). Cesarinos Unterhaltung mit Marfisa – nun nicht im Hause Venier, und ohne daß Vittoria anwesend wäre – geht hier in eine mit Venier über (vgl. S. 562).

MARFISA
 Er sagt aus Heuchelei das, was er meint,
 und deckt es damit besser als mit Lügen.
CESARINO
 Und ich hab sagen hören, daß die Frauen
 nicht Wesen sind wie wir, vielmehr ein Blendwerk
 aus solchem Zeug wie Irrlichter und Träume.
MARFISA
 Wie? Alle?
CESARINO Alle? Nein! Denn eine kenn ich,
 der an der letzten Wimper ihres Auges
 noch so viel Seele hängt als wie Musik
 an einer schönen Geige, doch die nenn ich
 mit andern nicht in einem Atem. Sie
 steht nicht im Spiele. Sie ist meine Schwester.
 Venier zieht Cesarino heftig nach links.
CESARINO Was hältst du mich? Was willst du denn, Lorenzo?
 Der Baron und Marfisa in der Ecke rechts vorne.
VENIER Sprich hier den Namen deiner Schwester nicht aus, nenn ihn nicht, erwähn ihn nicht, laß ihn dir nicht entschlüpfen!
CESARINO Vor diesem Mynheer?
VENIER Vor niemandem!
CESARINO Ist etwas geschehen? Gibts etwas? Ja, ich seh dirs an, ich bitte dich um alles in der Welt, sag mirs, Lorenzo!
VENIER Nichts, du Kind, nichts. Geh nur, geh zu der Marfisa!
CESARINO *tut ein paar Schritte nach rechts, kehrt dann wieder um*
 Lorenzo, du willst mich etwas fragen? Du hast etwas, das dich beschäftigt?
VENIER Nichts, Lieber, nichts. Hast du Vittoria zufällig heute nach der Oper gesehen?
CESARINO Jetzt nennst du selbst hier ihren Namen! Nein, gesehen hab ich sie nicht. Jetzt schläft sie.
VENIER *froh* Sie schläft! Du warst bei ihr? Du hast sie schlafen gesehen?

CESARINO Ja, sie schläft. Warum verwundert dich das? Ich
war nicht drin, aber ich hab an der Tür gehorcht.
VENIER Und du hast sie atmen gehört?
CESARINO Ja. So ruhig! Ich kam ganz leise und ging ganz leise
wieder fort, als ich sie schlafen hörte: denn wenn man fest
auftritt, wachen Daphnis und Chloe auf und bellen!
VENIER *vor sich*
Nun könnt ich doch aufhören, mich zu quälen!
Ich werd nicht fröhlich, eh nicht der verschwunden!

Bald darauf folgt das Gespräch des Barons mit Cesarino, an dessen Ende er ihm die Börse schenkt – während Sassi und die andern weiterspielen (S. 579).

Venier geht nach rückwärts zu den Spielenden.

CESARINO *steht in der Mitte, die Börse in der Hand*
Nun bin ich für drei Tage reich! Mein Blut
treibt Wolken vor die Augen und mir schwindelt!
*Der Baron holt die Marfisa und führt sie zu der Ottomane rechts
vorne, wo er sich neben ihr niedersetzt.
Der alte Zanni ist auf seinem Lehnstuhl eingeschlafen.
Die Mutter Corticelli steht neben ihm und fächelt ihn.*
BARON *zu Cesarino*
Hieher! Was träumst du dort? Wir wollen bieten
und ihr ausmalen, was ein jeder meint,
das sie verlocken kann, und wessen Zunge
den andern totschlägt, der –
*Flüstert der Marfisa etwas zu, sie schlägt nach ihm.
Cesarino schweigt, sieht zu Boden.*
BARON
Was schweigst du?
CESARINO   So muß ich doch gleich zurückstehn:
Sie haben mir die Mittel eben erst
gegeben, die für Waffen gelten sollen
in diesem Krieg, und werden nicht vermuten,
daß ich gewillt bin, gegen Sie, Mynheer –

BARON *springt auf, drückt ihn neben der Marfisa nieder*
Altkluges Kind, ich will dich überbieten!
Und es geläng mir, hätt ich auch zuerst
dich reich gemacht und mich so arm wie eine Auster!
CESARINO *auflodernd*
Marfisa! heute nacht geh nicht nach Haus!
Er hält plötzlich inne, wie über sich selbst erschrocken.
BARON
Schon still! Hat deine Liebe nicht mehr Atem?
CESARINO *ergreift ihre Hände*
Ein stiller Wasserweg führt in neun Stunden
von hier nach Padua: ein Weg, bestreut
mit feuchten Schatten sanfter Uferweiden
und Widerschein zwinkernder Sterne. Lautlos
wie Flossen des Tritonen, der die Nymphe
beschleichen will, die ihrem Baum entstieg, –
so greifen unsre unsichtbaren Ruder
ins feuchte Dunkel, unsre Liebe ruht
und ist still in Bewegung, wie die Sphären!
Dann wird es Tag, du schlägst die Augen auf,
und droben schließt der Morgenstern das seine.
BARON
Halt jetzt!
CESARINO   Wie, schon zu viel? Nein, nicht genug!
Ich hab noch Atem, Herr. Marfisa, hör mich!
Sag ja! geh nicht nach Haus! wir sind so jung!
Es wird so schön sein, daß wirs später nie
vergessen werden! nie vergessen können!
Dein Zimmer ist so dumpf!
Zum Baron   In einem Zimmer
Schläft sie mit fünf Geschwistern und der Mutter!
Und wenn sie in der Früh zur Messe läuten,
dann schrickt sie immer auf, das arme Ding:
es ist so nah der Turm von San Damiano.
BARON *steht auf*
Wie? San Damiano?
MARFISA   Ja, ein altes Haus
mit vielen blinden Fenstern.

BARON   Unten ist
  die Trattorie zur »goldnen Auster«.
MARFISA   Ja!
BARON
  Ein buckliger Flickschneider –
MARFISA   Der ist tot!
  Ich hab ihn noch gekannt, wie ich ganz klein war.
BARON
  Das Haus!
CESARINO   Sag, du hast dort gewohnt?
BARON   Nicht ich.
  Achilles macht sich an der rechten Seite mit Gläsern zu tun.
CESARINO
  Doch eine, die du liebtest?
  Baron nickt.
CESARINO   Sie ist tot?
BARON
  Sie lebt! Sie lebt! Ich werd sie morgen sehn!
  Allein es rührt mich so! Ich möchte jung sein!
  Du möcht ich sein! Und werds nie mehr sein, nie!
  Der Augenblick ist alles!
CESARINO
  Schmäh die Erinnrung nicht. Erinnrung ists,
  die Götter aus uns macht.
  Ich fühls, so jung ich bin.
BARON
  Geht, Kinder, geht, der Augenblick ist alles.
  Er geht nach rückwärts

Weidenstamms Dialog mit Vittoria ist z. T. anders geführt (vgl. S. 548).

VITTORIA *streichelt sanft seine Hand, die am Tische ruht; mit sanftem Vorwurf*
  Nun kommst du wieder! Unvorsichtiger!
BARON
  Bah! wer erkennt mich?

VITTORIA Ich hab dich erkannt!
BARON *küßt ihr die Hand. – Pause*
Sag, weißt du noch das Haus?
VITTORIA Jawohl, doch du,
der nichts mehr weiß?
BARON Das Dach von San Damiano
war unter deinem Fenster, und die Tauben –
VITTORIA
Sie kannten mich, und einmal in der Nacht –
BARON
Weißt du das erste Mal?
VITTORIA Das allererste?
BARON
Den Abend, wo wir bei dem kleinen Licht –
VITTORIA *nickt*
Wo war die Mutter?
Baron denkt nach.
VITTORIA Oh, er weiß nichts mehr!
BARON
Wo?
VITTORIA
In der Litanei. Es war der Tag
Maria Lichtmeß – und –
BARON Wir waren still:
Es brannte nur das kleine Licht, wie jetzt.
Er löscht auf dem Tisch alle Lichter aus, bis auf eines. Die auf den rückwärtigen Tischen und an der Wand hat Le Duc früher ausgelöscht.
VITTORIA
Und du –
BARON Du aber wehrtest dich –
Er will sie umfassen wie jetzt!
Und immer heftiger – dann lachtest du, wie jetzt!
Und da rief ich:
»Du lachst, jetzt kannst du dich mir nicht versagen!«
O du bist schöner, als du damals warst!
VITTORIA *macht sich heftig los*
Antonio! Ich will nicht und ich darf nicht!
Ich bin vermählt! Ich hab ein Kind, Antonio!

BARON
Vittoria, eine einzige Stunde! Der
hat dich ja immer, immer –
VITTORIA Aber wir,
wir dürfen nicht. Wir zwei sind etwas andres.
Antonio, hör mich an, ich hab ein Kind
von dir! Dein und mein Kind ists, das mit mir –
BARON
Dein Bruder Cesarino?
VITTORIA Ist dein Kind!
Dein und mein Kind! So hast du ihn gesehn,
Antonio?
BARON Doch dein Mann?
VITTORIA Sie wissen alle
mein wahres Alter nicht. Hier weiß kein Mensch
mein wahres Alter.

Dieses Gespräch verkreuzt sich mit dem Schluß des ersten Aktes der Buchfassung (S. 585 »Gib ihm den Ring«).

VITTORIA
Ich kann dich nicht so reden hören, du!
Was »morgen«! Was? Wo gehst du hin von hier?
Ich hab ein Kind, ich hab ein Haus, und du –
Sie weint.
BARON
Du weinst! Du weinst um mich!
Zieht sie heftig an sich.
VITTORIA Antonio, laß mich!
Ich bins nicht, die du meinst! Denk an dein Kind!
Berühr mich nicht, Antonio, wag es nicht!
Mein Freund, erniedrige nicht diese Stunde,
du Kind, du großes Kind!
CESARINO *durch die Mitteltür aufgetreten, ruft nach vorne*
Mynheer von Weidenstamm, verzeihen Sie,
ich muß Sie sprechen!
VITTORIA Er!

BARON Was soll ich tun?
CESARINO *tut einige Schritte nach vorne*
Verzeihen Sie, Sie sind mit einer Dame –
Doch drängt es sehr, und drängt um Ihretwillen:
es gibt eine Intrige gegen Sie.
Kommt vor, erkennt Vittoria
Vittoria! Du! – Die Stunde macht mich mündig.
Er weint, unterdrückt dann seine Tränen; kalt
Verzeih mir, daß ich wein! Ich bin zu jung
und hab dich zu sehr über andre Frauen
gestellt.
Vittoria wankt, hält sich an der Lehne der Ottomane.
CESARINO *vor sich*
Was sind mir nun die Lippen der Marfisa!
Zu Vittoria
Die kleinste Angst um dich haucht auf die Welt
und macht sie trüb wie angelaufne Klingen:
und nun geschieht mir dies! Ich glaubte immer,
es ginge mir ans Herz, wenn einer nur
auf deinen Schatten treten würde. Nun
trät gerne meine Hand mit Fingern, die gepanzert,
in deines Herzens Wunden und in meine!
– Und dazu kam ich her!
VITTORIA *gefaßt, lächelnd* Mein Kind, gib mir die Hand.
CESARINO
Ja, wenn du mir erlaubst, dich wegzuführen.
Sie zieht ihn zu sich.
Du lächelst, alles ist nicht, was es scheint?
Ich muß nicht weinen? Rede! Rede! Rede!
VITTORIA
Umarm ihn, er stand nah zu deiner Mutter!
CESARINO *ohne den Baron zu umarmen*
Was heißt das, Schwester?
VITTORIA
Es ist dein Vater.
CESARINO Wie?
VITTORIA *mit vollkommener Sicherheit*
 Wir sind Geschwister

nur von der Mutter Seite. Denn mein Vater
ist lange tot.
CESARINO *auf den Baron zeigend*
  Du kanntest ihn?
VITTORIA   Als Kind.
BARON
Und du umarmst mich nicht?
CESARINO   Verzeihen Sie –
Vor einer Stunde, wo ich dies nicht wußte,
empfand ich keine Scheu –
Geht plötzlich lebhaft auf ihn zu, küßt ihm die Hand
          Mein lieber Vater!
Gleich zurück zu Vittoria, die er stürmisch umarmt und küßt
O meine Schwester, bleib bei mir!
Verzeih mir alles, ich hab dich so lieb!
Das ganze Bild der Welt war mir verstört.
Doch nun ist alles gut.
Besinnt sich plötzlich Mynheer – mein Vater,
du mußt noch heute nacht aus dieser Stadt!
BARON
Bah!
CESARINO
     Ja, um deines Lebens willen, Vater.
Am Lido steht ein neuer Pavillon,
wo man zur Nacht kann essen und Musik
anhören überm Meer. Dort komm ich her.
Wir saßen –
VITTORIA Wer?
CESARINO   Wer immer, liebe Schwester.
BARON
Ja, dies tut nichts zur Sache.
CESARINO   – und wir sprachen
nicht viel und leise nur. Deswegen konnt ich,
obgleich ich gar nicht achten wollte drauf
– das Ganze ist ein Vogelhaus von Holz –,
zwei Männer hören reden unter uns.
Von einem war die Rede, den der eine
aus dem Gefängnis kannte, jener andre

muß sich den Weg mit einem Eisenhaken
durch die Plafonds gebrochen haben, alles
vor Jahren, vor sehr vielen Jahren –
BARON Weiter!
CESARINO
Sie nannten dann den Namen.
BARON Welchen?
CESARINO Den
verstand ich nicht. Auch überhört ich vieles,
dann kam im Gespräch dein Name'vor,
und die Belohnung, die zu hoffen wäre
für einen, der dich den Inquisitoren
– wenn du es wirklich wärst, und morgen würden
sie dies herausbekommen, irgendwie –
verriete.
VITTORIA Du mußt fort, ruf deinen Diener!
In einer Gondel nach Triest!
BARON Wohl, morgen!
VITTORIA
Nicht morgen! Heute, jetzt in dieser Stunde,
vor meinen Augen!
Es wird unten heftig ans Tor geschlagen, alle horchen.
BARON
Was weiter! Es wird die Marfisa sein!
CESARINO
O nein!
Abermals ein dröhnendes Anschlagen.
BARON
Der Sassi oder sonst –
VITTORIA Ich fürchte, Lieber –
Neue heftige Schläge machen sie verstummen.
Le Duc läuft ans Fenster, sieht hinab.
BARON
Was gibts? Nun?
LE DUC Eine Gondel mit Maskierten!

Anders als im ersten Akt des Buchs verläßt im Spielbuch Venier den Baron mit Worten des Vertrauens; und es ist Cesarino, der Vittoria bittet, Venier nichts zu sagen.

Eine zweite, gleichfalls als Bühnenmanuskript gedruckte Ausgabe, im gleichen Verlag, gleichzeitig oder nur ein wenig später, wurde wohl auf Wunsch des Burgtheaters redigiert. Sie unterscheidet sich von der ersten durch Kürzungen, vor allem dadurch, daß Cesarino und der Sänger Zanni nicht vorkommen – Cesarino, ein illegitimer Sohn, war auf einer Hofbühne unerwünscht.

BIBLIOGRAPHIE

VORFRÜHLING (1892). Erstdruck: Blätter für die Kunst, 2. Band, Berlin, Dezember 1892. Erste Buchausgabe: Hugo von Hofmannsthal, Ausgewählte Gedichte, Verlag der Blätter für die Kunst, Berlin 1903. – Der Erstdruck enthält nur acht von neun Strophen, da die Wiederholung der ersten geopfert wurde. Ebenfalls durch Georges Eingriff wurde die Folge der Strophen verändert.
[Copyright 1911 by Insel-Verlag, Leipzig.]

ERLEBNIS (1892). Erstdruck: Blätter für die Kunst, 2. Band, Berlin, Dezember 1892. Erste Buchausgabe: Hugo von Hofmannsthal, Ausgewählte Gedichte, Verlag der Blätter für die Kunst, Berlin 1903. – Ursprünglicher Titel: Tagebuchblatt.
[Copyright 1911 by Insel-Verlag, Leipzig.]

WELTGEHEIMNIS (1894). Erstdruck: Blätter für die Kunst. Dritte Folge, 2. Band, Berlin, März 1896. Erste Buchausgabe: Hugo von Hofmannsthal, Ausgewählte Gedichte, Verlag der Blätter für die Kunst, Berlin 1903.
[Copyright 1911 by Insel-Verlag, Leipzig.]

TERZINEN I–III (1894). Erstdruck von II und III: Pan, 1. Jahrgang, 2. Heft, Berlin, Juni, Juli, August 1895. Erstdruck von I: Blätter für die Kunst, Dritte Folge, 2. Band, Berlin, März 1896. Erste Buchausgabe von I, II und III: Hugo von Hofmannsthal, Ausgewählte Gedichte, Verlag der Blätter für die Kunst, Berlin 1903. – Der Titel ›Terzinen über Vergänglichkeit‹ bezieht sich nur auf I und nicht, wie irrtümlich fast überall zu lesen, auf die Gruppe. Dieses Gedicht entstand unter dem Eindruck der Nachricht des Todes von Josephine von Wertheimstein.
[Copyright 1911 by Insel-Verlag, Leipzig.]

BALLADE DES ÄUSSEREN LEBENS (1895). Erstdruck: Blätter für die Kunst. Dritte Folge, 1. Band, Berlin, Januar 1896. Erste Buchausgabe: Hugo von Hofmannsthal, Ausgewählte Gedichte, Verlag der Blätter für die Kunst, Berlin 1903.
[Copyright 1911 by Insel-Verlag, Leipzig.]

EIN TRAUM VON GROSSER MAGIE (1895). Erstdruck: Blätter für die Kunst. Dritte Folge, 1. Band, Berlin, Januar 1896. Erste Buchausgabe: Hugo von Hofmannsthal, Ausgewählte Gedichte, Verlag der Blätter für die Kunst, Berlin 1903.
[Copyright 1911 by Insel-Verlag, Leipzig.]

MANCHE FREILICH... (1895). Erstdruck: Blätter für die Kunst. Dritte Folge, 2. Band, Berlin, März 1896. Erste Buchausgabe: Hugo von Hofmannsthal, Ausgewählte Gedichte, Verlag der Blätter für die Kunst, Berlin 1903. – Es liegt ein Entwurf aus dem neunzehnten Lebensjahr des Dichters vor.
[Copyright 1911 by Insel-Verlag, Leipzig.]

DIE BEIDEN (1896). Erstdruck: Wiener Allgemeine Zeitung, Wien, 25.12.1896. Erste Buchausgabe: Hugo von Hofmannsthal, Ausgewählte Gedichte, Zweite Ausgabe. Verlag der Blätter für die Kunst, Berlin 1904.
[Copyright 1911 by Insel-Verlag, Leipzig.]

LEBENSLIED (1896). Erstdruck ohne Titel: Wiener Rundschau, 1. Band, Nr. 1, Wien, 15.11.1896. Erste Buchausgabe unter dem Titel ›Den Erben...‹: Hugo von Hofmannsthal, Ausgewählte Gedichte, Verlag der Blätter für die Kunst, Berlin 1903. Mit dem Titel ›Lebenslied‹ erstmals in: Die gesammelten Gedichte, Leipzig 1907. – In einer vollendeten Vorstufe lautet die vierte Strophe:
  Die schattenlosen Gassen
  Des Meeres und der Luft
  Sind offen, und gelassen
  In tausendfacher Gruft
  Begrüßt er die Gefährten!
  Die schwebend unbeschwerten

Abgründe und die Gärten
Des Lebens tragen ihn!
Danach heißt es nur noch:
Laß lächelnd ihn verschwenden
An Adler, Lamm und Pfau
Das Salböl aus den Händen
Der toten alten Frau.
[Copyright 1911 by Insel-Verlag, Leipzig.]

DEIN ANTLITZ... (1896). Erstdruck: Blätter für die Kunst. Dritte Folge, 2. Band, Berlin, März 1896. Erste Buchausgabe: Hugo von Hofmannsthal, Ausgewählte Gedichte, Verlag der Blätter für die Kunst, Berlin 1903. – Ursprünglicher Titel ›Kindersommer‹. Nach einem Zeugnis Leopold von Andrians an Georg von Franckenstein gerichtet.
[Copyright 1911 by Insel-Verlag, Leipzig.]

NOX PORTENTIS GRAVIDA (1896). Erstdruck: Blätter für die Kunst. Dritte Folge, 4. Band, Berlin, August 1896. Erste Buchausgabe: Hugo von Hofmannsthal, Die Gedichte und Kleinen Dramen, Insel-Verlag, Leipzig 1911. – Das Gedicht trug auch den Titel ›Nox tripartita‹.
[Copyright 1911 by Insel-Verlag, Leipzig.]

BOTSCHAFT (1897). Erstdruck: Blätter für die Kunst. Vierte Folge, 1.–2. Band, Berlin, November 1897. Erste Buchausgabe: Hugo von Hofmannsthal, Rodauner Nachträge, Erster Teil. Amalthea-Verlag, Wien 1918. – Ursprünglicher Titel: Brief.
[Copyright 1911 by Insel-Verlag, Leipzig.]

GESPRÄCH (1897). Erstdruck: Wiener Allgemeine Zeitung. Osterbeilage. Wien, 1898. Erste Buchausgabe: Hugo von Hofmannsthal, Rodauner Nachträge, Erster Teil. Amalthea-Verlag, Wien 1918. – Der ältere Dichter ist Beer-Hofmann, der jüngere Hofmannsthal. Ursprünglich Bestandteil des Festspiels ›Das Kind und die Gäste‹.
[Copyright 1911 by Insel-Verlag, Leipzig.]

REISELIED (1898). Erstdruck: Wiener Rundschau, 2. Jahrgang, 4. Band, Wien, 15.9.1898. Erste Buchausgabe: Hugo von Hofmannsthal, Ausgewählte Gedichte, Zweite Ausgabe, Verlag der Blätter für die Kunst, Berlin 1904. – Ursprüngliche Titel ›Alpenstraße und Italien‹ sowie ›Alpenübergang‹. Die erste Strophe in dialogisierter Form entstand bereits 1897 für das lyrische Drama ›Gartenspiel‹.
[Copyright 1911 by Insel-Verlag, Leipzig.]

DREI KLEINE LIEDER (1899). Erstdruck von II unter dem Titel ›Im Grünen zu singen‹: Die Insel, 1. Jahrgang, 1. Quartal, Nr. 1, München, Berlin, Oktober 1899. Erstdruck von I und III (zusammen mit ›Das Wort‹): Die Jugend, Nr. 12, München, Mai 1900. Erste Buchausgabe I, II, III: Hugo von Hofmannsthal, Die gesammelten Gedichte, Insel-Verlag, Leipzig 1907. Zu II: Ursprünglicher Titel ›In der Nacht‹. Das Gedicht geht zurück auf die Strophen 1 und 4 von Robert Brownings ›Serenade at a Villa‹. Sie lauten:
1. That was I, you heard last night,
   When there rose no moon at all,
 Nor, to pierce the strained and tight
   Tent of heaven, a planet small:
 Life was dead and so was light.
4. What they could my words expressed,
   O my love, my all, my one!
 Singing helped the verses best,
   And when singing's best was done,
 To my lute I left the rest.
Die letzte Strophe von III (ursprünglicher Titel ›Im Volkston‹) geht zurück auf die Ballade ›Auf diese Gunst machen alle Gewerbe Anspruch‹ aus ›Des Knaben Wunderhorn‹.
[Copyright 1911 by Insel-Verlag, Leipzig.]

GLÜCKLICHES HAUS (1900). Erstdruck: Das Blaubuch, 1. Jahrgang, 4. Quartal, 39. Heft, Berlin, 4. Oktober 1906. Erste Buchausgabe: Hugo von Hofmannsthal, Rodauner Nachträge, Erster Teil, Amalthea Verlag, Wien 1918. – Ursprüngliche Titel ›Das Tal‹ und ›Der Wanderer‹.
[Copyright 1911 by Insel-Verlag, Leipzig.]

VOR TAG (1907). Erstdruck: Morgen. Wochenschrift für deutsche Kultur, 1. Jahrgang, Nr. 21, Berlin, 1.11.1907. Erste Buchausgabe: Hugo von Hofmannsthal, Die Gedichte und Kleinen Dramen, Insel-Verlag, Leipzig 1911. – Auf einem Spaziergang im Pustertal – so berichtet Olga Schnitzler – standen sie vor einem Marterl. Unter dem Kreuz war geschrieben:
»O meine Mutter
Ach mein lieber Sohn«.
[Copyright 1911 by Insel-Verlag, Leipzig.]

DER JÜNGLING IN DER LANDSCHAFT (1896). Erstdruck: Pan, 2. Jahrgang, 2. Heft, Berlin, 15.9.1896. Erste Buchausgabe: Hugo von Hofmannsthal, Ausgewählte Gedichte, Verlag der Blätter für die Kunst, Berlin 1903. – Vielleicht im Zusammenhang mit den Entwürfen unter dem Titel ›Der Pflüger Lebenslieder‹.
[Copyright 1911 by Insel-Verlag, Leipzig.]

GESELLSCHAFT (1896). Erstdruck: Blätter für die Kunst, Dritte Folge, 2. Band, Berlin, März 1896. Erste Buchausgabe: Hugo von Hofmannsthal, Ausgewählte Gedichte, Verlag der Blätter für die Kunst, Berlin 1903. – »Ein Spiegel des Zusammenseins in dieser Zeit ist das kleine Gedicht ›Gesellschaft‹. Der Fremde ist Josi Schoenborn, die Sängerin die Selma Kurz, der junge Herr – Georg Franckenstein und der Maler der Hans [Schlesinger].«
[Copyright 1911 by Insel-Verlag, Leipzig.]

EIN KNABE (1896). Erstdruck unter dem Titel ›Die Verwandlungen‹: Blätter für die Kunst. Dritte Folge, 4. Band, Berlin, August 1896. – Als Motto war der Vers von Leopold von Andrian vorangestellt: »und sie welken dahin in ihrer unendlichen Schönheit«. – Erste Buchausgabe: Hugo von Hofmannsthal, Rodauner Nachträge, Erster Teil, Amalthea-Verlag, Wien 1918.
[Copyright 1911 by Insel-Verlag, Leipzig.]

VERSE AUF EIN KLEINES KIND (1897). Erstdruck: Wiener Allgemeine Zeitung, Osterbeilage. Wien, 5. 4. 1898. Erste Buchausgabe: Hugo von Hofmannsthal, Die gesammelten Gedichte, Insel-Verlag, Leipzig 1907. – Ursprünglich Bestandteil des Festspiels ›Das Kind und die Gäste‹ mit dem Titel ›Der Jüngling von Heliopolis spricht‹.
[Copyright 1911 by Insel-Verlag, Leipzig.]

DER JÜNGLING UND DIE SPINNE (1897). Erstdruck: Blätter für die Kunst. Vierte Folge, 3. Band, Berlin 1899. Erste Buchausgabe: Hugo von Hofmannsthal, Ausgewählte Gedichte, Verlag der Blätter für die Kunst, Berlin 1903. – Im Entwurf als ›Idylle‹ bezeichnet und im Erstdruck unter dem aus Faust entlehnten Motto: »Sind wir ein Spiel von jedem Druck der Luft?«
[Copyright 1911 by Insel-Verlag, Leipzig.]

DER KAISER VON CHINA SPRICHT: (1897). Erstdruck: Wiener Allgemeine Zeitung. Osterbeilage. Wien, 5. 4. 1898. Erste Buchausgabe: Hugo von Hofmannsthal, Die gesammelten Gedichte, Insel-Verlag, Leipzig 1907. – Ursprünglich eine Gestalt aus dem Puppenspiel ›Das Kleine Welttheater‹.
[Copyright 1911 by Insel-Verlag, Leipzig.]

GROSSMUTTER UND ENKEL (1899). Erstdruck: Jugend. Münchner Illustrierte Wochenschrift für Kunst und Leben, 4. Jahrgang, Nr. 35, München und Leipzig, 26. 8. 1899. Zu Goethes Geburtstag. Erste Buchausgabe: Hugo von Hofmannsthal, Die gesammelten Gedichte, Insel-Verlag, Leipzig 1907.
[Copyright 1911 by Insel-Verlag, Leipzig.]

DER SCHIFFSKOCH, EIN GEFANGENER, SINGT: (1901). Erstdruck: Blätter für die Kunst. Siebente Folge, Berlin, 1904. Erste Buchausgabe: Hugo von Hofmannsthal, Die gesammelten Gedichte, Insel-Verlag, Leipzig 1907. – Ursprünglich Teil des dramatischen Entwurfs ›Die Söhne des Fortunatus‹ (vgl. Dramen III dieser Ausgabe). Dort von einer Magd gesprochen.
[Copyright 1911 by Insel-Verlag, Leipzig.]

DES ALTEN MANNES SEHNSUCHT NACH DEM SOMMER (1905?).
Erstdruck: Österreichische Rundschau, 11. Band, 2. Heft,
Brünn, 15.4.1907. Erste Buchausgabe: Hugo von Hofmannsthal, Die gesammelten Gedichte, Insel-Verlag, Leipzig
1907.
[Copyright 1911 by Insel-Verlag, Leipzig.]

PROLOG ZU DEM BUCH »ANATOL« (1892). Erstdruck in: Arthur
Schnitzler, Anatol, Verlag des Bibliographischen Bureaus,
Berlin, 1893. Erste Buchausgabe: Hugo von Hofmannsthal, Die gesammelten Gedichte, Insel-Verlag, Leipzig
1907.
[Copyright 1911 by Insel-Verlag, Leipzig.]

PROLOG [ZU EINEM WOHLTÄTIGKEITSKONZERT IN STROBL]
(1892). Nachlaß. Erstdruck: Modern Austrian Literature,
7. Band, Nr. 3/4, Binghampton, 1974.

ZU LEBENDEN BILDERN (1893). Nachlaß. Erstdruck: Corona,
2. Jahr, 6. Heft, München, Berlin, Zürich, Mai 1932. Erste Buchausgabe: Hugo von Hofmannsthal, Nachlese der Gedichte,
S. Fischer Verlag, Berlin 1934. – Am 7. 2. 1893 schreibt Hofmannsthal an seinen Freund Edgar Karg von Bebenburg: »Im
Palais Todesco sind lebendige Bilder. Wolf [Reichlé] und ich
und außerdem Gotthart Haan [...] stehen mit zwei hübschen
Frauen auf einem Bild beisammen: eine Directoirehochzeit
mit hohen Stehkragen und Dreispitz. Außerdem schreibe ich
den Prolog dazu.« Die Aufführung fand am 28. Februar/
2. März im Hause der Baronin Jella Oppenheimer in Wien
statt.

PROLOG ZU »MIMI«. SCHATTENBILDER ZU EINEM MÄDCHENLEBEN
(1896). Erstdruck: Neue Deutsche Rundschau (Freie Bühne),
8. Jahrgang, 4. Heft, Berlin, 1.4.1897. Erste Buchausgabe:
Hugo von Hofmannsthal, Die gesammelten Gedichte,
Insel-Verlag, Leipzig 1907. – Dort, 1907, unmittelbar nach
›Prolog zu dem Buch »Anatol«‹ mit dem Titel ›Zu einem
Buch ähnlicher Art‹. Aufführung des Stückes von Clara Loeb

am 15. Dezember 1896 im Hause des Industriellen Marcus Moritz Benedict.
[Copyright 1911 by Insel-Verlag, Leipzig.]

ZUM GEDÄCHTNIS DES SCHAUSPIELERS MITTERWURZER (1897).
Erstdruck: Wiener Rundschau, 2. Jahrgang, 2. Heft, Wien, 1. 5. 1898. Erste Buchausgabe: Hugo von Hofmannsthal, Die gesammelten Gedichte, Insel-Verlag, Leipzig 1907.
[Copyright 1911 by Insel-Verlag, Leipzig.]

AUF DEN TOD DES SCHAUSPIELERS HERMANN MÜLLER (1899).
Erstdruck in: Zum Gedächtnis Hermann Müllers, Privatdruck. Inhalt: Prolog; Rede von Otto Brahm; Nachruf von Josef Kainz. Gesprochen bei der Gedächtnisfeier für Hermann Müller, Sonntag den 9. April 1899 im Foyer des ›Deutschen Theaters‹. Erste Buchausgabe: Hugo von Hofmannsthal, Die gesammelten Gedichte, Insel-Verlag, Leipzig 1907. – Der 39jährige hatte sich am 14. März das Leben genommen. Am Morgen dieses Tages hatte ihn Hofmannsthal auf der Probe der ›Hochzeit der Sobeide‹ als Schalnassar gesehen, ein Jahr zuvor hatte Müller den Braccio in der ›Frau im Fenster‹ gespielt.
[Copyright 1911 by Insel-Verlag, Leipzig.]

PROLOG ZU EINER NACHTRÄGLICHEN GEDÄCHTNISFEIER FÜR GOETHE AM BURGTHEATER ZU WIEN, DEN 8. OKTOBER 1899 (1899). Erstdruck: Neue Freie Presse, Wien, 9. 10. 1899. Erste Buchausgabe: Hugo von Hofmannsthal, Nachlese der Gedichte, S. Fischer Verlag, Berlin 1934.

VERSE ZUM GEDÄCHTNIS DES SCHAUSPIELERS JOSEF KAINZ (1910).
Erstdruck: Die Zeit, 9. Jahr, Wien, 22. 10. 1910. Erste Buchausgabe: Hugo von Hofmannsthal, Die Gedichte und Kleinen Dramen, Insel-Verlag, Leipzig 1911. – Zur Eröffnung der Kainz-Feier im Berliner ›Deutschen Theater‹, wo dieser 1899 den Abenteurer gespielt hatte. Hofmannsthal dachte an ihn bei der Gestaltung des Elis im ›Bergwerk zu Falun‹, und die

›Unterhaltung über den Tasso‹ bezieht sich unmittelbar auf eine Aufführung mit ihm als Hauptdarsteller.
[Copyright 1911 by Insel-Verlag, Leipzig.]

KLEINE BLUMEN... (1888). Nachlaß. Erstdruck: Jahrbuch des Freien Deutschen Hochstifts, Frankfurt am Main 1971. – Inspiriert an Goethes Gedicht ›Kleine Blumen, kleine Blätter‹ für Friederike Brion. Gelegenheitsgedicht für die Jugendfreundin Gabriele Sobotka.

WAS IST DIE WELT? (1890). Erstdruck in: An der Schönen Blauen Donau, 5. Jahrgang, 15. Heft, Wien, 1. 8. 1890. Unter dem Pseudonym Loris Melikow. Erste Buchausgabe: Hugo von Hofmannsthal, Nachlese der Gedichte, S. Fischer Verlag, Berlin 1934.

DEN PESSIMISTEN (1890). Nachlaß. Erstdruck: Hugo von Hofmannsthal, Nachlese der Gedichte, S. Fischer Verlag, Berlin 1934. – Ursprünglicher Titel: Ewige Poesie.

FRAGE (1890). Erstdruck in: An der Schönen Blauen Donau, 5. Jahrgang, 12. Heft, Wien, 15. 6. 1890. Unter dem Pseudonym Loris Melikow. Erste Buchausgabe: Hugo von Hofmannsthal, Nachlese der Gedichte, S. Fischer Verlag, Berlin 1934.

»SUNT ANIMAE RERUM« (1890). Nachlaß. Erstdruck: Hugo von Hofmannsthal, Nachlese der Gedichte, S. Fischer Verlag, Berlin 1934.

FRONLEICHNAM (1890). Nachlaß. Erstdruck: Hugo von Hofmannsthal, Nachlese der Gedichte, S. Fischer Verlag, Berlin 1934.

FÜR MICH... (1890). Erstdruck: An der Schönen Blauen Donau, 5. Jahrgang, 21. Heft, Wien, 1. 11. 1890. Erste Buchausgabe: Hugo von Hofmannsthal, Nachlese der Gedichte, S. Fischer Verlag, Berlin 1934.

SIEHST DU DIE STADT? (1890). Nachlaß. Erstdruck: Neue Schweizer Rundschau. Nouvelle Revue Suisse, 3. Jahrgang von ›Wissen und Leben‹, 5. Heft, Zürich, Mai 1930. Erste Buchausgabe: Hugo von Hofmannsthal, Nachlese der Gedichte, S. Fischer Verlag, Berlin 1934. – Deutet auf den ›Tod des Tizian‹ voraus.

STURMNACHT (1890). Erstdruck: Moderne Dichtung. Monatsschrift für Literatur und Kritik, 1. Jahrgang, 2. Band, 5. Heft, Brünn, 1. 11. 1890. Erste Buchausgabe: Hugo von Hofmannsthal, Nachlese der Gedichte, S. Fischer Verlag, Berlin 1934.

VERSE, AUF EINE BANKNOTE GESCHRIEBEN (1890). Nachlaß. Erstdruck: Hugo von Hofmannsthal, Nachlese der Gedichte, S. Fischer Verlag, Berlin 1934.

GÜLNARE (1890). Erstdruck: An der Schönen Blauen Donau, 5. Jahrgang, 24. Heft, Wien, 15. 12. 1890. Erste Buchausgabe: Hugo von Hofmannsthal, Nachlese der Gedichte, S. Fischer Verlag, Berlin 1934. – Die Gestalt Gülnare stammt aus 1001 Nacht.

GEDANKENSPUK (1890). Nachlaß. Erstdruck: Hugo von Hofmannsthal, Nachlese der Gedichte, S. Fischer Verlag, Berlin 1934. – Für den Druck in »Moderne Rundschau«, Wien, vorgesehen, aber nicht erschienen.

VERHEISSUNG (1890). Nachlaß. Hier zum ersten Mal veröffentlicht.

DENKMAL-LEGENDE (1890). Erstdruck: An der Schönen Blauen Donau, 6. Jahrgang, 2. Heft, Wien, 15. 1. 1891. Erste Buchausgabe: Hugo von Hofmannsthal, Nachlese der Gedichte, S. Fischer Verlag, Berlin 1934. – Zum Grillparzer-Gedenktag am 15. 1. 1891.

SÜNDE DES LEBENS (1891). Erstdruck: Moderne Rundschau, 3. Band, 7. Heft, Wien, 1.7.1891. Erste Buchausgabe: Hugo von Hofmannsthal, Nachlese der Gedichte, S. Fischer Verlag, Berlin 1934. – Unter dem Gedicht: »Begonnen am 5.1.91. nachts, angeregt durch die Lektüre E. A. Poe's, beendet am 10.1.91. abends.« Im Tagebuch 10.1.: »abends mit brennendem Kopf und fiebernd das Gedicht ›Lebenssünde‹ beendigt. Daß ich es in diesem Zustand und der Erregung des Schaffens für gut halte, beweist nichts. Die Idee ist jedenfalls tief und wahr, denn sie ist mir unter veränderten Gesichtspunkten und neuen Gestalten immer wieder gekommen.«

VORGEFÜHL (1891). Nachlaß. Erstdruck: Hugo von Hofmannsthal, Nachlese der Gedichte, S. Fischer Verlag, Berlin 1934.

GHASELEN (1891). Nachlaß. Erstdruck: Corona, 9. Jahr, 6. Heft, München, 1940. Erste Buchausgabe: Hugo von Hofmannsthal, Gesammelte Werke in Einzelausgaben. Gedichte und lyrische Dramen, Bermann-Fischer Verlag, Stockholm 1946.

BLÜHENDE BÄUME (1891?). Nachlaß. Erstdruck: Hugo von Hofmannsthal, Nachlese der Gedichte, S. Fischer Verlag, Berlin 1934.

BLÜTENREIFE (1891). Nachlaß. Erstdruck: Hugo von Hofmannsthal, Nachlese der Gedichte, S. Fischer Verlag, Berlin 1934.

DER SCHATTEN EINES TOTEN... (1891). Nachlaß. Erstdruck: Hugo von Hofmannsthal, Nachlese der Gedichte, S. Fischer Verlag, Berlin 1934. – Unter der Handschrift: »nach dem Selbstmord des jungen K.«

SONETTE (1891)
  KÜNSTLERWEIHE. Nachlaß. Erstdruck: Hugo von Hofmannsthal, Nachlese der Gedichte, S. Fischer Verlag, Berlin 1934.

»ZUKUNFTSMUSIK«. Nachlaß. Erstdruck: Hugo von Hofmannsthal, Nachlese der Gedichte, S. Fischer Verlag, Berlin 1934.

LEBENSQUELL. Nachlaß. Erstdruck: Hugo von Hofmannsthal, Nachlese der Gedichte, S. Fischer Verlag, Berlin 1934.

SONETT DER WELT. Nachlaß. Erstdruck: Hugo von Hofmannsthal, Nachlese der Gedichte, S. Fischer Verlag, Berlin 1934. – Ursprünglich mit »Sonett der Seele« unter dem gemeinsamen Titel: All-Einheit.

SONETT DER SEELE. Nachlaß. Erstdruck: Hugo von Hofmannsthal, Nachlese der Gedichte, S. Fischer Verlag, Berlin 1934.

ERFAHRUNG. Nachlaß. Erstdruck: Hugo von Hofmannsthal, Nachlese der Gedichte, S. Fischer Verlag, Berlin 1934. – Das Sonett gibt in zusammengefaßter Form den Inhalt des im selben Jahr entstandenen Dramoletts ›Gestern‹ wieder.

RECHTFERTIGUNG. Nachlaß. Erstdruck: Hugo von Hofmannsthal, Nachlese der Gedichte, S. Fischer Verlag, Berlin 1934.

»EPIGONEN«. Nachlaß. Erstdruck: Corona, 9. Jahr, 6. Heft, München, 1940. Erste Buchausgabe: Hugo von Hofmannsthal, Gesammelte Werke in Einzelausgaben. Gedichte und lyrische Dramen, Bermann-Fischer Verlag, Stockholm 1946.

VIELFARBIGE DISTICHEN (1891). Nachlaß. Erstdruck: Corona, 9. Jahr, 6. Heft, München, 1940. Erste Buchausgabe: Hugo von Hofmannsthal, Gesammelte Werke in Einzelausgaben. Gedichte und lyrische Dramen, Bermann-Fischer Verlag, Stockholm 1946.

EINEM, DER VORÜBERGEHT (1891). Nachlaß. Erstdruck: Hugo von Hofmannsthal, Nachlese der Gedichte, S. Fischer Verlag, Berlin 1934. – Dieses Gedicht übergab Hofmannsthal George bald nach der ersten Begegnung. Es umfaßte ursprünglich neun Strophen und war wahrscheinlich für eine andere Person gedacht.

MEIN GARTEN (1891). Erstdruck: Die Nation. Wochenschrift für Politik, Volkswirtschaft und Literatur, 9. Jahrgang, Nr. 38, Berlin, 18.6.1892. Erste Buchausgabe: Hugo von Hofmannsthal, Nachlese der Gedichte, S. Fischer Verlag, Berlin 1934. – Ursprünglicher Titel ›Midas' Garten‹.

DIE TÖCHTER DER GÄRTNERIN (1891). Erstdruck: Die Nation. Wochenschrift für Politik, Volkswirtschaft und Literatur, 9. Jahrgang, Nr. 38, Berlin, 18.6.1892. Erste Buchausgabe: Hugo von Hofmannsthal, Nachlese der Gedichte, S. Fischer Verlag, Berlin 1934.

STILLE (1891). Erstdruck: Blätter für die Kunst. Zweite Folge, 3. Band, Berlin, August 1894. Erste Buchausgabe: Hugo von Hofmannsthal, Nachlese der Gedichte, S. Fischer Verlag, Berlin 1934. – Ursprünglicher Titel ›Ebbe‹.

DER PROPHET (1891). Nachlaß. Erstdruck: Briefwechsel zwischen George und Hofmannsthal, Georg Bondi, Berlin 1938. Erste Buchausgabe: Hugo von Hofmannsthal, Gesammelte Werke in Einzelausgaben, Gedichte und lyrische Dramen, Bermann-Fischer Verlag, Stockholm 1946. – Das Gedicht fand sich in Hofmannsthals Tagebuch. Ihm voraus steht die Bemerkung: »Inzwischen wachsende Angst; das Bedürfnis den Abwesenden zu schmähen.«

WOLKEN (1892). Erstdruck: Blätter für die Kunst, 2. Band, Berlin, Dezember 1892. Erste Buchausgabe: Hugo von Hofmannsthal, Nachlese der Gedichte, S. Fischer Verlag, Berlin 1934. – Geht wahrscheinlich schon auf 1891 zurück.

LEBEN (1892). Erstdruck: Blätter für die Kunst. Zweite Folge, 4. Band, Berlin, Oktober 1894. Erste Buchausgabe: Hugo von Hofmannsthal, Rodauner Nachträge, Erster Teil, Amalthea-Verlag, Wien 1918.

BALLADE VOM KRANKEN KIND (1892). Nachlaß. Erstdruck: Hugo von Hofmannsthal, Nachlese der Gedichte, S. Fischer

Verlag, Berlin 1934. – Hofmannsthal notiert zu diesem Gedicht: »Vages Personifizieren, in Gestalten pressen, moderne Mythenbildung ist die Arbeit des jungen Dichters (meine Gestalt des Todes in der ›Ballade vom kranken Kind‹).«

REGEN IN DER DÄMMERUNG (1892). Erstdruck: Blätter für die Kunst, 2. Band, Berlin, Dezember 1892. Erste Buchausgabe: Hugo von Hofmannsthal, Rodauner Nachträge, Erster Teil, Amalthea-Verlag, Wien 1918.

PSYCHE (1892, 1893). Erstdruck: Blätter für die Kunst, 2. Band, Berlin, Dezember 1892. Erste Buchausgabe: Hugo von Hofmannsthal, Ausgewählte Gedichte, Zweite Ausgabe, Verlag der Blätter für die Kunst, Berlin 1904. – Das Gedicht ist am 28./29. Juli 1892 entstanden. Am 9. Dezember 1893 fügt Hofmannsthal, gleichsam als Gegenstimme, die letzten vier Verse an.

MELUSINE (1892). Erstdruck: Blätter für die Kunst. Zweite Folge, 3. Band, Berlin, August 1894. Erste Buchausgabe: Hugo von Hofmannsthal, Nachlese der Gedichte, S. Fischer Verlag, Berlin 1934.

WEIHNACHT (1892). Erstdruck: Wiener Allgemeine Zeitung, Wien, 25. 12. 1894. Erste Buchausgabe: Hugo von Hofmannsthal, Nachlese der Gedichte, S. Fischer Verlag, Berlin 1934.

»WERKE« SIND TOTES GESTEIN... (1892). Nachlaß. Erstdruck: Die Neue Rundschau, 41. Jahrgang der Freien Bühne, 4. Heft, Berlin, April 1930. Erste Buchausgabe: Hugo von Hofmannsthal, Nachlese der Gedichte, S. Fischer Verlag, Berlin 1934. – In einer anderen Fassung lautet der letzte Vers: »Midas ist lange schon tot, aber er flüstert noch fort.«

WIDMUNG [FÜR FERDINAND VON SAAR] (1892). Nachlaß. Erstdruck: Michael Maria Rabenlechner, ›Neue Streifzüge eines Bibliophilen‹, Wien 1935. – In einem Exemplar von

›Gestern‹, auf dessen Titelblatt steht: »Ferdinand von Saar dem Dichter in Ehrfurcht und Sympathie.«

IN EIN EXEMPLAR VON ›GESTERN‹ (1892). Nachlaß. Erstdruck: Hugo von Hofmannsthal, Gesammelte Werke in Einzelausgaben, Aufzeichnungen, S. Fischer Verlag, Frankfurt am Main 1959.

BRIEF AUS BAD FUSCH (1892). Nachlaß. Hier zum ersten Mal veröffentlicht.

SCHÖNHEIT (1892). Nachlaß. Erstdruck in: Unterwegs. Peter de Mendelssohn zum 70. Geburtstag, S. Fischer Verlag, Frankfurt am Main 1978.

WELT UND ICH (1893). Erstdruck: Wiener Allgemeine Zeitung, Weihnachtsbeilage, Wien, 25. 12. 1894. Erste Buchausgabe: Hugo von Hofmannsthal, Rodauner Nachträge, Erster Teil, Amalthea-Verlag, Wien 1918. – »Atlas. Sich empfinden als Koloß der Zeit.«

MÄDCHENLIED (1893). Nachlaß. Erstdruck: Hugo von Hofmannsthal, Nachlese der Gedichte, S. Fischer Verlag, Berlin 1934.

KIRCHTURM (1892?, 1893?). Nachlaß. Erstdruck: Hugo von Hofmannsthal, Nachlese der Gedichte, S. Fischer Verlag, Berlin 1934.

SPAZIERGANG (1893). Nachlaß. Erstdruck: Hugo von Hofmannsthal, Nachlese der Gedichte, S. Fischer Verlag, Berlin 1934.

CANTICUM CANTICORUM IV. 12–16. (1893) Nachlaß. Erstdruck: Neue Schweizer Rundschau. Nouvelle Revue Suisse, 23. Jahrgang von ›Wissen und Leben‹, 5. Heft, Zürich, Mai 1930. Erste Buchausgabe: Hugo von Hofmannsthal, Nachlese der Gedichte, S. Fischer Verlag, Berlin 1934.

WENN KÜHL DER SOMMERMORGEN... (1893). Erstdruck: Die Neue Rundschau, 41. Jahrgang der Freien Bühne, 4. Heft, Berlin, April 1930. Erste Buchausgabe: Hugo von Hofmannsthal, Nachlese der Gedichte, S. Fischer Verlag, Berlin 1934.

LEBEN, TRAUM UND TOD... (1893). Nachlaß. Erstdruck: Hugo von Hofmannsthal, Nachlese der Gedichte, S. Fischer Verlag, Berlin 1934.

ICH GING HERNIEDER... (1893). Nachlaß. Erstdruck: Corona, 2. Jahr, 1. Heft, München, Juli 1931. Erste Buchausgabe: Hugo von Hofmannsthal, Nachlese der Gedichte, S. Fischer Verlag, Berlin 1934.

KLEINE ERINNERUNGEN (1893). Nachlaß. Erstdruck: Die Neue Rundschau, 45. Jahrgang der Freien Bühne, 2. Heft, Berlin, Februar 1934. Erste Buchausgabe: Hugo von Hofmannsthal, Nachlese der Gedichte, S. Fischer Verlag, Berlin 1934.

BRIEF [AN RICHARD DEHMEL] (1893). Nachlaß. Erstdruck: Corona, 2. Jahr, 1. Heft, München, Juli 1931. Erste Buchausgabe: Hugo von Hofmannsthal, Nachlese der Gedichte, S. Fischer Verlag, Berlin 1934.

DIES IST DIE LEHRE DES LEBENS... (1893). Nachlaß. Erstdruck: Hugo von Hofmannsthal, Nachlese der Gedichte, S. Fischer Verlag, Berlin 1934.

TRENNT IHR VOM INHALT DIE FORM... (1893). Nachlaß. Erstdruck: Hugo von Hofmannsthal, Nachlese der Gedichte, S. Fischer Verlag, Berlin 1934.

ICH LÖSCH DAS LICHT... (1893). Nachlaß. Erstdruck: Die Neue Rundschau, 40. Jahrgang der Freien Bühne, 11. Heft, Berlin, November 1929. Erste Buchausgabe: Hugo von Hofmannsthal, Nachlese der Gedichte, S. Fischer Verlag, Berlin 1934.

BESITZ (1893). Nachlaß. Erstdruck: Die Neue Rundschau, 41. Jahrgang der Freien Bühne, 4. Heft, Berlin, April 1930. Erste Buchausgabe: Hugo von Hofmannsthal, Nachlese der Gedichte, S. Fischer Verlag, Berlin 1934.

NACH EINER DANTE-LEKTÜRE (1893). Nachlaß. Erstdruck: Die Neue Rundschau, 40. Jahrgang der Freien Bühne, 11. Heft, Berlin, November 1929. Erste Buchausgabe: Hugo von Hofmannsthal, Nachlese der Gedichte, S. Fischer Verlag, Berlin 1934. – Der Titel ist einem Gedicht von Victor Hugo entnommen.

AN JOSEPHINE VON WERTHEIMSTEIN (1893). Nachlaß. Erstdruck: Hugo von Hofmannsthal, Briefe 1890–1901, S. Fischer Verlag, Berlin 1935. Erste Buchausgabe: Hugo von Hofmannsthal, Gesammelte Werke in Einzelausgaben, Gedichte und lyrische Dramen, Bermann-Fischer Verlag, Stockholm 1946.

BILD SPRICHT (1893). Nachlaß. Erstdruck in: Unterwegs. Peter de Mendelssohn zum 70. Geburtstag, S. Fischer Verlag, Frankfurt am Main 1978. – Möglicherweise im Zusammenhang mit Entwürfen zu ›Der Tor und der Tod‹.

DAS MÄDCHEN UND DER TOD (1893). Nachlaß. Hier zum ersten Mal veröffentlicht.

TERZINEN IV (1894). Erstdruck: Pan, 1. Jahrgang, 2. Heft, Berlin, Juni, Juli, August 1895. Erste Buchausgabe: Hugo von Hofmannsthal, Gedichte, Insel-Verlag, Leipzig 1922.
[Copyright 1911 by Insel-Verlag, Leipzig.]

GUTE STUNDE (1894). Nachlaß. Erstdruck: Neue Schweizer Rundschau. Nouvelle Revue Suisse, 23. Jahrgang von ›Wissen und Leben‹, 5. Heft, Zürich, Mai 1930. Erste Buchausgabe: Hugo von Hofmannsthal, Nachlese der Gedichte, S. Fischer Verlag, Berlin 1934.

FREMDES FÜHLEN (1894). Nachlaß. Erstdruck: Die Neue Rundschau, 40. Jahrgang der Freien Bühne, 11. Heft, Berlin, November 1929. Erste Buchausgabe: Hugo von Hofmannsthal, Nachlese der Gedichte, S. Fischer Verlag, Berlin 1934.

MIT HANDSCHUHEN FÜR LEOPOLD ANDRIAN (1894). Nachlaß. Erstdruck: Hugo von Hofmannsthal, Nachlese der Gedichte, S. Fischer Verlag, Berlin 1934.

WO ICH NAHE, WO ICH LANDE... (1894). Erstdruck von Strophe I und II: Pan, Prospekt-Buch. Inhalts- und Mitgliederverzeichnis der drei Jahre 1895, 1896, 1897 der Zeitschrift Pan, Berlin, Juli 1898. Erstdruck des Gedichts mit zwei zusätzlichen Strophen: Corona, 2. Jahr, 1. Heft, München, Juli 1931. Erste Buchausgabe: Hugo von Hofmannsthal, Nachlese der Gedichte. S. Fischer Verlag, Berlin 1934. – Die erste Strophe wählte Hofmannsthal 1911 als Motto für den Band ›Die Gedichte und Kleinen Dramen‹.

[AN RICHARD BEER-HOFMANN] (1894). Nachlaß. Erstdruck: Hugo von Hofmannsthal, Briefe 1890–1901, S. Fischer Verlag, Berlin 1935.

BRIEF AN RICHARD DEHMEL (1895). Nachlaß. Erstdruck: Hugo von Hofmannsthal, Nachlese der Gedichte, S. Fischer Verlag, Berlin 1934.

WO KLEINE FELSEN... (1896). Erstdruck: Blätter für die Kunst. Dritte Folge, 4. Band, Berlin, August 1896. Erste Buchausgabe: Hugo von Hofmannsthal, Die Gedichte und Kleinen Dramen, Insel-Verlag, Leipzig 1911. – Hofmannsthal wählte das Gedicht 1911 als Motto für die Abteilung ›Die gesammelten Gedichte‹ in ›Die Gedichte und Kleinen Dramen‹.

AN EINE FRAU (1896). Erstdruck: Blätter für die Kunst. Dritte Folge, 4. Band, Berlin, August 1896. Erste Buchausgabe: Hugo von Hofmannsthal, Rodauner Nachträge, Erster Teil, Amalthea-Verlag, Wien 1918.

INSCHRIFT (1896). Erstdruck: Blätter für die Kunst. Dritte Folge, 4. Band, Berlin, August 1896. Erste Buchausgabe: Hugo von Hofmannsthal, Rodauner Nachträge, Erster Teil, Amalthea-Verlag, Wien 1918. – Die letzte Zeile variierte Hofmannsthal: »Und schnell vergeuden sich die wahren Kräfte.«

GUTE STUNDE (1896). Erstdruck: Wiener Rundschau, 1. Band, Nr. 1, Wien, 15.11.1896. Erste Buchausgabe: Hugo von Hofmannsthal, Die Gedichte und Kleinen Dramen, Insel-Verlag, Leipzig 1911. – Anderer Titel ›Gipfel des Lebens‹. [Copyright 1911 by Insel-Verlag, Leipzig.]

UNENDLICHE ZEIT (1896). Erstdruck: Wiener Allgemeine Zeitung, Wien, 25.12.1896. Erste Buchausgabe: Hugo von Hofmannsthal, Nachlese der Gedichte, S. Fischer Verlag, Berlin 1934.

ABEND IM FRÜHLING (1896). Nachlaß. Erstdruck: Corona, 9. Jahr, 6. Heft, München, 1940. Erste Buchausgabe: Hugo von Hofmannsthal, Gesammelte Werke in Einzelausgaben, Gedichte und lyrische Dramen, Bermann-Fischer Verlag, Stockholm 1946.

GEDICHTE I, II (1896?). Nachlaß. Erstdruck: Corona, 2. Jahr, 1. Heft, München, Juli 1931. Erste Buchausgabe: Hugo von Hofmannsthal, Nachlese der Gedichte, S. Fischer Verlag, Berlin 1934. – Eine Handschrift überliefert den Titel ›Große Kunst‹.

DICHTER SPRECHEN: (1897). Erstdruck: Kaiser Franz Josephs-Ferienheim 1892–1902. Verlag von M. Perles, Wien, 1903. Erste Buchausgabe: Hugo von Hofmannsthal, Die Gedichte und Kleinen Dramen, Insel-Verlag, Leipzig 1911. – Der Titel ›Dichter sprechen‹ zum ersten Mal in: Nachlese der Gedichte, S. Fischer Verlag, Berlin 1934. Als Motto für die Abteilung ›Kleine Dramen‹ in ›Die Gedichte und Kleinen Dramen‹.

WIR GINGEN EINEN WEG... (1897). Erstdruck: Blätter für die Kunst. Vierte Folge, 1.–2. Band, Berlin, November 1897. Erste Buchausgabe: Hugo von Hofmannsthal, Rodauner Nachträge, Erster Teil, Amalthea-Verlag, Wien 1918. – Das Gedicht ist ebenso wie das folgende auf dem Weg nach Varese in Vicenza entstanden, vielleicht stehen beide in innerem Zusammenhang.

DER BEHERRSCHTE (1897). Erstdruck: Blätter für die Kunst. Vierte Folge, 1.–2. Band, Berlin, November 1897. Erste Buchausgabe: Hugo von Hofmannsthal, Rodauner Nachträge, Erster Teil, Amalthea-Verlag, Wien 1918. – Ursprünglicher Titel ›Der Sieger‹.

EINE VORLESUNG (1897). Nachlaß. Erstdruck: Frankfurter Allgemeine Zeitung, Frankfurt am Main, 2. 2. 1974. – Dieser Entwurf hat sich auf der Rückseite eines der an George geschickten Gedichte erhalten.

SÜDLICHE MONDNACHT (1898). Erstdruck: Die Zukunft, 7. Jahrgang, Nr. 2, Berlin, 8. 10. 1898. Erste Buchausgabe: Hugo von Hofmannsthal, Nachlese der Gedichte, S. Fischer Verlag, Berlin 1934.

VOM SCHIFF AUS (1898). Erstdruck: Wiener Rundschau, 2. Jahrgang, 4. Band, Wien, 15. 9. 1898. Erste Buchausgabe: Hugo von Hofmannsthal, Rodauner Nachträge, Erster Teil, Amalthea-Verlag, Wien 1918. – Ursprünglicher Titel ›Der Scheidende‹.

DICHTER UND GEGENWART (1898). Erstdruck: Die Zukunft, 7. Jahrgang, Nr. 2, Berlin, 8. 10. 1898. Erste Buchausgabe: Hugo von Hofmannsthal, Nachlese der Gedichte, S. Fischer Verlag, Berlin 1934.

DIE DICHTER UND DIE ZEIT (1898). Erstdruck: Das Land Goethes 1914-1916. Ein vaterländisches Gedenkbuch, Deutsche Verlags-Anstalt, Stuttgart, Berlin 1916. Erste Buchausgabe:

Hugo von Hofmannsthal, Gesammelte Werke in Einzelausgaben, Gedichte und lyrische Dramen, Bermann-Fischer Verlag, Stockholm 1946.

DICHTER UND STOFF (1898). Erstdruck: Die Zukunft, 7. Jahrgang, Nr. 2, Berlin, 8. 10. 1898. Erste Buchausgabe: Hugo von Hofmannsthal, Nachlese der Gedichte, S. Fischer Verlag, Berlin 1934.

DICHTKUNST (1898). Erstdruck: Die Zukunft, 7. Jahrgang, Nr. 2, Berlin, 8. 10. 1898. Erste Buchausgabe: Hugo von Hofmannsthal, Nachlese der Gedichte, S. Fischer Verlag, Berlin 1934.

EIGENE SPRACHE (1898). Erstdruck: Die Zukunft, 7. Jahrgang, Nr. 2, Berlin, 8. 10. 1898. Erste Buchausgabe: Hugo von Hofmannsthal, Nachlese der Gedichte, S. Fischer Verlag, Berlin 1934.

SPIEGEL DER WELT (1898). Erstdruck: Die Zukunft, 7. Jahrgang, Nr. 2, Berlin, 8. 10. 1898. Erste Buchausgabe: Hugo von Hofmannsthal, Nachlese der Gedichte, S. Fischer Verlag, Berlin 1934.

ERKENNTNIS (1898). Erstdruck: Die Zukunft, 7. Jahrgang, Nr. 2, Berlin, 8. 10. 1898. Erste Buchausgabe: Hugo von Hofmannsthal, Nachlese der Gedichte, S. Fischer Verlag, Berlin 1934.

NAMEN (1898). Erstdruck: Die Zukunft, 7. Jahrgang, Nr. 2, Berlin, 8. 10. 1898. Erste Buchausgabe: Hugo von Hofmannsthal, Nachlese der Gedichte, S. Fischer Verlag, Berlin 1934.

WORTE (1898). Erstdruck: Die Zukunft, 7. Jahrgang, Nr. 2, Berlin, 8. 10. 1898. Erste Buchausgabe: Hugo von Hofmannsthal, Nachlese der Gedichte, S. Fischer Verlag, Berlin 1934.

KUNST DES ERZÄHLENS (1898). Erstdruck: Die Zukunft, 7. Jahrgang, Nr. 2, Berlin, 8.10.1898. Erste Buchausgabe: Hugo von Hofmannsthal, Nachlese der Gedichte, S. Fischer Verlag, Berlin 1934.

GRÖSSE (1898). Nachlaß. Erstdruck: Die Neue Rundschau, 41. Jahrgang der Freien Bühne, 4. Heft, Berlin, April 1930. Erste Buchausgabe: Hugo von Hofmannsthal, Nachlese der Gedichte, S. Fischer Verlag, Berlin 1934.

BEDINGUNG (1898). Nachlaß. Erstdruck: Die Neue Rundschau, 41. Jahrgang der Freien Bühne, 4. Heft, Berlin, April 1930. Erste Buchausgabe: Hugo von Hofmannsthal, Nachlese der Gedichte, S. Fischer Verlag, Berlin 1934.

DAS WORT (1899). Erstdruck: Jugend. Münchener Illustrierte Wochenschrift für Kunst und Leben, Nr. 12, München 1900. Erste Buchausgabe: Hugo von Hofmannsthal, Nachlese der Gedichte, S. Fischer Verlag, Berlin 1934. – Der Refrain des Gedichts ist dem Lied ›Kurze Weile‹ aus ›Des Knaben Wunderhorn‹ entnommen.

KINDERGEBET (1899). Erstdruck: Almanach des Vereins für Kindervolksküchen und Volkskinderhorte e. V., Berlin 1914. Erste Buchausgabe: Hugo von Hofmannsthal, Nachlese der Gedichte, S. Fischer Verlag, Berlin 1934. – Die erste Strophe ist aus ›Des Knaben Wunderhorn‹ entlehnt. Das Gedicht wurde für den Sohn Ria Claassen-Schmujlows, Genja [Eugen Claassen, der spätere Verleger] geschrieben.

[ZU HEINRICH HEINES GEDÄCHTNIS] (1899). Erstdruck in: Zu Heines Gedächtnis. Veröffentlichungen der Dramatischen Gesellschaft Bonn, Nr. 2, Bonn, 16.12.1899. Erste Buchausgabe: Hugo von Hofmannsthal, Nachlese der Gedichte, S. Fischer Verlag, Berlin 1934.

DER NÄCHTLICHE WEG (1899). Nachlaß. Erstdruck: Die Neue Rundschau, 45. Jahrgang der Freien Bühne, 2. Heft, Berlin,

Februar 1934. Erste Buchausgabe: Hugo von Hofmannsthal, Nachlese der Gedichte, S. Fischer Verlag, Berlin 1934.

DAS ZEICHEN (1899). Nachlaß. Erstdruck: Die Neue Rundschau, 41. Jahrgang der Freien Bühne, 4. Heft, Berlin, April 1930. Erste Buchausgabe: Hugo von Hofmannsthal, Nachlese der Gedichte, S. Fischer Verlag, Berlin 1934.

DAS KLEINE STÜCK BROT... (1899). Nachlaß. Erstdruck: Hofmannsthal-Blätter, 1. Folge, 2. Heft, Heidelberg, Frühjahr 1969. – In einem Brief an Gerty, seine spätere Frau. Darin heißt es: »Auf der anderen Seite das bestellte Gedicht. Nicht bös sein bitte, wenn es dumm ist. Ich hab noch nie in meinem Leben für ein Mädel oder eine Frau ein Gedicht gemacht. Ich werd's schon besser lernen, wenn Sie mich noch ein bisserl länger behalten.« Eine Nachschrift zu dem Brief lautet: »die Blume ist die Anemone, die Sie neulich zum dekolletierten Kleid genommen haben.«

WIR SPRECHEN EINE SPRACH... (1899). Nachlaß. Erstdruck: Hofmannsthal-Blätter, 1. Folge, 2. Heft, Heidelberg, Frühjahr 1969. – Für Gerty. Scherzgedicht, inspiriert von Versen aus ›Des Knaben Wunderhorn‹. Hofmannsthal schrieb drüber: »ein dummes kleines Gedicht mit einem schönen Refrain.«

DA ICH WEISS... (1899). Nachlaß. Erstdruck: Hugo von Hofmannsthal, Dichtungen, Deutsche Buch-Gemeinschaft, Darmstadt 1962. Für Gerty mit dem Vermerk »das hab ich in Alt-Aussee aufgeschrieben, am 10. oder 11. August, wo Du ein paar Tage weg warst.«

DER SPAZIERGANG (1899?). Nachlaß. Erstdruck: Neue Rundschau, 70. Jahrgang, 3. Heft, Berlin 1959.

AUFSCHRIFT FÜR EINE STANDUHR (1902). Nachlaß. Erstdruck: Corona, 9. Jahr, 6. Heft, München 1940. Erste Buchausgabe: Hugo von Hofmannsthal, Gesammelte Werke in Einzelausgaben, Gedichte und lyrische Dramen, Bermann-Fischer Verlag, Stockholm 1946.

VERWANDLUNG (1902). Erstdruck: Die Woche. Moderne Illustrierte Zeitschrift, 4. Jahrgang, 3. Band, Nr. 38, Berlin, 20. 9. 1902. Erste Buchausgabe: Hugo von Hofmannsthal, Nachlese der Gedichte, S. Fischer Verlag, Berlin 1934.

[FÜR KARL WOLFSKEHL] (1904). Nachlaß. Erstdruck: Hugo von Hofmannsthal, Nachlese der Gedichte, S. Fischer Verlag, Berlin 1934. – Als Dank für Wolfskehls am 11. 12. 1904 übersandtes Exemplar »Maskenzug 1904«. In diesem Heft ist eine Szene enthalten, in der Hofmannsthals Gianino und Georges Algabal auftreten.

IN EIN STAMMBUCH (1906). Nachlaß. Erstdruck: Hugo von Hofmannsthal, Gesammelte Werke in Einzelausgaben, Gedichte und lyrische Dramen, S. Fischer Verlag, Frankfurt am Main 1952. – Für Käthe von Porada. Als sie noch ein kleines Kind war, hat Hofmannsthal auf Bitten ihrer Eltern als einer von 47 Freunden und Dichtern die Verse ›In ein Stammbuch‹ verfaßt.

FÜR ALFRED VON HEYMEL (1911). Nachlaß. Erstdruck: Hugo von Hofmannsthal, Gesammelte Werke in Einzelausgaben, Gedichte und lyrische Dramen, S. Fischer Verlag, Frankfurt am Main 1952. – Widmungsgedicht in ein Exemplar ›Gedichte und Kleine Dramen‹ 1911.

[FÜR EBERHARD VON BODENHAUSEN] (1911). Nachlaß. Erstdruck: Titelblatt eines Auktionskatalogs des Erasmushaus, Haus der Bücher, Basel 1968. Widmungsgedicht in ein Exemplar ›Gedichte und Kleine Dramen‹ 1911.

KANTATE (1913?, 1914?). Erstdruck: Berliner Tageblatt, Berlin, 1. 3. 1914. Erste Buchausgabe in 600 Exemplaren, Kurt Wolff Verlag, Leipzig, März 1914. – Als »literarische Ehrengabe« für Graf Nikolaus von Seebach zur Feier seines zwanzigjährigen Jubiläums als Generalintendant des Dresdner Hoftheaters. Hofmannsthal schickte das Manuskript Mitte Februar 1914 an Strauss, der das Lied am 22. 2. vertonte.

ÖSTERREICHS ANTWORT (1914). Erstdruck: Neue Freie Presse, Wien, 24. 9. 1914. Erste Buchausgabe anonym und ohne Motto in: »Heilig Vaterland«, Kriegslieder von einem Artilleristen-Maat auf Wangeroog [Schröder], Essen-Ruhr, November 1914 [auf Veranlassung von Bodenhausen gedruckt]. Das Motto ist einem Gedicht Grillparzers entnommen. – Hofmannsthal antwortet auf den im Erstdruck mitveröffentlichten Deutschen Feldpostgruß seines Freundes Rudolf Alexander Schröder, der seit dem 1. 8. 1914 als »Telephonordonnanz« auf der Insel Wangeroog eingesetzt war.

GESTERN (1891). Erstdruck: Moderne Rundschau, 4. Band, 2. und 3. Heft, Wien, 15. 10. und 1. 11. 1891. – Studie in einem Akt in Reimen unter dem Pseudonym Theophil Morren. Erste Buchausgabe: Verlag der Modernen Rundschau, Wien 1891, und kurz danach: Manz'sche k. u. k. Hofbuchhandlung, Wien 1892. Erste Aufführung (Leseaufführung): Die Komödie, Wien, 25. 3. 1928. – Noch während der Arbeit an seinem ersten, an Mussets comédies-proverbes anknüpfenden kleinen Versdrama nannte er es »ein himmelblaues Lehrgedicht«, es klang ihm »dürr und taub und kalt«. Später sah er den Jüngling Andrea analog zum Leipziger Goethe der ›Mitschuldigen‹.

DER TOD DES TIZIAN. BRUCHSTÜCK (1892). Erstdruck: Blätter für die Kunst, 1. Band, Berlin, Oktober 1892. Erste Buchausgabe: Hugo von Hofmannsthal, Die gesammelten Gedichte, Insel-Verlag, Leipzig 1907. – Unter dem Pseudonym Loris. Wahrscheinlich bestand der Plan schon vor der Begegnung mit George, die dann für diese Dichtung bestimmend wurde. Die Stilisierung Tizians zum Meister entspricht der Vorstellung von Mallarmé: »die Schüler, die Talente, haben die relative.« Tizian, der Genius, die absolute Schönheit.« In einem viel späteren Brief beschreibt Hofmannsthal den Fortgang

des als Bruchstück überlieferten Dramas: »Es war das Jahr der Matura und ich hatte eben sehr wenig Zeit, deshalb brach es ab – denn es hätte ein viel größeres Ganzes werden sollen. Es sollte diese ganze Gruppe von Menschen (die Tizianschüler) mit der Lebenserhöhung, welche durch den Tod (die Pest) die ganze Stadt ergreift, in Berührung gebracht werden. Es lief auf eine Art Todesorgie hinaus. Das Vorliegende ist nur wie ein Vorspiel – alle diese jungen Menschen stiegen dann, den Meister zurücklassend, in die Stadt hinab und erlebten das Leben in der höchsten Zusammendrängung – also im Grund das gleiche Motiv wie im ›Tor und Tod‹.«
[Copyright 1911 by Insel-Verlag, Leipzig.]

DER TOD DES TIZIAN. EIN DRAMATISCHES FRAGMENT (1901). (Neuer Prolog und Textveränderungen). Erstdruck: Verlag der Insel bei Schuster und Loeffler, Berlin 1901. Aufgeführt als Totenfeier für Arnold Böcklin im Künstlerhaus zu München den 14. Februar 1901. – Hofmannsthal nahm, über den neugeschaffenen Prolog hinaus, eine Bearbeitung seines dramatischen Bruchstücks von 1892 vor. Er äußerte sich dazu gegenüber dem Veranstalter der Böcklinfeier: »Ich habe gehört, daß Ihnen die Stelle, wo die Modelle das Bild schildern, wenig angenehm war. Mir war sie auch peinlich, besonders weil sie in ihrer behaglichen Breite dem Schluß einen so ganz gleichgiltigen Charakter gab. Mit einer rhetorischen Verstärkung der Rede des Desiderio wäre aber nichts getan gewesen, es ist nicht möglich nach so viel Rhetorik als der Prolog und die Lobreden im Stück enthalten, noch etwas Dominierendes zu bringen. Es bedurfte einer Emotion und eines szenischen Vorganges für den Abschluß. Auch mußte das Eintreten des Todes angedeutet werden, eben um das allzu Fragmentische zu verwischen.«
[Copyright 1911 by Insel-Verlag, Leipzig.]

IDYLLE (1893). Erstdruck: Blätter für die Kunst, 4. Band, Berlin, Mai 1893. Erste Buchausgabe: Hugo von Hofmannsthal, Ausgewählte Gedichte, Zweite Ausgabe, Verlag der Blätter für die Kunst, Berlin 1904. – Nach einem antiken Vasenbild:

Zentaur mit verwundeter Frau am Rand eines Flusses. Ursprünglicher Titel ›Der Centaur‹.
[Copyright 1911 by Insel-Verlag, Leipzig.]

DER TOR UND DER TOD (1893). Erstdruck: Moderner Musenalmanach auf das Jahr 1894, 2. Jahrgang, München 1894. Erste Buchausgabe: Verlag der Insel bei Schuster und Loeffler, Berlin 1900. Das Werk erfuhr bis 1911 dreizehn Auflagen und besaß bei der jeweils geringen Anzahl von Exemplaren (Erstauflage 500) oft eine bibliophile Ausstattung. – Die Handschrift von ›Der Tor und der Tod‹, die Hofmannsthal seinem Schulfreund Robert Prechtl schenkte, trägt das Datum »März/April 1893« und das Motto »Adstante morte nitebit vita«. – Im Mai 1894 notiert Hofmannsthal: »Montaigne – que philosopher [c'est apprendre à mourir]. Einer, der sich selbst überlebt (oder in der Hand des Todes sein Leben als abgeschlossen und vergangen erblickt) und über sein verlorenes unverstandenes zweckloses Leben weint. Aus solchen Stimmungen ist ›Der Tor und der Tod‹ entstanden.« Uraufführung: München, Theater am Gärtnerplatz, 13.11.1898. – Erste öffentliche Lesung am 28.3.1897 im Bösendorfer Saal in Wien.
[Copyright 1911 by Insel-Verlag, Leipzig.]

ZU ›DER TOR UND DER TOD‹
Prolog (1893). Erstdruck: Corona, 2. Jahr, 6. Heft, München, Berlin, Zürich, Mai 1932. Erste Buchausgabe: Hugo von Hofmannsthal, Nachlese der Gedichte, S. Fischer Verlag, Berlin 1934. – Die in das Wien von 1760 versetzten Personen sind Beer-Hofmann, Schnitzler, Felix Salten und Hofmannsthal, der ihnen die »Totentanzkomödie« vorliest.

LANDSTRASSE DES LEBENS [FRAGMENTE] (1893). Erscheint in: Hugo von Hofmannsthal, Sämtliche Werke, Kritische Ausgabe, Band III, herausgegeben von Christoph Michel, S. Fischer Verlag, Frankfurt am Main. Herrn Michel verdanken wir die Erarbeitung. Die Idee zu diesem lyrischen

Drama entstand gleichzeitig mit der zu ›Der Tor und der Tod‹. In einer ersten Fassung »saß ein junges Mädchen auf einer Gartenmauer: an ihr kamen Gestalten vorüber... Eine Reihe von Gestalten nacheinander auftretend, schattenspielhaft, was ja die Form des Kleinen Dramas ist, das war damals eine Lieblingsform meiner Phantasie.«

WAS DIE BRAUT GETRÄUMT HAT (1896). Erstdruck: Über Land und Meer. Deutsche Illustrierte Zeitung, 42. Jahrgang, 83. Band, Stuttgart und Leipzig, Oktober 1899. Erste Buchausgabe: Hugo von Hofmannsthal, Nachlese der Gedichte, S. Fischer Verlag, Berlin 1934. – Gelegenheitsgedicht zur Aufführung im Hause des Wiener Industriellen Marcus Moritz Benedict, mit dessen Tochter Minnie als Hauptdarsteller. Hofmannsthal war mit ihr befreundet und erwog, sie zu heiraten. Die Darbietung fand am 15. Januar 1897 statt.

PROLOG ZU ›DIE FRAU IM FENSTER‹ (1897). Erstdruck unter dem Titel ›Ein Prolog‹: Neue deutsche Rundschau (Freie Bühne), 9. Jahrgang, 6. Heft, Berlin, Juni 1898. Erste Buchausgabe: Hugo von Hofmannsthal, Rodauner Nachträge, Erster Teil, Amalthea-Verlag, Wien 1918. – Unmittelbar nach der Vollendung der dramatischen Dichtung ›Die Frau im Fenster‹ in Varese geschrieben, enthält der Prolog die Traumlegende jener zweiundsiebzig Stunden, während derer das Drama entstanden ist.

DIE FRAU IM FENSTER (1897). Erstdruck: Pan, 4. Jahrgang, 2. Heft, Berlin, 15. 11. 1898. Erste Buchausgabe: Hugo von Hofmannsthal, Theater in Versen, S. Fischer Verlag, Berlin 1899. – Auf dem Weg nach Varese war Hofmannsthal der Plan zu diesem Spiel »blitzartig« gekommen. Drei Tage zuvor hatte er in Verona d'Annunzios dramatisches Gedicht ›Sogno d'un mattino di primavera‹ gelesen, dem er die Fabel und das Motto entnahm. Ursprünglicher Titel ›In einem Fenster‹, dann ›Madonna Dianora, eine Ballade dramatisiert‹. Unter diesem Titel fand die Erstaufführung durch den Verein ›Freie Bühne‹ unter Otto Brahm im Deutschen Theater Ber-

lin am 15. Mai 1898 statt. Die Gestalt, die Hofmannsthal vor Augen hatte, war Edgar Kargs Freundin Lisl Nicolics; er schrieb ihr: »Darin habe ich ja ganz bewußt mit einer zärtlichen aber abgeklärten Erinnerung Ihr Wesen abgemalt, wie es in mir gespiegelt war.«
[Copyright 1911 by Insel-Verlag, Leipzig.]

DAS KIND UND DIE GÄSTE (1897). Nachlaß. Erstdruck: Almanach. Das einundachtzigste Jahr, S. Fischer Verlag, Frankfurt am Main 1967. – Ein Festspiel zur Geburt von Richard Beer-Hofmanns Tochter Mirjam (4.9.1897); begonnen zu Varese, den 15.9.1897. Die Gedichte ›Verse auf ein kleines Kind‹ und ›Gespräch‹ gehörten ursprünglich zu dem Text des Kinderfestspiels.

DAS KLEINE WELTTHEATER (1897). Teildrucke unter dem Titel: Figuren aus dem Puppenspiel ›Das kleine Welttheater‹: Pan, 3. Jahrgang, 3. Heft, Berlin, 15.12.1897, und der Schluß [der Diener, der Arzt, der Wahnsinnige]: Die Zukunft, 22. Band, 20. Heft, Berlin, 12.2.1898. Erste Buchausgabe unter dem Titel ›Das Kleine Welttheater oder Die Glücklichen‹, Insel-Verlag, Leipzig 1903. – Schon im Herbst 1896 als ›Gleichzeitiges Welttheater‹ entworfen, in Varese am 4. September 1897 vollendet. »Das Ganze erscheint dem inneren Auge bald puppenhaft bald über die Maßen groß.« Das der Buchausgabe beigefügte ›Die Glücklichen‹ macht den inneren Zusammenhang der Figuren deutlich: »das sind sechs Gestalten, von denen jede auf ihre Art glücklich ist, und jede auf verschiedene Art: durch das Haben, durch das Noch-nicht-haben, durch das Gehabt-haben, durch das geträumte Haben – aber keine von ihnen ist besessen von dem niedrigen Habenwollen.« – Erstaufführung im Rahmen einer Totenfeier für Hofmannsthal am 6. Oktober 1929 im Residenztheater München.
[Copyright 1911 by Insel-Verlag, Leipzig.]

DIE HOCHZEIT DER SOBEIDE (1897). Erstdruck: Theaterverlag A. Entsch, Berlin 1899. Als Manuskript vervielfältigt. Erste

Buchausgabe: Hugo von Hofmannsthal, Theater in Versen, S. Fischer Verlag, Berlin 1899. – Ursprünglicher Titel: ›Der Mirza Hochzeitsnacht‹ und dann ›Die junge Frau, eine orientalische Erzählung dramatisiert‹. Das Motto ist Beaumonts und Fletchers Trauerspiel ›Two noble kinsmen‹ entlehnt. Nach Vollendung des ›Kleinen Welttheaters‹ schreibt Hofmannsthal: »und plötzlich... fällt mir ein ganzer Einakter ein, in 3 Bildern, völlig tragisch, ein eigentlich entsetzlicher, aber sehr reicher, mir äußerst homogener Stoff.« 1908 entwirft er eine neue dramatische Fassung, nun in Prosa, mit dem Titel ›Der adelige Kaufmann‹. Uraufführung zusammen mit ›Der Abenteurer und die Sängerin‹, Berlin, Deutsches Theater und Wien, Burgtheater, am 18. 3. 1899.

ZU ›DIE HOCHZEIT DER SOBEIDE‹
  2. *Szene einer früheren Fassung* (1897). Erstdruck: Wiener Allgemeine Montagszeitung, Wien, 17. 7. 1899. Erste Buchausgabe: Hugo von Hofmannsthal, Gesammelte Werke in Einzelausgaben, Dramen I, S. Fischer Verlag, Frankfurt am Main 1953.

DER WEISSE FÄCHER (1897). Erstdruck: Die Zeit, 14. Band, Nr. 174 und Nr. 175, Wien, 29. 1. und 5. 2. 1898. Erste Buchausgabe: Insel-Verlag, Leipzig 1907. Mit vier Holzschnitten von Edward Gordon Craig. Erste Aufführung: Wien, Akademietheater, am 6. 5. 1927. – Als Quelle diente die Erzählung ›Die treulose Witwe‹, aus dem Chinesischen Novellenbuch Kin Ku Ki Kwan. [Neue und alte Denkwürdigkeiten], herausgegeben von Eduard Grisebach, Stuttgart 1880. – Unmittelbar nach der Rückkehr aus Italien zwischen dem 20. und 25. September 1897.
[Copyright 1911 by Insel-Verlag, Leipzig.]

DER KAISER UND DIE HEXE (1897). Erstdruck: Die Insel, 1. Jahrgang, 2. Quartal, Nr. 4, Berlin, Januar 1900. Erste Buchausgabe: Verlag der Insel bei Schuster und Löffler, Berlin, Mai 1900. – Mit Zeichnungen von Heinrich Vogeler, Worpswede. Entstanden zwischen 23. November und 5. Dezember.

Wiederholt von Hofmannsthal als »reines Bekenntnis« bezeichnet. Später heißt es: »Die Versündigung in ›Kaiser und Hexe‹ ist das Abschweifen der Phantasie, das Partizipieren, das Nicht-sich-halten am engen Gegebenen.« Hofmannsthal versuchte sich 1918 an einer Erzählung desselben Stoffes. Erstaufführung in der Wiener Urania am 16. Dezember 1926. [Copyright 1911 by Insel-Verlag, Leipzig.]

DER ABENTEURER UND DIE SÄNGERIN (1898). Erstdruck: Neue deutsche Rundschau (Freie Bühne), 10. Jahrgang, 4. Heft, Berlin, April 1899. Erste Buchausgabe: Hugo von Hofmannsthal, Theater in Versen, S. Fischer Verlag, Berlin 1899. – Drei der hier wiedergegebenen, von der Buchfassung abweichenden und untereinander verschiedenen Bühnenfassungen als Manuskript vervielfältigt bei A. Entsch, Berlin 1899. Während seines Aufenthalts in Venedig (September 1898) kaufte sich Hofmannsthal eine Ausgabe von Casanovas Memoiren, in der Hoffnung, »drin einen Stoff zu finden« und fand ihn im 85. und 86. Kapitel. Während Hofmannsthal im Rückblick seine frühen Versspiele »als an die Phantasie, an den inneren Sinn appellierendes Traumtheater« bezeichnete, sagte er: »›Abenteurer und Sängerin‹ gehört in eine andere Reihe« und bemühte sich immer wieder, das Stück auf die Bühne zu bringen. Uraufführung zusammen mit der ›Hochzeit der Sobeide‹, Berlin, Deutsches Theater, und Wien, Burgtheater, am 18. 3. 1899.

ZU ›DER ABENTEURER UND DIE SÄNGERIN‹
Abweichungen in der Bühnenfassung (1898). Erstdruck: Verlags-Firma A. Entsch, Berlin 1899. Dramatisches Gedicht in einem Aufzug (als Manuskript vervielfältigt). Schauplatz: im Palazzo des Abenteurers. Diese Fassung ändert die Reihenfolge von Szenen und Gesprächen, teilt Reden anderen Figuren zu, kürzt und erweitert entsprechend.

LEBENSDATEN

Die in Klammern gesetzten Daten hinter den Bühnendichtungen geben die Zeit von den frühesten Einfällen bis zur Vollendung eines Werks an, bzw. Ort und Tag der Uraufführung.

1874	Am 1. Februar wird Hugo Laurenz August Hofmann, Edler von Hofmannsthal in Wien, Salesianergasse 12 geboren. Als einziger Sohn des Hugo August Peter Hofmann, Edler von Hofmannsthal (1841–1915) und der Anna Maria Josefa von Hofmannsthal, geborene Fohleutner (1852–1904).
1884–1892	Nach gründlicher Vorbereitung durch Privatlehrer Besuch des Akademischen Gymnasiums in Wien (Maturitätszeugnis ›mit Auszeichnung‹ vom 6. 7. 1892). Mit achtzehn Jahren hatte er alles gelesen, was der großen antiken, französischen, englischen, italienischen, spanischen und deutschen Literatur entstammt – auch kannte er die Russen schon als halbes Kind.
1890	Veröffentlichung des ersten Gedichts, des Sonetts: FRAGE Weitere Gedichte desselben Jahres: SIEHST DU DIE STADT?, die Sonette: WAS IST DIE WELT? FRONLEICHNAM, die Ghasele: FÜR MICH, GÜLNARE; Erste Begegnung mit Richard Beer-Hofmann und Arthur Schnitzler.

1891   Bekanntschaft mit Henrik Ibsen; im Literatencafé Griensteidl mit Hermann Bahr und, am gleichen Ort, mit Stefan George.
Hofmannsthal veröffentlicht unter den Pseudonymen Loris Melikow, Loris, Theophil Morren. Erste dramatische Arbeit in Versen, ein fertiger Einakter (»beinah ein Lustspiel«):
GESTERN (Wien, Die Komödie, 25. 3. 1928). Früheste Prosaarbeiten, vor allem Buchbesprechungen zeitgenössischer Autoren wie Bourget, Bahr, Amiel, Barrès. Zum Beispiel:
ZUR PHYSIOLOGIE DER MODERNEN LIEBE
DAS TAGEBUCH EINES WILLENSKRANKEN
Gedichte u. a.:
SÜNDE DES LEBENS
DER SCHATTEN EINES TOTEN

1892   DER TOD DES TIZIAN. Erstdruck in Georges ›Blätter für die Kunst‹, Heft 1, Oktober 1892. (München, Künstlerhaus, 14. 2. 1901, mit einem provisorischen Schluß und neugeschriebenen Prolog: ›Zu einer Totenfeier von Arnold Böcklin‹).
ASCANIO UND GIOCONDA (Vollendung der beiden ersten Akte einer Fragment gebliebenen »Renaissancetragödie«).
Reise durch die Schweiz nach Südfrankreich, zurück über Marseille, Genua, Venedig.
ELEONORA DUSE (I, II)
SÜDFRANZÖSISCHE EINDRÜCKE. Gedichte:
VORFRÜHLING
ERLEBNIS
LEBEN
PROLOG ZU DEM BUCH ›ANATOL‹
            Bekanntschaft mit Marie Herzfeld und Edgar Karg.

1893 ALKESTIS (München, Kammerspiele, 14. 4. 1916).
DER TOR UND DER TOD (München, Theater am Gärtnerplatz, 13. 11. 1898).
IDYLLE
DAS GLÜCK AM WEG – AGE OF INNOCENCE (eine stark autobiographische, unveröffentlicht gebliebene Studie). Gedichte:
WELT UND ICH
ICH GING HERNIEDER

Freundschaft mit Leopold von Andrian. Plan eines »ägyptischen Stücks... mit recht tüchtigen, lebendigen kleinen Puppen« (Das Urteil des Bocchoris).

1894 Tod der mütterlichen Freundin Josephine von Wertheimstein.
Gedichte:
TERZINEN I – IV
WELTGEHEIMNIS

Arbeit an einer freien Übertragung der ›Alkestis‹ des Euripides.
Erstes juristisches Staatsexamen.
Ab Oktober Freiwilligenjahr beim k. u. k. Dragonerregiment 6 zunächst in Brünn, dann in Göding.

1895 DAS MÄRCHEN DER 672. NACHT
SOLDATENGESCHICHTE. Gedichte:
EIN TRAUM VON GROSSER MAGIE
BALLADE DES ÄUSSEREN LEBENS

Reise nach Venedig.
Beginn des Studiums der romanischen Philologie.

1896 GESCHICHTE DER BEIDEN LIEBESPAARE
DAS DORF IM GEBIRGE. Gedichte:
LEBENSLIED
DIE BEIDEN
DEIN ANTLITZ...
MANCHE FREILICH...

1897 Erste Begegnung mit Eberhard von Bodenhausen, dem engsten lebenslangen Freund des Dichters.
Im August Radtour über Salzburg, Innsbruck, Dolomiten, Verona, Brescia nach Varese. Hier Aufenthalt von drei Wochen, eine glückliche ungemein produktive Zeit.

DIE FRAU IM FENSTER
DIE HOCHZEIT DER SOBEIDE
DAS KLEINE WELTTHEATER
DER WEISSE FÄCHER
DER KAISER UND DIE HEXE
DER GOLDENE APFEL

1898 Erste Theateraufführung eines Stücks von Hofmannsthal. DIE FRAU IM FENSTER in einer Matinée-Vorstellung der ›Freien Bühne‹ des Deutschen Theaters in Berlin, 15. Mai (Otto Brahm).
Bekanntschaft mit Harry Graf Kessler und erste Begegnung mit Richard Strauss.
Abschluß seiner Dissertation »Über den Sprachgebrauch bei den Dichtern der Pléjade« und Rigorosum im Hauptfach Romanische Philologie.
Radtour mit Schnitzler in die Schweiz, dann allein nach Lugano, später über Bologna und Florenz (Besuch bei D'Annunzio) nach Venedig.

DER ABENTEURER UND DIE SÄNGERIN (zusammen mit der HOCHZEIT DER SOBEIDE, gleichzeitig: Berlin, Deutsches Theater, Otto Brahm, und Wien, Burgtheater, 18. 3. 1899).

REITERGESCHICHTE

1899 Reisen nach Florenz und Venedig.

DAS BERGWERK ZU FALUN

Bekanntschaft mit Rilke.

1900   In München erste Begegnung mit Rudolf
             Alexander Schröder und Heymel, den
             Herausgebern der ›Insel‹, in Paris mit
             Maeterlinck, Rodin, Meier-Graefe u. a.
       DAS ERLEBNIS DES MARSCHALLS VON BASSOMPIERRE
       VORSPIEL ZUR ANTIGONE DES SOPHOKLES
1901   DIE »STUDIE ÜBER DIE ENTWICKELUNG DES DICHTERS
             VICTOR HUGO« legt Hofmannsthal der
             Wiener Universität als Habilitations-
             schrift vor, verbunden mit dem Gesuch
             um die venia docendi.
       DER TRIUMPH DER ZEIT (Ballett; März 1900 bis Juli
             1901, für Richard Strauss bestimmt, der
             aber wegen einer anderen Arbeit absagt).
             Am 1. Juni Eheschließung mit Gertrud
             Maria Laurenzia Petronilla Schlesinger.
             Am 1. Juli Übersiedlung nach Rodaun
             bei Wien, wo Hofmannsthal bis zu sei-
             nem Lebensende wohnte.
             Beginn der Arbeit an POMPILIA (dem er-
             sten »großen Trauerspiel… von solchen
             Dimensionen und von solchen Anforde-
             rungen, wie ich sie noch nie gekannt
             habe«). Das Problem des Ehebruchs, die
             Geschichte des Guido von Arezzo und
             seiner Frau Pompilia, findet Hofmanns-
             thal in Robert Brownings ›The Ring and
             The Book‹.
             Erste Pläne einer Bearbeitung von So-
             phokles' ›Elektra‹ und Calderons ›Das
             Leben ein Traum‹.
             Zum Jahresende zieht Hofmannsthal sein
             Gesuch um eine Dozentur zurück.
1902   EIN BRIEF (Chandos-Brief)
             In Rom und Venedig Vollendung der er-
             sten Fassung des GERETTETEN VENEDIG.
       ÜBER CHARAKTERE IM ROMAN UND IM DRAMA
             Geburt der Tochter Christiane.
             Erste Begegnung mit Rudolf Borchardt.

1903 DAS GESPRÄCH ÜBER GEDICHTE
Erste Begegnung mit Max Reinhardt. Von ihm angeregt schreibt er
ELEKTRA (September 1901 bis September 1903; Berlin, Kleines Theater, 30. 10. 1903, Reinhardt).
Erste Sammlung AUSGEWÄHLTE GEDICHTE im Verlag ›Blätter für die Kunst‹.
Geburt des Sohnes Franz.

1904 Tod der Mutter (22. März).
DAS GERETTETE VENEDIG (August 1902 bis Juli 1904; Berlin, Lessing-Theater, 21. 1. 1905, Brahm).

1905 ÖDIPUS UND DIE SPHINX (Juli 1903 bis Dezember 1905; Berlin, Deutsches Theater, 2.2.1906, Reinhardt).
KÖNIG ÖDIPUS (Übersetzung des Sophokles; München, Neue Musikfesthalle, 25. 9. 1910, Reinhardt).
SHAKESPEARES KÖNIGE UND GROSSE HERREN (Festvortrag in Weimar).
SEBASTIAN MELMOTH

1906 Folgenreiche Begegnung mit Richard Strauss, der die ELEKTRA vertonen will.
UNTERHALTUNG ÜBER DEN ›TASSO‹ VON GOETHE
UNTERHALTUNG ÜBER DIE SCHRIFTEN VON GOTTFRIED KELLER
DER DICHTER UND DIESE ZEIT (Vortragsreise München, Frankfurt, Göttingen, Berlin).
Geburt des Sohnes Raimund.

1907 Reise nach Venedig.
Früheste Beschäftigung mit dem ANDREAS-Romanfragment und den Komödien SILVIA IM ›STERN‹ und CRISTINAS HEIMREISE.
DIE BRIEFE DES ZURÜCKGEKEHRTEN (Juni bis August 1907).
»TAUSENDUNDEINE NACHT«

1907	SILVIA IM ›STERN‹ (Abschluß des Fragments). Mitherausgeber der Zeitschrift ›Morgen‹ (Abteilung Lyrik). Bis 1908.
1908	Reise nach Griechenland (Athen, Delphi) mit Graf Kessler und Maillol. Scheitern der Arbeit am FLORINDO, der ersten Fassung von CRISTINAS HEIMREISE. Davon erschienen 1909 revidiert im Druck: FLORINDO UND DIE UNBEKANNTE und DIE BEGEGNUNG MIT CARLO
1909	Uraufführung der Oper ELEKTRA in Dresden. CRISTINAS HEIMREISE (Juli 1907 bis Dezember 1909; Berlin, Deutsches Theater, 11. 2. 1910, Reinhardt). DIE HEIRAT WIDER WILLEN (Übersetzung des Molière; München, Künstler-Theater, 20. 9. 1910, Reinhardt). Herausgeber des Jahrbuchs ›Hesperus‹, gemeinsam mit Schröder und Borchardt.
1910	Aufführungen der neuen, gekürzten Fassung von CRISTINAS HEIMREISE in Budapest und – mit großem Erfolg – in Wien. Als Variation eines Komödien-Szenariums entsteht die Erzählung LUCIDOR (September 1909 bis März 1910). DER ROSENKAVALIER (Februar 1909 bis Juni 1910; Dresden, Königliches Opernhaus, 26. 1. 1911, Reinhardt).
1911	ARIADNE AUF NAXOS (Februar bis April 1911; Stuttgart, Königliches Hoftheater, 25. 10. 1912, Reinhardt, in Verbindung mit Molières Komödie DER BÜRGER ALS EDELMANN, von Hofmannsthal bearbeitet). JEDERMANN (April 1903 bis August 1911; Berlin, Zirkus Schumann, 1. 12. 1911, Reinhardt;

1911	Erstaufführung auf dem Salzburger Domplatz unter Reinhardt am 12. 8. 1920).
1912	JOSEPHSLEGENDE (Pantomime für Diaghilews ›Russisches Ballett‹; von diesem uraufgeführt in der Pariser Oper am 14. 5. 1914). Aufzeichnung einer Übersicht zum ANDREAS-Roman und Niederschrift des Anfangskapitels. Zusammenstellung und Einleitung des Bandes DEUTSCHE ERZÄHLER.
1913	Ausführliches Szenarium und Ausarbeitung des ersten Akts zur Oper DIE FRAU OHNE SCHATTEN. Beginnende Arbeit an der gleichnamigen Erzählung. Neues Vorspiel zur ARIADNE und Weiterarbeit am ANDREAS-Roman.
1914	Kriegsausbruch. Einberufung Hofmannsthals als Landsturmoffizier nach Istrien (26. 7. 1914). Durch Vermittlung Josef Redlichs beurlaubt und dem Kriegsfürsorgeamt im Kriegsministerium zugewiesen. Veröffentlichungen in der ›Wiener Neuen Presse‹ zum geschichtlichen Augenblick: APPELL AN DIE OBEREN STÄNDE BOYKOTT FREMDER SPRACHEN DIE BEJAHUNG ÖSTERREICHS WORTE ZUM GEDÄCHTNIS DES PRINZEN EUGEN BÜCHER FÜR DIESE ZEIT
1915	Intensiver Gedankenaustausch mit dem Freund und Politiker Josef Redlich. In politischer Mission Dienstreisen in die besetzten Gebiete, nach Südpolen (Krakau), Brüssel und Berlin. Weitere Äußerungen zur Zeit:

1915   WIR ÖSTERREICHER UND DEUTSCHLAND
       GRILLPARZERS POLITISCHES VERMÄCHTNIS
       DIE TATEN UND DER RUHM
       GEIST DER KARPATHEN
       UNSERE MILITÄRVERWALTUNG IN POLEN
       ANTWORT AUF DIE UMFRAGE DES ›SVENSKA DAGBLA-
             DET‹
             Die ›Österreichische Bibliothek‹, mit-
                herausgegeben von Hofmannsthal, be-
                ginnt zu erscheinen.
       DIE FRAU OHNE SCHATTEN (Februar 1911 bis Sep-
             tember 1915; Wien, Staatsoper 10. 10.
             1919, Franz Schalk).
             Tod des Vaters (10. Dezember).
1916   DIE LÄSTIGEN (Frei nach Molière) und
       DIE GRÜNE FLÖTE (Ballett. Beide Stücke zusammen
             uraufgeführt: Berlin, Deutsches Theater,
             26. 4. 1916, Reinhardt).
       AD ME IPSUM (Aufzeichnungen zum eigenen Dich-
             ten).
       ARIADNE AUF NAXOS (neu bearbeitet, uraufgeführt
             an der Wiener Oper, 4. 10. 1916).
             Arbeit am SOHN DES GEISTERKÖNIGS.
             Dienstreise nach Warschau.
             Vortragsreise nach Oslo und Stockholm.
             Vergleiche dazu
       AUFZEICHNUNGEN ZU REDEN IN SKANDINAVIEN.
1917   DER BÜRGER ALS EDELMANN (erneute freie Bearbei-
             tung des Molière; Berlin, Deutsches
             Theater, 9. 4. 1918, Reinhardt).
             Intensive Arbeit an dem Lustspiel DER
             SCHWIERIGE; zwei Akte bereits vollendet.
             Beginn des Briefwechsels mit Rudolf
             Pannwitz, den Hofmannsthal »als
             schicksalhaft für sein Leben bezeichnet«.
1918   Hofmannsthal »beschäftigen fast pau-
             senlos« folgende Arbeiten: das Märchen
             DIE FRAU OHNE SCHATTEN, der ANDREAS-

1918	Roman, DER SCHWIERIGE, SILVIA IM ›STERN‹, LUCIDOR (als Lustspiel) und eine SEMIRAMIS-NINYAS-TRAGÖDIE. Außerdem systematische Lektüre Calderons im Hinblick auf mögliche Bearbeitungen.
	DAME KOBOLD (freie Übersetzung des Calderon; Berlin, Deutsches Theater, 3. 4. 1920, Reinhardt).
	Tod seines besten Freundes: Eberhard von Bodenhausen.
	Erste Begegnung mit Carl Jakob Burckhardt.
1919	DIE FRAU OHNE SCHATTEN (Erzählung, Dezember 1913 bis August 1919).
	DER SCHWIERIGE (Juni 1910 bis November 1919; München, Residenztheater, 8. 11. 1921).
1920	Beginn der intensiven Arbeit am TURM.
	BEETHOVEN-REDE in Zürich.
1921	Intensive Arbeit am TURM (bis an den 5. Akt) und am SALZBURGER GROSSEN WELTTHEATER.
1922	BUCH DER FREUNDE (Sammlung von Aphorismen und Anekdoten, eigene und anderer).
	DAS GROSSE SALZBURGER WELTTHEATER (September 1919 bis Juni 1922; Salzburg, Kollegienkirche, 12. 8. 1922, Reinhardt).
	DER UNBESTECHLICHE (Mai bis Oktober 1922; Wien, Raimundtheater, 16. 3. 1923).
	Als Herausgeber der ›Neuen deutschen Beiträge‹ (1922–1927) schreibt Hofmannsthal ein Vorwort und eine Anmerkung zum ersten Heft.
	DEUTSCHES LESEBUCH, eingeleitet und herausgegeben von Hugo von Hofmannsthal.
1923	Der fünfte Akt des TURM wird auf eine »vorletzte« Fassung gebracht, dann aber die Arbeit abgebrochen.
	Filmbuch für den ROSENKAVALIER (Ur-

1923	aufführung des Films am 10. 1. 1926 in Dresden).
1924	DIE ÄGYPTISCHE HELENA (Dezember 1919 bis März 1924; Dresden, Oper, 6. 6. 1928). Italienreise, mit Burckhardt in Sizilien. Beschäftigung mit dem Lustspiel TIMON DER REDNER.
	DER TURM, 1. Fassung (Oktober 1918 bis Oktober 1924).
1925	Reise über Paris nach Marseille, von dort mit dem Schiff nach Marokko (Fès, Salé, Marrakech):
	REISE IM NÖRDLICHEN AFRIKA.
	Beschäftigung mit dem ANDREAS-Roman und Vollendung des ersten Akts von TIMON DER REDNER.
1926	DER TURM (Ausarbeitung und Fertigstellung der neuen, fürs Theater bestimmten Fassung; München, Prinzregententheater, 4. 2. 1928, Kurt Stieler).
	DAS SCHRIFTTUM ALS GEISTIGER RAUM DER NATION (am 10. 1. 1927 in der Münchener Universität gehaltene Rede).
1927	Reise nach Sizilien. Fortführung der Notizen AD ME IPSUM und ANDENKEN EBERHARD VON BODENHAUSENS. Szenarium zur ARABELLA und Niederschrift des ersten Akts der ersten Fassung.
1928	ARABELLA (Nach der Niederschrift der dreiaktigen lyrischen Oper von April bis November 1928 entschließt sich Hofmannsthal, den ersten Akt zu ändern).
1929	Neufassung des ersten Akts der ARABELLA und Übersendung an Strauss. Dessen Antwort-Telegramm: »Erster Akt ausgezeichnet. Herzlichen Dank und

1929   Glückwünsche«, erlebte Hofmannsthal nicht mehr. (Uraufführung der ARABELLA am 1. 7. 1933 in Dresden.)
Am 13. Juli nimmt sich sein ältester Sohn Franz, zuhause in Rodaun, das Leben. Am 15. Juli, beim Aufbruch zur Beerdigung, erleidet Hofmannsthal einen Schlaganfall, an dem er wenige Stunden später stirbt. Er wird beigesetzt auf dem nahen Kalksburger Friedhof.

HUGO VON HOFMANNSTHAL

GESAMMELTE WERKE IN ZEHN EINZELBÄNDEN

Herausgegeben von Bernd Schoeller
in Beratung mit Rudolf Hirsch

GEDICHTE
DRAMEN I (1891–1898)

Gedichte. Gestalten. Prologe und Trauerreden.
Idylle. Gestern. Der Tod des Tizian.
Der Tor und der Tod. Die Frau im Fenster.
Die Hochzeit der Sobeide. Das Kleine Welttheater.
Der Weiße Fächer. Der Kaiser und die Hexe.
Der Abenteurer und die Sängerin
Band 2159

DRAMEN II (1892–1905)

Ascanio und Gioconda. Alkestis.
Das Bergwerk zu Falun. Elektra.
Das gerettete Venedig. Ödipus und die Sphinx
Band 2160

DRAMEN III (1906–1927)

Jedermann. Das Große Welttheater.
Der Turm. Prologe und Vorspiele.
Dramen-Fragmente
Band 2161

DRAMEN IV (LUSTSPIELE)

Silvia im »Stern«. Cristinas Heimreise.
Der Schwierige. Der Unbestechliche.
Timon der Redner. Mutter und Tochter
Band 2162

DRAMEN V (OPERNDICHTUNGEN)

Der Rosenkavalier. Ariadne auf Naxos.
Die Frau ohne Schatten. Danae.
Die Ägyptische Helena. Arabella
Band 2163

DRAMEN VI
(BALLETTE, PANTOMIMEN, BEARBEITUNGEN, ÜBERSETZUNGEN)

Pantomimen zu ›Das Große Welttheater‹.
Sophokles: »König Ödipus«.
Molière: »Die Lästigen«; »Der Bürger als Edelmann«.
Raimund: »Der Sohn des Geisterkönigs«.
Calderon: »Dame Kobold« u. a.
Band 2164

ERZÄHLUNGEN
ERFUNDENE GESPRÄCHE UND BRIEFE. REISEN

Märchen der 672. Nacht.
Die Wege und die Begegnungen. Lucidor.
Andreas oder die Vereinigten. Die Frau ohne Schatten.
Brief des Lord Chandos. Das Gespräch über Gedichte.
Augenblicke in Griechenland u. a.
Band 2165

REDEN UND AUFSÄTZE I (1891–1913)

Poesie und Leben.
Shakespeares Könige und große Herren.
Der Dichter und diese Zeit. Eleonora Duse.
Schiller. Balzac. Deutsche Erzähler.
Goethes »West-östlicher Divan«. Raoul Richter u. a.
Band 2166

REDEN UND AUFSÄTZE II (1914–1924)

Beethoven. Rede auf Grillparzer.
Shakespeare und wir. Ferdinand Raimund.
Deutsches Lesebuch. Max Reinhardt.
Appell an die oberen Stände. Preuße und Österreicher u. a.
Band 2167

REDEN UND AUFSÄTZE III (1925–1929)
AUFZEICHNUNGEN

Das Schrifttum als geistiger Raum der Nation.
Wert und Ehre deutscher Sprache.
Gotthold Ephraim Lessing. Das Vermächtnis
der Antike. Buch der Freunde. Ad me ipsum u. a.
Band 2168

FISCHER TASCHENBUCH VERLAG